Studien zum Privatrecht

Band 62

Florian Schmitt

Beraterhaftung für Insolvenzverschleppungsschäden

Mohr Siebeck

Florian Schmitt, geboren 1988; Studium der Rechtswissenschaften an der Universität Trier; 2013 Erste juristische Prüfung; wissenschaftlicher Mitarbeiter an der Universität Trier; 2016 Promotion; Rechtsreferendar im Bezirk des OLG Koblenz.

ISBN 978-3-16-155076-8
ISSN 1867-4275 (Studien zum Privatrecht)

Die Deutsche Nationalbibliothek verzeichnet diese Publikation in der Deutschen Nationalbibliographie; detaillierte bibliographische Daten sind im Internet über *http://dnb.dnb.de* abrufbar.

Das Buch wurde von Gulde Druck in Tübingen auf alterungsbeständiges Werkdruckpapier gedruckt und gebunden.

Vorwort

Diese Arbeit wurde im Sommersemester 2016 vom Fachbereich Rechtswissenschaft der Universität Trier als Dissertation angenommen. Für die Veröffentlichung wurden Rechtsprechung und Schrifttum bis Oktober 2016 berücksichtigt.

Sie entstand während einer Tätigkeit als wissenschaftlicher Mitarbeiter am Lehrstuhl meines verehrten Doktorvaters, Herrn Prof. Dr. Hans-Friedrich Müller, LL.M. Ihm schulde ich in vielerlei Hinsicht Dank. Er hat die Arbeit angeregt, gefördert und mir erhebliche zeitliche Freiräume gewährt. Als Hilfskraft bzw. Mitarbeiter an seinem Lehrstuhl genieße ich seit Jahren seine Unterstützung. Zu danken habe ich auch Herrn Prof. Dr. Diederich Eckardt, der das Zweitgutachten übernahm und mir wertvolle Hinweise gab. Herrn Prof. Dr. Oliver Fehrenbacher, Konstanz, gilt mein Dank für die nachhaltige Förderung, die er mir während meines Studiums zuteilwerden ließ.

Die orthografischen Korrekturen übernahm meine Schwester Cathrin, auf die ich mich immer verlassen kann. War die Arbeit eine Last, so teilte diese meine Freundin Stella. Die Arbeit wäre ohne sie ebenso schwer vorstellbar wie mein Leben. Meine Eltern schließlich unterstützen mich bedingungslos und haben mir das Erreichte erst ermöglicht. Ihnen und Stella ist die Arbeit gewidmet.

Trier, im November 2016 *Florian Schmitt*

Inhaltsübersicht

Inhaltsverzeichnis

Kapitel 1

Einführung in die Problematik

§ 1 Rahmenbedingungen der Tätigkeit und Haftung des Beraters

Die Eröffnung des Insolvenzverfahrens stellt eine Zäsur für jedes betroffene Unternehmen dar. In der noch immer häufigen und bisweilen erheblichen Verschleppung der Eröffnungsanträge spiegelt sich das Unbehagen vor den mit einem Insolvenzverfahren verbundenen Folgen wider.[1] Hinsichtlich der haftungsrechtlichen Verantwortlichkeit für die Insolvenzverschleppung liegt der Fokus der Betrachtung gemeinhin auf dem Geschäftsleiter, der die Geschicke des Unternehmens im Außenverhältnis lenkt und mit Blick auf die Anordnung des § 15a Abs. 1 S. 1 InsO als primärer Adressat einer Haftung erscheint.[2]

Doch zunehmend wird auch die Frage nach der Verantwortlichkeit der Berater eines in Insolvenz gefallenen Unternehmens gestellt. So kann der Insolvenzverwalter – seinerseits der Haftung nach § 60 InsO ausgesetzt[3] – in der Geltendmachung von Haftungsansprüchen der in der Regel als GmbH, AG oder auch „kapitalistische Personengesellschaft“[4] organisierten Insolvenz-

---

[1] Vgl. zur Motivationslage nur *Poertzgen*, Organhaftung wegen Insolvenzverschleppung, S. 181 f.; *Hüttinger*, Instrumente zur vorinsolvenzlichen Sanierung des Unternehmensträgers, S. 58 f.; *Klöhn*, in: MünchKomm-InsO, § 15a InsO Rn. 35 ff. m. w. N.; spezifisch für den Geschäftsleiter *Haas*, Gutachten E für den 66. DJT, E 23 f. m. w. N.; s. rechtstatsächlich etwa *Bitter/Röder*, ZInsO 2009, 1283, 1286 f. (Einschätzung der befragten Insolvenzverwalter, dass 66 % der Insolvenzanträge „zu spät“ gestellt seien); vgl. rechtstatsächlich auch (im Zusammenhang mit § 19 InsO) *Bitter/Hommerich*, Die Zukunft des Überschuldungsbegriffs, S. 48 ff., Rn. 153 ff. zum insbesondere bei Kleinunternehmen geringen Bekanntheitsgrad des Tatbestands der insolvenzrechtlichen Überschuldung und der damit verbundenen Insolvenzantragspflicht, S. 52 f., Rn. 161 ff. zur (durchschnittlichen) Einschätzung, dass nur 22 % der in der Krise befindlichen Unternehmen überhaupt einen Überschuldungsstatus aufstellten, sowie S. 98 ff., Rn. 272 ff. zur Gefahr der Insolvenzverschleppung speziell bei Kleinunternehmen; s. zur verspäteten Einleitung schließlich *H. F. Müller*, in: MünchKomm-GmbHG, § 64 GmbHG Rn. 4 m. w. N.

[2] S. zur Haftung des Geschäftsleiters etwa aus § 823 Abs. 2 BGB i. V. m. § 15a InsO noch S. 7 ff.

[3] Zur Haftung für die unterlassene Geltendmachung von Ansprüchen der Insolvenzschuldnerin *W. Gerhardt*, in: Jaeger, § 60 InsO Rn. 80.

[4] Es wird sich in den für diese Ausarbeitung bedeutsamen Fällen um solche Rechtsformen handeln, die (genauer: deren Organe) der Insolvenzantragspflicht des § 15a InsO

schuldnerin gegen ihre Berater eine attraktive Quelle zur Anreicherung der oftmals unzureichenden Insolvenzmasse sehen. Die Insolvenzschuldnerin wird typischerweise und regelmäßig die eigentliche Vertragspartnerin, also „Mandantin", des Beraters sein. Die Befugnis des Insolvenzverwalters folgt dann ohne Weiteres aus § 80 Abs. 1 InsO. Der besondere Anreiz, haftungsrechtlich den Berater in den Blick zu nehmen, liegt dabei in der gesetzlichen Verpflichtung vieler Beratertypen zum Abschluss einer Berufshaftpflichtversicherung und der damit einhergehenden Zahlungskraft.[5] Die Erkenntnis mit dem Berater, gestützt durch den wirtschaftlich hinter diesem stehenden Versicherer, über einen zahlungsstarken potentiellen Schadensersatzschuldner zu verfügen, schlägt sich denn auch zunehmend in der Praxis nieder.[6]

Neben dem Insolvenzverwalter mag auch der Geschäftsleiter der Insolvenzschuldnerin den Berater in Anspruch zu nehmen suchen. Der Geschäftsleiter kann sich im Zusammenhang mit der Insolvenz des Unternehmens mit einer – schnell existenzbedrohenden – persönlichen Haftung konfrontiert sehen.[7] Für ihn bietet sich in diesem Fall der Versuch an, bei dem Berater Regress zu nehmen.[8] Endlich könnten auch andere „Dritte" wie Gesellschafter oder Gläubiger des Unternehmens daran interessiert sein, Verluste im Zusammenhang mit der Insolvenz eines Unternehmens auf den Berater abzuwälzen.

---

unterliegen. S. zu den Adressaten der Insolvenzantragspflicht im Einzelnen nur *Klöhn*, in: MünchKomm-InsO, § 15a InsO Rn. 47 ff., 64 ff.

[5] S. § 51 BRAO, § 67 StBerG, § 54 WPO. Da es sich um eine Haftpflichtversicherung i. S. der §§ 100 ff. VVG handelt, besteht – jenseits des § 115 VVG – allerdings kein Direktanspruch des Dritten (hier: des Mandanten) gegen den Versicherer, vgl. nur *Diller*, in: Henssler/Prütting, § 51 BRAO Rn. 13, 236 ff.

[6] S. BGH NJW 2013, 2345 ff.; OLG Celle ZInsO 2011, 1004 ff.; LG Saarbrücken ZInsO 2012, 330 ff. sowie OLG Saarbrücken ZInsO 2016, 458 ff.; LG Koblenz DStRE 2010, 647 ff. Zwischenzeitlich hat beispielsweise auch der Insolvenzverwalter des Karstadt-Mutterkonzerns Arcandor im Zusammenhang mit dem viel beachteten Zusammenbruch des Konzerns Schadensersatzklage über insg. fast 100 Mio. Euro gegen die Berater des Konzerns erhoben, s. etwa Frankfurter Allgemeine Zeitung Nr. 167 vom 22. Juli 2015, S. 20 („Kurze Meldungen – Klage gegen Wirtschaftsprüfer"). Auch mag der Insolvenzverwalter Ansprüche des Geschäftsleiters – die von dem Übergang der Verwaltungs- und Verfügungsbefugnis nach § 80 Abs. 1 InsO nicht erfasst sind, da es sich bei der Insolvenzschuldnerin um den Rechtsträger des betriebenen Unternehmens handeln wird – pfänden oder, etwa im Zuge eines Vergleichs, im Wege der Abtretung erwerben und dann geltend machen, s. zu dieser Konstellation BGH NJW-RR 2013, 983 ff.; LG Wuppertal ZInsO 2011, 1997 ff.

[7] Dazu sogleich S. 7 ff. und S. 10 m. w. N.

[8] S. etwa BGHZ 193, 297 ff. und BGH NJW-RR 2014, 827 f. (der Berater wurde von dem Kläger in seiner Eigenschaft als Geschäftsleiter – und zugleich Gesellschafter – in Anspruch genommen); s. für eine weitere Konstellation auch OLG Dresden ZInsO 2015, 1507 ff. (Regress eines Mitglieds des Aufsichtsrats).

Schafft bei alldem gerade auch die Existenz der Berufshaftpflichtversicherung den Anreiz, Ansprüche gegen den Berater geltend zu machen, so entlastet sie diesen zugleich nicht zwingend vollumfänglich. Es gilt zu bedenken, dass im Zuge der Insolvenzverschleppung hohe Schäden entstehen können, die oftmals auch die gesetzlich vorgesehene Mindestversicherungssumme der Berufshaftpflichtversicherung übersteigen mögen.[9] Aus diesen Zusammenhängen folgt, dass der Berater einem bedrohlichen und praktisch bedeutsamen persönlichen Haftungsrisiko unterliegt.

Als Adressaten potentieller Ansprüche sind vor allem Steuerberater, Wirtschaftsprüfer und Rechtsanwälte angesprochen, wobei ein Schwerpunkt der Problematik auf der Verantwortlichkeit von Steuerberatern liegt. Dies hat seine Ursache in dem typischen tatsächlichen Betätigungsfeld der jeweiligen Berater. Es erscheint offenkundig eher fernliegend, etwa einen Rechtsanwalt, der das Unternehmen ausschließlich und nur einmalig im Vergaberecht berät, hinsichtlich der damit nicht im Zusammenhang stehenden Insolvenz haftbar machen zu wollen. Steuerberater werden demgegenüber häufig in allgemeineren Zusammenhängen tätig und beraten beispielsweise – vielfach dauerhaft – im steuerrechtlichen, aber auch wirtschaftlichen Tagesgeschäft. So mögen sie zum Beispiel die laufende Buchführung übernehmen sowie Jahresabschlüsse und Steuererklärungen fertigen. Prima facie mag ein Steuerberater also gewissermaßen den „Herzschlag" des Unternehmens spüren können.[10] Dies wird zum Anknüpfungspunkt für die Begründung seiner Haftung gemacht. Argumentiert wird etwa, dass der Steuerberater die Insolvenzreife, d. h. den Eintritt der materiellen Insolvenz, habe erkennen und darauf, ggf. auch auf die daran anschließende Insolvenzantragspflicht, zumindest aber die Notwendigkeit der Prüfung der Insolvenzreife, habe hinweisen müssen. Dies gelte umso mehr, wenn er gar den Jahresabschluss erstelle und ein „nicht durch Eigenkapital gedeckter Fehlbetrag" i. S. v. § 268 Abs. 3 HGB auszuweisen sei.[11]

---

[9] Beachte zu den jeweiligen Mindestversicherungssummen § 51 Abs. 4 S. 1 BRAO (für Rechtsanwälte je Versicherungsfall 250.000 €), § 67 StBerG i. V. m. § 158 StBerG i. V. m. § 52 Abs. 1 DVStB (für Steuerberater je Versicherungsfall 250.000 €), § 54 Abs. 1 S. 2 WPO, § 2 Abs. 1 WPBHV, je i. V. m. § 323 Abs. 2 S. 1 HGB (für Wirtschaftsprüfer je Versicherungsfall 1 Mio. €). Jedenfalls die Mindestversicherungssummen der Rechtsanwälte und Steuerberater (teils sogar der Wirtschaftsprüfer) wurden etwa mit den Klagen in den Fällen BGHZ 193, 297 ff. und BGH NJW-RR 2014, 827 f., OLG Dresden ZInsO 2015, 1507 ff., LG Koblenz DStRE 2010, 647 ff., ferner OLG Saarbrücken ZInsO 2016, 458 ff., überschritten; vgl. zum Ganzen auch *H. F. Müller*, ZInsO 2013, 2181, 2188. Beachte hinsichtlich der potentiellen Höhe der Schäden (mit Bezug zur Haftung des Geschäftsleiters) auch noch Fn. 37.

[10] *K. Schmidt*, in: ders./Uhlenbruck[4], S. 81, Rn. 1.182 formuliert daher bildhaft, dass der Steuerberater in manchen Gesellschaften als „Hausarzt" tätig werde.

[11] Paradigmatisch zum Vorwurf etwa das klägerische Vorbringen in den Fällen LG Koblenz DStRE 2010, 647, 647 und LG Saarbrücken ZInsO 2012, 330, 330 f.

Aufgrund des typischen Tätigkeitsbilds ist das Risiko, sich den dargestellten Vorwürfen ausgesetzt zu sehen, faktisch also besonders für den Steuerberater groß. Gleichwohl ist es im rechtlichen Ausgangspunkt nicht zwingend, dass sich die dargestellten Vorwürfe nicht auch gegen Rechtsanwälte, Wirtschaftsprüfer oder sonstige Berater richten können. Entscheidend kommt es auf Art und Umfang des Tätigwerdens des Beraters im konkreten Fall an.[12] Diese Arbeit wählt daher einen funktionalen Ansatz und geht bei der rechtlichen Beurteilung der Haftungsfrage von der mit dem Mandat konkret übernommenen Tätigkeit aus, differenziert im Grundsatz also nach Mandatstypen, nicht nach Beratertypen.

Zusammenfassend ist in dieser Ausarbeitung – vor dem Hintergrund der genannten Vorwürfe – der haftungsrechtlichen Verantwortlichkeit von Beratern im Zusammenhang mit der Verschleppung des Eröffnungsantrags ihrer Mandantin, der späteren Insolvenzschuldnerin, nachzugehen. Diese insolvenzbezogene Konstellation der Beraterhaftung wird zum „Prüfstein“[13] für die allgemeinen Grundsätze der Beraterhaftung und bedarf der Einordnung in den zivil-, gesellschafts- und insolvenzrechtlichen Kontext, um eine ausgewogene und rechtssichere Beantwortung der Haftungsfrage zu ermöglichen.

§ 2 Eröffnungsgründe und Insolvenzverschleppung

Primär für die rechtzeitige Einleitung des Insolvenzverfahrens verantwortlich ist wie angedeutet indes der Geschäftsleiter des selbst nicht handlungsfähigen Verbands. Nur vor dem Hintergrund seiner Verantwortlichkeit kann auch die Verantwortlichkeit des Beraters präzise bestimmt werden. Der Untersuchung soll daher ein Überblick über die Eröffnungsgründe sowie Pflichten und Haftung des Geschäftsleiters in der Krise vorangestellt werden. Dies wird auch ermöglichen, die Bezüge der Haftung des Beraters zu der Haftung des Geschäftsleiters offenzulegen und auf ihre Wechselwirkung abgestimmte Lösungswege auszuarbeiten.

---

[12] Eine weitere denkbare Konstellation, die konkrete Prüfung der Insolvenzreife eines Unternehmens, wird beispielsweise häufig Rechtsanwälte oder Wirtschaftsprüfer betreffen, die eine solche Prüfung (zumindest im Fall des ausdrücklichen Vertragsschlusses) rein tatsächlich in der Mehrzahl der Fälle übernehmen werden. Unterlaufen dem Berater bei dieser Prüfung Fehler, liegt es auch nahe, ihn für aus der fehlerhaften Prüfung resultierende Schäden haftbar machen zu wollen. S. zum Hintergrund noch S. 7 ff., 10 f., zu weiteren Aspekten des Vertrags über die Prüfung der Insolvenzreife S. 17, 20 ff., 62.

[13] *Thole*, ZfPW 2015, 31, 33.

A. Die Eröffnungsgründe der InsO

§ 15a InsO unterwirft die Geschäftsleiter mit dem Eintreten der Eröffnungsgründe der §§ 17, 19 InsO der innerhalb von höchstens drei Wochen zu erfüllenden Insolvenzantragspflicht. Auf die genannten Eröffnungsgründe ist daher kurz einzugehen. § 18 InsO bleibt außer Betracht.

„Allgemeiner" Eröffnungsgrund ist nach § 17 Abs. 1 InsO die Zahlungsunfähigkeit. Gemäß § 17 Abs. 2 S. 1 InsO ist der Schuldner zahlungsunfähig, wenn er nicht in der Lage ist, die fälligen Zahlungspflichten zu erfüllen. Nach § 17 Abs. 2 S. 2 InsO ist Zahlungsunfähigkeit in der Regel anzunehmen, wenn der Schuldner seine Zahlungen eingestellt hat. Der Begriff der Zahlungsunfähigkeit i. S. v. § 17 Abs. 2 S. 1 InsO wurde vom BGH in Anknüpfung an die unter Geltung der KO entwickelten Grundsätze hinsichtlich mehrerer Facetten konkretisiert. Danach erfordert Zahlungsunfähigkeit in quantitativer Hinsicht, dass die Liquiditätslücke mehr als 10 % der fälligen (und ernsthaft eingeforderten[14]) Gesamtverbindlichkeiten beträgt.[15] In zeitlicher Hinsicht wird (in Abgrenzung zur bloßen Zahlungsstockung) verlangt, dass die Liquiditätslücke nicht innerhalb von drei Wochen beseitigt werden kann.[16] Beträgt die Liquiditätslücke weniger als 10 %, so kann gleichwohl Zahlungsunfähigkeit gegeben sein, wenn absehbar ist, dass die Lücke demnächst mehr als 10 % betragen wird, während umgekehrt Zahlungsunfähigkeit trotz Überschreitens der 10 %-Grenze ausscheiden kann, wenn mit an Sicherheit grenzender Wahrscheinlichkeit zu erwarten ist, dass die Liquiditätslücke demnächst beseitigt werden wird und den Gläubigern ein Abwarten

---

[14] S. nur BGHZ 173, 286, 292 f., Rn. 18 f.; *Dittmer*, Die Feststellung der Zahlungsunfähigkeit, S. 66 ff.; *Mock*, in: Uhlenbruck, § 17 InsO Rn. 117 ff.; *K. Schmidt*, in: ders., § 17 InsO Rn. 12 f.

[15] S. zu § 17 InsO etwa BGHZ 163, 134, 142 ff.; BGH WM 2006, 1631, 1632, Rn. 6; BGH WM 2006, 2312, 2314, Rn. 27; BGH WM 2007, 1616, 1618 f., Rn. 37; BGHZ 173, 286, 296, Rn. 31; BGH WM 2012, 1124, 1125, Rn. 10; BGHZ 195, 42, 44, Rn. 8; *Dittmer*, Die Feststellung der Zahlungsunfähigkeit, S. 29; *Pape*, WM 2008, 1949, 1953 f.; *Schmerbach*, in: FK-InsO, § 17 InsO Rn. 27 ff.; *Mock*, in: Uhlenbruck, § 17 InsO Rn. 21 ff.; *K. Schmidt*, in: ders., § 17 InsO Rn. 22 f.; *Rüntz*, in: HK-InsO, § 17 InsO Rn. 20 f.; vgl. jetzt auch IDW S 11, Rn. 13 ff., WPg Supplement 2/2015, 108 ff.; dazu *Mertes/Griesel*, AnwBl 2015, 854, 856 ff.

[16] BGHZ 163, 134, 139 ff.; BGH WM 2006, 1631, 1632, Rn. 6; BGH WM 2006, 2312, 2314, Rn. 27; BGH WM 2007, 1616, 1618 f., Rn. 37; BGH WM 2012, 1124, 1125, Rn. 10; BGHZ 195, 42, 44, Rn. 8; *Dittmer*, Die Feststellung der Zahlungsunfähigkeit, S. 30; *Pape*, WM 2008, 1949, 1953; *Mock*, in: Uhlenbruck, § 17 InsO Rn. 26 f.; *K. Schmidt*, in: ders., § 17 InsO Rn. 24 ff.; *Rüntz*, in: HK-InsO, § 17 InsO Rn. 18; vgl. jetzt auch IDW S 11, Rn. 13 ff., WPg Supplement 2/2015, 108 ff.

zumutbar ist.[17] Die Feststellung der Zahlungsunfähigkeit kann mittels einer Liquiditätsbilanz bzw. eines Finanzplans erfolgen.[18]

Speziell für juristische Personen und bestimmte „Gesellschaften ohne Rechtspersönlichkeit" sieht § 19 InsO den Eröffnungsgrund der Überschuldung vor. Dieser besteht aus zwei Elementen und setzt nach § 19 Abs. 2 S. 1 Hs. 1 InsO n. F. zunächst voraus, dass das Vermögen des Schuldners die bestehenden Verbindlichkeiten nicht mehr deckt. Zu prüfen ist damit die rechnerische Überschuldung. Erforderlich ist insoweit die Aufstellung einer spezifischen, von anderen Bilanzen zu unterscheidenden, Überschuldungsbilanz.[19] Nach § 19 Abs. 2 S. 1 Hs. 2 InsO n. F. scheidet insolvenzrechtliche Überschuldung indes aus, wenn die Fortführung des Unternehmens nach den Umständen überwiegend wahrscheinlich ist. Die damit angesprochene Fortführungsprognose hat der Gesetzgeber mit der gegenwärtigen Gesetzesfassung zum (nunmehr dauerhaft)[20] gleichwertigen Tatbestandsmerkmal erhoben, das die Überschuldung i. S. v. § 19 InsO bei positivem Befund also insgesamt, und demnach selbst bei negativer Überschuldungsbilanz, ausschließt (sog. modifizierter zweistufiger Überschuldungsbegriff).[21] Als Bestandteile der Prognose werden eine Finanzplanung und ein Unternehmenskonzept sowie die Fortführungswilligkeit verlangt.[22]

---

[17] Vgl. schon Fn. 15 f.

[18] BGH WM 2006, 2312, 2314, Rn. 28; ausführlich *Dittmer*, Die Feststellung der Zahlungsunfähigkeit, S. 102 ff.; *Mertes/Griesel*, AnwBl 2015, 854, 859 ff.; *Mock*, in: Uhlenbruck, § 17 InsO Rn. 29; *Rüntz*, in: HK-InsO, § 17 InsO Rn. 23 f.; *Eilenberger*, in: MünchKomm-InsO, § 17 InsO Rn. 10 ff.; *Schröder*, in: HambKomm, § 17 InsO Rn. 34 ff.; s. auch noch S. 52 m. w. N.

[19] *K. Schmidt*, in: ders., § 19 InsO Rn. 20 ff.; *Mock*, in: Uhlenbruck, § 19 InsO Rn. 57 ff.; *Schmerbach*, in: FK-InsO, § 19 InsO Rn. 14 ff.; *Schröder*, in: HambKomm, § 19 InsO Rn. 19 ff.; s. im Grundsatz auch *H. F. Müller*, in: Jaeger, § 19 InsO Rn. 42 ff.; vgl. jetzt auch IDW S 11, Rn. 51 ff., 68 ff., WPg Supplement 2/2015, 108 ff.; dazu auch *Mertes/Griesel*, AnwBl 2015, 854, 862 ff.; zu Einzelheiten auch noch S. 49 f. m. w. N.

[20] Art. 5 FMStG v. 17.10.2008, BGBl. I, S. 1982 führte § 19 Abs. 2 InsO in seiner gegenwärtigen Form, zunächst jedoch nur befristet (s. Art. 6 Abs. 3, 7 Abs. 2 FMStG sowie später Art. 1 des Gesetzes v. 24.09.2009, BGBl. I, S. 3151), ein. Mit Art. 18 des Gesetzes v. 05.12.2012, BGBl. I, S. 2418 erfolgte die dauerhafte Entfristung der Vorschrift in ihrer gegenwärtigen Form. S. zum Ganzen *K. Schmidt*, ZIP 2013, 485 ff.; *Böcker/Poertzgen*, GmbHR 2013, 17 ff.

[21] S. nur *K. Schmidt*, ZIP 2013, 485, 489; *ders.*, in: ders., § 19 InsO Rn. 13; *Böcker/Poertzgen*, GmbHR 2013, 17, 18 f.; *Mock*, in: Uhlenbruck, § 19 InsO Rn. 39 ff.; *Schröder*, in: HambKomm, § 19 InsO Rn. 6 f.; *Schmerbach*, in: FK-InsO, § 19 InsO Rn. 12; vgl. auch IDW S 11, Rn. 51, WPg Supplement 2/2015, 108 ff.; s. auch noch S. 50 f. m. w. N.

[22] S. etwa BGH WM 2006, 2254, 2254, Rn. 3; BGH WM 2010, 2313, 2314, Rn. 13; *Mock*, in: Uhlenbruck, § 19 InsO Rn. 211 ff.; *H. F. Müller*, in: Jaeger, § 19 InsO Rn. 38 ff.; *Drukarczyk/Schüler*, in: MünchKomm-InsO, § 19 InsO Rn. 58 ff.; *Schmerbach*, in: FK-InsO, § 19 InsO Rn. 31 ff.; s. auch noch S. 50 f. m. w. N.

B. Krisenverantwortung und Insolvenzverschleppung

I. Grundlagen

Die krisenspezifischen Pflichten des Geschäftsleiters knüpfen an die dargestellten Tatbestände an, greifen dem Eintritt der materiellen Insolvenz allerdings auch in erheblicher Weise vor. So trifft den Geschäftsleiter die stete Pflicht, sich über die wirtschaftliche Lage sowie die Insolvenzreife der Gesellschaft zu vergewissern und schließlich ggf. – rechtzeitig i. S. d. § 15a InsO – einen Insolvenzantrag zu stellen. Er hat daher für eine Organisation zu sorgen, die ihm die erforderliche Übersicht über die wirtschaftliche und finanzielle Situation der Gesellschaft jederzeit ermöglicht. Diese durch das Organ wahrzunehmende Selbstprüfungspflicht verdichtet und intensiviert sich korrespondierend zur Verschärfung der Krise, um in der angesprochenen Insolvenzantragspflicht zu kulminieren.[23] Die derartigen Leitlinien finden im geschriebenen Recht nur ausschnittweise – im AktG deutlicher als im GmbHG, vgl. etwa § 91 Abs. 2 AktG – Ausdruck, genießen gleichwohl aber allgemeine Akzeptanz als Teil der fundamentalen Organpflichten des Geschäftsleiters.[24] Im Einzelnen werden Umfang und Ausgestaltung der Selbstprüfungspflicht durch die Eigenart und wie bereits erwähnt auch durch die wirtschaftliche Lage des konkreten Unternehmens determiniert.[25] Kommt es zum Eintritt der materiellen Insolvenz in Form von Zahlungsunfähigkeit oder Überschuldung, geht damit, neben der Insolvenzantragspflicht des § 15a InsO, ein sog. Zahlungsverbot einher, also das Verbot, nach dem Eintritt der materiellen Insolvenz noch Zahlungen zu leisten, s. dazu § 64 S. 1 GmbHG, § 92 Abs. 2 S. 1 AktG, § 99 S. 1 GenG, § 130a Abs. 1 S. 1 HGB (ggf. i. V. m. § 177a S. 1 HGB).[26]

---

[23] S. zu diesem Pflichtenkanon BGHZ 126, 181, 199; BGH NJW-RR 1995, 669, 669 f.; BGH NJW 2007, 2118, 2120, Rn. 16; BGH NJW-RR 2012, 1122, 1122 f., Rn. 11; BGH WM 2012, 1124, 1126, Rn. 15; *Drenckhan*, Gläubigerschutz in der Krise der GmbH, S. 48 ff., 64; *Poertzgen*, Organhaftung wegen Insolvenzverschleppung, S. 208 f.; *Kleindiek*, FS U. H. Schneider (2011), S. 617, 618 f.; *Bitter*, ZInsO 2010, 1561, 1573; *Bork*, ZIP 2011, 101, 102; *Paefgen*, in: Ulmer, § 43 GmbHG Rn. 60; *Fleischer*, in: MünchKomm-GmbHG, § 43 GmbHG Rn. 62 f.; *Haas*, in: Baumbach/Hueck, § 64 GmbHG Rn. 61; *Hopt/Roth*, in: Großkomm. AktG, § 93 AktG Rn. 179, 181; *Spindler*, in: MünchKomm-AktG, § 93 AktG Rn. 156, 158; *Koch*, in: Hüffer/Koch, § 92 AktG Rn. 25.

[24] *Poertzgen*, Organhaftung wegen Insolvenzverschleppung, S. 208 f.; *Kleindiek*, FS U. H. Schneider (2011), S. 617, 618; *ders.*, in: Lutter/Hommelhoff, § 43 GmbHG Rn. 31 ff.; *Fleischer*, in: MünchKomm-GmbHG, § 43 GmbHG Rn. 63; *Haas*, Gutachten E für den 66. DJT, E 105; *ders.*, in: Baumbach/Hueck, § 64 GmbHG Rn. 61; *Hopt/Roth*, in: Großkomm. AktG, § 93 AktG Rn. 179 ff.

[25] S. nur *Drenckhan*, Gläubigerschutz in der Krise der GmbH, S. 49; *Fleischer*, in: MünchKomm-GmbHG, § 43 GmbHG Rn. 63.

[26] Zum Zahlungsverbot etwa *Poertzgen*, Organhaftung wegen Insolvenzverschleppung, S. 214 ff.; *H. F. Müller*, in: MünchKomm-GmbHG, § 64 GmbHG Rn. 1, 137; *Habersack/*

Die Verletzung dieser Pflichten kann die Verwirklichung einer Reihe von Haftungstatbeständen bedeuten.[27] Herausgegriffen sei zunächst, dass der Verstoß gegen die Insolvenzantragspflicht die Haftung nach § 823 Abs. 2 BGB i. V. m. § 15a InsO – gemäß fast allgemeiner Auffassung Schutzgesetz zugunsten der Gläubiger – zur Folge haben kann. Nach der heutigen Konzeption des BGH ist auf Rechtsfolgenseite insoweit bekanntlich zwischen dem (über § 92 InsO auf den Insolvenzverwalter übergeleiteten) Anspruch der „Altgläubiger" hinsichtlich des sog. „Quotenschadens" und dem durch den jeweiligen Gläubiger geltend zu machenden „Individualschaden" der „Neugläubiger" zu unterscheiden.[28] Die Verletzung des Zahlungsverbots führt zu der (Innen-)Haftung nach § 64 S. 1 GmbHG, §§ 92 Abs. 2 S. 1, 93 Abs. 3 Nr. 6 AktG, §§ 99 S. 1, 34 Abs. 3 Nr. 4 GenG, § 130a Abs. 1 S. 1, Abs. 2 S. 1 HGB (ggf. i. V. m. § 177a S. 1 HGB). Vom Verbot ausgenommen sind lediglich Zahlungen, die auch nach dem Zeitpunkt des Eintritts der Insolvenzreife mit der Sorgfalt eines „ordentlichen Geschäftsmanns" respektive „ordentlichen und gewissenhaften Geschäftsleiters" vereinbar sind, s. § 64 S. 2 GmbHG, § 92 Abs. 2 S. 2 AktG, § 99 S. 2 GenG, § 130a Abs. 1 S. 2 HGB (ggf. i. V. m. § 177a S. 1 HGB). Der Verstoß gegen den krisenspezifischen Pflichtenkanon, speziell die Insolvenzantragspflicht, kann zudem einen Binnenhaftungsanspruch nach § 43 Abs. 2 GmbHG, § 93 Abs. 2 AktG, § 34 Abs. 2 GenG auslösen.[29]

II. Der sog. Vertrauensgrundsatz als Entlastungsmöglichkeit

Seine Pflichten hat der Geschäftsleiter zu kennen; es gilt ein objektivierter, typisierter Verschuldensmaßstab („ordentlicher Geschäftsmann" bzw. „or-

---

Foerster, in: Großkomm. AktG, § 92 AktG Rn. 122 ff.; s. auch *K. Schmidt*, in: Scholz, § 64 GmbHG Rn. 6 ff.

[27] Übersicht (für die GmbH) etwa bei *Kleindiek*, FS U. H. Schneider (2011), S. 617 ff.; *H. F. Müller*, in: MünchKomm-GmbHG, § 64 GmbHG Rn. 137 ff., 199 ff., 220 ff.

[28] S. insbesondere BGHZ 126, 181, 190 ff.; BGHZ 138, 211, 214 ff.; BGHZ 171, 46, 51 ff., Rn. 12 ff. (seither ständige Rspr.); *Poertzgen*, Organhaftung wegen Insolvenzverschleppung, S. 31 ff.; *Bitter*, ZInsO 2010, 1561, 1573 ff.; *H. F. Müller*, in: MünchKomm-GmbHG, § 64 GmbHG Rn. 206 ff. m. w. N. auch zu abweichenden Ansichten; *Kleindiek*, in: Lutter/Hommelhoff, Anh zu § 64 GmbHG Rn. 91 ff.; *Haas*, in: Baumbach/Hueck, § 64 GmbHG Rn. 127 ff.; *Klöhn*, in: MünchKomm-InsO, § 15a InsO Rn. 140 ff.; teils kritisch *K. Schmidt*, in: Scholz, § 64 GmbHG Rn. 180 ff.; *ders./Herchen*, in: K. Schmidt, § 15a InsO Rn. 37 ff.

[29] *Drenckhan*, Gläubigerschutz in der Krise der GmbH, S. 48 f.; *Kleindiek*, FS U. H. Schneider (2011), S. 617, 619 f.; *ders.*, in: Lutter/Hommelhoff, § 43 GmbHG Rn. 35; *H. F. Müller*, in: MünchKomm-GmbHG, § 64 GmbHG Rn. 220; *K. Schmidt*, in: Scholz, § 64 GmbHG Rn. 220; *Spindler*, in: MünchKomm-AktG, § 92 AktG Rn. 75; *Fleischer*, in: Spindler/Stilz, § 92 AktG Rn. 72.

dentlicher und gewissenhafter Geschäftsleiter").[30] An eine Entlastung werden strenge Anforderungen gestellt. Ausnahmsweise kommt eine solche nach der Rechtsprechung, der große Teile des Schrifttums jedenfalls dem Grunde nach zustimmen, in Betracht, wenn sich der Geschäftsleiter auf den Rat eines fachkundigen Experten verlässt (sog. Vertrauens- oder „Reliance"-Grundsatz[31]). Eine Entlastung ist danach möglich, sofern der Geschäftsleiter den unabhängigen, fachlich qualifizierten Berater unverzüglich nach Auftreten der Krise unter umfassender Darstellung der Verhältnisse der Gesellschaft und Offenlegung der erforderlichen Unterlagen mit der Prüfung der Insolvenzreife beauftragt und das Prüfergebnis, auf dessen unverzügliche Vorlage er hinzuwirken hat, einer Plausibilitätskontrolle unterzieht.[32] In einem solchen Fall fehlt es nach h. M. am Verschulden des Geschäftsleiters.[33] Im Übrigen kommt es zu seiner Haftung nach Maßgabe der jeweiligen Haftungsnorm. Es wird sich zeigen, dass diese Grundsätze auch von besonderer Bedeutung für die Haftung des Beraters sind.

---

[30] BGHZ 126, 181, 199; BGH NJW 2007, 2118, 2120, Rn. 15 f.; BGH NJW-RR 2012, 1122, 1122, Rn. 9; BGH WM 2012, 1124, 1125 f., Rn. 13; *B. Müller*, Haftungsprivilegierung der Geschäftsleitung, S. 79 ff.; *Kleindiek*, FS U. H. Schneider (2011), S. 617, 622; *Haas*, in: Baumbach/Hueck, § 64 GmbHG Rn. 84; *Fleischer*, in: MünchKomm-GmbHG, § 43 GmbHG Rn. 255; *Hopt/Roth*, in: Großkomm. AktG, § 93 AktG Rn. 392; *Spindler*, in: MünchKomm-AktG, § 93 AktG Rn. 176.

[31] S. für die Bezüge insbesondere zum US-amerikanischen Vorbild nur *Fleischer*, ZIP 2009, 1397 ff.

[32] S. zu dieser Rspr. (Einzelheiten sind umstritten) BGHZ 126, 181, 199; BGH NJW 2007, 2118, 2120, Rn. 16; BGH NJW-RR 2012, 1122, 1122 f., Rn. 11; BGH WM 2012, 1124, 1126, Rn. 15 ff.; BGH WM 2013, 1646, 1647 f., Rn. 21 ff.; vgl. auch BGH NJW-RR 2011, 1670, 1672, Rn. 18; BGH NJW-RR 2015, 988, 991, Rn. 28 ff. (Übertragung auf Einholung von Rechtsrat); OLG Stuttgart WM 2010, 120, 123 f.; *B. Müller*, Haftungsprivilegierung der Geschäftsleitung, S. 139 ff. und passim; *Strohn*, ZHR 176 (2012), 137, 139 ff.; *Fleischer*, ZIP 2009, 1397, 1400; *ders.*, in: MünchKomm-GmbHG, § 43 GmbHG Rn. 42 ff., 259; *H. F. Müller*, DB 2014, 1301 ff.; *ders.*, in: MünchKomm-GmbHG, § 64 GmbHG Rn. 160 ff.; *Bitter*, ZInsO 2010, 1561, 1573; *Haas*, in: Baumbach/Hueck, § 64 GmbHG Rn. 61a; *Kleindiek*, in: Lutter/Hommelhoff, § 43 GmbHG Rn. 13 f.; *Paefgen*, in: Ulmer, § 43 GmbHG Rn. 69; *Hopt/Roth*, in: Großkomm. AktG, § 93 AktG Rn. 139 f.; *Koch*, in: Hüffer/Koch, § 93 AktG Rn. 44 f.

[33] BGH NJW 2007, 2118, 2120, Rn. 16; BGH WM 2012, 1124, 1126, Rn. 16 ff.; vgl. auch BGH NJW-RR 2011, 1670, 1671 f., Rn. 16 ff. (Einholung von Rechtsrat); *B. Müller*, Haftungsprivilegierung der Geschäftsleitung, S. 117 ff.; *Haas*, in: Baumbach/Hueck, § 64 GmbHG Rn. 84; *K. Schmidt*, in: Scholz, § 64 GmbHG Rn. 58; *Paefgen*, in: Ulmer, § 43 GmbHG Rn. 171; *Koch*, in: Hüffer/Koch, § 93 AktG Rn. 44; *Spindler*, in: MünchKomm-AktG, § 93 AktG Rn. 177; vgl. auch *Harnos*, Geschäftsleiterhaftung bei unklarer Rechtslage, S. 149 ff.; a. A. (schon die Pflichtverletzung entfalle) *Fleischer*, ZIP 2009, 1397, 1405; *ders.*, in: MünchKomm-GmbHG, § 43 GmbHG Rn. 42f; jetzt auch *Kleindiek*, in: Lutter/Hommelhoff, § 43 GmbHG Rn. 13.

III. Beratungsbedarf

Der Geschäftsleiter unterliegt mithin einer strengen Haftung. Diese wird in der Praxis immer bedeutsamer; Geschäftsleiter sehen sich zunehmend der persönlichen Inanspruchnahme ausgesetzt.[34] Das Haftungsrisiko wird dadurch vergrößert, dass gerade die Feststellung der Insolvenzreife mit erheblichen Unsicherheiten belastet ist. So ist etwa die Fortführungsprognose im Rahmen von § 19 InsO in hohem Maße fehler- (und manipulations-) anfällig.[35] Doch auch die Feststellung der Zahlungsunfähigkeit birgt jenseits der Zahlungseinstellung (vgl. § 17 Abs. 2 S. 2 InsO) Unwägbarkeiten.[36] Zudem können im Zusammenhang mit der Insolvenzverschleppung hohe Schäden entstehen; insbesondere die Ansprüche aus § 64 GmbHG und den jeweiligen Parallelvorschriften erreichen im Zuge einer – nach wie vor sehr häufigen – Insolvenzverschleppung schnell existenzbedrohenden Umfang.[37] Korrespondierend zu diesen Haftungsgefahren wächst auch die Bedeutung der Beratung, was insbesondere bezogen auf insolvenzrechtliche Fragestellungen wie die Prüfung der Insolvenzreife gilt. Die mit ihrer Feststellung verbundenen Schwierigkeiten machen die Einschaltung eines Beraters und den damit verbundenen Zugriff auf dessen Kenntnisse vielfach notwendig. Schließlich wird besonders die Rechtsprechung zum Vertrauensgrundsatz Geschäftsleiter dazu

---

[34] Vgl. nur *B. Müller*, Haftungsprivilegierung der Geschäftsleitung, S. 23 f., 69 ff.; *Boll*, Rechtsrat und Haftung in der Kapitalgesellschaft, S. 1 f.; *Poertzgen*, Organhaftung wegen Insolvenzverschleppung, S. 40; *Strohn*, ZHR 176 (2012), 137, 137; *H. F. Müller*, DB 2014, 1301, 1301 m. w. N.; *Hopt/Roth*, in: Großkomm. AktG, § 93 AktG Rn. 39 ff. m. w. N.; *Spindler*, in: MünchKomm-AktG, § 93 AktG Rn. 3; beachte dazu aus der Rspr. insbesondere BGHZ 135, 244 ff.

[35] Vgl. etwa *K. Schmidt*, in: ders., § 19 InsO Rn. 15 sowie in: ders./Uhlenbruck, S. 464 ff., Rn. 5.81 ff. (passim); *Schmerbach*, in: FK-InsO, § 19 InsO Rn. 36; vgl. auch *Drukarczyk/Schüler*, in: MünchKomm-InsO, § 19 InsO Rn. 78 ff.; *Schröder*, in: HambKomm, § 19 InsO Rn. 13.

[36] Vgl. *Dittmer*, Die Feststellung der Zahlungsunfähigkeit, S. 102 ff., 115 f.; *K. Schmidt*, in: ders., § 17 InsO Rn. 31.

[37] Vgl. nur *K. Schmidt*, in: ders./Uhlenbruck, S. 1113 ff., Rn. 11.38 ff. m. w. N.; *Kleindiek*, in: Lutter/Hommelhoff, § 64 GmbHG Rn. 2; vgl. auch *B. Müller*, Haftungsprivilegierung der Geschäftsleitung, S. 24 mit Fn. 6; *Hopt/Roth*, in: Großkomm. AktG, § 93 AktG Rn. 40 m. w. N. Beachte auch die Nachweise in Fn. 8 – so lag etwa OLG Dresden ZInsO 2015, 1507 ff. (Inanspruchnahme des Beraters durch Aufsichtsratsmitglieder) zugrunde, dass die Aufsichtsräte im Hinblick auf unzulässige Zahlungen durch den Vorstand ihrerseits zur Zahlung von 3.409.300,24 € verurteilt worden waren. Um Millionenbeträge ging es beispielsweise auch in BGH GmbHR 2013, 482 ff.; OLG München GmbHR 2014, 139 ff.; OLG Brandenburg ZInsO 2008, 1081 ff.; hohe sechsstellige Beträge waren Gegenstand etwa der Entscheidungen BGH NJW-RR 2012, 1122 ff.; OLG Hamburg ZInsO 2013, 2447 ff. Obgleich die jüngste Rechtsprechung des BGH die Gefahren der Haftung nach § 64 GmbHG bzw. den jeweiligen Parallelvorschriften etwas abmildert (s. dazu insbesondere BGHZ 203, 218 ff. und BGHZ 206, 52 ff.) ist das Risiko für Geschäftsleiter nach wie vor hoch.

veranlassen, auf fachkundige Beratung zurückzugreifen.[38] Im Übrigen kann die Einschaltung eines Beraters auch insofern erforderlich werden, als sich Geschäftsleiter in der Krise u. U. nicht ihr Scheitern eingestehen mögen. Dann kommt es besonders darauf an, dass der Berater als objektive Instanz tätig wird. Der wachsende Beratungsbedarf wiederum erhöht schlussendlich auch die Haftungsrisiken der entsprechend engagierten Berater.[39]

§ 3 Gang der Untersuchung

Aufbauend auf diesen Vorarbeiten wird sich die weitere Untersuchung der Haftung des Beraters auf zwei Ebenen erstrecken. In einem ersten Schritt ist die Haftung des Beraters gegenüber seinem Vertragspartner, dem Mandanten, auszuleuchten (2. Kapitel). Nach dem bislang Erörterten wird der Vertragspartner die Insolvenzschuldnerin sein. Im Fokus dieser Betrachtung stehen zunächst Fragen des Vertragsschlusses und der berufsrechtlichen Zulässigkeit insolvenzbezogener Beratungstätigkeit, die über § 134 BGB auch zivilrechtliche Auswirkungen haben können. Ein Schwerpunkt liegt sodann auf der Auseinandersetzung mit den insolvenzbezogenen Vertragspflichten des Beraters (§ 5). Wie bereits angedeutet wird dabei im Ausgangspunkt nach Mandatstypen differenziert. Auf Rechtsfolgenebene der vertraglichen Haftung stehen Schaden und Mitverschulden im Mittelpunkt. Ausführungen zur deliktischen Haftung und zu der Abwicklung der Haftung von Berater und Geschäftsleiter beschließen das 2. Kapitel.

Das 3. Kapitel befasst sich mit der Haftung des Beraters gegenüber anderen Personen als seinem ursprünglichen Vertragspartner. Es kann sich bei diesen etwa um die bereits angesprochenen Geschäftsleiter, Gesellschafter oder Gläubiger handeln. Zunächst soll das Haftungskonzept der Rechtsprechung erörtert werden. Dieses ist in seinen allgemeinen Kontext einzubetten, um dann die Entwicklung bis hin zur Eingliederung der Insolvenzkonstellation in dieses Konzept darzustellen. Daran schließt sich ein Überblick über alternative Konzepte der Haftung gegenüber Dritten an, die überwiegend im Schrifttum vertreten werden. Im Zentrum der weiteren Ausführungen steht die Entwicklung eines auf der Vorschrift des § 311 Abs. 3 S. 2 BGB (i. V. m. §§ 241 Abs. 2, 280 Abs. 1 BGB) basierenden Konzepts der Haftung

---

[38] Vgl. zum wachsenden Beratungsbedarf nur *Boll*, Rechtsrat und Haftung in der Kapitalgesellschaft, S. 3 f.; *B. Müller*, Haftungsprivilegierung der Geschäftsleitung, S. 24 f.; vgl. auch *Fleischer*, ZIP 2009, 1397, 1400; *ders.*, in: MünchKomm-GmbHG, § 43 GmbHG Rn. 42; *H. F. Müller*, DB 2014, 1301, 1301; *Kleindiek*, in: Lutter/Hommelhoff, Anh zu § 64 GmbHG Rn. 88 f.

[39] Vgl. zur Konstellation schon oben S. 2 m. w. N., beachte auch schon Fn. 12.

(§ 13). Abschließend ist auf die Möglichkeit der Haftungsfreizeichnung und -beschränkung einzugehen.

Den Abschluss der Untersuchung bildet eine Zusammenfassung der wesentlichen Erkenntnisse (Kapitel 4).

Kapitel 2

Die Haftung im Mandatsverhältnis

§ 4 Das Schuldverhältnis als Ausgangspunkt

Grundnorm für Schadensersatzansprüche aus einem Vertragsverhältnis ist seit der Schuldrechtsmodernisierung § 280 BGB. Fundament der auf diese Vorschrift gestützten Haftung ist die vertragliche Beziehung zwischen dem Berater und seinem Auftraggeber – das Schuldverhältnis, welches allgemein üblicherweise als Mandat oder Mandatsvertrag bezeichnet wird. Diese Vertragsbeziehung kann unterschiedliche Ausformungen haben. Als Vorstufe zu einer Untersuchung der jeweiligen vertraglichen Pflichten ist zunächst eine typologische Einordnung der relevanten Vertragsabreden vorzunehmen und auf Aspekte des Vertragsschlusses sowie Auswirkungen berufsrechtlicher Regelungen einzugehen.

A. Typologie der Beraterverträge

Eine umfassende Darstellung aller denkbaren Erscheinungsformen von Beraterverträgen soll an dieser Stelle nicht erfolgen. Vielmehr werden die im Zusammenhang mit der Insolvenzsituation und der Bestimmung insoweit relevanter Pflichten des Beraters bedeutsamsten Verträge aufgezeigt.

I. Allgemeines steuerliches Mandat

1. Steuerberater

In der Praxis häufig und für den Steuerberater geradezu typisch ist die Verpflichtung zur allgemeinen Wahrnehmung aller steuerlichen Interessen des Mandanten.[1] In diesem Fall geht es üblicherweise um seine dauerhafte Betreuung.[2] Die Terminologie ist uneinheitlich und erstreckt sich von der Bezeichnung als allgemeines (Steuer-)Mandat[3] oder steuerliches bzw. allgemeines Dauermandat[4] bis zu dem Begriff des umfassenden Mandats[5]. Wichtiger

---

[1] Vgl. *Zugehör*, FS G. Fischer (2008), S. 617, 618; Beispiele für Elemente einer solchen Verpflichtung bei *Koslowski*, § 33 StBerG Rn. 20.

[2] S. *Martinek*, in: Staudinger, § 675 BGB Rn. B 196.

[3] Vgl. *H. F. Müller*, ZInsO 2013, 2181, 2182.

[4] So insbesondere die Rspr., s. nur BGH NJW-RR 2013, 983 ff. (s. schon 1. Ls.); BGH NJW-RR 2005, 1654, 1655; die Terminologie in der Rspr. ist ihrerseits nicht immer einheitlich, s. BGH NJW-RR 2012, 828, 829, Rn. 9.

als die zeitliche Komponente ist bei diesem Mandatstyp der Inhalt des Mandats in gegenständlicher Hinsicht, also die Verpflichtung zur umfassenden Betreuung des Mandanten in seinen allgemeinen steuerlichen Angelegenheiten im Gegensatz zu einer nur auf bestimmte Bereiche begrenzten Betreuung. Daher wird im Folgenden der Begriff des allgemeinen steuerlichen Mandats verwendet. Eine gesetzliche Typisierung oder Konkretisierung des allgemeinen steuerlichen Mandats existiert nicht – maßgeblich sind in erster Linie die Vereinbarungen der Parteien, die ggf. durch Auslegung zu ermitteln oder zu ergänzen sind.[6] Der BGH stuft eine Abrede über die fortlaufende Fertigung der monatlichen betriebswirtschaftlichen Auswertungen, der Lohnabrechnungen der Mitarbeiter, der Meldungen an das Finanzamt und die Sozialversicherungsträger, der Jahresabschlüsse und der Bilanzen sowie die Unterstützung bei den Prüfungen dieser Stellen als eine Wahrnehmung der allgemeinen steuerlichen Interessen des Mandanten[7] und damit letztlich als allgemeines steuerliches Mandat ein. Bei der allgemeinen Wahrnehmung der steuerlichen Interessen des Mandanten kommt es nicht auf einen konkret herbeizuführenden Erfolg im Sinne einer in sich abgeschlossenen Handlung an, sondern regelmäßig auf die andauernde Tätigkeit als solche. Das allgemeine steuerliche Mandat wird daher einhellig als Dienstvertrag mit Geschäftsbesorgungscharakter, §§ 675, 611 BGB, eingeordnet.[8] Das gilt auch für entsprechende Vereinbarungen mit Steuerbevollmächtigten.[9] Eine isolierte Einzelleistung wäre demgegenüber als Werkvertrag mit Geschäftsbesorgungscharakter (§§ 675, 631 BGB) zu qualifizieren.[10]

2. *Wirtschaftsprüfer*

Wenn Wirtschaftsprüfer im Bereich der steuerlichen Beratung tätig werden, was neben der Prüfungstätigkeit gesetzlich zugelassen ist (vgl. § 2 Abs. 2 WPO i. V. m. § 3 StBerG), sind in diesem Zusammenhang allgemeine steuerliche Mandate denkbar, wie sie auch bei Steuerberatern auftreten. Soweit ein Wirtschaftsprüfer beratend tätig wird und keine von vornherein konkretisierte Einzelleistung wie die Prüfung des Jahresabschlusses erbringt, ist auch diese

[5] OLG Schleswig ZInsO 2011, 2280, 2284; *Zugehör*, FS Ganter (2010), S. 573, 573 f.

[6] *D. Fischer*, in: Bamberger/Roth, § 675 BGB Rn. 35.

[7] Vgl. BGH NJW-RR 2013, 983, 984, Rn. 13; vgl. nunmehr auch OLG Saarbrücken ZInsO 2016, 458, 459.

[8] Grundlegend BGHZ 54, 106, 107; BGHZ 78, 335, 338; BGHZ 115, 382, 386; BGH NJW 2002, 1571, 1572 f.; BGH NJW-RR 2006, 1490, 1490, Rn. 4; *Hirte*, Berufshaftung, S. 38 m. w. N.; *Zugehör*, FS G. Fischer (2008), S. 617, 618; *Mutschler*, DStR 2007, 550, 552, 553 mit Fn. 49; *Werner*, StBW 2013, 571, 571; *Fehrenbacher*, in: PWW, § 675 BGB Rn. 19; *Schwab*, in: NK-BGB, § 675 BGB Rn. 5.

[9] Allgemein zum Gleichlauf *Koslowski*, § 32 StBerG Rn. 4, § 33 StBerG Rn. 2.

[10] S. nur BGHZ 78, 335, 338; BGHZ 115, 382, 386; *Koslowski*, § 33 StBerG Rn. 24; *Heermann*, in: MünchKomm-BGB, § 675 BGB Rn. 41.

Tätigkeit als Dienstvertrag mit Geschäftsbesorgungscharakter, §§ 675, 611 BGB, einzuordnen.[11] Entsprechendes gilt für das Tätigwerden vereidigte Buchprüfer.[12]

3. Rechtsanwalt

Auf die andauernde und umfassende Beratung gerichtete Mandate sind charakterisierend für die Tätigkeit des Steuerberaters, während Rechtsanwälte typischerweise anlassbezogen mit der Bearbeitung einzelner Sachverhalte und Rechtsfragen betraut werden (wenngleich daraus eine längerfristige Beschäftigung mit der konkreten Fragestellung folgen kann). Theoretisch könnten Rechtsanwälte aber auch ein allgemeines steuerliches Mandat in der Form übernehmen, wie es bei Steuerberatern regelmäßig auftaucht, denn Rechtsanwälte dürfen umfassend rechtlich beraten und damit auch im Steuerrecht tätig werden, s. § 3 Abs. 1 BRAO, § 3 Nr. 1 StBerG.[13] Davon abzugrenzen ist der Fall, dass ein Rechtsanwalt außerhalb des Steuerrechts „allgemein" rechtsberatend tätig wird. Denkbar ist dies beispielsweise bei unternehmerisch tätigen Mandanten, bei denen es vorkommen kann, dass eine laufende Beratung zur Klärung aller sukzessive im Geschäftsbetrieb auftauchenden Rechtsfragen vereinbart wird.[14] Dann geht es jedoch nicht um ein allgemeines steuerliches Mandat. Der Rechtsnatur nach handelt es sich jeweils um einen Dienstvertrag mit Geschäftsbesorgungscharakter i. S. d. §§ 675, 611 BGB, da das Ableisten der Tätigkeit als solches und kein durch die Tätigkeit herbeizuführender Erfolg Kern der Vereinbarung ist.[15]

II. Jahresabschlusserstellung (Handels- bzw. Steuerbilanz)

Der Kaufmann ist nach § 242 HGB (s. auch § 264 HGB) verpflichtet, einen Jahresabschluss zu erstellen. Zur Erfüllung dieser Pflicht bedienen sich Kaufleute (bzw. die gesetzlichen Vertreter einer zur Jahresabschlusserstellung verpflichteten Gesellschaft) oft der Hilfe von Beratern – in der Regel, aber nicht zwingend, der von Steuerberatern oder seltener Wirtschaftsprüfern. Teil

---

[11] *Hirte*, Berufshaftung, S. 57 m. w. N.; *Hopt*, FS Pleyer (1986), S. 341, 357; *Brandner*, ZIP 1984, 1186, 1187; *Hopt/Merkt*, in: Baumbach/Hopt, § 318 HGB Rn. 3; *Fehrenbacher*, in: PWW, § 675 BGB Rn. 22.

[12] Vgl. zu diesen § 129 Abs. 2 WPO i. V. m. § 3 StBerG und § 129 Abs. 3 Nr. 2, 3 WPO.

[13] S. *Koslowski*, § 3 StBerG Rn. 7; *Busse*, in: Henssler/Prütting, § 3 BRAO Rn. 13.

[14] Vgl. *Jungk*, AnwBl 2009, 221, 221; s. auch *dies.*, in: Borgmann/Jungk/Schwaiger, Anwaltshaftung, S. 64, Rn. 27.

[15] Vgl. *Martinek*, in: Staudinger, § 675 BGB Rn. B 165; *Sprau*, in: Palandt, § 675 BGB Rn. 23; *Jungk*, in: Borgmann/Jungk/Schwaiger, Anwaltshaftung, S. 64, Rn. 27; generell stellt dies bei Rechtsanwälten den Regelfall dar, s. *D. Fischer*, in: Bamberger/Roth, § 675 BGB Rn. 6.

des handelsrechtlichen Jahresabschlusses ist die (Handels-)Bilanz, vgl. § 242 Abs. 3 HGB. Nach § 5 Abs. 1 S. 1 EStG hat die Handelsbilanz in einem gewissen Rahmen Bedeutung für die Steuerbilanz (sog. Grundsatz der Maßgeblichkeit).[16] Handels- und Steuerbilanz werden daher häufig parallel erstellt bzw. die Steuerbilanz aus der Handelsbilanz entwickelt.

Das Einschalten eines Beraters zur Erstellung der Bilanz kann verschiedene Ausprägungen haben. Oft mag nur die isolierte „Überführung" der Buchführung und der sonstigen relevanten Zahlen des Mandanten in den Jahresabschluss vereinbart sein. Dann handelt es sich – in der Terminologie der berufsständischen Vereinigungen Bundessteuerberaterkammer (BStBK) und Institut der Wirtschaftsprüfer (IDW), die insoweit maßgebliche Verlautbarungen veröffentlicht haben, sowie der daran anknüpfenden Praxis – um eine sog. „Erstellung ohne Beurteilungen".[17] Denkbar ist aber auch, dass der Berater nicht nur den Jahresabschluss erstellt, sondern zugleich die vom Mandanten vorgelegten Zahlenwerke inhaltlich überprüft. Hier wird zwischen der sog. „Erstellung mit Plausibilitätsbeurteilungen" und der „Erstellung mit umfassenden Beurteilungen" unterschieden.[18] Im erstgenannten Fall hat der Berater nach IDW und Bundessteuerberaterkammer die Erstellung des Jahresabschlusses sowie Befragungen und analytische Beurteilungen vorzunehmen, um mit einer gewissen Sicherheit feststellen zu können, dass die vorgelegten Zahlenwerke ordnungsmäßig sind.[19] Im zuletzt genannten Fall der Erstellung mit umfassenden Beurteilungen hat der Berater sogar „hinreichende Sicherheit" über die Ordnungsmäßigkeit der vorgelegten Unterlagen zu erlangen.[20] Da sich der Berater bei der Abschlusserstellung in jeder Variante zur Herbeiführung eines Erfolgs verpflichtet, handelt es sich um einen Werk-

[16] S. im Einzelnen nur *Krumm*, in: Blümich, § 5 EStG, insbesondere Rn. 150 ff., 180 ff. [August 2015].

[17] S. zu den einzelnen „Auftrags-"arten IDW S 7, Rn. 11, 32 ff., WPg Supplement 1/2010, 100 ff. sowie die Verlautbarung der Bundessteuerberaterkammer zu den Grundsätzen für die Erstellung von Jahresabschlüssen, Rn. 11, 32 ff., DStR-Beihefter Heft 16/2010, 17 ff.; s. dazu *Dehler/Kalina-Kerschbaum*, DStR 2010, 942, 943 f.; *Farr/Niemann*, DStR 2010, 1095, 1098 f.; s. ausführlich (auch zu Rechtsnatur und Auswirkungen der Verlautbarungen auf die Praxis) noch S. 65 ff.

[18] S. Fn. 17.

[19] IDW S 7, Rn. 37, WPg Supplement 1/2010, 100 ff.; Verlautbarung der Bundessteuerberaterkammer zu den Grundsätzen für die Erstellung von Jahresabschlüssen, Rn. 37, DStR-Beihefter Heft 16/2010, 17 ff.; s. dazu *Dehler/Kalina-Kerschbaum*, DStR 2010, 942, 944; *Farr/Niemann*, DStR 2010, 1095, 1098.

[20] IDW S 7, Rn. 45, WPg Supplement 1/2010, 100 ff.; Verlautbarung der Bundessteuerberaterkammer zu den Grundsätzen für die Erstellung von Jahresabschlüssen, Rn. 45, DStR-Beihefter Heft 16/2010, 17 ff.; dazu *Dehler/Kalina-Kerschbaum*, DStR 2010, 942, 944; *Farr/Niemann*, DStR 2010, 1095, 1099.

vertrag (§§ 675, 631 BGB).[21] Die auf die Abschlusserstellung gerichtete Tätigkeit des Steuerberaters kann der Buchführungshilfe (s. §§ 1 Abs. 2 Nr. 2, 33 S. 2 StBerG) als Unterfall der Hilfeleistung in Steuersachen[22] und damit der steuerlichen Beratung zugerechnet werden.[23]

III. Vertrag über die Prüfung der Insolvenzreife („Prüfvertrag")

Ein Berater könnte sich weiterhin zur Prüfung der Insolvenzreife eines Unternehmens verpflichten. Diese gesetzlich wiederum nicht eigens geregelte Vereinbarung wird im Folgenden als Prüfvertrag bezeichnet. Hintergrund der Vereinbarung wird in der Regel die Tatsache sein, dass der Mandant (bzw. dessen Geschäftsleiter) fehlende insolvenzrechtliche Kenntnisse kompensieren muss, um seine Interessen und Pflichten in der Krise wahrnehmen zu können; dies erfordert zunächst, die Insolvenzreife überhaupt zu erkennen.[24] Im Rahmen eines solchen Prüfvertrags muss der Berater die Frage beantworten, ob ein Eröffnungsgrund vorliegt, was die Prüfung der Tatbestände der §§ 17 ff. InsO voraussetzt.[25] Die Tätigkeit des Beraters ist also gerade auf die Herbeiführung eines Erfolgs gerichtet und erschöpft sich nicht im Tätigwerden. Folglich handelt es sich bei einem solchen Vertrag um einen Werkvertrag i. S. v. § 631 BGB.[26] Der BGH versteht die Prüfung der Insolvenzreife aufgrund eines Prüfvertrags zutreffend nicht als Pflichtprüfung i. S. v. § 316 HGB, sondern als freiwillige Prüfung[27] (indes kann diese Verpflichtung richtigerweise auch nicht ohne Weiteres als freiwillige Abschlussprüfung verstanden werden, vielmehr handelt es sich um ein eigenständiges, davon zu unterscheidendes Vertragsversprechen)[28].

---

[21] Vgl. schon RGZ 88, 223, 226 f. (RA); BGH NJW 1965, 106, 106 (RA); BGHZ 115, 382, 386 (StB); *Zugehör*, WM 2013, 1965, 1966; *Heermann*, in: MünchKomm-BGB, § 675 BGB Rn. 41; *Koslowski*, § 33 StBerG Rn. 24.

[22] S. schon BVerfGE 54, 301, 323.

[23] BGHZ 193, 297, 300 f., Rn. 11; s. auch *Koslowski*, § 33 StBerG Rn. 8.

[24] Vgl. auch schon oben S. 7 ff.

[25] Vgl. *Zugehör*, WM 2013, 1965, 1967; zu §§ 17, 19 InsO schon oben S. 5 f.

[26] BGHZ 193, 297, 300, Rn. 9; BGH NJW 2013, 2345, 2345, Rn. 13 („gem. § 634 Nr. 4 BGB Schadensersatz"); *H. F. Müller*, ZInsO 2013, 2181, 2181; *Kayser*, ZIP 2014, 597, 598; s. allgemein Fn. 21.

[27] BGHZ 193, 297, 300 f., Rn. 11; als freiwillige Prüfung ist die Insolvenzreifeprüfung nicht den Wirtschafts- und Buchprüfern vorbehalten, sie kann daher im Grundsatz von jedermann erbracht werden, s. auch noch sogleich; beachte zur berufsrechtlichen Zulässigkeit noch S. 41 ff.

[28] In terminologischer Hinsicht gilt es zu beachten, dass mit dem Begriff der freiwilligen Prüfung nicht zwingend eine freiwillige *Abschluss*prüfung bzw. eine dieser im Ganzen entsprechende Prüfung gemeint sein muss. Im Rahmen der Privatautonomie können freiwillige Prüfungen verschiedenste Ausformungen annehmen; vgl. auch *Goerdeler*, FS R. Fischer (1979), S. 149, 150 f.; ferner *Mirtschink*, Die Haftung des Wirtschaftsprüfers gegenüber Dritten, S. 203.

IV. Jahresabschlussprüfung

Die Prüfung eines Jahresabschlusses kann auf gesetzliche Anordnung (vgl. § 316 HGB) oder freiwillige Initiative zurückgehen. Die Prüfung aufgrund gesetzlicher Anordnung kann grundsätzlich nur ein Wirtschaftsprüfer, bisweilen auch ein vereidigter Buchprüfer, vornehmen, vgl. § 319 Abs. 1 S. 1, 2 HGB. Freiwillige (Abschluss-)Prüfungen können theoretisch auch Steuerberater und andere Berater vornehmen.[29] In jedem Fall liegt dem ein zivilrechtlicher Prüfungsvertrag mit dem Prüfer zugrunde.[30] Dieser Vertrag hat die Vornahme der Prüfung sowie die Ausfertigung des Prüfungsberichts und die Erteilung des Bestätigungsvermerks[31] zum Inhalt. Der Abschlussprüfer hat also einen konkreten Erfolg herbeizuführen; seine Arbeit kulminiert in diesem Ergebnis.[32] Dementsprechend ist der Vertrag rechtstechnisch als Werkvertrag mit Geschäftsbesorgungscharakter (§§ 675, 631 BGB) einzuordnen.[33]

V. Unternehmens- bzw. Wirtschaftsberatung

Weiter wäre ein auf die Beratung in wirtschaftlichen Fragen gerichtetes Mandat denkbar. Kaufmännisch-betriebswirtschaftliche Beratung („Unternehmensberatung" oder „Management Consulting")[34] kann grundsätzlich ohne eine bestimmte Ausbildung und ohne Zugehörigkeit zu einer bestimmten Berufsgruppe erbracht werden.[35] Umgekehrt könnten auch Angehörige der klassischen beratenden Berufe im wirtschaftsberatenden Bereich tätig wer-

---

[29] S. *Goerdeler*, FS R. Fischer (1979), S. 149, 151; *Wollburg*, in: Hense/Ulrich, § 2 WPO Rn. 5; *Koslowski*, § 33 StBerG Rn. 12; *Habersack/Schürnbrand*, in: Großkomm. HGB, § 316 HGB Rn. 29 (nur mit entsprechender (gesellschafts-)vertraglicher Vorgabe).

[30] Zur Pflichtprüfung *Mai*, Abschlussprüfer, S. 88 f.; *Ebke*, in: MünchKomm-HGB, § 318 HGB Rn. 21; *Bormann*, in: MünchKomm-BilR, § 318 HGB Rn. 49.

[31] Vgl. zu Bestätigungen und anderen „Bescheinigungen" bei der freiwilligen Abschlussprüfung *Ebke*, in: MünchKomm-HGB, § 316 HGB Rn. 12.

[32] Vgl. auch *Mirtschink*, Die Haftung des Wirtschaftsprüfers gegenüber Dritten, S. 13; *W. Müller*, in: KK-RLR, § 318 HGB Rn. 46.

[33] H. M., s. BGH NJW 2000, 1107, 1107; *Mirtschink*, Die Haftung des Wirtschaftsprüfers gegenüber Dritten, S. 12 f.; *Nann*, Wirtschaftsprüferhaftung, S. 26 (auch für die freiwillige Prüfung); *Habersack/Schürnbrand*, in: Großkomm. HGB, § 318 HGB Rn. 26; *Martinek*, in: Staudinger, § 675 BGB Rn. B 250; *Hopt/Merkt*, in: Baumbach/Hopt, § 318 HGB Rn. 3; offenlassend *Ebke*, in: MünchKomm-HGB, § 318 HGB Rn. 23; a. A. *Hartmann*, Bilanzrecht, S. 96 mit Fn. 161 (überwiegend dienstvertragliche Regelungen); *Mai*, Abschlussprüfer, S. 249 (typengemischt aus Dienst- und Werkvertrag).

[34] *Martinek*, in: Staudinger, § 675 BGB Rn. B 76; Übersicht über Begrifflichkeiten und Definitionen aus betriebswirtschaftlicher Sicht bei *Kröger*, Die Haftung des Unternehmensberaters, S. 81.

[35] *Kröger*, Die Haftung des Unternehmensberaters, S. 77; s. zu den konkreten fachlichen Anforderungen aber *Schäfer*, DStR 1997, 794, 794 f.

den.[36] Das läge zunächst bei Wirtschaftsprüfern nahe. Diese sind zur Wirtschaftsberatung berechtigt und befähigt (s. § 2 Abs. 3 Nr. 2 WPO).[37] Des Weiteren können Wirtschaftsprüfer treuhänderisch tätig werden (s. § 2 Abs. 3 Nr. 3 WPO).[38] Daneben kommen gerade auch Steuerberater für die Wirtschafts- und Unternehmensberatung in Betracht (s. § 57 Abs. 3 Nr. 3 StBerG).[39] Es sind im Einzelfall mannigfaltige Ausgestaltungsmöglichkeiten des Mandats und der Tätigkeit denkbar.[40] Zu berücksichtigen ist dabei, dass auch das allgemeine steuerliche Mandat einzelne Elemente enthalten kann, die an sich der Wirtschaftsberatung zuzurechnen wären.[41] Gleichwohl kann die betriebswirtschaftliche Beratung einen Umfang erreichen, der das Mandat zu einem originär wirtschaftsberatenden macht, sodass es das allgemeine steuerliche Mandat hinter sich lässt (oder ganz unabhängig von diesem besteht) und damit von diesem abzugrenzen ist.[42]

VI. Sanierungsberatung

Schließlich ist kurz auf die Sanierungsberatung einzugehen. Diese gegenüber einem in die Krise geratenen Unternehmen geleistete – und dadurch im Verhältnis zur „allgemeinen" Wirtschafts- und Unternehmensberatung als spezieller anzusehende – Beratung kann zunächst die Analyse der Ursachen der Krise umfassen.[43] Darüber hinaus kann dann die Beratung zur Sanierung außerhalb des Insolvenzverfahrens (dies ist der üblicherweise als Sanierungsberatung bezeichnete Fall) oder die beratende Begleitung im Insolvenzverfahren versprochen sein.[44] Denkbar ist aber auch die Erstellung von Insolvenzplänen oder die Beratung bei der Einleitung des Verfahrens, also eine dem

---

[36] Vgl. auch *Kröger*, Die Haftung des Unternehmensberaters, S. 89 mit Fn. 361, S. 91 mit Fn. 365, S. 102.

[37] Vgl. auch *Wollburg*, in: Hense/Ulrich, § 2 WPO Rn. 19.

[38] Zur Treuhand (im Allgemeinen) *Martinek*, in: Staudinger, § 675 BGB Rn. B 214; zur Vermögensverwaltung (als Unterfall der Treuhand) durch den Wirtschaftsprüfer *Hopt*, FS Pleyer (1986), S. 341, 360 m. w. N.

[39] Dazu *Koslowski*, Einleitung Rn. 19, § 33 StBerG Rn. 11, § 57 StBerG Rn. 106.

[40] *Kröger*, Die Haftung des Unternehmensberaters, S. 154; *Exner*, Der Unternehmensberatungsvertrag, S. 8 f.; *Martinek*, in: Staudinger, § 675 BGB Rn. B 77; für Steuerberater beispielsweise *Schäfer*, DStR 1997, 794, 795; *Koslowski*, § 33 StBerG Rn. 11, § 57 StBerG Rn. 106.

[41] Vgl. schon S. 13 f.; BGH NJW-RR 2013, 983, 984, Rn. 13; zur Verzahnung von steuer- und wirtschaftsberatender Tätigkeit *Koslowski*, § 33 StBerG Rn. 11.

[42] Zur schwierigen allgemeinen Einordnung der Rechtsnatur nach *Kröger*, Die Haftung des Unternehmensberaters, S. 153 ff.; *Exner*, Der Unternehmensberatungsvertrag, S. 9 ff.; *Martinek*, in: Staudinger, § 675 BGB Rn. B 83 ff.

[43] S. *Müller-Feldhammer*, NJW 2008, 1777, 1778; *Riering*, in: MAH-InsO, § 22, Rn. 21.

[44] Vgl. *Frege*, NZI 2006, 545, 547 f.; *Riering*, in: MAH-InsO, § 22, Rn. 22 ff.

eigentlichen (formellen) Insolvenzverfahren vorgelagerte Tätigkeit.[45] Die Umsetzung dieser Maßnahmen erfolgt durch den Geschäftsleiter.[46] Da mit der Sanierungsberatung eine Vielzahl spezieller Fragen verbunden ist, deren Erörterung den Rahmen dieser Ausarbeitung sprengen würde, und die Sanierungsberatung typischerweise keine für die in dieser Arbeit zu untersuchenden insolvenzbezogenen Pflichten entscheidende Tätigkeiten beinhaltet, soll auf die Sanierungsberatung im Weiteren nur punktuell zur Ergänzung eingegangen werden.[47]

B. Der Vertragsschluss

I. Grundlegendes

Das Zustandekommen der dargestellten Verträge hängt nach allgemeinen Grundsätzen von dem (geäußerten) Willen der Parteien ab.[48] Diese müssen sich einigen.[49] Die Einigung kann auch vermittelt durch konkludente Willenserklärungen zustande kommen, also durch schlüssiges Verhalten.[50] Aus Gründen der Beweisbarkeit wird zu Recht häufig der schriftliche Vertragsabschluss empfohlen.[51] In dogmatischer Hinsicht bestehen jedoch keine Besonderheiten.

II. Der Prüfvertrag und seine Ausformung durch die Rechtsprechung

Für den Vertrag über die Prüfung der Insolvenzreife eines Unternehmens gilt (gesetzes-)rechtlich nichts anderes als das soeben festgehaltene. Die Rechtsprechung des BGH zum Prüfvertrag erodiert diese Aussagen in der Praxis indes und erfordert daher eingehendere Betrachtung. Ausgehend von der Problematik des Vertragsschlusses wird die Entwicklung dieser Rechtsprechung systematisch, nicht chronologisch, dargestellt.

---

[45] Vgl. zu solchen und ähnlichen Varianten *Ehlers*, BB 2014, 131, 133 ff.

[46] Zur Rechtsnatur des zugrunde liegenden Vertrags *Frege*, NZI 2006, 545, 547 (Dienstvertrag mit Geschäftsbesorgungscharakter oder Werkvertrag mit Geschäftsbesorgungscharakter); anders *Müller-Feldhammer*, NJW 2008, 1777, 1778 f.: in der Regel typengemischter Geschäftsbesorgungsvertrag mit werk- und dienstvertraglichen Elementen.

[47] S. zu Hinweispflichten bezogen auf die Insolvenzreife im Rahmen der Sanierungsberatung noch S. 62 f.

[48] Mot. I, S. 126 = *Mugdan*, Bd. I, S. 421.

[49] S. nur *Enneccerus/Nipperdey*, Allgemeiner Teil des Bürgerlichen Rechts, S. 909 f.

[50] *Heermann*, in: MünchKomm-BGB, § 675 BGB Rn. 26; *Jungk*, in: Borgmann/Jungk/Schwaiger, Anwaltshaftung, S. 76, Rn. 63; allgemein *Medicus/Petersen*, AT, S. 146 f., Rn. 333 ff.

[51] S. z. B. *D. Fischer*, DB 2013, 2010, 2010; *Schaaf/Mushardt*, DB 2013, 1890, 1892.

1. Die jüngste Rechtsprechung des BGH

a) Urteil vom 06.06.2013 – NJW 2013, 2345 ff.

In seinem Urteil vom 06.06.2013 nahm der IX. Zivilsenat an, es sei ein Prüfvertrag zwischen einem Steuerberater und dessen Mandanten, einer GmbH, geschlossen worden.[52] Hinter der Entscheidung stand in tatsächlicher Hinsicht, dass der Steuerberater über Jahre für den Mandanten tätig geworden war und in diesem Rahmen schließlich (jedenfalls auch) einen Jahresabschluss erstellt hatte.[53] Der im Zusammenhang mit dem Jahresabschluss von dem Berater angefertigte Bilanzbericht enthielt einen Vermerk, der nach dem Tatbestand des BGH-Urteils ausführte, dass es sich bei einem nicht durch Eigenkapital gedeckten Fehlbetrag in der Bilanz „um eine ‚Überschuldung rein bilanzieller Natur' handele, weil für Verbindlichkeiten […] Rangrücktrittserklärungen vorlägen und der Gesellschaft auf Grund des hohen Anteils an Stammkunden ein hoher Firmenwert innewohne".[54] Der Insolvenzverwalter des später in Insolvenz gefallenen Mandanten war der Meinung, dass diese

---

[52] BGH NJW 2013, 2345, 2345, Rn. 13. Originär vertraglich verpflichtet war auf Seiten des Beraters tatsächlich allerdings eine Beratungsgesellschaft in Form einer GbR. Konkret tätig wurde einer ihrer Gesellschafter. Verklagt wurde nunmehr die Gesellschaft auf Grundlage des Vertrags und zugleich der Gesellschafter aus §§ 128 f. HGB analog. Für die grundsätzliche Frage nach der Haftung des auf vertraglicher Grundlage tätig werdenden Beraters ist es jedoch ohne Belang, ob formal eine Gesellschaft oder eine natürliche Person als Vertragspartner anzusehen ist. Zur Vereinfachung soll diese Besonderheit des konkreten Falls daher außer Acht gelassen werden.

[53] Ob der Tätigkeit des Beraters damit ursprünglich ein allgemeines steuerliches oder ein in bestimmtem Umfang beschränktes Mandat zugrunde lag, geht weder aus dem Urteil des BGH noch den der Entscheidung vorangegangenen Urteilen des OLG Köln (BeckRS 2013, 11389) bzw. LG Köln (BeckRS 2013, 11390) eindeutig hervor. BGH NJW 2013, 2345, 2345, Rn. 13 formuliert allerdings, dass die Beklagte „als allgemeine steuerliche Beraterin den […] Jahresabschluss gefertigt hat" (Auslassung durch Verfasser). Nach OLG Köln BeckRS 2013, 11389 war die Beklagte „seit Jahren als Steuerberaterin für die Schuldnerin tätig", nach LG Köln BeckRS 2013, 11390 führte sie „langjährig Steuerberatertätigkeiten aus". In der Gesamtschau liegt es daher zumindest nahe, dass es sich ursprünglich um ein allgemeines steuerliches Mandat handelte, in dessen Rahmen die Beratungstätigkeit und dann auch die Erstellung des Jahresabschlusses erfolgte. Die Prüfung der Insolvenzreife jedenfalls war bis zum Zeitpunkt der Erstellung des Bilanzberichts nicht explizit vereinbart worden (beachte auch noch bei Fn. 55).

[54] BGH NJW 2013, 2345, 2345 (Anführungszeichen im Zitat im Original, Auslassung durch Verfasser); Wortlaut des Vermerks nach dem Tatbestand des Urteils des OLG Köln, 8 U 55/11, Rn. 3 (recherchiert über juris), BeckRS 2013, 11389: „Zum Bilanzstichtag besteht ein nicht durch Eigenkapital gedeckter Fehlbetrag in Höhe von 46.541,38 EUR. Nach Angaben der Geschäftsführung ist jedoch die Fortführung des Unternehmens nicht gefährdet, da das Unternehmen zu keiner Zeit zahlungsunfähig war und ist. Zudem liegen für Verbindlichkeiten in Höhe von insgesamt 48.278,68 EUR Rangrücktrittserklärungen vor. Des weiteren [sic] wohnt der Gesellschaft aufgrund des hohen Anteils an Stammkunden ein hoher Firmenwert inne, insofern ist die Überschuldung rein bilanzieller Natur.".

Einschätzung falsch gewesen sei und klagte auf Schadensersatz. Der Annahme des BGH, dass ein Prüfvertrag geschlossen worden sei, lag eben dieser Vermerk des Beraters im Bilanzbericht zugrunde. Keines der in dem Fall erkennenden Gerichte stellte indessen den *ausdrücklichen* Abschluss eines Prüfvertrags fest.[55]

b) Urteil vom 14.06.2012 – BGHZ 193, 297 ff.

In dem Urteil vom 14.06.2012 setzte der IX. Zivilsenat des BGH revisionsrechtlich voraus, dass ein Prüfvertrag zwischen dem beklagten Steuerberater und dessen Mandanten, wiederum einer GmbH, zustande gekommen sei.[56] Anknüpfungspunkt war ein Gespräch zwischen dem Steuerberater und der Geschäftsführerin der GmbH, das „die wirtschaftliche Situation der GmbH und die Frage einer möglichen Insolvenzantragspflicht“ zum Gegenstand hatte.[57] Im Ausgangspunkt erstellte der Steuerberater, der seit mehreren Jahren für die GmbH tätig war, allerdings lediglich „unter anderem Jahresabschlüsse und Bilanzen“[58]. Demnach dürfte der Tätigkeit des Steuerberaters im Ursprung ein allgemeines steuerliches Mandat zugrunde gelegen haben.[59] Während der BGH wie angesprochen hinsichtlich des Vertragsschlusses bezogen auf den Prüfvertrag an das Gespräch zwischen Berater und Geschäftsleiter anknüpfte, mochte das Berufungsgericht auch nach Zurückverweisung und ergänzender Beweisaufnahme nicht von dem Abschluss eines Prüfvertrags ausgehen.[60]

c) Urteil vom 07.03.2013 – NJW-RR 2013, 983 ff.

Anders als in den bislang vorgestellten Entscheidungen lehnte der IX. Zivilsenat in dem Urteil vom 07.03.2013 das Zustandekommen eines Prüfvertrags

---

[55] OLG Köln BeckRS 2013, 11389 und LG Köln BeckRS 2013, 11390 gehen auf den Aspekt des Prüfvertrags überhaupt nicht ein. Wenn BGH NJW 2013, 2345, 2345, Rn. 12 von einem „ausdrückliche[n]“ Auftrag spricht, darf dies nicht darüber hinwegtäuschen, dass gerade keine schon nach dem unmittelbaren Wortlaut auf einen Prüfvertrag gerichtete Willenserklärung festgestellt wurde.

[56] BGHZ 193, 297, 300, Rn. 9, 305, Rn. 20 und Ls.

[57] BGHZ 193, 297, 297, Rn. 2.

[58] BGHZ 193, 297, 297, Rn. 1; s. auch vorhergehend OLG Schleswig ZInsO 2011, 2280, 2280 sowie LG Kiel BeckRS 2012, 14847.

[59] Vgl. auch die Berufungsinstanz OLG Schleswig ZInsO 2011, 2280, 2284 und passim; wiederum war jedenfalls die Prüfung der Insolvenzreife bis zum Zeitpunkt des Gesprächs nicht explizit vereinbart worden.

[60] OLG Schleswig BeckRS 2014, 06690, II., 1.; zuvor hatten auch OLG Schleswig ZInsO 2011, 2280 ff. sowie LG Kiel BeckRS 2012, 14847 nicht den Abschluss eines Prüfvertrags angenommen.

ab.[61] Auch in diesem Fall war der beklagte Steuerberater seit mehreren Jahren für eine GmbH, die Vertragspartnerin (und spätere Insolvenzschuldnerin), tätig gewesen. Dem lag – auch nach dem Verständnis des BGH – wiederum ein allgemeines steuerliches Mandat zugrunde.[62] Im Zusammenhang mit einem Rückzahlungsanspruch aus einem Darlehen riet der Steuerberater dem Geschäftsführer der GmbH dazu, diesbezüglich einen Rangrücktritt zu erklären. Nach dem BGH kann eine Haftung daraus nicht abgeleitet werden.[63] Ohne dies im Einzelnen auszuführen, wendete sich der BGH im konkreten Fall explizit gegen die Annahme eines Prüfvertrags.[64]

2. Der dogmatische Gehalt der Rechtsprechung des BGH

Zu untersuchen ist nunmehr die Tragfähigkeit der Erwägungen, die den BGH zur Annahme eines Prüfvertrags und damit im Ergebnis zu einer Haftung des Beraters gegenüber seinem Mandanten führen.

a) Konkludenter Vertragsschluss aufgrund von Handeln mit Rechtsbindungswillen

In den dargestellten Fällen haben sich die Parteien nicht ausdrücklich über den Abschluss eines Prüfvertrags geeinigt. Eine solche Einigung kann folglich nur durch schlüssiges Verhalten zustande gekommen sein. Anknüpfungspunkt für die Annahme von konkludenten Willenserklärungen könnte der Kontakt zwischen Berater und Geschäftsführer sein: einerseits die Gespräche, die eine Rangrücktrittserklärung bzw. die wirtschaftliche Situation der Gesellschaft betrafen, andererseits der Vermerk im Bilanzbericht. Das greift der IX. Zivilsenat auf. Er setzt ohne Weiteres voraus, dass der Geschäftsleiter eine Willenserklärung abgab. Nach dem Verständnis des Senats[65] handelt der Geschäftsleiter in seiner Eigenschaft als organschaftlicher Vertreter der Gesellschaft. Mandant ist danach die Gesellschaft und nicht etwa der Geschäftsführer selbst.[66] In gleicher Weise setzt der Senat voraus, dass auch der Berater

---

[61] BGH NJW-RR 2013, 983, 984, Rn. 13 (der BGH spricht hier von einem Auftrag, die GmbH in der Frage des Bestehens einer Insolvenzantragspflicht zu beraten).

[62] BGH NJW-RR 2013, 983, 984, Rn. 13.

[63] BGH NJW-RR 2013, 983, 986, Rn. 23.

[64] BGH NJW-RR 2013, 983, 984, Rn. 13, 986, Rn. 23, 27; wiederum gingen die Vorinstanzen (OLG Köln DStRE 2012, 970 ff. sowie LG Aachen BeckRS 2011, 23926) auf den Aspekt des Prüfvertrags nicht ein.

[65] BGHZ 193, 297, 305, Rn. 20 und Ls.; BGH NJW 2013, 2345, 2345 f., Rn. 13.

[66] Zweifelnd *Römermann/Praß*, GmbHR 2013, 938, 939; s. auch *Römermann*, GmbHR 2013, 513, 516 f.

eine konkludente Willenserklärung abgegeben hat.[67] Diese Annahmen leitet der Senat, ohne weitere Erläuterung, aus eben jenem Vermerk im Bilanzbericht[68] und dem Gespräch über die wirtschaftliche Situation der GmbH[69] ab. Damit kommt die Einigung bezüglich der jeweiligen Prüfverträge nach der Konzeption des BGH rechtstechnisch durch konkludente Willenserklärungen zustande.[70]

Konkludente wie ausdrückliche Willenserklärungen setzen ihrerseits allerdings voraus, dass die Beteiligten mit Rechtsbindungswillen gehandelt haben, also ihren Willen zur rechtlichen Bindung zum Ausdruck brachten.[71] Während sich die Entscheidung vom 14.06.2012 dazu letztlich überhaupt nicht verhält,[72] meint der BGH in seiner Entscheidung vom 06.06.2013 bezüglich der Ausführungen des Beraters im Vermerk zum Bilanzbericht (hinsichtlich der Unterdeckung in der Bilanz):

> „Auf Grund der wirtschaftlichen und rechtlichen Bedeutung der Angelegenheit [damit ist die Frage der insolvenzrechtlichen Überschuldung der GmbH gemeint] handelte es sich insoweit nicht um eine bloße Gefälligkeit der Bekl. [des Beraters], sondern um eine zusätzliche Prüfung, auf deren Richtigkeit die Schuldnerin vertrauen durfte […].“[73]

Weitere Ausführungen zum Aspekt des Vertragsschlusses fehlen. Ob jedoch der Berater tatsächlich mit Rechtsbindungswillen gehandelt hat, ist äußerst fraglich und bedarf der Erörterung.

Anzumerken ist schließlich, dass in den genannten Urteilen offen bleibt, ob der konkludent abgeschlossene Prüfvertrag neben die bereits bestehende Vertragsbeziehung, in den konkreten Fällen wohl ein allgemeines steuerliches Mandat,[74] tritt, oder ob das bestehende (allgemeine steuerliche) Mandat in einen Prüfvertrag umgewandelt bzw. mit dem Prüfelement „angereichert“

---

[67] BGHZ 193, 297, 300, Rn. 9, 305, Rn. 20; BGH NJW 2013, 2345, 2345, Rn. 12; s. auch *Römermann/Praß*, GmbHR 2013, 938, 938; *Gehrlein*, ZInsO 2013, 2296, 2297; *Schwarz*, NZI 2012, 869, 871 f.; kritisch *Zugehör*, WM 2013, 1965, 1974 f.

[68] BGH NJW 2013, 2345, 2345 f., Rn. 12 ff.

[69] BGHZ 193, 297, 300 f., Rn. 9 ff.; s. auch *H. F. Müller*, ZInsO 2013, 2181, 2181; *Zugehör*, WM 2013, 1965, 1967.

[70] Vgl. auch *Kayser*, ZIP 2014, 597, 602; BGH NJW 2013, 2345, 2345, Rn. 12 formuliert allerdings: „Hingegen besteht eine haftungsrechtliche Verantwortung, wenn dem steuerlichen Berater ein ausdrücklicher Auftrag zur Prüfung der Insolvenzreife eines Unternehmens erteilt wird […]. In dieser Weise ist der Streitfall gelagert.“ (Auslassung durch Verfasser) – dazu schon oben Fn. 55.

[71] Vgl. nur *Medicus/Petersen*, AT, S. 92, Rn. 191; kritisch *Plander*, AcP 176 (1976), 425, 440 ff.

[72] BGHZ 193, 297, 310, Rn. 33 gibt dem Berufungsgericht lediglich Handlungsanweisungen zur Feststellung der tatsächlichen Grundlagen eines möglichen Prüfvertrags.

[73] BGH NJW 2013, 2345, 2345, Rn. 13 (Klammerzusätze und Auslassung durch Verfasser).

[74] Vgl. in und bei Fn. 53, 59, 62.

wird.[75] Letztlich kann das an dieser Stelle aber dahinstehen. Sowohl eine Mandatserweiterung als auch der Abschluss eines selbständigen weiteren Vertrags bedürfen – und dies ist der entscheidende Aspekt – der wenigstens konkludenten Willensäußerung beider Parteien, die im Folgenden zu untersuchen ist. Im Übrigen bliebe auch das Regelungsregime des Vertrags bzw. der Verträge identisch. Der BGH wendet auf den Prüfvertrag bzw. das „prüfvertragliche Element" ohnehin Werkvertragsrecht (§ 634 Nr. 4 BGB) an.[76] Das versteht sich beim gesonderten Prüfvertrag von selbst. Träte der Prüfvertrag nicht selbständig neben das bestehende (allgemeine steuerliche) Mandat, dann würde dieses rechtlich um die Prüfelemente ergänzt, was zu einem Typenkombinationsvertrag[77] führte. Bei einem solchen würde die Anwendung von Werkrecht beschränkt auf das Prüfelement die Gleichwertigkeit der verschiedenartig typisierten Leistungen (Dienst- und Werkelemente) voraussetzen, die Anwendung von Werkrecht auf den gesamten Vertrag demgegenüber das Überwiegen des werkvertraglichen (Prüf-)Elements.[78] Letzteres ist grundsätzlich nicht anzunehmen[79]. Eine unstreitig eigenständige Verpflichtung zur Prüfung der Insolvenzreife richtet sich aber in jedem Fall nach Werkvertragsrecht.[80]

b) Die Rechtsprechung zu Gefälligkeitsverhältnissen und dem sog. Auskunftsvertrag

Für das Verständnis und die Einordnung der Rechtsprechung zum Prüfvertrag, die sich zentral auf konkludente Willenserklärungen stützt, sowie für die Erörterung der Frage, ob der Berater mit Rechtsbindungswillen gehandelt hat,

---

[75] Offen BGH NJW 2013, 2345, 2345, Rn. 12 – demgegenüber deutet Rn. 13 eher auf eine Erweiterung hin; s. andererseits BGHZ 193, 297, 301, Rn. 11 (auf gesonderten, neben das bestehende Mandat tretenden, Prüfvertrag hindeutend); s. dazu *Thole*, ZfPW 2015, 31, 38 (der im Ergebnis einen einheitlichen Vertrag befürwortet); *Kayser*, ZIP 2014, 597, 602 spricht von einer „stillschweigenden Mandatserweiterung"; *D. Fischer*, DB 2015, 1643, 1644 spricht von einem „einheitlichen […] Geschäftsbesorgungsvertrag mit Dienstvertragscharakter"; aus der Literatur im Übrigen *Schaaf/Mushardt*, DB 2013, 1890, 1893 f.; *Römermann/Praß*, GmbHR 2013, 938, 938 (Erweiterung); so offenbar auch *Westermann*, EWiR 2012, 509, 509 f.; anders wohl *Zugehör*, WM 2013, 1965, 1967 („eigenständigen"), 1975 („selbständigen (?)").

[76] BGHZ 193, 297, 300, Rn. 9; BGH NJW 2013, 2345, 2345, Rn. 13.

[77] Im Allgemeinen *Stürner*, in: PWW, § 311 BGB Rn. 22; *Emmerich*, in: MünchKomm-BGB, § 311 BGB Rn. 31.

[78] Vgl. BGHZ 173, 344, 349 f., Rn. 19; *Emmerich*, in: MünchKomm-BGB, § 311 BGB Rn. 31; *Kindl*, in: Erman, Vor § 311 BGB Rn. 17 f.

[79] Nach BGHZ 54, 106, 107 f. verändern einzelne erfolgsbezogene Elemente nicht den dienstvertraglichen Charakter eines allgemeinen steuerlichen Mandats.

[80] Zu weiteren dogmatischen Schwächen der Sichtweise des BGH (insbesondere im Zusammenhang mit dem sog. Auskunftshaftungsvertrag) *Thole*, ZfPW 2015, 31, 39 f.; vgl. auch noch S. 35.

ist es in einem weiteren Schritt erforderlich, kurz den Stand der Rechtsprechung zu Gefälligkeitsverhältnissen und zum sog. stillschweigenden Auskunftsvertrag aufzuzeigen.

aa) „Gefälligkeitsverhältnisse" mit Rechtsbindungswillen

Der BGH grenzt Gefälligkeitsverhältnisse außerhalb rechtlicher Verbindlichkeit von mit Rechtsbindungswillen abgegebenen Erklärungen grundsätzlich formelhaft danach ab, ob der andere Teil unter den gegebenen Umständen nach Treu und Glauben mit Rücksicht auf die Verkehrssitte auf den Rechtsbindungswillen des Handelnden schließen musste.[81] Als Kriterien zur Differenzierung zieht der BGH vor allem die wirtschaftliche und rechtliche Bedeutung der Angelegenheit – insbesondere für den Begünstigten – und die Interessenlage der Parteien heran.[82] Ferner wird auf Art, Grund und Zweck der Gefälligkeit sowie die Umstände, unter denen sie erbracht wird, abgestellt.[83]

bb) Der sog. stillschweigende Auskunftsvertrag

Bei den aufgezeigten Kriterien handelt es sich um Indizien, anhand derer der BGH allgemein unter Würdigung der Umstände des Einzelfalls[84] prüft, ob der Erklärende mit Rechtsbindungswillen handelte.[85] Für den besonderen Bereich der Auskunftsfälle haben sich, angestoßen vom Reichsgericht und weiterentwickelt durch den BGH, speziellere Kriterien herausgebildet, bei deren Vorhandensein die Rechtsprechung annimmt, dass die Beteiligten stillschweigend einen sog. Auskunftsvertrag geschlossen haben.[86] In diesen Fällen geht es um die Frage des Zustandekommens einer vertraglichen Verbindung zwischen Personen auf der Grundlage einer Auskunft, die eine Person einer anderen Person erteilt hat. Sofern ein Vertrag als zustande gekommen angesehen wer-

---

[81] Vgl. schon BGHZ 21, 102, 106 f.; s. auch BGHZ 56, 204, 210; BGHZ 88, 373, 382; BGHZ 92, 164, 168; BGH NJW 2009, 1141, 1142, Rn. 7; BGH NJW 2012, 3366, 3367, Rn. 14; vgl. auch *Kersting*, Dritthaftung, S. 71 f.; *Westermann*, in: Erman, Einl. § 241 BGB Rn. 14; *Seiler*, in: MünchKomm-BGB, § 662 BGB Rn. 60.

[82] S. BGHZ 21, 102, 107; BGHZ 56, 204, 210; BGHZ 88, 373, 382; BGHZ 92, 164, 168; BGH NJW 2009, 1141, 1142, Rn. 7; BGH NJW 2012, 3366, 3367, Rn. 14.

[83] BGHZ 21, 102, 107; s. auch *Beuthien*, in: Soergel, Vor § 662 BGB Rn. 11.

[84] S. nur BGH NJW 2009, 1141, 1142, Rn. 7; s. auch *Seiler*, in: MünchKomm-BGB, § 662 BGB Rn. 60.

[85] S. *F. Müller*, Auskunftshaftung, S. 46; zur Kritik an der Begründungsweise *Flume*, Das Rechtsgeschäft, S. 90 ff.

[86] S. zur Entwicklung zuletzt *Kersting*, Dritthaftung, S. 66 f. m. w. N., zur Abgrenzung auch S. 71 f.; *Jost*, Vertragslose Auskunfts- und Beratungshaftung, S. 44 ff.; *Adolff*, Third Party Legal Opinions, S. 87 ff.; *F. Müller*, Auskunftshaftung, S. 46 f.; *Hopt*, AcP 183 (1983), 608, 617 f.

den kann, hat der Auskunftgeber für die Richtigkeit seiner Auskunft nach vertraglichen Grundsätzen einzustehen.[87]

Die Rechtsprechung bejaht den Rechtsbindungswillen, falls die Auskunft (eines Auskunftgebers) für den Empfänger (der Auskunft) erkennbar von erheblicher Bedeutung ist und er sie zur Grundlage wesentlicher Entschlüsse machen will, insbesondere in Fällen, in denen der Auskunftgeber für die Erteilung der Auskunft besonders sachkundig ist oder bei ihm ein eigenes wirtschaftliches Interesse vorhanden ist.[88] Dabei betont der BGH jedoch immer wieder, dass aus dieser Rechtsprechung nicht gefolgert werden könne, die Sachkunde des Auskunftgebers und die Bedeutung der Auskunft für den Empfänger reichten zur Annahme eines Auskunftsvertrags ohne Rücksicht auf die Besonderheiten des jeweiligen Falls aus.[89] Es handele sich dabei nur um gewichtige Indizien.[90] Der Rechtsbindungswille – um dessen Prüfung es auch bei den Auskunftsfällen immer geht – müsse gleichwohl festgestellt werden können, was eine Gesamtwürdigung erfordere.[91]

cc) Übertragung auf die Beraterhaftung in der Insolvenzsituation

Bezüge zu den dargestellten Grundsätzen finden sich auch in der Rechtsprechung des BGH zum Prüfvertrag. Aufgezeigt wurde bereits, dass der BGH sich in NJW 2013, 2345 ff. auf die wirtschaftliche und rechtliche Bedeutung der Frage einer insolvenzrechtlichen Überschuldung der Gesellschaft stützt und daraus folgert, dass es sich bei dem Hinweis des Beraters auf die „rein bilanzielle" Überschuldung durch den Bilanzvermerk nicht um eine bloße Gefälligkeit handele.[92] Die GmbH habe vielmehr auf die Richtigkeit der Prüfung vertrauen dürfen. Dem BGH genügt demnach zur Feststellung, dass der Berater Rechtsbindungswillen bezogen auf einen Vertrag über die Prüfung der Insolvenzreife hatte, der knappe Rekurs auf die von ihm üblicherweise herangezogenen Kriterien zur Abgrenzung von rechtlich verbindlichen Erklärungen und Gefälligkeitsverhältnissen ohne Rechtsbindungswillen.

---

[87] Vgl. *Kersting*, Dritthaftung, S. 67 f.

[88] Ständige Rspr., s. vor allem BGHZ 74, 103, 106; beachte aber schon BGHZ 7, 371, 374; zuletzt etwa BGH NJW 2009, 1141, 1142, Rn. 10; s. aus der Rspr. des RG nur RGZ 52, 365, 366 f.; s. aus der Literatur *Jost*, Vertragslose Auskunfts- und Beratungshaftung, S. 105 f.; *Kersting*, Dritthaftung, S. 66 f. (auch zur Rspr. des RG); *Bohrer*, Die Haftung des Dispositionsgaranten, S. 8 ff.; *Wiegand*, Sachwalterhaftung, S. 76 ff.; *Lammel*, AcP 179 (1979), 337, 339 ff. (alle mit umfassenden Nachweisen).

[89] Zuletzt insbesondere BGH NJW 2009, 1141, 1142, Rn. 10; s. schon BGH NJW 1986, 180, 181; s. auch *Kersting*, Dritthaftung, S. 66 mit Fn. 347.

[90] BGH NJW 2009, 1141, 1142, Rn. 10; seit BGH NJW 1986, 180, 181.

[91] BGH WM 1978, 576, 577; *Jost*, Vertragslose Auskunfts- und Beratungshaftung, S. 53 spricht diesbezüglich von einem „Seitenwechsel"; beachte auch *Adolff*, Third Party Legal Opinions, S. 90 f.

[92] S. schon oben S. 24.

Die wirtschaftliche und rechtliche Bedeutung der Frage, ob die Gesellschaft „nur" im handelsrechtlichen Sinne oder auch im insolvenzrechtlichen Sinne überschuldet ist, schätzt der BGH demnach offenbar als so schwerwiegend ein, dass er (aus seiner Sicht) auf jede weitere Erörterung des Rechtsbindungswillens verzichten kann. Inwieweit der BGH sich dabei zugleich auf die Rechtsprechung zum stillschweigenden Auskunftsvertrag bezieht, wird nicht ganz deutlich.[93] Zwar stellt der BGH wörtlich nur auf die (allgemeinen) Grundsätze zur Abgrenzung von Gefälligkeitsverhältnissen und rechtsverbindlichen Erklärungen ab. Allerdings behandelt er den Vertragsschluss ohnehin als unproblematisch. Von seiner Warte aus ist es also nur folgerichtig, dies nicht weiter zu vertiefen.[94] Strukturell fällt auf, dass ein in negativer Hinsicht[95] kennzeichnendes Merkmal der klassischen Fälle des stillschweigenden Auskunftsvertrags das Fehlen einer vorherigen vertraglichen Verbindung zwischen Auskunftgeber und Auskunftempfänger ist.[96] Der Entscheidung des BGH[97] lag aber eine bereits bestehende Vertragsbeziehung zwischen Berater und Mandant zugrunde. Dies hindert den BGH gleichwohl nicht zwingend an der Annahme eines Auskunftsvertrags.[98] Versteht man den Prüfvertrag stets als selbständigen Vertrag, stünde einer Übertragung der Rechtsprechung zu stillschweigenden Auskunftsverträgen ohnehin nichts im Wege. In Anbetracht der Nähe der Rechtsprechung bezüglich Gefälligkeitsverhältnissen und Auskunftsverträgen[99] wird man letztere aber wohl auch im

---

[93] BGH NJW 2013, 2345, 2345, Rn. 13 bezieht sich allerdings auf BGH NJW 2009, 1141, 1142, Rn. 6 ff., wo der BGH die Haftung eines Steuerberaters für eine telefonische, auf einen Immobilienverkauf bezogene Mitteilung unter Rückgriff auf die Rechtsprechung zu den sog. stillschweigenden Auskunftsverträgen begründet; das könnte man als Einbeziehung dieser Rechtsprechung verstehen; *Römermann/Praß*, GmbHR 2013, 938, 938 meinen, der BGH beziehe sich „ersichtlich" auf diese Rechtsprechung; der Tendenz nach wohl auch *Schaaf/Mushardt*, DB 2013, 1890, 1893; so wohl auch *Ehlers*, BB 2014, 131, 132.

[94] Der Vorsitzende des erkennenden IX. Zivilsenats *Kayser* stützt sich ohne Weiteres auf den stillschweigenden Auskunftsvertrag, s. ZIP 2014, 597, 603; *Gehrlein*, Mitglied des IX. Zivilsenats, stellt lediglich auf die Rechtsprechung zu Gefälligkeitsverhältnissen ab, s. ZInsO 2013, 2296, 2297.

[95] S. *Bohrer*, Die Haftung des Dispositionsgaranten, S. 7.

[96] S. *F. Müller*, Auskunftshaftung, S. 43 f.; ferner *Hirte*, Berufshaftung, S. 387; *Jost*, Vertragslose Auskunfts- und Beratungshaftung, S. 41; *Kersting*, Dritthaftung, S. 63; *Adolff*, Third Party Legal Opinions, S. 87 ff.; zu weiteren Fallgruppen s. *F. Müller*, Auskunftshaftung, S. 21 ff., der auch die verschiedenen Ansätze zur Fallgruppenbildung in der Literatur darstellt.

[97] BGH NJW 2013, 2345 ff.

[98] S. BGH NJW 2009, 1141, 1142, Rn. 9 ff.

[99] *Kersting*, Dritthaftung, S. 71 f.; *Hopt*, AcP 183 (1983), 608, 618 f.; s. auch BGH NJW 2009, 1141, 1142, Rn. 9, wo das Verständnis des BGH, die Rechtsprechung zu Auskunftsverträgen als Unterfall der Rechtsprechung zu Gefälligkeitsverhältnissen zu verstehen, deutlich wird (vgl. auch Rn. 6 ff. einerseits und Rn. 10 ff. andererseits).

Übrigen bei der Bewertung der für diese Arbeit relevanten Rechtsprechung berücksichtigen müssen.[100] Überdies ist Anknüpfungspunkt für die Annahme einer vertraglichen Bindung hier wie dort eine Auskunft.[101]

3. Der Zusammenhang mit der Rechtsprechung zu den insolvenzbezogenen Pflichten des Beraters im allgemeinen steuerlichen Mandat

Im Anschluss an die Einordnung der Rechtsprechung des BGH in ihren dogmatischen Kontext sind nunmehr ihre Bezüge zu dem Aspekt der insolvenzbezogenen Pflichten offenzulegen. Es ist zu beachten, dass eine vollumfängliche Bewertung der Rechtsprechung zu dem Aspekt des Vertragsschlusses bei sog. Prüfverträgen – ohne der eingehenden Erörterung des insolvenzbezogenen Pflichtenkreises des Beraters vorzugreifen – nur möglich ist, wenn die Aussagen des BGH zu den Pflichten im allgemeinen steuerlichen Mandat und bei einem Prüfvertrag wenigstens schlaglichtartig vorgestellt und einbezogen werden.[102]

So trifft den Berater bei einem allgemeinen steuerlichen Mandat nach Auffassung des BGH nicht die Pflicht, die GmbH, also den Vertragspartner, bei einer Unterdeckung in der Handelsbilanz darauf hinzuweisen, dass es die Pflicht des Geschäftsführers ist, eine Überprüfung vorzunehmen oder in Auftrag zu geben, ob Insolvenzreife eingetreten ist und ggf. gem. § 15a InsO Antrag auf Eröffnung eines Insolvenzverfahrens gestellt werden muss.[103] Demgegenüber bestehe eine Pflicht des Beraters (zur Prüfung der Insolvenzreife und zur Mitteilung des Ergebnisses), sofern ein Prüfvertrag geschlossen wurde.[104] Wenn der Berater bei einem allgemeinen steuerlichen Mandat in konkrete Erörterungen über die Insolvenzreife des Mandanten eintritt, ohne dass er die Frage nach dem Vorliegen eines Eröffnungsgrunds beantwortet, habe er den Mandanten auf die Notwendigkeit hinzuweisen, mit dem Berater oder einem Dritten einen Prüfvertrag abzuschließen.[105]

---

[100] S. allgemein *Wiegand*, Sachwalterhaftung, S. 57; zu Auskünften in dauernden Geschäftsverbindungen *Kersting*, Dritthaftung, S. 72 f.; *Bohrer*, Die Haftung des Dispositionsgaranten, S. 10 ff.; *F. Müller*, Auskunftshaftung, S. 53 ff.

[101] Paradigmatisch bezüglich der Auskunft als Auslösetatbestand BGH NJW 2009, 1141, 1142, Rn. 9.

[102] Ausführlich zu den insolvenzbezogenen Pflichten noch S. 59 ff., mit Rücksicht auf Rechtsprechung und Schrifttum zum allgemeinen steuerlichen Mandat auch S. 90 m. w. N.

[103] BGH NJW-RR 2013, 983, 984 ff., Rn. 12 ff. und 1. Ls.; bestätigt durch BGH NJW 2013, 2345, 2345, Rn. 12; BGH NJW-RR 2014, 827, 827 f., Rn. 3; daran anschließend OLG Dresden ZInsO 2015, 1507, 1508 f.; s. auch OLG Saarbrücken ZInsO 2016, 458, 459 f.

[104] BGHZ 193, 297, 300, Rn. 9 ff.; BGH NJW-RR 2013, 983, 984 f., Rn. 15, 19; BGH NJW 2013, 2345, 2345, Rn. 12.

[105] BGH NJW-RR 2014, 827, 828, Rn. 4 ff. und Ls.; s. dazu auch noch S. 112 ff.

Für die Haftung im Zusammenhang mit einem falschen (letztlich aber auch im Zusammenhang mit einem unterlassenen) Hinweis auf die Insolvenzreife kommt es demzufolge ganz entscheidend darauf an, ob sich die Parteien auf einen Prüfvertrag geeinigt haben, denn bei einem allgemeinen steuerlichen Mandat bestehen (außer im speziellen Fall des Eintritts in konkrete Erörterungen über die Insolvenzreife) nach der Rechtsprechung des BGH keine insolvenzbezogenen Pflichten.

4. Kritik

Nachdem die Rechtsprechung im Zusammenhang mit dem Prüfvertrag nun skizziert und systematisiert wurde, kann in einem nächsten Schritt eine kritische Auseinandersetzung mit der Sichtweise des BGH erfolgen und die Konstruktion des Prüfvertrags auf ihre Tauglichkeit und dogmatische Stimmigkeit untersucht werden.

a) Bestimmung des Rechtsbindungswillens des Beraters

Einzugehen ist zunächst auf die Annahme, der Berater habe den Willen, sich rechtlich zu binden. Keiner weiteren Erörterung bedarf insoweit der Fall, dass Berater und Mandant ausdrücklich einen Prüfvertrag schließen. Schlägt der Berater z. B. vor, „das Vorliegen von Eröffnungsgründen zu prüfen“, handelt es sich offenkundig um ein Angebot zum Abschluss eines Prüfvertrags, bei dem Rechtsbindungswille des Beraters gegeben ist. Anderes gilt für die durch den BGH entschiedenen Fälle und ihnen vergleichbare Konstellationen, in denen eine ausdrückliche Erklärung bezüglich des Abschlusses eines Prüfvertrags fehlt, stattdessen aber eine Äußerung des Beraters in der Sache, also beispielsweise zu der Frage des Vorliegens von Eröffnungsgründen oder der wirtschaftlichen Situation, zu verzeichnen ist.

In der Literatur hat die Vorgehensweise des BGH, einen konkludenten Vertragsschluss hinsichtlich eines Prüfvertrags anzunehmen, teils Ablehnung erfahren.[106] Es handele sich um eine „Fiktion“[107], wenn der BGH annehme, der Berater habe bei der Auskunftserteilung den Willen, sich zu verpflichten.[108] Dem ist nachzugehen. Um annehmen zu können, dass ein Prüfvertrag zwischen Berater und Mandant zustande gekommen ist, müsste in den Äußerungen des Beraters etwa bezüglich der Eröffnungsgründe oder der wirtschaftlichen Situation der Gesellschaft aus der Sicht eines objektiven Be-

---

[106] *H. F. Müller*, ZInsO 2013, 2181, 2181; *Zugehör*, WM 2013, 1965, 1967, 1974 ff.; *Römermann/Praß*, GmbHR 2013, 938, 938; *Römermann*, GmbHR 2013, 513, 517; a. A. wenig überraschend *Gehrlein*, ZInsO 2013, 2296, 2297; *Kayser*, ZIP 2014, 597, 603; so grds. auch *Hager*, KTS 2014, 313, 313.

[107] *H. F. Müller*, ZInsO 2013, 2181, 2181.

[108] *Zugehör*, WM 2013, 1965, 1967, 1976, spricht von einer „gekünstelt“ wirkenden Konstruktion, vgl. weiter *ders.*, WM 2013, 1965, 1975 („gewagt“).

obachters in der Position des Mandanten der Wille des Beraters hinsichtlich einer rechtlichen Bindung zum Ausdruck kommen, die zum Inhalt hat, die Insolvenzreife der Gesellschaft zu prüfen oder zumindest für die Richtigkeit der getätigten Äußerung einzustehen[109].

Der BGH argumentiert wie dargelegt mit seinen tradierten Kriterien zur Abgrenzung von außerrechtlichen Gefälligkeiten und rechtsverbindlichen Erklärungen. Diese einer Fundamentalkritik zu unterziehen, mag fruchtlos bleiben. So ist zuzugeben, dass der BGH die Abgrenzungskriterien in ständiger Rechtsprechung anwendet.[110] Die (Kommentar-)Literatur greift sie auf.[111] Dass zur Feststellung des Rechtsbindungswillens im Allgemeinen eine Objektivierung erfolgt, indem auf die Sichtweise des Empfängers abgestellt wird und Indizien[112] gebildet werden,[113] erscheint auch als notwendig[114]. Es geht mithin nicht darum, die Abgrenzungskriterien insgesamt als Fiktion zu verurteilen und daher zurückzuweisen.[115] Vielmehr muss sichergestellt werden, dass die von der Rechtsprechung entwickelten indiziellen Kriterien im Einzelfall im Rahmen der erforderlichen Auslegung sachgerecht angewendet und nicht überdehnt werden. Folgt man dem und bezieht die Abgrenzungskriterien in die Erörterung ein, so ist zunächst anzuerkennen, dass etwa die Frage des Vorliegens eines Eröffnungsgrunds in der Tat von großer wirtschaftlicher und auch rechtlicher Bedeutung für die Gesellschaft ist.[116]

Diese Erkenntnis darf indes nicht den Gesamtzusammenhang überstrahlen und schon für sich genommen zu der Annahme führen, der Berater habe bei seiner Erklärung Rechtsbindungswillen. Stattdessen sind die Interessen der Parteien sorgfältig abzuwägen. Der (in Bezug auf den Prüfvertrag potentielle) Mandant, meist eine Gesellschaft, hat im Grundsatz zwar ein Interesse an bestmöglicher Absicherung, also an der rechtlichen Verbindlichkeit jeglicher Aussage des Beraters. Das gründet nicht zuletzt in der besonderen wirtschaftlichen und rechtlichen Bedeutung der Insolvenzreife für die Gesellschaft. Ein

---

[109] Zu Auskunftserbringungs- und Auskunftshaftungsvertrag noch S. 35.

[110] *Gehrlein*, ZInsO 2013, 2296, 2297 meint, dass die Grundsätze des BGH über die Haftung für Gefälligkeiten seit langem in der Rspr. etabliert und daher keine bloße Fiktion seien.

[111] S. schon Fn. 81, 83; ferner *Martinek*, in: Staudinger, § 662 BGB Rn. 7 f.; *Sprau*, in: Palandt, Einf v § 662 BGB Rn. 4; *Fehrenbacher*, in: PWW, § 662 BGB Rn. 4; *Mansel*, in: Jauernig, § 241 BGB Rn. 23; *Berger*, in: Erman, § 662 BGB Rn. 7; *Schwab*, in: NK-BGB, § 662 BGB Rn. 11.

[112] Vgl. *F. Müller*, Auskunftshaftung, S. 46; *Martinek*, in: Staudinger, § 662 BGB Rn. 8.

[113] *Plander*, AcP 176 (1976), 425, 443; *Willoweit*, JuS 1984, 909, 910; s. auch *Flume*, Das Rechtsgeschäft, S. 91 f.

[114] *Medicus/Petersen*, AT, S. 92 ff., Rn. 191 ff.; vgl. weiter *Plander*, AcP 176 (1976), 425, 444 ff.; *Willoweit*, JuS 1984, 909, 914 ff.; *Flume*, Das Rechtsgeschäft, S. 91 f.

[115] So scheint *Gehrlein*, ZInsO 2013, 2296, 2297 jedoch etwa die Kritik *H. F. Müllers*, ZInsO 2013, 2181, 2181 zu verstehen.

[116] Darauf stellt *Gehrlein*, ZInsO 2013, 2296, 2297 maßgeblich ab.

solches Interesse hat naturgemäß aber jeder „Erklärungsgegner" in der Position der Gesellschaft, und zwar unabhängig von der Erklärung des Beraters, an die jedoch gerade angeknüpft werden muss. Daraus kann also nicht ohne Weiteres abgeleitet werden, dass der Berater dieses Interesse auch für den Erklärungsempfänger ersichtlich befriedigen will.

Außerdem ist der Berater jedenfalls in der wohl typischen Konstellation bereits im Rahmen eines (oft allgemeinen steuerlichen) Mandats verpflichtet.[117] Nimmt man mit dem BGH an, dass z. B. eine Auskunft zu einem Eröffnungsgrund darüber hinausgeht,[118] so stellt sich die Frage, ob der Berater aus Sicht des Mandanten für diese Auskunft in der Art rechtsverbindlich einstehen will, dass der Berater den bestehenden Vertrag zu erweitern bzw. einen parallelen, weitergehenden Vertrag abzuschließen anbietet, sodass er im Ergebnis aufgrund eines Prüfvertrags verpflichtet wäre. Eine solche Annahme weiß kaum zu überzeugen. Eine erweiterte Haftung auf einer erweiterten vertraglichen Grundlage geht üblicherweise nur ein, wer das daraus folgende Risiko – ungeachtet einer möglichen (Berufshaftpflicht-)Versicherung – beherrschen oder zumindest einschätzen kann. Besonders den im vorliegenden Zusammenhang relevanten Fällen liegen jedoch oft mündliche, spontan erteilte Äußerungen zugrunde.

Das hängt auch damit zusammen, dass insbesondere Steuerberater häufig erster Ansprechpartner der Geschäftsleitung in allen auftauchenden betrieblichen und auch rechtlichen Fragen sind.[119] Dies gilt umso mehr, wenn es sich um Stammmandanten handelt, die dauerhaft betreut werden. Oftmals werden gegenüber dem Berater daher Fragen aufgeworfen, die in keinem unmittelbaren Zusammenhang zu seiner konkreten Tätigkeit stehen. In einem solchen Fall überzeugt es nicht anzunehmen, dass der Mandant eine Auskunft des Beraters als den bestehenden Vertrag verändernd bzw. einen weiteren Vertrag konstituierend versteht. Der Mandant wird vielmehr die Vorstellung haben, die Auskunft werde im bestehenden Rechtsverhältnis erteilt, zumindest sofern es sich um ein allgemeines (steuerliches) Mandat handelt. Hervorzuheben ist an dieser Stelle, dass es nicht darum geht, dem Mandanten pauschal ein Vertrauen in die rechtliche Verbindlichkeit der Auskünfte des Beraters zu versagen oder den Berater gleichsam von der Verantwortlichkeit für die Richtigkeit seiner Aussagen freizustellen. Inwieweit der Berater gerade für die Richtigkeit seiner Auskunft einzustehen hat, wird – auch wenn keine erweiterte Verpflichtung aufgrund eines erweiterten bzw. selbständigen Vertrags anzunehmen ist – noch zu erörtern sein.[120] Nicht überzeugen kann lediglich die

[117] Beachte schon in und bei Fn. 53, 59, 62 zu den oben vorgestellten, vom BGH entschiedenen, Fällen.

[118] BGH NJW 2013, 2345, 2345, Rn. 13; s. auch noch S. 91 ff.

[119] S. nur *K. Schmidt*, in: ders./Uhlenbruck^4, S. 81, Rn. 1.182 („Hausarzt"); *Koslowski*, Einleitung Rn. 19.

[120] Dazu S. 108 ff.

Annahme, es solle ein Vertragsverhältnis erweitert bzw. zusätzlich begründet werden.

Der BGH teilt ein solches Verständnis nicht, da eine Auskunft zu den Eröffnungsgründen über das allgemeine steuerliche Mandat hinausgehe.[121] Im Umkehrschluss folgt daraus für den BGH offenbar, dass der Berater bei Erteilung einer Auskunft, zu der er nach dem allgemeinen steuerlichen Mandat nicht verpflichtet ist, Rechtsbindungswillen bezogen auf einen Vertrag haben müsse, welcher eine Auskunft zu den Eröffnungsgründen gerade beinhaltet, d. h. einen Prüfvertrag. Nach dem bislang Erörterten kann dem BGH insoweit nicht beigetreten werden. Dass eine Tätigkeit, die Gegenstand rechtlicher Verpflichtung sein kann, zwingend Gegenstand gesonderter rechtlicher Verpflichtung sein muss, überzeugt in dieser strengen Lesart nicht.

Die Konzeption des BGH überzeugt noch weniger, wenn man den Aspekt der möglichen Entgeltlichkeit der Auskunft in die Überlegung einbezieht. Ginge der Berater schon eine zusätzliche Verpflichtung ein, stellte sich die Frage, weshalb er für das zusätzliche Risiko nicht auch zusätzlich entlohnt werden wollte. Auch der Mandant kann nicht ernsthaft davon ausgehen, dass der Berater für eine zusätzliche Leistung, für deren Richtigkeit er einstehen will, kein zusätzliches Entgelt verlangt. Im Geschäftsverkehr wäre das äußerst unüblich. Dann müsste aus der Auskunft des Beraters aber nicht nur herausgelesen werden, dass der Berater den Abschluss eines Prüfvertrags anbietet, sondern auch, dass er dafür ein zusätzliches Entgelt verlangt (vgl. auch die Zweifelsregelung des § 632 Abs. 1, 2 BGB)[122]. Um zu einem solchen Erklärungsinhalt zu gelangen, müsste die Erklärung des Beraters sehr weit ausgelegt und tatsächlich wohl überdehnt werden. Die Rechtsprechung ist indes anderer Auffassung – die Unentgeltlichkeit einer Tätigkeit hindert sie generell nicht an der Annahme eines Vertrags.[123]

Schließlich könnte zur Begründung des Vorhandenseins von Rechtsbindungswillen bei dem Berater darauf rekurriert werden, dass der Berater eine besondere Sachkunde aufweist, beruflich beratend tätig ist und der Mandant sich speziell in der für ihn so bedeutsamen Frage des Vorliegens von Eröffnungsgründen unbedingt auf die Auskunft des Beraters verlässt.[124] Damit wird endgültig Bezug auf die Rechtsprechung zum sog. stillschweigenden Auskunftsvertrag genommen, der demzufolge das konstruktive Begrün-

---

[121] S. schon Fn. 118.

[122] Vgl. auch *Thole*, ZfPW 2015, 31, 39; vgl. ferner *Koslowski*, § 64 StBerG Rn. 6.

[123] BGH WM 1969, 36, 37; s. auch BGHZ 7, 371, 374 ff.; unentgeltlich wohl auch die Tätigkeit des Steuerberaters in BGH NJW 2009, 1141 ff.; s. auch schon RG JW 1933, 510, 510; je im Zusammenhang mit Auskunftsverträgen; dazu *Jost*, Vertragslose Auskunfts- und Beratungshaftung, S. 104 f.; *Lammel*, AcP 179 (1979), 337, 340, 345 ff. (beide m. w. N.); s. konkret auch *Hager*, KTS 2014, 313, 313.

[124] Vgl. *Kayser*, ZIP 2014, 597, 603.

dungsmuster für den Prüfvertrag darstellte.[125] In der in dieser Arbeit besonders angesprochenen Konstellation käme als Anknüpfungspunkt für das Entstehen eines Auskunftsvertrags im Sinne der Rechtsprechung das schon angesprochene Phänomen hinzu, dass insbesondere Steuerberater vielfach eine wichtige Funktion als allgemeiner Ansprechpartner vor allem in mittelständischen Unternehmen haben, der Mandant ihnen also besonders vertraut.[126] Darüber hinaus werden sich, auch das wurde angedeutet, nicht selten bereits vorhandene Vertragsbeziehungen zwischen dem Auskunft erteilenden Berater und dem Auskunftsempfänger feststellen lassen.[127] Dass der Auskunft gebende Berater und der Auskunftsempfänger noch überhaupt keinen vertraglichen Kontakt haben, ist theoretisch möglich, praktisch aber wohl selten. Insofern kann gerade der auf einen Eröffnungsgrund bezogenen Auskunft ein Geflecht aus einem laufenden (allgemeinen steuerlichen) Mandat und ggf. auch weiteren, möglicherweise spezielleren, Mandaten zugrunde liegen.

Die spezifische Rechtsprechung zu stillschweigenden Auskunftsverträgen ist mit Recht Gegenstand mannigfaltiger Kritik geworden.[128] Herausgehoben sei der Einwand, dass es sich regelmäßig um eine Fiktion handele, wenn Rechtsbindungswille des Auskunftgebers angenommen werde.[129] Dem ist

---

[125] S. schon S. 27 ff.; letztlich wäre demnach auch zu fragen, ob die Auskunft für den Empfänger erhebliche Bedeutung hat und er sie zur Grundlage wesentlicher Entschlüsse machen will – das geht aber nicht über die schon erörterte Frage der wirtschaftlichen und rechtlichen Bedeutung des Aspekts der Insolvenzreife hinaus; s. zu der Nähe der Rspr. zu Gefälligkeit und Auskunftsvertrag schon Fn. 99; auf den Auskunftsvertrag stützt sich ausdrücklich *Kayser*, ZIP 2014, 597, 603.

[126] Zum Element des Vertrauens als Indiz für die Annahme des Abschlusses eines Auskunftsvertrags *Wiegand*, Sachwalterhaftung, S. 78; *Schur*, in: Soergel, § 675 BGB Rn. 121.

[127] Der BGH versteht auch vorhandene Vertragsbeziehungen als Indiz für die Annahme eines stillschweigenden Auskunftsvertrags, s. nur BGH WM 1969, 36, 37; BGH NJW 1986, 180, 181; BGH NJW 1992, 2080, 2082; s. auch *Kersting*, Dritthaftung, S. 67; *Wiegand*, Sachwalterhaftung, S. 78; *Schur*, in: Soergel, § 675 BGB Rn. 121; *Heermann*, in: MünchKomm-BGB, § 675 BGB Rn. 122.

[128] S. (Auswahl) *Kersting*, Dritthaftung, S. 69 ff., 100 f.; *Jost*, Vertragslose Auskunfts- und Beratungshaftung, S. 95 ff.; *von Bar*, Verkehrspflichten, S. 230 ff.; *Hirte*, Berufshaftung, S. 387 f.; *Köndgen*, Selbstbindung ohne Vertrag, S. 355 f.; *Adolff*, Third Party Legal Opinions, S. 86 ff.; *Ebke*, Wirtschaftsprüfer und Dritthaftung, S. 66 ff., insbesondere S. 69; *Mirtschink*, Die Haftung des Wirtschaftsprüfers gegenüber Dritten, S. 90 ff.; *Lorenz*, FS Larenz (1973), S. 575, 618; *Grunewald*, AcP 187 (1987), 285, 295 f.; *Hopt*, AcP 183 (1983), 608, 617 ff.; *Lammel*, AcP 179 (1979), 337, 340 f.; nach wie vor überzeugt auch die Kritik von *Laband*, DJZ 1903, 259, 262 f. (betreffend RGZ 52, 365); *Canaris*, in: Großkomm. HGB^4, Bankvertragsrecht I, S. 65 ff. Rn. 88 f.; differenzierend *Wiegand*, Sachwalterhaftung, S. 73 ff. (s. auch S. 92 f.); vertragliche Grundlage bei *Philippsen*, Dritthaftung des privat beauftragten Gutachters, S. 131 ff.

[129] S. nur *Jost*, Vertragslose Auskunfts- und Beratungshaftung, S. 93 ff.; *Lorenz*, FS Larenz (1973), S. 575, 618; *Hopt*, AcP 183 (1983), 608, 617; *Laband*, DJZ 1903, 259, 262; unmittelbar zu der für diese Arbeit bedeutsamen Rspr. bereits Fn. 107 f.

schon für die „klassischen" Fälle und nicht nur mit Rücksicht auf die Wertung des § 675 Abs. 2 BGB zuzustimmen.[130] Doch auch in der hier interessierenden Konstellation ist diesem Urteil beizutreten. Bereits im Zusammenhang mit der Anwendung der allgemeinen Kriterien des BGH zur Abgrenzung von außerrechtlicher Gefälligkeit und rechtlich verbindlicher Erklärung hat sich gezeigt, dass die Annahme von Rechtsbindungswillen bei dem Berater nicht überzeugt.[131] Dieser Befund gilt analog, sofern die Rechtsprechung zu Auskunftsverträgen angewendet wird, um eine Haftung des Beraters zu begründen. Die Sachkunde und Stellung des Beraters sowie vorhandene Vertragsbeziehungen vermögen daran, auch soweit sie im Fall etwa insolvenzbezogener Auskünfte vorliegen, nichts zu ändern. Der Vertragsschluss wird von der Rechtsprechung fingiert, um dort zu einer Haftung des Beraters zu gelangen, wo sie es für erforderlich hält[132]. Dies ist auch in dem für diese Arbeit relevanten Zusammenhang der Fall. Die Rechtsprechung bleibt einen überzeugenden Nachweis, dass der Berater Rechtsbindungswillen hat, schuldig. Im Übrigen müsste die Konstruktion der Rechtsprechung gerade im Fall der auf das Vorliegen eines Eröffnungsgrunds bezogenen Auskunft durch einen Berater auf ein „Schuldverhältnis ohne primäre Leistungspflicht"[133] hinauslaufen.[134] Ein auf die Auskunftserteilung gerichteter Vertrag würde nämlich im Moment seiner Begründung (also der Auskunft) sofort erfüllt bzw. verletzt.[135] Es bliebe daher nur die Annahme eines „Auskunftshaftungsvertrags"[136], doch wäre eine solche Konstruktion äußerst ungewöhnlich.[137] Von der Rechtsgeschäftslehre ist man damit weit entfernt – man bestärkt den Vorwurf der Fiktion.[138]

---

[130] S. dazu nur *Kersting*, Dritthaftung, S. 63 ff.

[131] S. oben S. 31 ff.

[132] Vgl. insoweit *Medicus/Petersen*, BR, S. 189, Rn. 371 (Haftung nicht wo der Befragte haften will, sondern wo er haften soll).

[133] *Canaris*, FS Schimansky (1999), S. 43, 47; *ders.*, in: Großkomm. HGB^4, Bankvertragsrecht I, S. 67 Rn. 89.

[134] Vgl. dazu *Jost*, Vertragslose Auskunfts- und Beratungshaftung, S. 42, 84 f., 93 f.; *Adolff*, Third Party Legal Opinions, S. 85 ff.; s. auch *Fikentscher/Heinemann*, Schuldrecht, S. 22, Rn. 29; konkret zur aktuellen Rspr. des BGH bzgl. der Haftung des (Steuer-)Beraters auch *Thole*, ZfPW 2015, 31, 40.

[135] *Jost*, Vertragslose Auskunfts- und Beratungshaftung, S. 83 f.; *Köndgen*, Selbstbindung ohne Vertrag, S. 355 (Begründung und Verletzung/Erfüllung „uno acto"); *Adolff*, Third Party Legal Opinions, S. 85 (die auf den Vertragsschluss gerichtete Erklärung des Beraters wäre perplex).

[136] *Adolff*, Third Party Legal Opinions, S. 86.

[137] Vgl. *Jost*, Vertragslose Auskunfts- und Beratungshaftung, S. 91; *Adolff*, Third Party Legal Opinions, S. 86; *Canaris*, in: Großkomm. HGB^4, Bankvertragsrecht I, S. 66 f. Rn. 89; die Ansicht von *Schur*, in: Soergel, § 675 BGB Rn. 118 Fn. 375 greift daher zu kurz.

[138] Vgl. *Adolff*, Third Party Legal Opinions, S. 93.

Nach alldem ist die Ansicht des BGH, der Berater handele bei einer insolvenzbezogenen Auskunft mit Rechtsbindungswillen hinsichtlich eines Prüfvertrags, in ihrer Pauschalität zurückzuweisen.[139] Es kann nicht davon gesprochen werden, dass der Rechtsbindungswille des Beraters aus Sicht seines Mandanten bei einer bloßen Auskunft hinreichend ersichtlich sei. Die Rechtsprechung des BGH zum Prüfvertrag entfernt sich dadurch zu weit von dem für ein vertragliches Schuldverhältnis doch konstitutiven Parteiwillen.

b) Praktische Umsetzung

Neben den theoretischen Einwänden gegen die Rechtsprechung, die auf ihrer Vernachlässigung der Rechtsgeschäftslehre fußen, dürfen die Auswirkungen dieser Rechtsprechung auf die Praxis nicht aus dem Blickfeld geraten. Es ist daher zu erörtern, inwieweit die Beteiligten sich auf die Rechtsprechung zu dem sog. Prüfvertrag einstellen können. Diffus bleibt eine Entscheidung des BGH, nach der es jedenfalls denkbar ist, dass ein Prüfvertrag aufgrund hinreichenden Rechtsbindungswillens schon während eines Gesprächs über die wirtschaftliche Situation einer Gesellschaft und die Frage einer möglichen Insolvenzantragspflicht zustande kommt.[140] Rechtsbindungswille bezogen auf einen Prüfvertrag kommt nach dem BGH auch in der schriftlichen Äußerung zum Ausdruck, dass eine (in der Bilanz abgebildete) Überschuldung rein bilanzieller Natur sei, da Rangrücktritte vorlägen und der Gesellschaft ein hoher Firmenwert innewohne.[141] Als zur Annahme von Rechtsbindungswillen nicht ausreichend erachtet der BGH demgegenüber die Empfehlung, einen Rangrücktritt zu erklären.[142]

Aus der zuerst genannten Entscheidung lässt sich keine exakte Konturierung des stillschweigend geschlossenen Prüfvertrags ableiten, da die genauen Aussagen des Beraters nicht aufzuklären waren. Es könnte höchstens auf eine Tendenz des BGH, einen eher weiten Maßstab anzulegen, geschlossen werden, da die wirtschaftliche Situation und die Frage der Insolvenzantragspflicht „nur" einen Teil des Gegenstands des Gesprächs zwischen Berater und Mandant ausmachten.[143] In eine ähnliche Richtung deutet die Annahme des

---

[139] Richtig daher *H. F. Müller*, ZInsO 2013, 2181, 2181; andeutungsweise auch *Fölsing*, ZInsO 2015, 1478, 1480; *Thole*, ZfPW 2015, 31, 40 f., 43 begrüßt den vertraglichen Ansatz der Rspr., sieht aber die Gefahren.

[140] BGHZ 193, 297 ff.; beachte dazu schon S. 22 m. w. N.

[141] BGH NJW 2013, 2345 ff.; s. im Einzelnen S. 21 f. m. w. N.

[142] BGH NJW-RR 2013, 983 ff.; s. auch schon S. 22 f. m. w. N.

[143] S. aber OLG Schleswig BeckRS 2014, 06690, II., 1., das nach Zurückverweisung durch den BGH keine hinreichenden Anhaltspunkte zur Annahme eines Prüfvertrags sah. Dies könnte auch so zu verstehen sein, dass das OLG Schleswig mit der Annahme eines stillschweigenden Prüfvertrags Zurückhaltung übt, weil es von einem eher engen Verständnis des BGH bezüglich des Abschlusses eines Prüfvertrags ausgeht; beachte in der Folge auch BGH NJW-RR 2014, 827 f. sowie unten Fn. 538.

BGH, mit der Formulierung „Überschuldung rein bilanzieller Natur" werde eine insolvenzrechtliche Überschuldung ausgeschlossen, was dann wiederum den Rechtsbindungswillen des Beraters im Hinblick auf einen Prüfvertrag zum Ausdruck bringe.[144] In diesem Zusammenhang steht bereits in Frage, ob mit der gewählten Formulierung tatsächlich eine insolvenzrechtliche Überschuldung ausgeschlossen wird. Dafür spricht, dass der Berater nicht nur die Formulierung „Überschuldung *rein* bilanzieller Natur" wählte, sondern auch auf die Möglichkeit der „Fortführung" und „Rangrücktrittserklärungen" sowie den „Firmenwert" verwies[145], was im Rahmen des § 19 InsO von Relevanz ist (s. nur § 19 Abs. 2 InsO). Unabhängig davon ist der Entscheidung aber jedenfalls zu entnehmen, dass der BGH von dem Abschluss eines Prüfvertrags ausgeht, wenn der Berater die insolvenzrechtliche Überschuldung ausschließt. Abstrahierend kann demnach immerhin festgehalten werden, dass zumindest eine Äußerung des Beraters zu dem Vorliegen eines Eröffnungsgrunds zu einem Prüfvertrag führt.

Problematisch ist allerdings, dass der BGH die mündliche Empfehlung des Beraters an den Gesellschaftergeschäftsführer, hinsichtlich eines Rückzahlungsanspruchs aus einem Darlehen einen Rangrücktritt zu erklären, als zur Begründung eines Prüfvertrags nicht ausreichend erachtet.[146] Die Gesellschaft befand sich zum Zeitpunkt der Empfehlung in der Krise, woraufhin der Gesellschaftergeschäftsführer das Darlehen zur Vermeidung der Zahlungsunfähigkeit stellte und den Berater informierte, der seinerseits die Empfehlung erteilte. Der Rat zum Rangrücktritt ist nur im Zusammenhang mit der Überschuldung i. S. v. § 19 InsO verständlich.[147] Das konzediert letztlich auch der BGH, der selbst den Konnex zu der drohenden Insolvenz und der insolvenzrechtlichen Überschuldung herstellt,[148] ohne aber die Konsequenz zu ziehen, dass ein Prüfvertrag geschlossen wurde. Insofern erscheint die Rechtsprechung des BGH widersprüchlich. Jedenfalls aber relativiert sich damit die Aussage, dass der BGH bei einer Äußerung zu einem Eröffnungsgrund einen Prüfvertrag annimmt, da eben nicht in verallgemeinerungsfähiger Weise festgestellt werden kann, wann der BGH die Schwelle zur Erörterung eines Eröffnungsgrunds und damit zum Prüfvertrag als überschritten ansieht. Weiterhin ist unklar, inwieweit darüber hinaus ein Prüfvertrag anzunehmen sein kann, wenn keine Äußerung zu einem Eröffnungsgrund, sondern eine andere Äußerung (mit insolvenzrechtlichem Bezug) erfolgt.

---

[144] BGH NJW 2013, 2345, 2345, Rn. 13.

[145] S. im Einzelnen S. 21 f. mit Fn. 54.

[146] S. bei Fn. 142.

[147] S. §§ 19 Abs. 2, 39 Abs. 2 InsO; so auch *Römermann*, GmbHR 2013, 513, 515; *ders./Praß*, GmbHR 2013, 938, 940.

[148] BGH NJW-RR 2013, 983, 986, Rn. 23.

Abstrakte Kriterien zur Feststellung des Rechtsbindungswillens des Beraters bezogen auf einen Prüfvertrag fehlen mithin.[149] Das macht Einzelfallentscheidungen notwendig und hat eine bedeutende Rechtsunsicherheit im Bereich der Beraterhaftung zur Folge. Der Berater kann sein Verhalten nicht an dem (im Bereich der Beraterhaftung ohnehin kaum vorhandenen) Gesetzesrecht oder einer klaren Rechtsprechung ausrichten, sondern muss im Streitfall darauf hoffen, dass die Rechtsprechung in einer erteilten Auskunft ex post keine konkludente Willenserklärung bezogen auf einen Prüfvertrag sieht.[150] Dies wiegt umso schwerer, als der Berater in der Praxis wie schon angedeutet schnell in die Situation kommen kann, dass sein Mandant „risikobehaftete" Aspekte (etwa die wirtschaftliche Lage) beiläufig anspricht und „Stegreifauskünfte" verlangt. Hierin liegt für den Berater ein enormes Haftungsrisiko, gegen das er sich ob der Spontaneität der Situation ohnehin nur schwer absichern kann. Dieses Risiko ist letztlich zwar jeder Beratungstätigkeit immanent. Es wird aber unnötig erhöht, wenn für den Berater aufgrund der unklaren Rechtsprechung des BGH ex ante nicht erkennbar ist, welche Äußerungen einen Prüfvertrag begründen können.

c) Das Verschwimmen der eigentlichen Problematik der Beraterhaftung in der Insolvenzsituation

Die dogmatischen und praktischen Schwächen der Rechtsprechung offenbaren sich bereits. Gleichwohl bleibt ihr Gesamtzusammenhang zu berücksichtigen. Indem der BGH insolvenzbezogene (Hinweis-)Pflichten des Beraters im allgemeinen steuerlichen Mandat im Grundsatz generell ablehnt,[151] beschneidet er sich (in der Insolvenzkonstellation) zunächst vertragsrechtlicher Sanktionsmöglichkeiten für den Fall dennoch als haftungswürdig angesehenen Verhaltens in Form von falschen (letztlich aber auch unterlassenen) Auskünften zur Insolvenzreife. Konstruktiv verbleibt unter vertragsrechtlichen Gesichtspunkten dann nur die Möglichkeit, sich aus dem Korsett des allgemeinen steuerlichen Mandats zu lösen und anzunehmen, es sei ein (zusätzlicher bzw. erweiterter) Vertrag mit einem anderen Pflichtenprogramm geschlossen worden – und zwar ein Prüfvertrag. Bei einem solchen Vertrag

---

[149] Kritisch daher *Römermann*, GmbHR 2013, 513, 517; *ders./Praß*, GmbHR 2013, 938, 940; in der Literatur wird die Rspr. unterschiedlich bewertet: *Keller*, NJW 2012, 3171, 3171 („sehr enge Voraussetzungen"); *Klusmeier*, ZInsO 2013, 1347, 1348; vorsichtig demgegenüber *H. F. Müller*, ZInsO 2013, 2181, 2181; *Ehlers*, BB 2014, 131, 132; *Schaaf/Mushardt*, DB 2013, 1890, 1893; *Schwarz*, NZI 2012, 869, 870 ff.; *Plathner*, DStR 2013, 1349, 1354.

[150] Vgl. *Römermann*, GmbHR 2013, 513, 515, 517.

[151] S. oben S. 29 f.; beachte aber auch BGH NJW-RR 2014, 827, 828, Rn. 4 f., dazu auch noch unten Fn. 160 und im Einzelnen S. 112 ff. (für letztlich unvollständige Auskünfte); bemerkenswert nunmehr auch *D. Fischer*, DB 2015, 1643, 1646.

bereitet die Annahme der Pflichtverletzung regelmäßig keine Probleme.[152] Ihm kann demnach eine „lediglich" haftungsbegründende Funktion zukommen.[153] In diesem Fall degeneriert der Prüfvertrag zu einem bloßen Vehikel, einem Mittel zum Zweck der Haftung.[154] In der Folge verschiebt sich die eigentliche rechtliche Problematik strukturell gesehen von der Ebene der Pflichtverletzung zur Ebene des Vertragsschlusses. Es kommt nicht mehr wesentlich darauf an, insolvenzbezogene Pflichten herauszuarbeiten, sondern nur darauf, einen (zusätzlichen bzw. erweiterten) Vertrag überhaupt zu begründen.

Das Vorgehen der Rechtsprechung, sich – auch in einem bestehenden Vertragsverhältnis – zur Begründung bestimmter (Aufklärungs-)Pflichten auf einen eigenständigen Vertrag zu stützen, ist nicht unbekannt.[155] Dem wird allgemein entgegengehalten, ein selbständiger Vertragsschluss werde lediglich fingiert.[156] Wie dargelegt gilt das auch im vorliegend relevanten Zusammenhang.[157] Mit der Begründung eines angeblichen gesonderten Vertrags werden neue Probleme im Bereich der Rechtsgeschäftslehre geschaffen. Unter der Prämisse, dass bereits ein Vertrag zwischen Berater und Mandant besteht – dies stellt in den dieser Ausarbeitung zugrunde liegenden Konstellationen den Regelfall dar – ist es auch unnötig, sich auf einen gesonderten Vertrag zu berufen.[158] Schließlich besteht bereits ein Schuldverhältnis, an das im Zusammenhang mit möglichen Pflichtverletzungen angeknüpft werden kann, nämlich regelmäßig ein allgemeines (steuerliches) Mandat.

Die Herangehensweise der Rechtsprechung ist nicht nur dogmatisch unsauber und letzten Endes obsolet, sondern sie führt auch dazu, dass der Blick auf die Abgrenzung der Verantwortungsbereiche von Berater und Mandant in der Insolvenzsituation verstellt wird. Zugleich besteht die Gefahr, dass durch die Annahme, die Parteien hätten über das allgemeine steuerliche Mandat hinaus einen Prüfvertrag geschlossen, die Grenzen des allgemeinen steuerlichen Mandats vorschnell gesprengt werden und dadurch die an sich begrüßenswerte Differenzierung zwischen allgemeinem steuerlichen Mandat und Prüfvertrag verwischt. Es sollte nicht darum gehen, um jeden Preis den Rechtsbindungswillen des Beraters zu konstruieren, sondern darum, die Reichweite der Beraterpflichten angemessen festzulegen. Daher wäre es ehrlicher und dogmatisch sauberer, die (Neben-)Pflichten des Beraters insbeson-

---

[152] S. schon S. 29 f.; im Einzelnen noch S. 62.

[153] Vgl. *Zugehör*, WM 2013, 1965, 1975.

[154] Vgl. auch *H. F. Müller*, ZInsO 2013, 2181, 2181; vgl. aber auch noch S. 112 ff. für den Fall für sich genommen nicht falscher, im Grunde aber unvollständiger Auskünfte.

[155] S. *Bachmann/Roth*, in: MünchKomm-BGB^6, § 241 BGB Rn. 131, 133.

[156] *Bachmann/Roth*, in: MünchKomm-BGB^6, § 241 BGB Rn. 133; *Olzen*, in: Staudinger, § 241 BGB Rn. 463.

[157] S. oben S. 30 ff.

[158] S. allgemein *Bachmann/Roth*, in: MünchKomm-BGB^6, § 241 BGB Rn. 133.

dere in einem allgemeinen steuerlichen Mandat differenzierter zu bestimmen.[159] Der BGH macht sich durch das Ausweichen auf einen bei Lichte betrachtet nur schwer zu begründenden Prüfvertrag in seiner Argumentation beliebig. Eine Verlagerung des Standorts der eigentlichen Problematik der Haftung des Beraters in der Insolvenzsituation kann nicht der richtige Weg zu ihrer Lösung sein.[160]

d) Zwischenergebnis

Es hat sich gezeigt, dass die Vorgehensweise des BGH weder in dogmatischer noch in praktischer Hinsicht überzeugt. Es wird vorschnell ein Prüfvertrag herangezogen, um der Problematik der Beraterhaftung Herr zu werden. Damit entfernt sich der BGH zu weit vom Parteiwillen. Außerdem ist für den Berater ex ante kaum abzusehen, wann ein Prüfvertrag zustande kommen kann. Somit entsteht eine neue Unsicherheit in der Beratungspraxis. Eine Lösung über einen Prüfvertrag kann nur in Betracht kommen, wenn der Parteiwille dies auch eindeutig trägt.

5. Ergebnis zum Prüfvertrag und Konsequenzen für die Tätigkeit des Beraters

Überdehnt der BGH in der dargestellten Weise die Rechtsgeschäftslehre, kann das für den Berater rasch und in einer nicht im Einzelnen vorhersehbaren Weise die Haftung bedeuten. Das gilt auch für den Fall, dass ursprünglich nur ein allgemeines steuerliches Mandat vereinbart war. Die einleitend getätigte Aussage, dass der Vertragsschluss vom Willen der Parteien abhängt, relativiert sich unter Zugrundelegung der aktuellen Rechtsprechung. Der Prüfvertrag sollte in seiner Bedeutung aus den genannten Gründen zurückgedrängt werden. Er ist regelmäßig kein taugliches Mittel zur Lösung der Problematik. Zwingend ist die Annahme eines Prüfvertrags zwar, wenn die Parteien ganz deutlich einen solchen schließen wollten, wenn er also beispielsweise schriftlich festgehalten wird. In den wohl häufigeren Zweifelsfällen, in denen konkludentes Handeln im Raum steht, sollte jedoch nur zurückhaltend zum Mittel des Prüfvertrags gegriffen werden. Der BGH sollte, wenn er denn weiterhin auf den Prüfvertrag abstellen will, konkretisieren, welche Indizien gerade die Annahme eines *Prüfvertrags* nahe legen.

---

[159] Dazu ausführlich S. 89 ff. und insbesondere S. 108 ff.

[160] Letztlich legt der BGH selbst die Schwäche seiner Argumentation offen, wenn er in NJW-RR 2014, 827, 828, Rn. 4 f. diametral entgegengesetzt zu seiner bis zu diesem Zeitpunkt ergangenen insolvenzbezogenen Rechtsprechung auf eine Pflicht aus dem bestehenden allgemeinen steuerlichen Mandat rekurriert (bzw. rekurrieren muss, sofern denn nicht einmal nach den weiten und, wie dargelegt, auf eine Fiktion hinauslaufenden Kriterien des BGH ein Prüfvertrag angenommen werden kann, vgl. dazu auch noch S. 112 ff., insbesondere auch Fn. 542); beachte nunmehr auch *D. Fischer*, DB 2015, 1643, 1646.

Als Reaktion auf die Rechtsprechungspraxis müssen Berater darauf achten, keinen Spielraum für die Auslegung ihres Verhaltens und die Annahme konkludenter Willenserklärungen zu lassen. Diesbezüglich wird empfohlen, Mandate, ggf. durch ein Mandatsbestätigungsschreiben,[161] schriftlich festzuhalten und Schriftformklauseln vorzusehen[162]. Auch ein Ausschluss der Beratung zur Insolvenz(-reife) wird nahegelegt.[163] Offen ist allerdings, ob der BGH dies respektieren oder sich über schriftliche Vereinbarungen bzw. Ausschlussklauseln hinwegsetzen würde und gleichwohl von konkludenten Willenserklärungen ausginge, denen dann zusätzlich der Inhalt entnommen werden müsste, die ursprüngliche Vereinbarung zu ergänzen respektive die Schriftformklausel oder den Ausschluss gleichsam abzubedingen.[164] Umso bedeutsamer ist es daher, etwa auf spontane insolvenzbezogene Auskünfte zu verzichten.[165] In Anbetracht der unklaren Rechtsprechung, die keine sicheren Aussagen zum „zulässigen" Umfang insolvenzbezogener Auskünfte, mit anderen Worten also zu der Schwelle zum Auskunftsvertrag, zulässt, ist der völlige Verzicht auf solche Auskünfte anzuraten. Sofern um der Mandatspflege willen doch Auskünfte getätigt werden sollen, muss jedem Berater bewusst sein, dass er sich damit der Gefahr der Annahme eines Prüfvertrags aussetzt.

C. Die rechtliche Zulässigkeit der auf die Prüfung der Insolvenzreife gerichteten Tätigkeit des Beraters

Kommt man zu dem Ergebnis, dass sich die Parteien über das Zustandekommen eines Vertrags geeinigt haben, stellt sich weiter die Frage, ob die Zivilrechtsordnung einen solchen Vertrag anerkennt oder ihm die Wirksamkeit versagt. Das beabsichtigte Rechtsgeschäft könnte gegen ein gesetzliches Verbot verstoßen, was gem. § 134 BGB dessen Nichtigkeit zur Folge haben kann. Ein gesetzliches Verbot in diesem Sinne stellt die Vorschrift des § 3 RDG dar.[166] Außergerichtliche Rechtsdienstleistungen sind danach nur zulässig, wenn und soweit die Rechtsdienstleistungen durch das RDG oder ein anderes Gesetz[167] erlaubt werden, vgl. auch § 1 Abs. 2 RDG. Mit Rück-

---

[161] *Römermann*, GmbHR 2013, 513, 517.

[162] Vgl. *Schaaf/Mushardt*, DB 2013, 1890, 1892 f.; *H. F. Müller*, ZInsO 2013, 2181, 2181.

[163] *Keller*, NJW 2012, 3171, 3171; vgl. auch *Hüttinger*, Instrumente zur vorinsolvenzlichen Sanierung des Unternehmensträgers, S. 554, 561.

[164] Vgl. auch insoweit *Schaaf/Mushardt*, DB 2013, 1890, 1893.

[165] *H. F. Müller*, ZInsO 2013, 2181, 2181; *Schaaf/Mushardt*, DB 2013, 1890, 1893.

[166] S. Begr. RegE RDG, BT-Drs. 16/3655, S. 31, 51; BGH NJW 2013, 59, 62, Rn. 34 ff.; *Römermann*, in: Grunewald/Römermann, § 3 RDG Rn. 1, 5; *Weth*, in: Henssler/Prütting, § 5 RDG Rn. 14; *Seichter*, in: Deckenbrock/Henssler, § 3 RDG Rn. 33; *Sack/Seibl*, in: Staudinger, § 134 BGB Rn. 272.

[167] S. *Weth*, in: Henssler/Prütting, § 1 RDG Rn. 9.

sicht auf diese Bestimmungen soll im Folgenden erörtert werden, inwieweit die für diese Ausarbeitung relevanten Berufsträger – Steuerberater, Wirtschaftsprüfer, Rechtsanwälte[168] – zur im insolvenzrechtlichen Zusammenhang besonders bedeutsamen Prüfung der Insolvenzreife eines Unternehmens befugt sind und darauf gerichteten Verträgen zivilrechtliche Wirksamkeit zukommt.[169] Ergänzend soll der Zulässigkeit des allgemeinen Hinweises auf die Pflichten des Geschäftsleiters in der Krise, genauer auf § 15a InsO, nachgegangen werden.

I. Steuerberater (§ 5 RDG)

Die Beratungsbefugnisse der Steuerberater werden spezialgesetzlich durch das StBerG determiniert. Im Rahmen seiner Reichweite geht es dem RDG vor, weshalb sich die Befugnis zur steuerrechtlichen Beratung aus dem StBerG ergibt, vgl. §§ 3 Nr. 1, 33 StBerG (ferner § 1 Abs. 2 StBerG für Abschlüsse[170]).[171] Will ein Steuerberater jedoch allgemein rechtlich beraten, so ist dafür das RDG maßgeblich.[172] Um eine solche allgemeine rechtliche, also nicht steuerrechtliche, Beratung handelt es sich, wenn der Steuerberater das Vorliegen von Eröffnungsgründen der InsO prüft.[173] In diesem Fall ist zugleich „eine rechtliche Prüfung des Einzelfalls" erforderlich, s. § 2 Abs. 1 RDG.[174] Daran könnte man zweifeln, sofern bereits eine sog. „bilanzielle Überschuldung"[175] festgestellt wurde und es dann um die Frage des Vorlie-

---

[168] Auf die Befugnis sonstiger Berater, insbesondere der Unternehmensberater, soll im Folgenden angesichts der Vielzahl denkbarer Konstellationen nicht weiter eingegangen werden; vgl. weiterführend nur *M. F. Schmitt*, Sanierungsberatung als Rechtsberatung und Rechtsdienstleistung, S. 281 ff.

[169] Über die zivilrechtliche Unwirksamkeit hinaus kann ein Verstoß gegen § 3 RDG u. U. die Haftung des Beraters – dazu nur *Seichter*, in: Deckenbrock/Henssler, § 3 RDG Rn. 57 f. m. w. N. – sowie den Verlust des Versicherungsschutzes aus der Berufshaftpflichtversicherung, dazu *Ehlers*, BB 2014, 131, 133 und allgemein *Chab*, in: Hdb. d. Anwaltshaftung, § 18, Rn. 62 ff., nach sich ziehen.

[170] S. *Koslowski*, § 33 StBerG Rn. 8.

[171] Vgl. *Kleine-Cosack*, § 1 RDG Rn. 53, § 5 RDG Rn. 185; *Weth*, in: Henssler/Prütting, § 1 RDG Rn. 9.

[172] Begr. RegE RDG, BT-Drs. 16/3655, S. 51; *Koslowski*, § 33 StBerG Rn. 13; *Kleine-Cosack*, § 1 RDG Rn. 59, § 5 RDG Rn. 189; *Deckenbrock*, in: ders./Henssler, § 1 RDG Rn. 29.

[173] So überzeugend BGH NJW-RR 2013, 983, 984, Rn. 15 (allgemeine wirtschaftsrechtliche Beratung); vgl. auch schon OLG Schleswig GI 1993, 373, 379; s. auch BGHZ 193, 297, 301, Rn. 11.

[174] Vgl. *Deckenbrock/Henssler*, in: dies., § 2 RDG Rn. 61; s. auch *Römermann*, GmbHR 2013, 513, 518 (bez. der Prüfung der Insolvenzantragspflicht).

[175] Vgl. *Mertes/Griesel*, AnwBl 2015, 854, 855, 864; *Morck*, in: Koller/Kindler/Roth/Morck, § 268 HGB Rn. 5; *Wolf/Schlagheck*, Überschuldung, S. 3.

gens der Eröffnungsgründe geht.[176] Eine solche Sichtweise lässt jedoch außer Acht, dass aus der bilanziellen Überschuldung nicht ohne Weiteres auf Zahlungsunfähigkeit[177] oder Überschuldung im insolvenzrechtlichen Sinne[178] geschlossen werden kann. Deren Tatbestände sind gesondert zu prüfen. Es ist eine juristische Subsumtion[179] erforderlich, die auch nicht ganz einfach oder geringfügig[180] ist. Das hat zur Folge, dass es sich um eine Rechtsdienstleistung i. S. d. RDG handelt. Daher darf der Steuerberater die Prüfung von Eröffnungsgründen nur vornehmen, sofern ein Erlaubnistatbestand des RDG eingreift und die Tätigkeit gestattet.[181]

Als Erlaubnistatbestand ist § 5 RDG in den Blick zu nehmen. Dieser ermöglicht die Erbringung von Rechtsdienstleistungen i. S. v. § 2 RDG, soweit sie als Nebenleistung zum Berufs- oder Tätigkeitsbild gehören. Der BGH hat entschieden, dass die Insolvenz- und Sanierungsberatung Steuerberatern offen stehe, da sie als Nebenleistung zu deren Berufsbild gehöre und aufgrund von § 5 Abs. 1 RDG erlaubt sei.[182] Bei unbefangener Würdigung könnte man daraus schließen, dass der BGH die Insolvenz- und Sanierungsberatung insgesamt und im weitest denkbaren Umfang für zulässig erachtet – schließlich macht er in seinen Aussagen keine Einschränkungen. Ob der BGH tatsächlich jegliche insolvenzrechtliche Beratung durch Steuerberater für mit dem RDG vereinbar erklären wollte, lässt sich letztlich allerdings nicht verlässlich beantworten. Zumindest dem Prüfvertrag erkennt der BGH jedoch zivilrechtliche Wirksamkeit zu, schließlich stützt er sich in seinen Entscheidungen auf vertragliche Ansprüche.[183]

1. Haupttätigkeit

Der Tatbestand von § 5 RDG setzt zunächst voraus, dass die in Rede stehende Rechtsdienstleistung als Nebenleistung, also neben einer anderen Tätigkeit,

---

[176] So *Baumert*, ZIP 2013, 1851, 1852.

[177] Vgl. *Rüntz*, in: HK-InsO, § 17 InsO Rn. 23; *Schröder*, in: HambKomm, § 17 InsO Rn. 34 f.

[178] BGH NJW-RR 2013, 983, 984, Rn. 16; BGHZ 146, 264, 267 f.; s. auch noch S. 49 f. mit Fn. 216.

[179] S. Begr. RegE RDG, BT-Drs. 16/3655, S. 46; vgl. auch *Weth*, in: Henssler/Prütting, § 2 RDG Rn. 5.

[180] Dazu *Kleine-Cosack*, § 2 RDG Rn. 37 ff.

[181] Vgl. auch *M. F. Schmitt*, Sanierungsberatung als Rechtsberatung und Rechtsdienstleistung, S. 240 f.

[182] Vgl. BGH NJW-RR 2013, 983, 985, Rn. 20.

[183] BGHZ 193, 297, 300 f., Rn. 9, 12; BGH NJW 2013, 2345, 2345, Rn. 13; s. auch *Kayser*, ZIP 2014, 597, 599, der als Vorsitzender des zuständigen IX. Zivilsenats des BGH jedenfalls die Prüfung der Insolvenzreife zulassen will, die Rechtsprechung des BGH aber nicht als so weit verstanden sehen will, dass jegliche Rechtsberatung „rund um die Insolvenz" zulässig sei.

die selbst (abgesehen von steuerrechtlichen Tätigkeiten) keine Rechtsdienstleistung ist, erbracht wird. Fehlt eine solche – wie § 5 Abs. 1 S. 2 RDG formuliert – Haupttätigkeit, kann schon logisch keine Nebenleistung erbracht werden.[184]

Eine mögliche Haupttätigkeit in diesem Sinne ist das Tätigwerden des Steuerberaters auf Grundlage eines allgemeinen steuerlichen Mandats. Sofern sich der Steuerberater verpflichtet, neben den im Rahmen des allgemeinen steuerlichen Mandats zu erbringenden Tätigkeiten auch das Vorliegen von Eröffnungsgründen zu prüfen, ist es denkbar, an jenes allgemeine steuerliche Mandat als Haupttätigkeit anzuknüpfen. Denkbar ist weiterhin, die Haupttätigkeit i. S. v. § 5 RDG in der Abschlusserstellung zu sehen.[185] Zur Abschlusserstellung sind Steuerberater befugt, vgl. § 33 S. 2 StBerG und § 3 Nr. 1 i. V. m. § 1 Abs. 2 Nr. 2 StBerG.[186] Wird diese Tätigkeit vertraglich versprochen und zusätzlich vereinbart, dass der Berater die Insolvenzreife prüfen soll, dann handelt es sich bei der Abschlusserstellung dem Grunde nach um eine taugliche Haupttätigkeit im rechtsdienstleistungsrechtlichen Sinne. Als Haupttätigkeit und damit Bezugspunkt für eine rechtsdienstleistende Nebenleistung kommt weiter z. B. die freiwillige Abschlussprüfung in Betracht (die nicht ihrerseits ausschließlich auf die Prüfung der Eröffnungsgründe bezogen ist).[187]

Schließlich könnte der Steuerberater ausschließlich zur Prüfung der Eröffnungsgründe tätig werden. Besteht die einzige Beziehung zwischen Steuerberater und Mandant im konkreten Fall in der Prüfung der Eröffnungsgründe, so fehlt es im Einzelfall an einer spezifischen und von der Insolvenzreifeprüfung verschiedenen, steuerrechtlichen bzw. nicht rechtsdienstleistenden Haupttätigkeit. Verlangt man jedoch, dass eine solche Haupttätigkeit auch im konkreten Fall vorliegt, so existiert bei der isolierten Insolvenzreifeprüfung kein Anknüpfungspunkt für eine Nebenleistung wie die eben gerade als solche in Rede stehende Insolvenzreifeprüfung.[188] Das hätte zur Folge, dass § 5 RDG tatbestandlich nicht eingriffe.[189] Die Prüfung des Vorliegens von Eröffnungsgründen durch einen Steuerberater, der daneben keine anderen (steuerrechtlichen bzw. nicht rechtsdienstleistenden) Leistungen für seinen Mandanten

---

[184] Vgl. auch *Hirtz*, in: Grunewald/Römermann, § 5 RDG Rn. 23; *Kleine-Cosack*, § 5 RDG Rn. 23.

[185] S. dazu auch *Baumert*, ZIP 2013, 1851, 1852.

[186] BGHZ 193, 297, 300, Rn. 10; vgl. auch schon BGHZ 78, 237, 242; *Koslowski*, § 33 StBerG Rn. 8; s. auch schon BVerfGE 54, 301, 322 f.; ferner *Zugehör*, WM 2013, 1965, 1965, der sich allerdings wenig überzeugend auf § 57 Abs. 3 Nr. 3 StBerG, der wohl eher Aspekte der Prüfung betrifft, sowie BGH NJW-RR 2013, 983, 985, Rn. 20 stützt.

[187] S. zur Zulässigkeit *Koslowski*, § 33 StBerG Rn. 12, § 57 StBerG Rn. 109.

[188] So wohl *Baumert*, ZIP 2013, 1851, 1853 mit Fn. 22.

[189] Vgl. schon bei Fn. 184.

erbrächte, könnte also nicht auf § 5 RDG gestützt werden.[190] Ein entsprechender Vertrag wäre nach § 134 BGB i. V. m. § 3 RDG nichtig.[191] Damit hinge die Zulässigkeit der Insolvenzreifeprüfung davon ab, dass der Steuerberater zugleich berufstypische, also nicht rein rechtsdienstleistende (mit Ausnahme steuerrechtlicher) Leistungen erbringt. Es stellt sich daher die Frage, ob die erforderliche, nicht rechtsdienstleistende, Haupttätigkeit tatsächlich auch im konkreten Einzelfall gegeben sein muss,[192] oder ob § 5 Abs. 1 RDG insoweit typisierend auszulegen, also vom konkreten Fall losgelöst zu verstehen, ist. Dann käme es etwa hinsichtlich der Haupttätigkeit eines Steuerberaters nur darauf an, dass Steuerberater in der Regel steuerberatend tätig werden; die Haupttätigkeit wäre also abstrakt in der berufstypischen Steuerberatung zu sehen. Fordert man demgegenüber das Vorliegen einer Haupttätigkeit im konkreten Einzelfall, hätte dies allerdings auch zur Folge, dass beispielsweise ein Steuerberater, der bereits einen Jahresabschluss erstellt hat und nach Beendigung der Jahresabschlusserstellung den weiteren Auftrag erhält, die Insolvenzreife zu prüfen, im Übrigen aber keine weiteren Tätigkeiten erbringt, die Insolvenzreifeprüfung mangels Haupttätigkeit nicht gestützt auf § 5 RDG versprechen und ausführen dürfte.[193]

Zur Beantwortung der Frage, ob eine konkrete Haupttätigkeit gegeben sein muss, ist zunächst der Wortlaut des § 5 Abs. 1 S. 1 RDG in den Blick zu nehmen. Erlaubt sind nach der Norm „Rechtsdienstleistungen im Zusammenhang mit einer anderen Tätigkeit". Die grammatische Auslegung führt nicht zwingend zu der Annahme, dass es sich bei der „anderen Tätigkeit" um eine konkrete Tätigkeit im Einzelfall handeln muss. Insoweit ist die Norm zu unspezifisch formuliert. Die Gesetzesmaterialien lassen bezüglich der Haupttätigkeit ebenso wenig einen eindeutigen Schluss zu.[194] Wertungsmäßig wäre

[190] A. A. wohl *Kayser*, ZIP 2014, 597, 598.

[191] Allgemein BGH NJW 2013, 59, 62, Rn. 34 ff.; *Weth*, in: Henssler/Prütting, § 3 RDG Rn. 14; s. auch schon BGHZ 37, 258, 261 f. (zu Art. 1 § 1 RBerG); vgl. auch schon Fn. 166.

[192] So *Hirtz*, in: Grunewald/Römermann, § 5 RDG Rn. 20 ff., insbesondere Rn. 21-23; s. auch *Kleine-Cosack*, § 5 RDG Rn. 23, ferner Rn. 75; zu Art. 1 § 5 RBerG in diesem Zusammenhang auch *Rennen/Caliebe*, Art. 1 § 5 RBerG Rn. 6; *Weth*, in: Henssler/Prütting^2, Art. 1 § 5 RBerG Rn. 14; *Chemnitz/Johnigk*, Art. 1 § 5 RBerG Rn. 516, 527; zum Merkmal des „unmittelbaren Zusammenhangs" i. S. d. Art. 1 § 5 RBerG *M. F. Schmitt*, Sanierungsberatung als Rechtsberatung und Rechtsdienstleistung, S. 73 ff.

[193] Vgl. für abgewickelte Tätigkeiten (teils im Rahmen des Art. 1 § 5 RBerG) *Kleine-Cosack*, § 5 RDG Rn. 75; *Rennen/Caliebe*, Art. 1 § 5 RBerG Rn. 6; *Weth*, in: Henssler/Prütting^2, Art. 1 § 5 RBerG Rn. 14; *Chemnitz/Johnigk*, Art. 1 § 5 RBerG Rn. 516, 527.

[194] So ist zwar nach Begr. RegE RDG, BT-Drs. 16/3655, S. 54, im Zusammenhang mit der Ermittlung der für die Haupttätigkeit erforderlichen Rechtskenntnisse eine typisierende Betrachtung angebracht. Inwieweit das auch für die Haupttätigkeit als solche gilt, wird allerdings nicht hinreichend deutlich. Andererseits ist die Reichweite zulässiger Nebenleistungen individuell festzulegen, s. Begr. RegE RDG, BT-Drs. 16/3655, S. 52.

eine Auslegung in dem (strengen) Sinne, dass eine spezifische Haupttätigkeit zeitgleich zur Nebenleistung immer und unbedingt erforderlich ist, jedenfalls mit Rücksicht auf den beispielhaft genannten Fall allerdings schwer nachzuvollziehen. Zum einen hinge die Zulässigkeit der Insolvenzreifeprüfung in diesem Fall dann von einer Zufälligkeit ab, nämlich dem Zeitpunkt der Erteilung des Auftrags vor oder eben erst nach Fertigstellung des Jahresabschlusses. Zum anderen ist der Steuerberater, der den Jahresabschluss erstellt hat, unter Umständen noch „mit den Zahlen" und der wirtschaftlichen Situation des Unternehmens vertraut. Im Ergebnis würde dem Mandanten daher die Sachkompetenz des Steuerberaters vorenthalten bzw. diese an den Abschluss eines weiteren, berufstypischen Mandats geknüpft. Gerade wenn es sich um eine kurze Zeitspanne zwischen Fertigstellung des Abschlusses und Erteilung des Auftrags zur Prüfung der Insolvenzreife handelt, erschiene eine Differenzierung hinsichtlich der Zulässigkeit der Prüfung letztlich als künstlich. Zu berücksichtigen ist auch die Wertung des Art. 12 Abs. 1 GG. Dieser gebietet es, gewisse Freiräume in der Berufsausübung anzuerkennen, die nicht durch eine übermäßig restriktive Interpretation von § 5 RDG versperrt werden dürfen.[195] Schlussendlich bezweckt die Vorschrift des § 5 RDG, die Berufsausübung nicht spezifisch rechtsdienstleistender (bzw. „nur" steuerrechtsdienstleistender) Berufe nicht zu behindern.[196]

Andererseits wäre es aber auch wenig überzeugend, generell gleichsam auf die Haupttätigkeit zu verzichten und diese in der abstrakten berufstypischen Tätigkeit zu sehen, ohne Rücksicht darauf, ob eine Haupttätigkeit tatsächlich auch konkret erbracht wird. Das Merkmal der „Haupttätigkeit" wäre dann obsolet – es handelte sich im Grunde um eine bedeutungslose Worthülse. Demnach kann auf eine konkrete Haupttätigkeit nicht vollständig verzichtet werden.[197] Vermittelnd ist daher zwar das Vorliegen einer Haupttätigkeit zu fordern, gleichzeitig aber auch die Möglichkeit einer gewissen zeitlichen Differenz zwischen Haupttätigkeit und Nebenleistung anzuerkennen. Der von § 5 Abs. 1 S. 1 RDG angesprochene Zusammenhang zwischen Haupttätigkeit und Nebenleistung muss dabei gewahrt bleiben. Im speziellen Fall der Insolvenzreifeprüfung, die ohne parallel fortbestehende Haupttätigkeit erbracht wird, besteht dieser Zusammenhang jedenfalls, sofern die Prüfung in zeitli-

---

[195] Vgl. Begr. RegE RDG, BT-Drs. 16/3655, S. 32, 38, 52; BGH NJW 2012, 1589, 1590, Rn. 24; BGHZ 192, 270, 275, Rn. 11; *Weth*, in: Henssler/Prütting, § 5 RDG Rn. 1a; *Sabel*, in: Kilian/Sabel/vom Stein, Rechtsdienstleistung, S. 79 Rn. 191; *Kleine-Cosack*, § 5 RDG Rn. 90 ff.; s. auch *Kayser*, ZIP 2014, 597, 599.

[196] Vgl. Begr. RegE RDG, BT-Drs. 16/3655, S. 51; s. auch *Kleine-Cosack*, § 5 RDG Rn. 14; *Sabel*, in: Kilian/Sabel/vom Stein, Rechtsdienstleistung, S. 79 Rn. 190 f.

[197] So auch *Hirtz*, in: Grunewald/Römermann, § 5 RDG Rn. 20 ff.

cher Nähe zu der (abgeschlossenen) Erstellung des Jahresabschlusses und auch sachlich mit Bezug zu letzterem erbracht wird.[198]

2. Nebenleistung als Bestandteil des Berufs- oder Tätigkeitsbilds

Im Rahmen des § 5 RDG ist es sodann entscheidend, ob die rechtsdienstleistende Tätigkeit, namentlich die Insolvenzreifeprüfung, als eine Nebenleistung anzusehen ist, die zum Berufs- oder Tätigkeitsbild gehört.

a) Berufs- und Tätigkeitsbild

Bezugspunkt für das Berufs- und Tätigkeitsbild i. S. v. § 5 Abs. 1 S. 1 RDG ist die (Haupt-)Tätigkeit des Steuerberaters.[199] Das Berufs- und Tätigkeitsbild kann sich zunächst aus dem Gesetz ergeben.[200] Für das Berufsbild des Steuerberaters ist in besonderem Maße das StBerG prägend. Die Aufgaben des Steuerberaters ergeben sich aus § 33 StBerG und dem ebenfalls zu berücksichtigenden § 57 Abs. 3 StBerG.[201] Danach umfasst das Berufsbild naturgemäß gerade die Steuerberatung. „Mit dem Beruf eines Steuerberaters […] insbesondere vereinbar“ ist nach § 57 Abs. 3 Nr. 3 StBerG aber auch „eine wirtschaftsberatende […] Tätigkeit […]“. Die Bedeutung der Wirtschaftsberatung spiegelt sich auch in der erforderlichen Qualifikation des Steuerberaters wider (vgl. §§ 36, 37 Abs. 3 S. 1 Nr. 6, 7 StBerG). Das Berufsbild des Steuerberaters erfasst daher auch die Wirtschaftsberatung.[202]

Der BGH ordnet die Insolvenz- und Sanierungsberatung dem Berufsbild des Steuerberaters unter Verweis auf § 57 Abs. 3 Nr. 3 StBerG zu.[203] Insoweit ist dem BGH zu folgen, da der Begriff „wirtschaftsberatende Tätigkeit“ durchaus auch den Aspekt der wirtschaftlichen Überlebensfähigkeit umfassen

---

[198] Vgl. aber *Hirtz*, in: Grunewald/Römermann, § 5 RDG Rn. 24, der den Zusammenhang verneint, wenn die Haupttätigkeit vollständig abgewickelt ist und nur für den Fall des Fortbestehens von Beratungspflichten eine Ausnahme anerkennt.

[199] Vgl. *Kleine-Cosack*, § 5 RDG Rn. 40; *Hirtz*, in: Grunewald/Römermann, § 5 RDG Rn. 55.

[200] Vgl. Begr. RegE RDG, BT-Drs. 16/3655, S. 52.

[201] S. *Kleine-Cosack*, § 5 RDG Rn. 42.

[202] S. zur besonderen Bedeutung der betriebswirtschaftlichen Beratung für die Tätigkeit des Steuerberaters auch *Koslowski*, Einleitung Rn. 19, § 33 StBerG Rn. 11, § 57 StBerG Rn. 105 f.; s. auch *Römermann*, GmbHR 2013, 513, 515; *Scheffler/Beigel*, DStR 2000, 1277, 1280; s. auch BSG NJW 2014, 493, 495, Rn. 40 zur Bedeutung der Prüfungsgebiete der Steuerberaterprüfung für das Berufsbild.

[203] BGH NJW-RR 2013, 983, 985, Rn. 20; vgl. auch *Gräfe*, DStR 2010, 618, 619, 621, auf den sich der BGH beruft (und der die Zuordnung zum Berufsbild letztlich voraussetzt); vorausgesetzt auch von *Zugehör*, WM 2013, 1965, 1965; *Baumert*, ZIP 2013, 1851, 1852; vgl. auch schon BGHZ 193, 297, 300, Rn. 10.

kann, auf die eine mögliche Insolvenz Einfluss hat.[204] Die Dimensionen eines Berufs- bzw. Tätigkeitsbilds können sich sodann auch aus der Verkehrsanschauung ergeben, was der dynamischen Entwicklung von Berufsbildern Rechnung trägt.[205] Die durch den Deutschen Steuerberaterverband (DStV) anerkannte Fortbildungsqualifikation „Fachberater/-in für Sanierung und Insolvenzverwaltung (DStV e.V.)" bestätigt die Tendenz zur zunehmenden Ausdehnung der Tätigkeiten der Steuerberater im Bereich der Wirtschaftsberatung (vgl. eben auch § 57 Abs. 3 Nr. 3 StBerG). Derartige Neuerungen können Auswirkungen auf das für § 5 RDG maßgebliche Berufsbild der Steuerberater haben.[206] Jedenfalls mit Rücksicht auf § 57 Abs. 3 Nr. 3 StBerG („wirtschaftsberatende Tätigkeit") kann die Insolvenzberatung also dem Grunde nach dem Berufsbild des Steuerberaters zugeordnet werden.[207]

b) Nebenleistung

Ob es sich bei der Insolvenzreifeprüfung um eine Nebenleistung i. S. v. § 5 Abs. 1 S. 1 RDG handelt, ist anhand der Kriterien des § 5 Abs. 1 S. 2 RDG zu bestimmen. Insgesamt darf die Rechtsdienstleistung die Beratertätigkeit nicht prägen, sie darf nicht selbst wesentlicher Teil der Hauptleistung werden.[208] Generell zurückzuweisen ist in ihrer Pauschalität die Ansicht, dass eine Hauptleistungspflicht im Sinne des allgemeinen bürgerlichen Schuldrechts nie Nebenleistung nach § 5 RDG sein könne.[209] Danach wäre der Abschluss eines Prüfvertrags von vornherein unzulässig. Dagegen spricht jedoch schon der Wille des Gesetzgebers, nach dem es gerade nicht allein auf die zivilrechtliche Einordnung als Haupt- oder Nebenleistung ankommt.[210] Die Begriffsbestimmung muss vielmehr objektiv erfolgen.[211] Liegt der Rechtsdienstleistung aber eine gesonderte vertragliche Vereinbarung zugrunde, kann darin auch nach dem Gesetzgeber ein Indiz dafür gesehen werden, dass es

---

[204] Beachte auch § 15 S. 1 Nr. 9 der Berufsordnung der Bundessteuerberaterkammer, DStR 2010, 2659 ff.

[205] Vgl. Begr. RegE RDG, BT-Drs. 16/3655, S. 52; vgl. auch *Hirtz*, in: Grunewald/Römermann, § 5 RDG Rn. 57 f.

[206] Vgl. für den „Fachberater" des DStV *Kleine-Cosack*, § 5 RDG Rn. 42; *Sabel*, in: Kilian/Sabel/vom Stein, Rechtsdienstleistung, S. 95 Rn. 245 mit Fn. 203.

[207] Vgl. auch *Kayser*, ZIP 2014, 597, 598; vgl. zur Sanierungsberatung auch *M. F. Schmitt*, Sanierungsberatung als Rechtsberatung und Rechtsdienstleistung, S. 278 (Steuerberater und auch Wirtschaftsprüfer); vgl. ferner *Linse/Glaubitz*, DStR 2010, 1497, 1498 zur Tätigkeit als Insolvenzverwalter.

[208] BGH NJW 2012, 1589, 1590, Rn. 23; BGH NJW 2013, 59, 61, Rn. 26; *Weth*, in: Henssler/Prütting, § 5 RDG Rn. 4 f.; s. auch Begr. RegE RDG, BT-Drs. 16/3655, S. 52.

[209] So aber *Hirtz*, in: Grunewald/Römermann, § 5 RDG Rn. 27.

[210] Begr. RegE RDG, BT-Drs. 16/3655, S. 52; s. auch BGH WM 2011, 1772, 1176, Rn. 34 m. w. N.

[211] *Kleine-Cosack*, § 5 RDG Rn. 33; *Weth*, in: Henssler/Prütting, § 5 RDG Rn. 6.

sich nicht bloß um eine Nebenleistung handelt.[212] Insoweit könnte bedeutsam sein, ob der BGH den konkludenten Prüfvertrag als neben dem allgemeinen steuerlichen Mandat bestehend ansieht oder von einer Erweiterung des allgemeinen steuerlichen Mandats ausgeht.[213] Zum einen handelt es sich aber nur um ein Indiz, zum anderen hält der BGH die Insolvenzberatung wie dargelegt ohnehin für zulässig. Da der Konstruktion des BGH, stillschweigende Verträge anzunehmen, wie ausgeführt für den Regelfall entgegen zu treten ist, wird ein Prüfvertrag zumeist allerdings ausdrücklich geschlossen sein und dann auch regelmäßig auf einer gesonderten Vereinbarung beruhen. In diesem Fall wäre die indizielle Bedeutung dieser gesonderten Vereinbarung zu bedenken.

aa) Inhalt und Umfang der Rechtsdienstleistung „Insolvenzreifeprüfung"

Zunächst nennt § 5 Abs. 1 S. 2 RDG Inhalt und Umfang der Rechtsdienstleistung als maßgebliche Kriterien. Abzustellen ist insoweit vor allem auf Schwierigkeit und Komplexität der Rechtsdienstleistung „Insolvenzreifeprüfung", sodann ist ihr zeitlicher Anteil zu berücksichtigen.[214] Ferner ist die objektive Bedeutung der Rechtsfrage für den Rechtssuchenden von Relevanz.[215] Im Rahmen von § 19 InsO ist eine Überschuldungsbilanz zu erstellen. Deren Besonderheiten hat der BGH kürzlich erneut herausgestellt. Demnach hat die Handelsbilanz, auch wenn sie eine Unterdeckung ausweist, in Bezug auf die insolvenzrechtliche Überschuldung höchstens indizielle Bedeutung, die Überschuldung i. S. d. § 19 InsO kann aber nicht ohne Weiteres aus der Handelsbilanz entnommen werden.[216] Es bedarf daher einer zusätzlichen Prüfung, um die insolvenzrechtliche Überschuldung festzustellen. Dabei müssen dann die – ungeschriebenen – Besonderheiten der Überschuldungsbilanz[217] bekannt sein, die im Zweck der Überschuldungsbilanz, nämlich der Abbildung der „wahren" Werte, gründen.[218] Das betrifft insbesondere die

---

[212] Begr. RegE RDG, BT-Drs. 16/3655, S. 52.

[213] Vgl. oben S. 24 f. mit Fn. 75.

[214] Begr. RegE RDG, BT-Drs. 16/3655, S. 54; *Deckenbrock/Henssler*, in: dies., § 5 RDG Rn. 32; *Hirtz*, in: Grunewald/Römermann, § 5 RDG Rn. 39, 41; *Sabel*, in: Kilian/Sabel/vom Stein, Rechtsdienstleistung, S. 81 f. Rn. 198 f.

[215] Begr. RegE RDG, BT-Drs. 16/3655, S. 54.

[216] BGH NJW-RR 2013, 983, 984, Rn. 16; so auch schon BGHZ 125, 141, 146; BGHZ 146, 264, 267 f.; s. auch *Crezelius*, FS Röhricht (2005), S. 787, 789 f.; *K. Schmidt*, in: ders., § 19 InsO Rn. 16; *Rüntz*, in: HK-InsO, § 19 InsO Rn. 12; *Schmerbach*, in: FK-InsO, § 19 InsO Rn. 15; *Mock*, in: Uhlenbruck, § 19 InsO Rn. 17; *H. F. Müller*, in: Jaeger, § 19 InsO Rn. 43 m. w. N. auch zur abweichenden Ansicht; a. A. auch *Wackerbarth*, NZI 2009, 145, 148 f.; allgemein zu § 19 InsO schon oben S. 6.

[217] S. *Stahlschmidt*, JR 2002, 89, 92 f.; ausführlich auch *H. F. Müller*, in: Jaeger, § 19 InsO Rn. 42 ff.

[218] S. *Schmerbach*, in: FK-InsO, § 19 InsO Rn. 15; *Schröder*, in: HambKomm, § 19 InsO Rn. 19; *H. F. Müller*, in: Jaeger, § 19 InsO Rn. 43; *Winnefeld*, Bilanz-Hdb., Rn. N 830.

stillen Reserven, die aufzudecken sind.[219] Generell können die handelsrechtlichen Ansatz- und Bewertungsregeln nicht übernommen werden, wohl aber das Mengengerüst der Handelsbilanz.[220] Zu den einzelnen in die Überschuldungsbilanz aufzunehmenden Posten hat sich eine umfangreiche Kasuistik herausgebildet.[221] Zur Aufstellung einer Überschuldungsbilanz sind mithin Vermögen und Verbindlichkeiten gegenüberzustellen und neu zu bewerten und anzusetzen. Damit muss letztlich – anhand anderer Maßstäbe – erneut bilanziert werden. Die eigentliche Bilanzierung ist von Einzelfragen der Bewertung und (teils auch) betriebswirtschaftlich geprägt.[222]

Nach § 19 Abs. 2 S. 1 Hs. 2 InsO ist außerdem die Möglichkeit der Fortführung des Unternehmens zu berücksichtigen, und zwar in Form der Fortführungsprognose. Die mittels Entfristung[223] des § 19 Abs. 2 InsO (i. d. F. des FMStG[224]) erfolgte dauerhafte Rückkehr zum sog. modifizierten zweistufigen Überschuldungsbegriff[225] erhebt diese Fortführungsprognose zum gleichwertigen, zweiten Tatbestandsmerkmal des § 19 InsO, welches die insolvenzrechtliche Überschuldung bei positivem Befund insgesamt ausschließt[226]. Bestandteile der Prognose sind Fortführungswilligkeit der Beteiligten, ein Finanzplan sowie ein Unternehmenskonzept.[227] Das Unternehmenskonzept muss das Unternehmen und seine Lage (am Markt) analysieren und den Weg aufzeigen, auf dem das Unternehmen aus der Krise geführt wird.[228] Der Fi-

---

[219] BGH NJW-RR 2013, 983, 985, Rn. 18; s. dazu BGHZ 125, 141, 146; BGHZ 146, 264, 268 f.; ausführlich *Hüffer*, FS Wiedemann (2002), S. 1047, 1056 ff.; *H. F. Müller*, in: Jaeger, § 19 InsO Rn. 43; *Mock*, in: Uhlenbruck, § 19 InsO Rn. 17.

[220] *Stahlschmidt*, JR 2002, 89, 92; *Drukarczyk/Schüler*, in: MünchKomm-InsO, § 19 InsO Rn. 105; *H. F. Müller*, in: Jaeger, § 19 InsO Rn. 43; *Winnefeld*, Bilanz-Hdb., Rn. N 830.

[221] Dazu *Schäfer*, Der Eröffnungsgrund der Überschuldung, S. 151 ff.; *Crezelius*, FS Röhricht (2005), S. 787, 792 ff.; *Schmerbach*, in: FK-InsO, § 19 InsO Rn. 18 ff.; *Drukarczyk/Schüler*, in: MünchKomm-InsO, § 19 InsO Rn. 110 ff.

[222] Vgl. *Schmerbach*, in: FK-InsO, § 19 InsO Rn. 16.

[223] S. Art. 18 des Gesetzes v. 05.12.2012, BGBl. I, S. 2418, der Art. 6 Abs. 3 FMStG v. 17.10.2008, BGBl. I, S. 1982 (Rückkehr zu § 19 Abs. 2 InsO in der *vor* dem FMStG geltenden Form, s. auch Art. 7 Abs. 2 FMStG) aufhebt; zum Ganzen schon oben S. 6 m. w. N.

[224] S. Art. 5 FMStG.

[225] Zum Ganzen *K. Schmidt*, ZIP 2013, 485, 486; *Böcker/Poertzgen*, GmbHR 2013, 17 ff.

[226] *K. Schmidt*, ZIP 2013, 485, 489; *Böcker/Poertzgen*, GmbHR 2013, 17, 18; *Mock*, in: Uhlenbruck, § 19 InsO Rn. 221; *Drukarczyk/Schüler*, in: MünchKomm-InsO, § 19 InsO Rn. 51 ff.; *Rüntz*, in: HK-InsO, § 19 InsO Rn. 6; allgemein schon oben S. 6.

[227] S. BGH WM 2006, 2254, 2254, Rn. 3; BGH WM 2010, 2313, 2314, Rn. 13; BGH NJW-RR 2013, 983, 985, Rn. 18; sehr ausführlich *Drukarczyk/Schüler*, in: MünchKomm-InsO, § 19 InsO Rn. 58 ff.; *Rüntz*, in: HK-InsO, § 19 InsO Rn. 8 ff.; *H. F. Müller*, in: Jaeger, § 19 InsO Rn. 38 ff.; *Schröder*, in: HambKomm, § 19 InsO Rn. 14 ff.; *Mock*, in: Uhlenbruck, § 19 InsO Rn. 211 ff.; *Schmerbach*, in: FK-InsO, § 19 InsO Rn. 32 ff.

[228] Vgl. *Bork*, ZIP 2000, 1709, 1711; *H. F. Müller*, in: Jaeger, § 19 InsO Rn. 38.

nanzplan konkretisiert letztlich das Unternehmenskonzept und muss die finanzielle Entwicklung des Unternehmens in der Zukunft vorzeichnen sowie darlegen, dass die Finanzkraft zur Fortführung des Unternehmens ausreicht.[229] Die hier erforderliche Prognoserechnung ist nach betriebswirtschaftlichen Grundsätzen durchzuführen.[230] Ob dabei auf die Möglichkeit der Gewinnerzielung, die Ertragsfähigkeit oder die Zahlungsfähigkeit abzustellen ist, kann dahinstehen.[231] Jedenfalls geht es bei der Fortführungsprognose i. S. d. § 19 InsO gerade auch um unternehmerische und betriebswirtschaftliche Fragen.[232]

Folglich weist die Überschuldungsprüfung als solche eine immerhin teilweise betriebswirtschaftliche Prägung auf. Das wird noch durch die Aufwertung der Fortführungsprognose und die Rückkehr zum modifizierten zweistufigen Überschuldungsbegriff verstärkt. Die ohne Zweifel gegebene Schwierigkeit und Komplexität der Überschuldungsprüfung liegt somit durchaus auch im betriebswirtschaftlichen Bereich.[233] Insoweit ist die „umfassende rechtliche Ausbildung"[234] eines Rechtsanwalts – unter Berücksichtigung der verfassungsrechtlichen Komponente[235] dieser Auslegung – als nicht erforderlich anzusehen. Bei Lichte betrachtet können betriebswirtschaftlich vorgebildete Berufsgruppen in diesem Zusammenhang sogar im Vorteil bzw. besser für entsprechende Aufgaben geeignet sein.[236] Immerhin setzt sich zunehmend die Einsicht durch, dass das Insolvenzrecht ein Querschnittsgebiet mit vielen Facetten auch außerhalb des rechtlichen Bereichs ist und Berater daher zwingend betriebswirtschaftliche Kenntnisse benötigen.[237] Solche Kenntnisse

---

229 *Mock*, in: Uhlenbruck, § 19 InsO Rn. 212; *Schröder*, in: HambKomm, § 19 InsO Rn. 14; *Rüntz*, in: HK-InsO, § 19 InsO Rn. 10; s. auch BGHZ 119, 201, 214.

230 Vgl. OLG Schleswig GmbHR 1998, 536, 2. Ls.; *Bork*, ZIP 2000, 1709, 1711.

231 Dazu *H. F. Müller*, in: Jaeger, § 19 InsO Rn. 33 ff.; *Drukarczyk/Schüler*, in: MünchKomm-InsO, § 19 InsO Rn. 72 ff.

232 Vgl. etwa auch die Beispielsrechnung bei *Drukarczyk/Schüler*, in: MünchKomm-InsO, § 19 InsO Rn. 64 ff.; aus der Perspektive der Praxis auch *Wolf/Schlagheck*, Überschuldung, S. 13 ff.

233 So wohl auch *Baumert*, ZIP 2013, 1851, 1852 mit Fn. 14 a. E.

234 Begr. RegE RDG, BT-Drs. 16/3655, S. 54; s. auch *Deckenbrock/Henssler*, in: dies., § 5 RDG Rn. 33; *Hirtz*, in: Grunewald/Römermann, § 5 RDG Rn. 39; *Sabel*, in: Kilian/Sabel/vom Stein, Rechtsdienstleistung, S. 82 Rn. 199.

235 Zur verfassungsrechtlichen Dimension der (Norm-)Auslegung schon oben bei Fn. 195 m. w. N. sowie noch S. 53.

236 Vgl. *Linse/Glaubitz*, DStR 2010, 1497, 1498; *Scheffler/Beigel*, DStR 2000, 1277, 1281 (je für Steuerberater); beachte auch Begr. RegE RDG, BT-Drs. 16/3655, S. 54, wo daneben eine juristische Qualifikation von Wirtschaftsjuristen, Betriebswirten und Diplomkaufleuten – wohl in gewissen Grenzen – anerkannt wird.

237 Vgl. *Linse/Glaubitz*, DStR 2010, 1497, 1498; *Ehlers*, ZInsO 2013, 105, 107 f.; *Frege*, NZI 2006, 545, 547 f.; vgl. auch *Kruth*, Die Auswahl und Bestellung des Insolvenzverwalters, S. 237 f. m. w. N.; *Ries*, in: K. Schmidt, § 56 InsO Rn. 16 f.; *Frind*, in: HambKomm, § 56 InsO Rn. 13 (je für die Anforderungen an Insolvenzverwalter); vgl. auch die

werden von Steuerberatern erwartet (s. § 37 Abs. 3 S. 1 Nr. 6, 7 StBerG). Ohnehin sind viele Steuerberater betriebswirtschaftlich vorgebildet, beispielsweise aufgrund eines wirtschaftswissenschaftlichen Studiums (vgl. § 36 StBerG).

Die Feststellung der Zahlungsunfähigkeit i. S. v. § 17 InsO erfordert die Aufstellung einer Liquiditätsbilanz[238] bzw. eines Liquiditäts- respektive Finanzplans.[239] Erforderlich ist dabei auch die Kenntnis von den Konkretisierungen, die § 17 InsO in der Rechtsprechung erfahren hat.[240] Nach diesen Maßgaben sind sodann in einem mehrstufigen Verfahren die verfügbaren Zahlungsmittel den fälligen Zahlungspflichten gegenüberzustellen.[241] Die Prüfung des § 17 InsO wirft naturgemäß zwar rechtliche Fragen auf. So ist teils etwa umstritten, welche Aktiva und Passiva im Einzelnen in der Liquiditätsbilanz aufzunehmen sind.[242] Das gilt beispielsweise für die Frage nach der Berücksichtigung von im Betrachtungszeitraum fällig werdenden Verbindlichkeiten (sog. „Bugwellen"-problematik[243]). Gleichwohl ist es im Grundsatz erforderlich, einen korrekten Überblick über die Liquiditätslage des Unternehmens zu erhalten.[244] Damit wohnt auch § 17 InsO partiell ein betriebswirtschaftliches Element inne. Schwierigkeit und Komplexität der Überschuldungsprüfung wie auch der Prüfung der Zahlungsunfähigkeit stehen einer

---

Empfehlungen der sog. „*Uhlenbruck-Kommission*", abgedruckt in NZI 2007, 507, 511 (unter E., a.); s. auch §§ 3 Abs. 1 lit. b), 6 Abs. 1 der „Berufsgrundsätze der Insolvenzverwalter" des *Verband Insolvenzverwalter Deutschlands (VID)*, abgedruckt in DZWIR 2007, 16, aktuelle (insoweit unveränderte) Fassung vom 03.05.2013 (abrufbar unter http://www.vid.de/images/stories/pdf_fuer_einzelseiten/berufsgrundstze%20%20e%20n%20d%20f%20a%20s%20s%20u%20n%20g%20%2003%2005%202013.pdf, zuletzt abgerufen am 24.10.2016).

238 BGHZ 163, 134, 138; BGH WM 2006, 2312, 2314, Rn. 28; *Rüntz*, in: HK-InsO, § 17 InsO Rn. 23 f.; *Mock*, in: Uhlenbruck, § 17 InsO Rn. 29.

239 Zum Ganzen *Dittmer*, Die Feststellung der Zahlungsunfähigkeit, S. 102 ff.; s. zur uneinheitlichen Terminologie *Pape*, WM 2008, 1949, 1951 mit Fn. 19; vgl. auch *Mertes/Griesel*, AnwBl 2015, 854, 859; *Schmerbach*, in: FK-InsO, § 17 InsO Rn. 39; zum Liquiditäts- bzw. Finanzplan vgl. *Schröder*, in: HambKomm, § 17 InsO Rn. 34; *Eilenberger*, in: MünchKomm-InsO, § 17 InsO Rn. 10; allgemein zu § 17 InsO schon oben S. 5 f. m. w. N.

240 Zum Begriff der Zahlungsunfähigkeit insbesondere BGHZ 163, 134 ff.; BGHZ 173, 286 ff.; *Rüntz*, in: HK-InsO, § 17 InsO Rn. 4 ff.; *Schröder*, in: HambKomm, § 17 InsO Rn. 4 ff.; *Mock*, in: Uhlenbruck, § 17 InsO Rn. 21 ff.; s. auch schon S. 5 f. m. w. N.

241 Zur Messung und Bilanzierung *Eilenberger*, in: MünchKomm-InsO, § 17 InsO Rn. 10 ff.; *Mock*, in: Uhlenbruck, § 17 InsO Rn. 28; vgl. auch *Mertes/Griesel*, AnwBl 2015, 854, 859 ff.

242 Dazu *Dittmer*, Die Feststellung der Zahlungsunfähigkeit, S. 121 ff., 151 ff.

243 Vgl. etwa *Dittmer*, Die Feststellung der Zahlungsunfähigkeit, S. 152 ff.; *Mock*, in: Uhlenbruck, § 17 InsO Rn. 84 ff. m. w. N.

244 Vgl. *Eilenberger*, in: MünchKomm-InsO, § 17 InsO Rn. 10 ff.

Qualifikation der Insolvenzreifeprüfung als Nebenleistung i. S. v. § 5 RDG daher grundsätzlich nicht von vornherein entgegen.

Der zeitliche Anteil der Insolvenzreifeprüfung spricht auf den ersten Blick dafür, dass keine bloße Nebenleistung mehr vorliegt. Insbesondere die Erstellung von Unternehmenskonzept und Finanzplan kann zeitaufwändig sein. Andererseits kann diese Tätigkeit in zeitlicher Hinsicht gegenüber der sukzessiven, oft andauernden, Leistungserbringung im Rahmen eines allgemeinen steuerlichen Mandats in den Hintergrund treten. Soweit die Abschlusserstellung Gegenstand der Hauptleistung ist, kann der Berater bereits auf ein grobes Gerüst für die Bilanzierung zurückgreifen.[245] In diesem Fall hat er auch schon einen Überblick über die Vermögensgegenstände und die Verbindlichkeiten des Mandanten erlangt.[246] Ähnliches gilt im Rahmen der Abschlussprüfung, denn dort muss der Berater die Bilanzierung nachvollziehen; er wird sich ebenfalls schon einen Überblick verschafft haben, wenn die Frage der Insolvenzreife auftritt. Insoweit relativiert sich der zeitliche Aufwand. Offenkundig ist die erhebliche Bedeutung der Frage der Insolvenzreife für den Mandanten. Auch dabei ist aber die stark betriebswirtschaftliche Ausrichtung der Tätigkeit zu bedenken, die es wiederum nicht von vornherein erforderlich macht, einen Rechtsanwalt mit der Thematik zu betrauen.[247]

In der Gesamtschau sprechen Inhalt und Umfang der Insolvenzreifeprüfung in der Regel für eine Nebenleistung i. S. v. § 5 RDG. Bei dieser Auslegung der Vorschrift spielt erneut auch die verfassungsrechtliche Dimension eine Rolle. Art. 12 Abs. 1 GG gebietet es wie dargelegt, gewisse Freiräume in der Berufsausübung anzuerkennen, die nicht durch eine übermäßig restriktive Interpretation von § 5 RDG versperrt werden dürfen.[248] Aus verfassungsrechtlicher Perspektive ist es demgemäß erforderlich, zumindest in Randgebieten der beruflichen Betätigung auch rechtsberatende Tätigkeiten zuzulassen. Das gilt für Steuerberater umso mehr, als diese ohnehin (steuer-)rechtsberatend sowie wirtschaftsberatend tätig werden dürfen. Zugleich stellt das Insolvenzrecht gerade im Bereich der Eröffnungsgründe ein Querschnittsgebiet der Rechts- und Wirtschaftswissenschaften dar.

bb) Sachlicher Zusammenhang zwischen Haupt- und Nebentätigkeit

Neben Inhalt und Umfang der Nebenleistung kommt es nach § 5 Abs. 1 S. 2 RDG auch auf den sachlichen Zusammenhang zwischen Haupt- und Nebentätigkeit an. Nach einer engen Interpretation soll der sachliche Zusammenhang dann fehlen, wenn die Nebenleistung unabhängig von der Haupt-

---

[245] Vgl. dazu die Übersichten bei *Schäfer*, Der Eröffnungsgrund der Überschuldung, S. 141 und 189.

[246] In diese Richtung wohl auch *Baumert*, ZIP 2013, 1851, 1852 mit Fn. 19, 14.

[247] Vgl. schon S. 51 mit Fn. 234.

[248] S. schon Fn. 195.

leistung erbracht werden kann, ohne damit zugleich die Erfüllung der Hauptleistung zu beeinträchtigen.[249] Diese Auslegung widerspricht aber dem gesetzgeberischen Willen, denn der Gesetzgeber wollte es erleichtern, Rechtsdienstleistungen als Nebenleistungen zu erbringen.[250] Es sollte gerade nicht mehr darauf ankommen, ob die Hauptleistung ohne die Nebenleistung nicht mehr sachgerecht ausgeführt werden kann.[251] Daher darf die notwendige Verbindung zwischen Haupt- und Nebenleistung nicht erst in Fällen anerkannt werden, in denen die Hauptleistung bei isolierter Erbringung der Nebenleistung beeinträchtigt würde. In einem solchen Fall wird zwar typischerweise eine Nebenleistung vorliegen.[252] Die Beeinträchtigung der Hauptleistung darf aber nicht zwingende Voraussetzung sein – eine solche Auslegung wäre zu eng.[253] Andererseits muss sichergestellt werden, dass rechtsdienstleistende Nebenleistungen nicht beliebig vereinbart werden können.[254] Die Rechtsdienstleistung soll daher zum Ablauf oder zur Abwicklung der Haupttätigkeit dazu gehören müssen.[255] Darauf hat wiederum das Berufsbild Einfluss.[256] Dem Berufsbild des Steuerberaters ist wie dargelegt auch die Insolvenzberatung zuzurechnen.[257] Außerdem ist zu bedenken, dass die Frage einer (drohenden) Insolvenz des Mandanten für die steuerrechtliche oder betriebswirtschaftliche (Haupt-)Tätigkeit des Steuerberaters Relevanz erlangen kann, beispielsweise im Rahmen der Steuerplanung oder der Bilanzierung. Der Steuerberater wird eine (drohende) Insolvenz berücksichtigen und seine Beratung – ggf. auch schon vorab, also vor Eröffnung des Insolvenzverfahrens – anpassen müssen.[258]

---

[249] *Hirtz*, in: Grunewald/Römermann, § 5 RDG Rn. 46 mit Nachweisen zum RBerG.

[250] S. Begr. RegE RDG, BT-Drs. 16/3655, S. 38, 52; BGHZ 192, 270, 275, Rn. 11; *Kleine-Cosack*, § 5 RDG Rn. 90 ff.; *Sabel*, in: Kilian/Sabel/vom Stein, Rechtsdienstleistung, S. 83 Rn. 206.

[251] Begr. RegE RDG, BT-Drs. 16/3655, S. 54.

[252] Begr. RegE RDG, BT-Drs. 16/3655, S. 52.

[253] So auch BGH WM 2011, 1772, 1776, Rn. 35; BGH NJW 2013, 59, 61, Rn. 23; beachte auch BGH NJW 2012, 1589, 1590, Rn. 24; eher weit auch *Kleine-Cosack*, § 5 RDG Rn. 62.

[254] S. Begr. RegE RDG, BT-Drs. 16/3655, S. 54; *Kleine-Cosack*, § 5 RDG Rn. 61.

[255] Begr. RegE RDG, BT-Drs. 16/3655, S. 52; BGH WM 2011, 1772, 1776, Rn. 37; BGH NJW 2013, 59, 61, Rn. 23; *Weth*, in: Henssler/Prütting, § 5 RDG Rn. 11.

[256] *Weth*, in: Henssler/Prütting, § 5 RDG Rn. 11; *Sabel*, in: Kilian/Sabel/vom Stein, Rechtsdienstleistung, S. 83 Rn. 204.

[257] Vgl. S. 47 f.; BGH NJW-RR 2013, 983, 985, Rn. 20.

[258] S. zu den Auswirkungen auf das Steuerrecht z. B. *Crezelius*, in: K. Schmidt/Uhlenbruck, S. 340 ff., Rn. 2.551 ff., S. 414 ff., Rn. 3.101 ff., S. 847 ff., Rn. 7.651 ff.; für die einzelnen Steuerarten auch *Fehrenbacher*, in: Jaeger, Steuerrecht in der Insolvenz Rn. 72 ff.

cc) Für die Haupttätigkeit erforderliche Rechtskenntnisse

Schließlich sind die Rechtskenntnisse zu berücksichtigen, die für die Haupttätigkeit erforderlich sind. Steuerberater können generell als hoch qualifizierte Berufsgruppe angesehen werden.[259] In rechtlicher Hinsicht sind sie naturgemäß primär im Steuerrecht ausgebildet. Darüber hinaus müssen sie jedoch nach § 37 Abs. 3 S. 1 Nr. 5 StBerG unter anderem das „Handelsrecht sowie Grundzüge des Bürgerlichen Rechts, des Gesellschaftsrechts [und] des Insolvenzrechts" beherrschen. Ihre rechtliche Qualifikation ist also sowohl bezogen auf das Steuerrecht (und ihre Haupttätigkeit) als auch außerhalb des Steuerrechts verglichen mit anderen Berufsgruppen jedenfalls nach der gesetzlichen Konzeption[260] hoch.[261] Die Rechtskenntnisse der Steuerberater sprechen daher für die Zulässigkeit der durch sie erbrachten Insolvenzreifeprüfung.[262]

dd) Zwischenergebnis

Nach alldem kann aus Inhalt und Umfang der Insolvenzreifeprüfung, ihrem sachlichen Zusammenhang mit der Haupttätigkeit und der rechtlichen Qualifikation des Steuerberaters sowie unter Berücksichtigung der verfassungsrechtlichen Dimension darauf geschlossen werden, dass es sich bei der Prüfung der Eröffnungsgründe durch Steuerberater um eine nach § 5 Abs. 1 RDG zulässige Nebenleistung handelt.[263] Die genannten Aspekte überwiegen auch eine eventuelle indizielle Bedeutung einer gesonderten Vereinbarung der Insolvenzreifeprüfung.

---

[259] Zu diesem Kriterium *Sabel*, in: Kilian/Sabel/vom Stein, Rechtsdienstleistung, S. 82 Rn. 200 f.

[260] Zur Notwendigkeit der Objektivierbarkeit der Rechtskenntnisse *Hirtz*, in: Grunewald/Römermann, § 5 RDG Rn. 53.

[261] S. auch *Sabel*, in: Kilian/Sabel/vom Stein, Rechtsdienstleistung, S. 94 Rn. 242; *Kleine-Cosack*, § 5 RDG Rn. 87; vgl. ferner *Linse/Glaubitz*, DStR 2010, 1497, 1498.

[262] Vgl. auch *M. F. Schmitt*, Sanierungsberatung als Rechtsberatung und Rechtsdienstleistung, S. 280; vgl. zum Unternehmensberater (auf Grundlage von Art. 1 § 5 RBerG) auch BVerwG NJW 2005, 1293, 1297; s. insoweit auch Begr. RegE RDG, BT-Drs. 16/3655, S. 54; die Entscheidung ablehnend *Hirtz*, in: Grunewald/Römermann, § 5 RDG Rn. 122.

[263] So im Ergebnis auch *Kayser*, ZIP 2014, 597, 598 f.; *D. Fischer*, DB 2015, 1643, 1644; *Gräfe*, DStR 2010, 618, 619, 621; vgl. auch *Deckenbrock/Henssler*, in: dies., § 5 RDG Rn. 68, 100; *Spliedt*, in: K. Schmidt/Uhlenbruck, S. 95, Rn. 1.273; vgl. auch *Kleine-Cosack*, § 5 RDG Rn. 186; a. A. *Römermann*, GmbHR 2013, 513, 518; abzulehnen ist die Ansicht von *Baumert*, ZIP 2013, 1851, 1852 f., der bzgl. der Zulässigkeit danach differenziert, ob schon eine bilanzielle Überschuldung durch den Steuerberater festgestellt wurde bzw. für die Prüfung nur die h. M. angewendet werden muss oder es sich um eine spezifisch rechtliche Prüfung handelt; gegen ihn insoweit zu Recht *Kayser*, ZIP 2014, 597, 599.

3. Ergebnis zum Steuerberater

Daraus folgt, dass Steuerberatern die Insolvenzreifeprüfung im Allgemeinen möglich ist. Ein darauf gerichteter Vertrag scheitert nicht an § 134 BGB i. V. m. § 3 RDG. Es gilt jedoch zu beachten, dass Voraussetzung dafür im Grundsatz das tatsächliche Vorliegen einer spezifischen Haupttätigkeit ist. Kann eine solche nicht festgestellt werden, handelt es sich also um eine isolierte Insolvenzreifeprüfung, so greift § 5 RDG tatbestandlich nur ein, wenn eine Haupttätigkeit wenigstens bestanden hat und zumindest eine enge zeitliche wie auch sachliche Verbindung zu dieser bereits beendeten Haupttätigkeit vorhanden ist.[264]

In Ergänzung dieser Ausführungen ist schließlich der Hinweis des Steuerberaters auf die „abstrakten" Pflichten des Geschäftsleiters in der Krise, speziell die aus § 15a InsO folgende Insolvenzantragspflicht, zu beurteilen. Dabei stellt sich schon die Frage, ob überhaupt eine Rechtsdienstleistung i. S. v. § 2 RDG vorliegt. Dazu müsste es sich um eine Tätigkeit in konkreten fremden Angelegenheiten handeln, die eine rechtliche Prüfung des Einzelfalls erfordert. In Frage steht der allgemeine Hinweis auf die generell bestehende Pflicht des Geschäftsleiters, im Fall der Zahlungsunfähigkeit oder Überschuldung rechtzeitig i. S. d. § 15a InsO einen Insolvenzantrag zu stellen. Erschöpft sich die Auskunft des Steuerberaters in einem solchen abstrakten Hinweis, ohne dass der Berater Stellung zum Eingreifen der Norm im konkreten Fall nimmt, liegt schon nach dem Wortlaut keine rechtliche Prüfung des Einzelfalls in einer konkreten Angelegenheit vor. Auch die Literatur versteht die bloße Belehrung im Sinne einer Wiedergabe von Rechtsnormen bzw. einer allgemeinen Rechtsauskunft nicht als Rechtsdienstleistung i. S. d. § 2 RDG.[265] Demnach ist ein solcher allgemeiner Hinweis nicht vom RDG erfasst und zulässig.

II. Wirtschaftsprüfer (§ 5 RDG)

Der Zulässigkeit der Insolvenzreifeprüfung ist auch für den Fall ihrer Erbringung durch Wirtschaftsprüfer nachzugehen. Der BGH hat deren Beratung über die Insolvenzreife als zulässig erachtet.[266] Zentrale, die Tätigkeit von Wirtschaftsprüfern i. S. v. § 1 Abs. 2 RDG legitimierende, Vorschrift ist § 2 WPO. Für davon nicht erfasste Tätigkeiten bedarf es eines sonstigen Erlaubnistatbestands. Da § 2 WPO zwar die wirtschaftliche Beratung, nicht aber

---

[264] S. oben S. 43 ff.

[265] *Römermann*, in: Grunewald/Römermann, § 2 RDG Rn. 19, 35; *vom Stein*, in: Kilian/Sabel/vom Stein, Rechtsdienstleistung, S. 29 Rn. 31; s. auch Begr. RegE RDG, BT-Drs. 16/3655, S. 35, 46 und Bericht des Rechtsausschusses zu RegE RDG, BT-Drs. 16/6634, S. 51.

[266] BGH NJW-RR 2013, 983, 985, Rn. 20; so auch *Gräfe*, DStR 2010, 618, 621; s. zum RBerG schon BGH NJW 1988, 561 ff. (Sanierungsberatung durch Wirtschaftsprüfer).

die wirtschaftsrechtliche Beratung erfasst, rückt wiederum § 5 RDG in den Fokus.

1. Haupttätigkeit

Als im Rahmen von § 5 RDG erforderliche Haupttätigkeit kommt die eigentliche Abschlussprüfung sowie die steuer- oder wirtschaftsberatende Tätigkeit und die Abschlusserstellung in Betracht. In Anknüpfung an die im Zusammenhang mit dem Tätigwerden von Steuerberatern herausgearbeiteten Leitlinien könnte ein „isolierter" Prüfvertrag, der die einzige Verbindung zwischen Wirtschaftsprüfer und Mandant darstellt, im Grundsatz nur auf § 5 RDG gestützt werden, wenn ein enger (zeitlicher und sachlicher) Zusammenhang mit einer abgeschlossenen Haupttätigkeit besteht.[267] Diese Auslegung des § 5 RDG wurde mit Blick auf die Tätigkeit des Steuerberaters bevorzugt, um einerseits der gesetzlichen Verankerung des Erfordernisses der konkreten Haupttätigkeit, andererseits aber den damit verbundenen praktischen Bedenken Rechnung zu tragen. Bezogen auf die Tätigkeit von Wirtschaftsprüfern stellen sich die Bedenken hinsichtlich des Erfordernisses der konkreten Haupttätigkeit allerdings als noch gewichtiger dar. So mag etwa auch ein nicht prüfungspflichtiges Unternehmen, das im Ausgangspunkt also nicht zwingend auf das Tätigwerden eines Wirtschaftsprüfers angewiesen wäre, im Bedarfsfall ein Interesse daran haben, die Insolvenzreife gerade durch einen Wirtschaftsprüfer prüfen zu lassen.[268] § 5 RDG würde dann dazu zwingen, den Wirtschaftsprüfer zusätzlich mit einer nicht rechtsdienstleistenden Tätigkeit zu beauftragen. Will man dies nicht hinnehmen und daher weitergehend zwischen Steuerberatern und Wirtschaftsprüfern differenzieren,[269] Wirtschaftsprüfern also anders als Steuerberatern generell die isolierte Prüfung der Insolvenzreife ermöglichen, so ist – neben dem angedeuteten praktischen Bedürfnis – zumindest ein gesetzlicher Anhaltspunkt für eine solche Differenzierung auszumachen. Denn § 2 Abs. 3 Nr. 2 WPO[270] qualifiziert die Beratung in wirtschaftlichen Angelegenheiten als eine die Tätigkeit des Wirtschaftsprüfers prägende Aufgabe, während nach § 57 Abs. 3 Nr. 3 StBerG wirtschaftsberatende Tätigkeiten mit dem Beruf des Steuerberaters „lediglich" vereinbar sind.[271]

---

[267] S. schon S. 43 ff., insbesondere S. 45 ff.

[268] Zur besonderen Eignung der Wirtschaftsprüfer hinsichtlich der Prüfung der Insolvenzreife noch sogleich.

[269] Dafür ließe sich jedenfalls auf die erklärte Absicht des Gesetzgebers abstellen, die Berufsausübung nicht spezifisch rechtsdienstleistender Berufe nicht behindern zu wollen (was mit Rücksicht auf Art. 12 Abs. 1 GG auch geboten ist), vgl. schon S. 45 f. mit Fn. 195 f. m. w. N.

[270] Zu dieser Norm auch noch sogleich.

[271] Dies ändert nichts daran, dass die Wirtschaftsberatung auch einen wichtigen Teil der Tätigkeit des Steuerberaters ausmacht (und die Prüfung der Insolvenzreife wie erörtert dem

2. Nebenleistung als Bestandteil des Berufs- oder Tätigkeitsbilds

Mit der Zuweisung der Beratung in wirtschaftlichen Angelegenheiten zu dem Tätigkeitsbereich des Wirtschaftsprüfers vervollständigt § 2 Abs. 3 Nr. 2 WPO das sich im Übrigen insbesondere aus der Prüfung und Steuerberatung (vgl. § 2 Abs. 1, 2 WPO) zusammensetzende Berufsbild. Die Wirtschaftsberatung macht demnach einen bedeutenden Teil der Tätigkeit des Wirtschaftsprüfers aus.[272] Diesbezüglich sind Wirtschaftsprüfer auch besonders befähigt,[273] da sie häufig schon im wirtschaftswissenschaftlichen Bereich vorgebildet sind und entsprechende Kenntnisse in der Wirtschaftsprüferprüfung nachweisen müssen[274]. Das Merkmal der Beratung in wirtschaftlichen Angelegenheiten i. S. v. § 2 Abs. 3 Nr. 2 WPO kann auch als auf die Beratung bezüglich der wirtschaftlichen Überlebensfähigkeit bezogen verstanden werden.[275] Die Insolvenzreifeprüfung lässt sich daher dem Berufs- und Tätigkeitsbild des Wirtschaftsprüfers zuordnen.[276]

Im Zusammenhang mit der Frage der Einordnung als Nebenleistung kommt es zunächst auf Inhalt und Umfang der Insolvenzreifeprüfung an. Insoweit gelten die auf Steuerberater bezogenen Ausführungen entsprechend.[277] Die Prüfung der Eröffnungsgründe, insbesondere von § 19 InsO, hat eine deutliche betriebswirtschaftliche Einfärbung. Zudem sind Wirtschaftsprüfer, wie soeben festgestellt, im wirtschaftlichen Bereich tätig und besonders befähigt. Darüber hinaus ist der sachliche Zusammenhang mit der Haupttätigkeit des Wirtschaftsprüfers gegeben. Das Berufsbild der Wirtschaftsprüfer ist nicht nur in noch stärkerem Maße als das der Steuerberater wirtschaftsberatend geprägt. Wirtschaftsprüfer können das Vorliegen eines Eröffnungsgrunds auch bei ihrer Tätigkeit zu berücksichtigen haben, es kann demzufolge zu Auswirkungen auf die Haupttätigkeit kommen. Schließlich sind Wirtschaftsprüfer insgesamt hoch qualifiziert und haben rechtliche Kenntnis-

---

Berufsbild des Steuerberaters zuzuordnen ist), zeigt aber die noch engere Verknüpfung der Wirtschaftsberatung mit der Tätigkeit des Wirtschaftsprüfers. Beachte auch § 43a Abs. 4 WPO, der die Parallelnorm zu § 57 Abs. 3 StBerG darstellt, ohne aber die Wirtschaftsberatung aufzuführen, die eben von der zentralen Norm des § 2 Abs. 3 Nr. 2 WPO erfasst wird.

[272] *Wollburg*, in: Hense/Ulrich, § 2 WPO Rn. 19 f.; vgl. auch *Hirtz*, in: Grunewald/ Römermann, § 5 RDG Rn. 204.

[273] *Wollburg*, in: Hense/Ulrich, § 2 WPO Rn. 19.

[274] Vgl. §§ 8 ff. WPO, § 4 Buchst. A, B WiPrPrüfV.

[275] Vgl. schon S. 47 f.

[276] Vgl. zur Sanierungsberatung auch *M. F. Schmitt*, Sanierungsberatung als Rechtsberatung und Rechtsdienstleistung, S. 278.

[277] S. oben S. 49 ff.

se, insbesondere auch im Bereich des Wirtschafts- und Insolvenzrechts, erworben (vgl. § 4 Buchst. C Nr. 5 WiPrPrüfV).[278]

3. Ergebnis zum Wirtschaftsprüfer

Demzufolge ist es Wirtschaftsprüfern nach § 5 Abs. 1 RDG erlaubt, die Insolvenzreife eines Unternehmens zu prüfen.[279] Es handelt sich um eine zulässige Nebenleistung, wenn Wirtschaftsprüfer diese Prüfung neben ihren eigentlichen Aufgaben durchführen. Es spricht sogar einiges dafür, Wirtschaftsprüfern auch die isolierte Prüfung der Insolvenzreife zu ermöglichen. Für den ganz allgemeinen Hinweis auf § 15a InsO gilt die mit Blick auf den Steuerberater herausgearbeitete Erkenntnis, dass es sich schon nicht um eine Rechtsdienstleistung handelt, entsprechend.

III. Rechtsanwalt

Rechtsanwälten schlussendlich ist die umfassende Beratung in allen Rechtsangelegenheiten gestattet, vgl. § 3 Abs. 1 BRAO. Die Vorschrift normiert eine spezialgesetzliche Erlaubnis zugunsten der Rechtsanwälte, die dem RDG vorgeht.[280] Das schließt auch die insolvenzrechtliche Beratung ein. Demnach sind Rechtsanwälte dazu berechtigt, in der Krise umfassend und zu allen rechtlichen Aspekten, also auch hinsichtlich der Insolvenzreife, zu beraten. Dies gilt im Grundsatz unabhängig von der tatsächlichen Qualifikation des konkreten Berufsträgers im Bereich des Insolvenzrechts. Indes können Beratungsfehler selbstverständlich zu seiner zivilrechtlichen Haftung führen (was offenkundig gleichermaßen für Steuerberater und Wirtschaftsprüfer gilt).

§ 5 Die insolvenzbezogenen Pflichten des Beraters

In einem nächsten Schritt soll der Frage nachgegangen werden, welchen insolvenzbezogenen Pflichten Berater unterliegen. Dabei ist auf die bereits dargestellten Mandatstypen zurückzukommen.[281] Berater könnten etwa verpflichtet sein, den Mandanten auf die Insolvenzreife, also den Eintritt der

---

[278] Vgl. *Wollburg*, in: Hense/Ulrich, § 2 WPO Rn. 26, 29; *Kleine-Cosack*, § 5 RDG Rn. 87; s. insoweit auch BGH NJW 2007, 2118, 2120, Rn. 17 – hier stellt der II. Zivilsenat des BGH im Zusammenhang mit der Frage der Schuldhaftigkeit der Verletzung der Insolvenzantragspflicht durch den Geschäftsleiter, der (fachkundige) Beratung in Anspruch nimmt, fest, dass die Sachkompetenz und Fachkunde eines Wirtschaftsprüfers für eine Prüfung der Insolvenzreife außer Frage stehe; s. auch BGH WM 2012, 1124, 1126, Rn. 17.

[279] So im Ergebnis auch *Gräfe*, DStR 2010, 618, 619, 621.

[280] S. nur Begr. RegE RDG, BT-Drs. 16/3655, S. 45; *Kleine-Cosack*, § 1 RDG Rn. 53; *Weth*, in: Henssler/Prütting, § 1 RDG Rn. 9.

[281] S. schon oben S. 13 ff.

materiellen Insolvenz, und die damit verknüpfte Insolvenzantragspflicht oder aber auch die Notwendigkeit der Prüfung der Insolvenzreife hinzuweisen.[282]

A. Grundlagen möglicher insolvenzbezogener Pflichten

I. Vertragliche und gesetzliche Regelungen

Soweit die Parteien ausdrückliche Vereinbarungen über bei der Vertragserfüllung zu beachtende Pflichten getroffen haben, sind diese zugrunde zu legen. Im Einzelnen ausdifferenzierte Vertragspflichten hinsichtlich eines möglichen Insolvenzfalls, beispielsweise diesbezügliche Hinweispflichten, dürften aber nur selten ausdrücklich festgelegt werden. Auch gesetzliche Vorgaben betreffs insolvenzbezogener Hinweispflichten sind jedenfalls nicht offenkundig vorhanden.[283] Dass die Pflichten rechtlicher Berater nur sehr fragmentarisch geregelt sind, gilt gleichermaßen außerhalb des insolvenzrechtlichen Kontexts.[284] Die Rechtsprechung hat diese Lücke durch Auslegung des Mandatsvertrags geschlossen und eine Vielzahl von Pflichten entwickelt, denen die Berater bei ihrer Berufsausübung unterworfen sind. Dieses Geflecht bildet den Ausgangspunkt für die Erörterung der Frage, welche Pflichten Berater im Zusammenhang mit der Insolvenz des Mandanten treffen.

II. Allgemeine Beraterpflichten in der Rechtsprechung

Nach der Rechtsprechung trifft die mit Blick auf die Thematik dieser Ausarbeitung praktisch im Vordergrund stehenden Steuerberater allgemein die Pflicht, ihren Mandanten in den Grenzen des jeweils erteilten Mandats umfassend zu beraten sowie – auch ungefragt – über bedeutsame steuerliche Einzelheiten zu belehren[285] und ihn vor Schaden zu bewahren[286] (allgemeine

---

[282] Vgl. schon oben S. 3 zu den Vorwürfen, denen Berater in der Praxis ausgesetzt sind.

[283] § 252 Abs. 1 Nr. 2 HGB wird noch ausführlich erörtert, s. S. 66 ff. Berufsrechtliche Vorschriften, wie etwa §§ 33, 57 StBerG, §§ 43 f. BRAO, 43 WPO, können hinsichtlich der zivilrechtlichen Konkretisierung der Beraterpflichten lediglich „Inspirationsquelle" sein, nicht aber unbesehen als Grundlage beliebiger zivilrechtlicher Pflichten herangezogen werden, vgl. richtig *Heese*, Beratungspflichten, S. 324 f.; s. auch noch unten S. 103 f.

[284] S. *Soffner*, Die Haftung des Rechtsanwalts für Rechtsfehler, S. 81 f., im Einzelnen auch S. 60 ff.; *Heermann*, in: MünchKomm-BGB, § 675 BGB Rn. 27 (jeweils für Rechtsanwälte, das gilt jedoch in gleicher Weise für Steuerberater, im Grundsatz auch für Wirtschaftsprüfer).

[285] Ständige Rspr., s. schon BGH WM 1967, 72, 73; BGH WM 1980, 308, 309; BGHZ 128, 358, 361; BGHZ 129, 386, 396; BGH NJW 1998, 1486, 1486; BGH NJW-RR 2003, 1064, 1065; BGH NJW-RR 2003, 931, 932; BGH NJW-RR 2004, 1210, 1210; BGH WM 2009, 1376, 1377, Rn. 11; *Heermann*, in: MünchKomm-BGB, § 675 BGB Rn. 43; *Martinek*, in: Staudinger, § 675 BGB Rn. B 199; *Vill*, in: Hdb. d. Anwaltshaftung, § 2, Rn. 5.

[286] Ebenfalls ständige Rspr., s. nur BGHZ 129, 386, 396; BGH NJW 1998, 1486, 1486; BGH NJW-RR 2003, 1064, 1065; BGH NJW-RR 2003, 931, 932; BGH NJW-RR 2004,

Beratungs- und Schadensverhütungspflicht)[287]. Für die genannten Pflichten kommt es entscheidend auf die Reichweite des Mandats an. Dieses begrenzt die Reichweite der aus ihm folgenden (Beratungs- und Schadensverhütungs-) Pflichten, die demgemäß mandatsbezogen sind.[288] Die Beratungs- und Schadensverhütungspflicht setzt mithin gerade voraus, dass der Umstand, auf den bezogen die Hinweispflicht bestehen soll, zum Gegenstand des Mandats gehört. Handelt es sich beispielsweise um ein umfassendes Mandat, das alle steuerlichen Angelegenheiten des Mandanten umfasst (demzufolge ein allgemeines steuerliches Mandat), bestehen daher gleichermaßen umfassende Beratungs- und Schadensverhütungspflichten bezogen auf alle steuerlichen Angelegenheiten dieses Mandanten.[289] Handelt es sich um ein beschränktes Mandat, bestehen ebenfalls Beratungs- und Schadensverhütungspflichten. Diese sind jedoch durch den eingeschränkten Mandatsumfang begrenzt und dadurch nur auf den jeweiligen, entsprechend eingeschränkten Mandatsgegenstand bezogen.[290]

Die strikte Konzentration der Pflichten auf den Mandatsgegenstand gilt jedoch nicht ausnahmslos. Auch im Fall eines beschränkten Mandats erkennt die Rechtsprechung, gestützt auf § 242 BGB, unter gewissen Voraussetzungen Warnpflichten des Beraters an, die sich auf außerhalb des eigentlichen Mandatsgegenstands liegende Gefahren beziehen.[291] Eine solche Hinweispflicht wird angenommen, wenn die Gefahr dem Berater bekannt ist oder sie offen zutage liegt und der Berater annehmen muss, dass der Mandant die Gefahr nicht bemerkt.[292]

Die dargestellten Grundsätze gelten insgesamt in gleicher Weise auch für Rechtsanwälte[293] sowie für Wirtschaftsprüfer[294]. Anknüpfend an diese allge-

---

1210, 1210; *Heermann*, in: MünchKomm-BGB, § 675 BGB Rn. 43; *Berger*, in: Erman, § 675 BGB Rn. 85; *Vill*, in: Hdb. d. Anwaltshaftung, § 2, Rn. 124 ff.

[287] S. nur *Kayser*, ZIP 2014, 597, 601.

[288] S. nur *Vill*, in: Hdb. d. Anwaltshaftung, § 2, Rn. 3, 17; der BGH rekurriert z. B. in NJW-RR 2013, 983, 984, Rn. 14 auf die „Grenzen des Dauermandats"; vgl. auch Fn. 285 f.

[289] S. auch *Zugehör*, FS Ganter (2010), S. 573, 575; s. noch S. 75 f. für außersteuerliche Aspekte.

[290] BGHZ 128, 358, 361; *Zugehör*, FS Ganter (2010), S. 573, 575 f.; *Henkenborg/Poll*, JZ 1996, 312, 312 f.; *Vill*, in: Hdb. d. Anwaltshaftung, § 2, Rn. 17.

[291] BGH NJW-RR 1987, 1375, 1376; BGH NJW-RR 1991, 1125, 1126; BGHZ 128, 358, 362; BGH NJW-RR 2001, 201, 202; BGH NJW-RR 2003, 1035, 1036; BGH NJW-RR 2005, 1511, 1511 f.; BGH NJW 2009, 1141, 1142 f., Rn. 14; s. dazu auch *Menkel*, DStR 2010, 2477 ff.; vgl. ferner *Hüttinger*, Instrumente zur vorinsolvenzlichen Sanierung des Unternehmensträgers, S. 551.

[292] BGHZ 128, 358, 362; BGH NJW-RR 2001, 201, 202; BGH NJW-RR 2003, 1035, 1036; BGH NJW-RR 2005, 1511, 1511 f.; BGH NJW 2009, 1141, 1142 f., Rn. 14; *Vill*, in: Hdb. d. Anwaltshaftung, § 2, Rn. 19 f.

[293] S. nur RGZ 151, 259, 263 f.; BGHZ 89, 178, 181 f.; *Hirte*, Berufshaftung, S. 13 f. m. w. N.; *Soffner*, Die Haftung des Rechtsanwalts für Rechtsfehler, S. 82 f. m. w. N.; *Zuge-*

meinen Leitlinien lassen sich spezifischere, insolvenzbezogene Pflichten in einzelnen Vertragsarten herausarbeiten.

B. Prüfvertrag

Bei einem Prüfvertrag machen die Parteien die Prüfung der Insolvenzreife zum eigentlichen Gegenstand des Werkvertrags i. S. v. § 631 BGB und damit zur Hauptleistungspflicht.[295] Die Verpflichtung charakterisiert als Teil der essentialia negotii den Vertrag. Unabhängig vom Beratertyp ist gerade die Insolvenzreifeprüfung und damit auch die Mitteilung des Ergebnisses der Prüfung geschuldet. Damit ist die insolvenzbezogene Pflicht privatautonom geschaffen. Problematisch ist weniger die Ebene des Pflichtenkreises als vielmehr die Ebene des Vertragsschlusses.[296] Zur ordnungsgemäßen Durchführung der Prüfung muss der Berater die relevanten Tatsachen, also insbesondere Vermögen und Verbindlichkeiten des zu prüfenden Unternehmens sowie das Unternehmensumfeld, die Lage am Markt usw., ermitteln und die Eröffnungsgründe auf dieser Basis prüfen.[297]

C. Sanierungsberatung

Auf den Inhalt des Sanierungsberatungsmandats wurde bereits eingegangen.[298] Entsprechend gestalten sich die Pflichten des Sanierungsberaters. Die übernommenen Aufgaben hat er ordnungsgemäß auszuführen.[299] BGH[300] und

---

hör, FS Ganter (2010), S. 573, 573 f.; *Martinek*, in: Staudinger, § 675 BGB Rn. B 169; *Heermann*, in: MünchKomm-BGB, § 675 BGB Rn. 29; *Jungk*, in: Borgmann/Jungk/Schwaiger, Anwaltshaftung, S. 144 ff., Rn. 72 ff.; *Vill*, in: Hdb. d. Anwaltshaftung, § 2, Rn. 5, 20. Generell gilt sogar umgekehrt, dass sich die Haftung des Steuerberaters an derjenigen des Rechtsanwalts orientiert, s. nur BGH NJW-RR 1992, 1110, 1112; *Heermann*, in: MünchKomm-BGB, § 675 BGB Rn. 27 („Prototyp").

[294] *Zugehör*, FS Ganter (2010), S. 573, 573 f.; *Martinek*, in: Staudinger, § 675 BGB Rn. B 250; *Heermann*, in: MünchKomm-BGB, § 675 BGB Rn. 48; zu Sonderregeln für die Abschlussprüfung sogleich S. 63 f. mit Fn. 303.

[295] BGH NJW-RR 2013, 983, 986, Rn. 27; BGHZ 193, 297, 300, Rn. 9; s. auch *H. F. Müller*, ZInsO 2013, 2181, 2181; *Spliedt*, in: K. Schmidt/Uhlenbruck, S. 93, Rn. 1.271; vgl. auch schon oben S. 17.

[296] S. zur Problematik des Vertragsschlusses schon S. 20 ff.

[297] S. zum Inhalt der Prüfung der §§ 17, 19 InsO schon S. 49 ff. sowie S. 5 f.

[298] S. oben S. 19 f.

[299] S. zu den Pflichten bei und den Anforderungen an Sanierungsberatung etwa OLG Celle NJW 2003, 3638 ff. (vollständig abgedruckt etwa in BeckRS 2003, 08995); *Frege*, NZI 2006, 545, 547 f.; *Riering*, in: MAH-InsO, § 22, Rn. 22 ff.; s. a. *Müller-Feldhammer*, NJW 2008, 1777, 1779 f.; zur Auffassung des IDW s. IDW S 6, WPg Supplement 4/2012, 130 ff.; s. zur Unternehmensberatung *Kröger*, Die Haftung des Unternehmensberaters, S. 203 ff.

[300] BGH NJW 2001, 517, 518.

– diesem zustimmend – Literatur[301] erkennen darüber hinaus die Pflicht des Sanierungsberaters an, auf die bereits eingetretene Insolvenzreife des Unternehmens und das an den Geschäftsleiter gerichtete Zahlungsverbot hinzuweisen. Das überzeugt und kann sich im Einzelfall schon unmittelbar daraus ergeben, dass die Prüfung der Insolvenzreife ausdrücklich vom Beratungsauftrag erfasst ist. In jedem Fall gilt aber, dass eine ordnungsgemäße Sanierungsberatung von vornherein nur möglich ist, wenn Klarheit darüber besteht, ob und wann (vgl. § 15a InsO) ein Insolvenzantrag gestellt werden muss. Liegt ein Eröffnungsgrund vor, fällt die Möglichkeit für eine Sanierung außerhalb des Insolvenzverfahrens mit Ablauf der höchstens dreiwöchigen Frist des § 15a InsO weg.[302] Somit muss bei jeder Sanierungsberatung auf die Insolvenzreife hingewiesen werden.

D. Jahresabschlussprüfung

Der gesetzliche Abschlussprüfer unterliegt neben anderen, beispielsweise werkvertraglichen und speziellen, für die Insolvenzkonstellation indes unergiebigen, Regeln der Sondervorschrift des § 321 Abs. 1 S. 3 HGB.[303] Diese könnte einen Anhaltspunkt für eine Verpflichtung zum Hinweis auf eine mögliche Insolvenzreife geben. Den Abschlussprüfer trifft nach der Vorschrift eine sog. „Redepflicht", die unabhängig vom zugrunde liegenden Prüfungsauftrag ist.[304] Sie erstreckt sich auf Tatsachen, die den Bestand des Unternehmens gefährden können. Dazu zählt eine möglicherweise drohende Insolvenz(-reife).[305] Der Abschlussprüfer muss daher im Prüfungsbericht auf die Gefahr der möglicherweise drohenden Insolvenz und deren Folgen für den Geschäftsleiter hinweisen.[306] Einen an die gesetzlichen Vertreter adressierten Hinweis auf deren insolvenzrechtliche Verpflichtungen verlangt aus-

---

[301] *H. F. Müller*, ZInsO 2013, 2181, 2181; *Gräfe*, DStR 2010, 618, 623; s. auch *Vill*, in: Hdb. d. Anwaltshaftung, § 2, Rn. 290; *Spliedt*, in: K. Schmidt/Uhlenbruck, S. 96 f., Rn. 1.278 (anders sei es im Falle der Beratung über „leistungswirtschaftliche Effizienzsteigerung" – in einem solchen Fall dürfte es sich indes ohnehin nicht mehr um Sanierungsberatung, sondern um sonstige Fälle der Unternehmens- bzw. Wirtschaftsberatung handeln, s. dazu noch S. 119 ff.).

[302] *H. F. Müller*, ZInsO 2013, 2181, 2181; allgemein *Hirte*, in: Uhlenbruck, § 15a InsO Rn. 14 ff.

[303] S. zu der in dieser Ausarbeitung nicht weiter erörterten sonderprivatrechtlichen Norm des § 323 HGB etwa *Ebke*, in: MünchKomm-HGB, § 323 HGB Rn. 20 ff. m. w. N.

[304] *Ebke*, in: MünchKomm-HGB, § 321 HGB Rn. 39.

[305] *Habersack/Schürnbrand*, in: Großkomm. HGB, § 321 HGB Rn. 28; *Ebke*, in: MünchKomm-HGB, § 321 HGB Rn. 41; *Hopt/Merkt*, in: Baumbach/Hopt, § 321 HGB Rn. 4; *Bormann*, in: MünchKomm-BilR, § 321 HGB Rn. 40.

[306] LG München I ZIP 2008, 1123, 1126; *H. F. Müller*, ZInsO 2013, 2181, 2184; *Gräfe*, DStR 2010, 618, 624; *Ebke*, in: MünchKomm-HGB, § 321 HGB Rn. 41; s. auch schon BGHZ 16, 17, 28 ff.

drücklich auch IDW PS 270 im Fall erkannter Anhaltspunkte für eine Insolvenzgefahr.[307] Handelt es sich um eine „freiwillige" Abschlussprüfung, wird man der gesetzlichen Prüfung entsprechende Pflichten u. U. mit dem Argument herleiten können, dass die Parteien im Zweifel einen der Pflichtprüfung entsprechenden Prüfungsumfang vereinbaren wollten[308].

E. Jahresabschlusserstellung

Im Rahmen der Verpflichtung zur Erstellung des Jahresabschlusses ist zunächst auf die Frage insolvenzbezogener Hinweispflichten einzugehen. Davon abzugrenzen ist die – im Grunde selbstverständliche – Pflicht zur fehlerfreien Erstellung des Jahresabschlusses.

Unter dem Primat der Vertragsfreiheit ist auch bei einem Mandat zur Erstellung des Jahresabschlusses zunächst von den Vereinbarungen der Parteien auszugehen. Daher ist zu fragen, ob diese eine insolvenzbezogene Hinweispflicht vereinbart haben. Wie angedeutet wird eine ausdrückliche Vereinbarung nicht die Regel sein. Möglich ist jedoch, dass vertraglich auf berufsständische Verlautbarungen Bezug genommen wird, die eine Hinweispflicht vorsehen oder im Zusammenwirken mit der allgemeinen Beratungs- und Schadensverhütungspflicht zu einer Hinweispflicht führen. In diesem Zusammenhang ist auch der Frage nachzugehen, ob das Gesetz als solches einen Anknüpfungspunkt für die Annahme einer Hinweispflicht (ggf. wiederum im Zusammenwirken mit der allgemeinen Beratungs- und Schadensverhütungspflicht) bietet. Wird auf der Beratungs- und Schadensverhütungspflicht aufgebaut, geht es ganz wesentlich darum, die Reichweite des Mandats und den Mandatsgegenstand zu ermitteln, da die Beratungs- und Schadensverhütungspflicht wie dargelegt mandatsbezogen ist. Soweit die Grenzen des vereinbarten Mandats und damit der Mandatsgegenstand durch die Herleitung einer insolvenzbezogenen Hinweispflicht überschritten werden, sind die aus einem beschränkten Mandat folgenden Warnpflichten zu erörtern.

---

[307] S. IDW PS 270, Rn. 29 a. E., WPg 2003, 775 ff., WPg Supplement 4/2010, 1 ff.; dazu auch noch S. 79 f.

[308] *Goerdeler*, FS R. Fischer (1979), S. 149, 157 ff.; Ebke, in: MünchKomm-HGB, § 316 HGB Rn. 12; dabei ist der Ermittlung des Parteiwillens allerdings – gerade mit Bezug auf berufsständische Verlautbarungen – besondere Aufmerksamkeit zu schenken, vgl. noch S. 65 f., 79 f.

I. Der Mandatsgegenstand als Ausgangspunkt

1. Die berufsständischen Verlautbarungen von IDW und Bundessteuerberaterkammer im Zusammenhang mit Jahresabschlüssen

Im konkreten Kontext relevante berufsständische Verlautbarungen sind vor allem IDW S 7[309] und die Verlautbarung der Bundessteuerberaterkammer zu den Grundsätzen für die Erstellung von Jahresabschlüssen[310]. Zunächst ist festzustellen, dass diese von privater Seite geschaffenen Verlautbarungen jedenfalls keine Rechtsnormqualität haben.[311] Unmittelbar wirken sich in ihnen enthaltene Handlungsanweisungen daher höchstens berufsrechtlich aus;[312] sie binden[313] die Mitglieder der jeweiligen Vereinigung nur im Innenverhältnis.[314] Es steht den Parteien des Vertrags zur Abschlusserstellung jedoch frei, solche Abreden zu treffen, die den in berufsständischen Verlautbarungen enthaltenen Regelungen entsprechen oder die sich auf diese beziehen.[315] So können sich die Parteien die in den Verlautbarungen vorgesehenen Regelungen gleichsam zu eigen machen, indem sie im Vertrag auf die Verlautbarungen verweisen.[316] In diesem Fall besteht eine schuldrechtliche Bindung aufgrund des privatautonom geschlossenen Vertrags.

Eine an den Verlautbarungen orientierte oder diese durch Verweisung einbeziehende Mandatsausgestaltung könnte daher die Pflicht zum Hinweis auf die Notwendigkeit der Prüfung der Insolvenzreife sowie die Insolvenzantragspflicht oder sogar eine Pflicht zur Prüfung der Insolvenzreife zum Ge-

---

[309] WPg Supplement 1/2010, 100 ff.; vgl. auch schon oben S. 15 ff.

[310] DStR-Beihefter Heft 16/2010, 17 ff.; vgl. auch schon oben S. 15 ff.

[311] *Schülke*, IDW-Standards und Unternehmensrecht, S. 49 ff.; *Mirtschink*, Die Haftung des Wirtschaftsprüfers gegenüber Dritten, S. 140; *Hopt*, FS Pleyer (1986), S. 341, 363; *Hommelhoff/Mattheus*, FS Röhricht (2005), S. 897, 911; *Ebke*, in: MünchKomm-HGB, § 323 HGB Rn. 32 m. w. N.; *Habersack/Schürnbrand*, in: Großkomm. HGB, § 323 HGB Rn. 13.

[312] S. § 43 WPO; dazu *Maxl*, in: Hense/Ulrich, Einleitung Rn. 51 f.; einschränkend *Hommelhoff/Mattheus*, FS Röhricht (2005), S. 897, 911.

[313] Beachte § 4 Abs. 9 IDW-Satzung, abrufbar unter https://www.idw.de/blob/25414/ae371ab92fd068502a4374aae560a5bf/down-satzung-data.pdf, zuletzt abgerufen am 24.10.2016; § 4 Abs. 1 Berufssatzung für WP/vBP der Wirtschaftsprüferkammer, abrufbar unter http://www.wpk.de/uploads/tx_templavoila/BS-WPvBP_04.pdf, zuletzt abgerufen am 24.10.2016 (s. dazu aber *Hommelhoff/Mattheus*, FS Röhricht (2005), S. 897, 912); § 13 Abs. 1 Berufsordnung der Bundessteuerberaterkammer, DStR 2010, 2659 ff.

[314] *Schülke*, IDW-Standards und Unternehmensrecht, S. 46 f.; *Mirtschink*, Die Haftung des Wirtschaftsprüfers gegenüber Dritten, S. 140; *Hommelhoff/Mattheus*, FS Röhricht (2005), S. 897, 904, 909 ff.; *Ebke*, in: MünchKomm-HGB, § 323 HGB Rn. 32, 38.

[315] Zur faktischen Auswirkung (auch) auf die Berufsangehörigen *Schülke*, IDW-Standards und Unternehmensrecht, S. 42 m. w. N.; *Hommelhoff/Mattheus*, FS Röhricht (2005), S. 897, 914; *Habersack/Schürnbrand*, in: Großkomm. HGB, § 323 HGB Rn. 13.

[316] *Schülke*, IDW-Standards und Unternehmensrecht, S. 76; richtig insoweit auch *Meixner/Schröder*, Wirtschaftsprüferhaftung, S. 5, Rn. 14 a. E.

genstand des Mandats machen, soweit sich diese Pflichten unmittelbar aus den Verlautbarungen ergäben. Sofern aus den durch Vertrag einzubeziehenden Verlautbarungen keine unmittelbare insolvenzbezogene Hinweispflicht folgte, könnte eine solche Pflicht möglicherweise unter Rückgriff auf die allgemeine Beratungs- und Schadensverhütungspflicht begründet werden. Aufgrund der Mandatsbezogenheit[317] dieser Pflicht wäre dafür Voraussetzung, dass die Thematik der Eröffnungsgründe bzw. der Insolvenzreife Teil des Mandats zur Jahresabschlusserstellung wird. Folglich ist insoweit zu beleuchten, ob die Verlautbarungen die Eröffnungsgründe „zumindest" zum Mandatsgegenstand machen. Entsprechend den Vorgaben in den berufsständischen Verlautbarungen können drei Auftragsarten im Zusammenhang mit der Jahresabschlusserstellung unterschieden werden: die Erstellung ohne Beurteilungen, die Erstellung mit Plausibilitätsbeurteilungen und die Erstellung mit umfassenden Beurteilungen.[318]

a) Erstellung ohne Beurteilungen

Für die Erstellung ohne Beurteilungen sehen die Verlautbarungen zunächst vor, dass die Bilanz auf Grundlage der Buchführung sowie der anzuwendenden Bilanzierungs- und Bewertungsmethoden nach den gesetzlichen Vorgaben zu entwickeln ist (Mindestumfang).[319]

aa) Die gesetzliche Vorgabe des § 252 Abs. 1 Nr. 2 HGB und ihre Auswirkungen auf den Mandatsgegenstand

Zu den gesetzlichen Vorgaben gehört mit Blick auf die Erstellung der Handelsbilanz die Vorschrift des § 252 HGB. Diese schreibt allgemeine Bewertungsgrundsätze fest und bildet damit einen Teil des äußeren rechtlichen Rahmens für die Abschlusserstellung. Herauszugreifen ist insoweit § 252 Abs. 1 Nr. 2 HGB. Danach ist bei der Bewertung der Vermögensgegenstände von der Fortführung der Unternehmenstätigkeit auszugehen (sog. Going-Concern-Prämisse), sofern dem nicht tatsächliche oder rechtliche Gegebenheiten entgegenstehen.[320] Nach verbreiteter Ansicht zählt zu diesen

---

[317] S. oben S. 60 f.

[318] S. schon S. 15 ff. m. w. N.

[319] IDW S 7, Rn. 11, 32, WPg Supplement 1/2010, 100 ff.; Verlautbarung der Bundessteuerberaterkammer zu den Grundsätzen für die Erstellung von Jahresabschlüssen, Rn. 11, 32, DStR-Beihefter Heft 16/2010, 17 ff. Dieser Mindestumfang dient zugleich auch als Basis für die weiteren Auftragsarten der Erstellung mit Plausibilitätsbeurteilungen und der Erstellung mit umfassenden Beurteilungen, die aufbauend auf der eigentlichen Entwicklung des Abschlusses nach den gesetzlichen Vorgaben zusätzlich noch weitere Tätigkeiten umfassen.

[320] S. allgemein nur *Claussen*, in: KK-RLR, § 252 HGB Rn. 15; *Merkt*, in: Baumbach/Hopt, § 252 HGB Rn. 7.

gegen die Annahme der Fortführung der Unternehmenstätigkeit sprechenden Gegebenheiten das Vorliegen der Eröffnungsgründe der InsO.[321]

Da § 252 Abs. 1 Nr. 2 HGB zu den bei der Erstellung ohne Beurteilungen zu beachtenden gesetzlichen Vorgaben zählt, ist hinsichtlich der Untersuchung insolvenzbezogener Hinweispflichten nunmehr zunächst auf diese Vorschrift einzugehen. Die Anweisung zur Beachtung der Norm bei der Erstellung ohne Beurteilungen könnte die Thematik der Eröffnungsgründe zum Mandatsgegenstand machen, sofern die Eröffnungsgründe ihrerseits im Rahmen von § 252 Abs. 1 Nr. 2 HGB zu beachten wären. Entsprechend weit müsste dann auch die allgemeine Beratungs- und Schadensverhütungspflicht verstanden werden. Schließlich ist diese auf solche Umstände bezogen, die Mandatsgegenstand sind. Letztlich könnte also die Vorschrift des § 252 Abs. 1 Nr. 2 HGB im Zusammenwirken mit der allgemeinen Beratungs- und Schadensverhütungspflicht eine Pflicht etwa zum Hinweis auf die Notwendigkeit der Prüfung der Insolvenzreife oder die aus der Insolvenzreife folgenden Geschäftsleiterpflichten (§ 15a InsO) begründen.[322] Die Vorschrift müsste demzufolge eine „Brückenfunktion" haben und die Eröffnungsgründe zum Mandatsgegenstand machen.

Der Grundsatz der Bewertung zu Fortführungswerten sowie die Ansicht, dass zu den der Fortführung entgegenstehenden Gegebenheiten auch das Vorliegen von Eröffnungsgründen der InsO gehöre, wurden soeben bereits aufgezeigt.[323] In der Literatur wird an letztgenannte Ansicht angeknüpft. Es müsse aufgrund der gesetzlichen Regelung des § 252 Abs. 1 Nr. 2 HGB geprüft werden, ob der Fortführung entgegenstehende Gegebenheiten existierten. Da zu den der Fortführung entgegenstehenden Gegebenheiten das Vorliegen der Eröffnungsgründe gehöre, habe dies zur Folge, dass das Mandat zur Abschlusserstellung zwingend auch die regelmäßige Beachtung[324] oder sogar Prüfung[325] der Eröffnungsgründe beinhalte. Danach bestünde eine gesetzliche Verknüpfung zwischen der Abschlusserstellung und den Eröffnungsgründen bzw. deren Prüfung auf Grundlage von § 252 Abs. 1 Nr. 2

---

321 S. etwa *Merkt*, in: Baumbach/Hopt, § 252 HGB Rn. 7; *Morck*, in: Koller/Kindler/Roth/Morck, § 252 HGB Rn. 3; *Tiedchen*, in: MünchKomm-BilR, § 252 HGB Rn. 24; *Kleindiek*, in: Großkomm. HGB, § 252 HGB Rn. 13; *Winnefeld*, Bilanz-Hdb., Rn. E 30; wohl auch *Ballwieser*, in: MünchKomm-HGB, § 252 HGB Rn. 11; *Winkeljohann/Büssow*, in: Beck Bil-Komm., § 252 HGB Rn. 15.

322 Vgl. *Zugehör*, WM 2013, 1965, 1969; *Kayser*, ZIP 2014, 597, 601.

323 S. soeben in und bei Fn. 320 f.

324 Vgl. *Schwarz/Schwarz*, ZInsO 2013, 1344, 1346; *Zugehör*, WM 2013, 1965, 1968; *Blank/Blank*, ZInsO 2016, 840, 841 f.

325 Vgl. *Baumert*, ZIP 2013, 1851, 1853 f. mit Fn. 31.

HGB.[326] Gleichermaßen weit wäre in der Folge auch die Beratungs- und Schadensverhütungspflicht zu verstehen.

Es stellt sich jedoch schon grundsätzlich die Frage, ob aus § 252 Abs. 1 Nr. 2 HGB die regelmäßige Pflicht folgt, bei der Abschlusserstellung ohne Rücksicht auf die konkrete Lage des Unternehmens im Einzelnen zu prüfen, ob vom Ansatz von Fortführungswerten abgesehen werden muss, weil dem bestimmte Gegebenheiten – konkret die Eröffnungsgründe der §§ 17, 19 InsO – entgegenstehen könnten. Nur dann könnte nämlich angenommen werden, dass die Thematik der Eröffnungsgründe oder sogar deren genaue Prüfung schon kraft des in § 252 Abs. 1 Nr. 2 HGB verankerten handelsrechtlichen Bewertungsgrundsatzes Gegenstand eines jeden Mandats zur Erstellung des Jahresabschlusses ist. Nur in diesem Fall könnte weiter argumentiert werden, dass sich die Beratungs- und Schadensverhütungspflicht des Beraters auf die Eröffnungsgründe erstreckt und daraus eine Pflicht zum Hinweis auf die Notwendigkeit der Prüfung der Insolvenzreife oder die Geschäftsleiterpflichten in der Insolvenz folgt.

Zu den gegen die Annahme der Fortführung der Unternehmenstätigkeit sprechenden Gegebenheiten mögen nach verbreiteter Ansicht die Eröffnungsgründe der InsO zählen. Das hat zunächst aber eben nur zur Folge, dass beim tatsächlichen Vorliegen von Eröffnungsgründen entsprechend der gesetzlichen Anordnung in § 252 Abs. 1 Nr. 2 Hs. 2 HGB richtigerweise nach Zerschlagungswerten zu bilanzieren wäre. Damit ist aber noch nicht die Frage beantwortet, ob das Vorhandensein von Eröffnungsgründen vom Abschlussersteller auch bei jeder Abschlusserstellung aus eigener Initiative und anlasslos geprüft werden muss. In der Literatur wird vertreten, dass für die Annahme der Unternehmensfortführung eine gesetzliche Vermutung[327] spreche oder es sich bei der Annahme der Unternehmensfortführung um den Regelfall[328] handele. Dann ist es aber nur konsequent, wenn der Abschlussersteller die Fortführung der Unternehmenstätigkeit auch regelmäßig voraussetzen und der Bilanzierung zugrunde legen darf, es sei denn, dass gegen die Fortführung

---

[326] Vgl. *Schwarz/Schwarz*, ZInsO 2013, 1344, 1346; im Grunde auch *Zugehör*, WM 2013, 1965, 1968, 1973, 1976; offenbar auch *Baumert*, ZIP 2013, 1851, 1852 mit Fn. 14, 1853 f. mit Fn. 31; *Blank/Blank*, ZInsO 2016, 840, 841 f.; *Spliedt*, in: K. Schmidt/Uhlenbruck, S. 94 f., Rn. 1.273; s. auch *Kayser*, ZIP 2014, 597, 601 f.; vgl. ferner *Vill*, in: Hdb. d. Anwaltshaftung, § 2, Rn. 23 a. E.

[327] *Kleindiek*, in: Großkomm. HGB, § 252 HGB Rn. 11; *Merkt*, in: Baumbach/Hopt, § 252 HGB Rn. 7; *Schulze-Osterloh*, DStR 2007, 1006, 1007.

[328] A/D/S, § 252 HGB Rn. 23; *Winkeljohann/Büssow*, in: Beck Bil-Komm., § 252 HGB Rn. 9; *Tiedchen*, in: MünchKomm-BilR, § 252 HGB Rn. 18; *Kreipl/Müller*, in: Haufe HGB, § 252 HGB Rn. 30; s. auch *Schwarz/Schwarz*, ZInsO 2013, 1344, 1345 f., die im Ergebnis gleichwohl von einer Hinweispflicht des Beraters ausgehen.

sprechende Indizien vorliegen.[329] Somit ist auch eine Überprüfung dahingehend, ob ein Eröffnungsgrund vorliegt, nicht immer, also bei jeder Abschlusserstellung ohne Rücksicht auf die Lage des Unternehmens, erforderlich, sondern nur beim Auftreten von Indizien, die auf das Vorliegen von Eröffnungsgründen hindeuten oder hindeuten können.

Dafür spricht auch der Wille des Gesetzgebers. Zwar waren die in § 252 HGB niedergelegten Grundsätze auch schon vor der Einführung der Norm durch das BiRiLiG[330] Teil der ungeschriebenen Grundsätze ordnungsmäßiger Buchführung.[331] Im Zuge der Umsetzung der RL 78/660/EWG[332] wurden dann aber die Vorgaben der EG übernommen, was auch die Normierung des Going-Concern-Prinzips mit sich brachte (vgl. Art. 31 Abs. 1 lit. A RL 78/660/EWG)[333]. Dabei wird die Fortsetzung der Unternehmenstätigkeit nach dem Wortlaut der Richtlinie sogar „unterstellt". Der nationale Gesetzgeber wollte die Vorgaben der EG insoweit ohne Abweichung übernehmen.[334] Obgleich der Wortlaut in § 259 Abs. 1 Nr. 2 HGB-E zunächst leicht angepasst wurde, ist es nicht ersichtlich, dass damit eine Änderung in der Sache einhergehen sollte.[335] Die schlussendlich gewählte, noch einmal veränderte Formulierung in § 252 Abs. 1 Nr. 2 HGB soll lediglich eine „sprachlich klarer[e]" Fassung darstellen, gegenüber der zunächst gewählten Formulie-

---

329 Vgl. *Kleindiek*, in: Großkomm. HGB, § 252 HGB Rn. 11; *Claussen*, in: KK-RLR, § 252 HGB Rn. 21; *Böcking/Gros*, in: E/B/J/S, § 252 HGB Rn. 15; A/D/S, § 252 HGB Rn. 25; *Kreipl/Müller*, in: Haufe HGB, § 252 HGB Rn. 34; *Tiedchen*, in: MünchKomm-BilR, § 252 HGB Rn. 18; *H. F. Müller*, ZInsO 2013, 2181, 2183; *Gräfe*, DStR 2010, 618, 622; *Dehler/Kalina-Kerschbaum*, DStR 2010, 942, 944; noch weiter *Pollanz*, DStR 2014, 818, 822 f.; s. auch IDW PS 270, Rn. 9, WPg 2003, 775 ff., WPg Supplement 4/2010, 1 ff. (zumindest wenn in der Vergangenheit Gewinne erzielt wurden); s. in diesem Zusammenhang aber *Hater*, Fortbestehensprognose und Fortführungsprognose, S. 71 mit Fn. 121 und S. 81 mit Fn. 153 f.; a. A. zum Voraussetzen können der Fortführung *ders.*, Fortbestehensprognose und Fortführungsprognose, S. 77 ff. (der im Grundsatz eine generelle Prüfungspflicht anerkennt, davon aber Ausnahmen macht); wohl auch *Lück*, DB 2001, 1945, 1946; deutlich *Merkt*, in: Baumbach/Hopt, § 252 HBG Rn. 7; wohl auch *Winkeljohann/Büssow*, in: Beck Bil-Komm., § 252 HGB Rn. 10.

330 Gesetz v. 19.12.1985, BGBl. I, S. 2355.

331 *Luik*, FS v. Wysocki (1985), S. 61, 63; *Claussen*, in: KK-RLR, § 252 HGB Rn. 15; *Kleindiek*, in: Großkomm. HGB, § 252 HGB Rn. 2; A/D/S, § 252 HGB Rn. 23; s. auch Begr. RegE BiRiLiG, BT-Drs. 10/317, S. 87; nach *Tiedchen*, in: MünchKomm-BilR, § 252 HGB Rn. 5 war die Geltung des Fortführungsprinzips umstritten.

332 Richtlinie 78/660/EWG v. 25.07.1978, ABl. Nr. L 222, 11 – Vierte Richtlinie bzw. EG-Bilanzrichtlinie.

333 Beachte jetzt den praktisch wortgleichen Art. 6 Abs. 1 lit. a Richtlinie 2013/34/EU v. 26.06.2013, ABl. Nr. L 182, 19 – EU-Bilanzrichtlinie.

334 S. Begr. RegE BiRiLiG, BT-Drs. 10/317, S. 87.

335 Ausweislich Begr. RegE BiRiLiG, BT-Drs. 10/317, S. 87 gilt nur eine Ausnahme für die Vorgabe des Art. 31 Abs. 1 lit. c, cc RL 78/660/EWG; a. A. *Hater*, Fortbestehensprognose und Fortführungsprognose, S. 36.

rung in § 259 Abs. 1 Nr. 2 HGB-E aber keine inhaltliche Veränderung bedeuten.[336] Auch nach der Entstehungsgeschichte der Norm ist somit im Grundsatz von der Fortführung des Unternehmens auszugehen.

Da also bei der Abschlusserstellung nicht anlasslos, sondern nur beim Vorliegen von Indizien die Insolvenzreife zu prüfen ist, kann nicht davon gesprochen werden, dass die Eröffnungsgründe kraft Gesetzes von vornherein regelmäßiger Bestandteil des Mandats (im Sinne eines jeden Mandats) zur Abschlusserstellung sind. Daher kann weder unmittelbar aus § 252 Abs. 1 Nr. 2 HGB eine Pflicht zur Prüfung der Insolvenzreife noch mittelbar über die mandatsbezogene allgemeine Beratungs- und Schadensverhütungspflicht eine Pflicht zum Hinweis auf die Notwendigkeit der Prüfung der Insolvenzreife oder die Insolvenzantragspflicht hergeleitet werden. Letzteres ergibt sich folgerichtig daraus, dass sich das Mandat zur Abschlusserstellung eben nicht regelmäßig kraft Gesetzes auf die Eröffnungsgründe erstreckt.

Daran kann auch eine Zuordnung der (vom Steuerberater vorgenommenen) Jahresabschlusserstellung als solcher zur allgemeinen wirtschaftlichen Beratung, welcher dann ihrerseits die Eröffnungsgründe zugerechnet würden, nichts ändern.[337] Zwar wäre die vertragliche Beratungs- und Schadensverhütungspflicht in diesem Fall durch das „weitere" Verständnis des Mandatsgegenstands (wirtschaftliche Beratung) erweitert, sodass sie möglicherweise auch auf die Eröffnungsgründe bezogen sein könnte. Zum einen widerspricht diese Sichtweise aber dem Parteiwillen. Verspricht der Berater die Abschlusserstellung, wird dadurch nicht zugleich eine allgemeine Wirtschaftsberatung vereinbart, der man die Eröffnungsgründe aber zurechnen müsste, da sie wie ausgeführt nicht zum Tätigkeitsinhalt der Abschlusserstellung als solcher gerechnet werden können. Zum anderen handelt es sich bei der Erstellung des Jahresabschlusses durch Steuerberater anders als bei der Insolvenzreifeprüfung[338] um eine der Hilfeleistung in Steuersachen zuzurechnende Tätigkeit.[339] Es überzeugt daher nicht, die Jahresabschlusserstellung der allgemeinen Wirtschaftsberatung zuzurechnen und die Beraterpflichten entsprechend weit zu fassen.

bb) Die allgemeinen Anforderungen der berufsständischen Verlautbarungen

Die Verlautbarungen sehen nicht nur „besondere", also jeweils nur für die spezifischen Arten der Abschlusserstellung geltende, Leitlinien vor, sondern enthalten auch allgemeine Anforderungen hinsichtlich der Auftragsdurchfüh-

[336] S. Bericht des Rechtsausschusses zu RegE BiRiLiG, BT-Drs. 10/4268, S. 99.

[337] So aber *Zugehör*, WM 2013, 1965, 1968.

[338] BGHZ 193, 297, 300 f., Rn. 11; s. auch schon oben S. 15 ff.

[339] BGHZ 193, 297, 300 f., Rn. 10 f.; *Koslowski*, § 33 StBerG Rn. 8; s. auch BVerfGE 54, 301, 323.

rung.[340] In einem nächsten Schritt ist nunmehr – bevor die spezifisch für die Erstellung ohne Beurteilungen geltenden Anforderungen erörtert werden – auf jene allgemeinen Anforderungen der Verlautbarungen einzugehen, die eben auch für die Erstellung ohne Beurteilungen gelten. Sie führen aus, dass der Berater nicht an erkannten unzulässigen Wertansätzen im Jahresabschluss mitwirken darf, was insbesondere die Situation betreffen soll, dass zu Fortführungswerten bilanziert wurde, obwohl dem tatsächliche oder rechtliche Gegebenheiten offensichtlich entgegenstehen.[341] Die Verlautbarungen bauen insoweit ersichtlich auf der Vorschrift des § 252 HGB auf.[342] Aus dieser Klausel könnte man schließen, dass der Berater die Zulässigkeit der Wertansätze generell und ohne besonderen Grund zu prüfen hat, um eine Mitwirkung an unzulässigen Wertansätzen – die ihm gerade verboten ist – auszuschließen.[343] Das hieße, dass der Berater im Ergebnis regelmäßig auch die Frage beantworten müsste, ob die Fortführung der Unternehmenstätigkeit anzunehmen ist oder dem bestimmte Gegebenheiten entgegenstehen (§ 252 Abs. 1 Nr. 2 HGB). Da zu diesen Gegebenheiten auch die Eröffnungsgründe der InsO gehören,[344] könnte weiter argumentiert werden, dass der Berater die Eröffnungsgründe zu beachten hätte, wenn er sich mit der Frage der Fortführung der Unternehmenstätigkeit auseinandersetzt, und dass demnach die Eröffnungsgründe regelmäßig Teil des Mandats zur Abschlusserstellung sind. Entsprechend könnte auch die Beratungs- und Schadensverhütungspflicht auf die Eröffnungsgründe bezogen sein, was letzten Endes zu einer Pflicht zum Hinweis auf die Notwendigkeit der Prüfung der Insolvenzreife und die Insolvenzantragspflicht oder sogar das Vorliegen der Insolvenzreife führen könnte. Entscheidend wäre insofern, dass der Aspekt der Eröffnungsgründe über die allgemeinen Anforderungen der Verlautbarungen zum Mandatsgegenstand gemacht würde.

Gegen eine solche Annahme spricht aber der Wortlaut der Verlautbarung. Dieser setzt gerade voraus, dass der Berater Kenntnis von entgegenstehenden Gegebenheiten hat, mögen zu diesen auch die Eröffnungsgründe zählen. Die

---

[340] Entsprechend finden die nunmehr zu erörternden, auf die allgemeinen Anforderungen der Verlautbarungen bezogenen, Grundsätze einheitliche Anwendung auch auf die Erstellung mit Plausibilitätsbeurteilungen und die Erstellung mit umfassenden Beurteilungen.

[341] IDW S 7, Rn. 29, WPg Supplement 1/2010, 100 ff.; Verlautbarung der Bundessteuerberaterkammer zu den Grundsätzen für die Erstellung von Jahresabschlüssen, Rn. 29, DStR-Beihefter Heft 16/2010, 17 ff.

[342] Die Vorschrift gilt selbstverständlich einheitlich neben den Verlautbarungen, d. h. unabhängig davon, um welche Art der Erstellung es sich handelt, vgl. auch IDW S 7, Rn. 21, 27, WPg Supplement 1/2010, 100 ff.; Verlautbarung der Bundessteuerberaterkammer zu den Grundsätzen für die Erstellung von Jahresabschlüssen, Rn. 21, 27, DStR-Beihefter Heft 16/2010, 17 ff.

[343] Vgl. *Farr/Niemann*, DStR 2010, 1095, 1097.

[344] S. schon Fn. 321.

Verlautbarungen verlangen nicht etwa, dass er anlasslos und regelmäßig, also zwangsläufig bei jedem Auftrag, eine Prüfung der Fähigkeit zur Fortführung der Unternehmenstätigkeit vornimmt oder diese zumindest im Blick hat. Vielmehr müssen die Gegebenheiten „offensichtlich“, also schon ohne genauere Prüfung erkennbar, entgegenstehen. Außerdem wäre eine Differenzierung zwischen verschiedenen Auftragsarten überflüssig, wenn ohnehin bei jeder Auftragsart Überprüfungen stattfinden müssten. Dieser Teil der Verlautbarungen verpflichtet den Berater also nicht generell dazu, den Jahresabschluss auf unzulässige Wertansätze zu prüfen.[345] Entsprechend begrenzt ist das Mandat; der Aspekt der Eröffnungsgründe wird nicht Teil eines solchen. Folglich kann keine Hinweispflicht hergeleitet werden, auch nicht mittels der vertraglichen Beratungs- und Schadensverhütungspflicht. Weiterhin ist keine ausdrückliche insolvenzbezogene Hinweispflicht in den allgemeinen Anforderungen der Verlautbarungen vorgesehen.

Erkennt der Berater ausnahmsweise, dass der Fortführung der Unternehmenstätigkeit tatsächliche oder rechtliche Gegebenheiten offensichtlich entgegenstehen, verlangt der Mandant jedoch die Bewertung zu Fortführungswerten, hat der Berater das zu würdigen oder das Mandat niederzulegen. Dann handelt es sich um den Sonderfall, der im Sinne der Verlautbarungen[346] besondere Pflichten nach sich zieht. Dabei geht es aber nicht um exklusiv insolvenzbezogene Pflichten.

cc) Die Vorgaben der berufsständischen Verlautbarungen für die Erstellung ohne Beurteilungen

Die spezifischen Regelungen für die Erstellung ohne Beurteilungen sehen wie schon erörtert vor, dass die Bilanz auf Grundlage der Buchführung sowie der anzuwendenden Bilanzierungs- und Bewertungsmethoden nach den gesetzlichen Vorgaben zu entwickeln ist.[347] Eine Beurteilung der vorgelegten Unterlagen findet gerade nicht statt. Geschuldet ist nur die gesetzeskonforme Entwicklung des Jahresabschlusses, was lediglich voraussetzt, dass keine offensichtlichen Zweifel an der Ordnungsmäßigkeit der Unterlagen und an dem daraus entwickelten Jahresabschluss vorliegen.[348] Die Kontrolle von Ansatz

---

[345] Anders wohl *Farr/Niemann*, DStR 2010, 1095, 1097.

[346] IDW S 7, Rn. 29, WPg Supplement 1/2010, 100 ff.; Verlautbarung der Bundessteuerberaterkammer zu den Grundsätzen für die Erstellung von Jahresabschlüssen, Rn. 29, DStR-Beihefter Heft 16/2010, 17 ff.

[347] IDW S 7, Rn. 11, 32, WPg Supplement 1/2010, 100 ff.; Verlautbarung der Bundessteuerberaterkammer zu den Grundsätzen für die Erstellung von Jahresabschlüssen, Rn. 11, 32, DStR-Beihefter Heft 16/2010, 17 ff.

[348] IDW S 7, Rn. 33, WPg Supplement 1/2010, 100 ff.; Verlautbarung der Bundessteuerberaterkammer zu den Grundsätzen für die Erstellung von Jahresabschlüssen, Rn. 33, DStR-Beihefter Heft 16/2010, 17 ff.

und Bewertung wird explizit aus dem Auftragsumfang ausgenommen.[349] Den Ansatz von Fortführungswerten (und damit im Ergebnis auch das Vorliegen von Eröffnungsgründen, die der Fortführung entgegenstehen können)[350] muss der Abschlussersteller also grundsätzlich nicht überprüfen.[351] Die Eröffnungsgründe sind daher vor dem Hintergrund der erörterten Vorgaben der berufsständischen Verlautbarungen nicht generell als Teil des Mandats zur Abschlusserstellung ohne Beurteilungen anzusehen. Folglich lässt sich bei dieser Auftragsart auf Grundlage der Beratungs- und Schadensverhütungspflicht keine insolvenzbezogene Hinweispflicht herleiten. Die Klauseln zur Erstellung ohne Beurteilungen enthalten auch keine ausdrückliche insolvenzbezogene Hinweispflicht. Sofern der Berater aber offensichtliche Unrichtigkeiten erkennt, hat er den Mandanten darauf hinzuweisen.[352]

b) Erstellung mit umfassenden Beurteilungen

Den Gegenpol zur Erstellung ohne Beurteilungen bildet die Erstellung mit umfassenden Beurteilungen. Der Berater muss nicht nur den Abschluss erstellen, sondern zugleich hinreichende Sicherheit über die Ordnungsmäßigkeit der vorgelegten Unterlagen erlangen.[353] Von der Ordnungsmäßigkeit hat sich der Berater durch geeignete Maßnahmen zu überzeugen. Beispielhaft wird angeführt, dass der Berater zur Bewertung der Vermögensgegenstände Informationen über bestehende Risiken erlangen und diese einschätzen muss.[354] Dies könnte der Nährboden zur Annahme einer insolvenzbezogenen Hinweispflicht sein, da von dem Berater verlangt wird, Informationen einzuholen. Diese Informationen betreffen Risiken, die dem Wortlaut nach im Zusammenhang mit der Bewertung der Vermögensgegenstände stehen. Gerade zur Bewertung muss der Berater also Informationen über bestehende Risiken einholen. Bei der Bewertung ist wie bereits allgemein erörtert auch § 252

---

[349] IDW S 7, Rn. 34, WPg Supplement 1/2010, 100 ff.; Verlautbarung der Bundessteuerberaterkammer zu den Grundsätzen für die Erstellung von Jahresabschlüssen, Rn. 34, DStR-Beihefter Heft 16/2010, 17 ff.

[350] S. schon oben S. 66 f. m. w. N.

[351] Vgl. auch *Dehler/Kalina-Kerschbaum*, DStR 2010, 942, 944; *Pollanz*, DStR 2014, 818, 823; einschränkend *Sundermeier/Gruber*, DStR 2000, 929, 929 f.

[352] IDW S 7, Rn. 36, WPg Supplement 1/2010, 100 ff.; Verlautbarung der Bundessteuerberaterkammer zu den Grundsätzen für die Erstellung von Jahresabschlüssen, Rn. 36, DStR-Beihefter Heft 16/2010, 17 ff.

[353] IDW S 7, Rn. 11, 45, WPg Supplement 1/2010, 100 ff.; Verlautbarung der Bundessteuerberaterkammer zu den Grundsätzen für die Erstellung von Jahresabschlüssen, Rn. 11, 45, DStR-Beihefter Heft 16/2010, 17 ff.; s. auch schon S. 15 ff.

[354] IDW S 7, Rn. 49, WPg Supplement 1/2010, 100 ff.; Verlautbarung der Bundessteuerberaterkammer zu den Grundsätzen für die Erstellung von Jahresabschlüssen, Rn. 49, DStR-Beihefter Heft 16/2010, 17 ff.

Abs. 1 Nr. 2 HGB zu beachten.[355] Verlangen die Verlautbarungen nun vom Berater, sich über Risiken im Zusammenhang mit der Bewertung zu informieren, muss dies im Geltungsbereich des § 252 Abs. 1 Nr. 2 HGB auch bedeuten, dass der Berater sich unter anderem über tatsächliche oder rechtliche Gegebenheiten zu informieren hat, die der Bilanzierung zu Fortführungswerten entgegenstehen könnten. Zu solchen Gegebenheiten zählen wie erläutert auch die Eröffnungsgründe der InsO. Also muss der Berater im Grundsatz auch auf die Eröffnungsgründe bezogene Informationen einholen. Daraus folgt zwar keine ausdrückliche insolvenzbezogene Hinweispflicht. Jedenfalls hat die Klausel aber zur Folge, dass die Thematik der Eröffnungsgründe bei der Abschlusserstellung mit umfassenden Beurteilungen im Sinne der Verlautbarungen zum Mandatsgegenstand wird.

Auf dieser Grundlage muss auch die Reichweite der allgemeinen Beratungs- und Schadensverhütungspflicht bestimmt werden. Diese bezieht sich auf den Umfang des erteilten Mandats. In seinem Rahmen hat der Berater den Mandanten vor Schaden zu bewahren. Da das Mandat im Ergebnis den Aspekt der Eröffnungsgründe umfasst, erstreckt sich auch die Beratungs- und Schadensverhütungspflicht auf die Eröffnungsgründe. Folgerichtig hat der Berater auf die im Rahmen seiner Tätigkeit gewonnenen Erkenntnisse hinzuweisen, um den Mandanten vor Schaden zu bewahren. Weiß der Berater aufgrund seiner Tätigkeit, dass ein Eröffnungsgrund vorliegt, hat er auf diesen hinzuweisen. Erkennt er zumindest, dass die akute Gefahr des Vorliegens eines Eröffnungsgrunds besteht, hat er darauf hinzuweisen und anzuraten, eine Prüfung der Insolvenzreife vornehmen zu lassen.[356] Es ist insoweit allerdings keine Hinweispflicht bezüglich der Insolvenzantragspflicht des Geschäftsleiters anzuerkennen. Die Beratungs- und Schadensverhütungspflicht des Beraters besteht im Grundsatz nur gegenüber dem Mandanten. Schließlich ist die Pflicht zwar von der Rechtsprechung entwickelt, sie fußt aber auf vertraglicher Grundlage. Aus einer solchen Pflicht kann der Berater nur gegenüber seinem Vertragspartner verpflichtet sein; er hat Schäden seines Mandanten zu verhindern. Mandant ist bei dem Abschlusserstellungsmandat aber die Gesellschaft, die nach § 242 HGB als Formkaufmann (s. nur § 6 HGB i. V. m. § 13 Abs. 3 GmbHG, § 3 Abs. 1 AktG) Adressat der Pflicht zur Abschlusserstellung[357] ist.[358] Daran ändert es nichts, dass in persönlicher Hinsicht der Geschäftsleiter für die Abschlusserstellung verantwortlich ist (vgl. insoweit nur § 41 GmbHG, § 91 Abs. 1 AktG).

---

[355] S. oben S. 66 ff. m. w. N.

[356] So im Ergebnis auch *H. F. Müller*, ZInsO 2013, 2181, 2183.

[357] S. nur *Merkt*, in: Baumbach/Hopt, § 238 HGB Rn. 7; *Böcking/Gros*, in: E/B/J/S, § 238 HGB Rn. 7.

[358] Vgl. *Biletzki*, ZIP 1997, 9, 10; *Kleindiek*, in: Lutter/Hommelhoff, § 41 GmbHG Rn. 5.

Allerdings ist zu beachten, dass es sich bei der Prüfung der Insolvenzreife und diesbezüglichen Hinweisen um Tätigkeiten handelt, die der allgemeinen wirtschaftsrechtlichen Beratung zuzurechnen sind, nicht aber einer steuerlichen Beratung.[359] Daher könnte man jedenfalls bei Steuerberatern daran zweifeln, ob die soeben begründeten Pflichten tatsächlich auf die allgemeine Beratungs- und Schadensverhütungspflicht gestützt werden können, die dann nämlich so weit reichen müsste, dass sie auch Fragen außerhalb des steuerrechtlichen Zusammenhangs erfasst. In der Rechtsprechung wird die Beratungs- und Schadensverhütungspflicht grundsätzlich auf steuerliche Fragen begrenzt,[360] was ausdrücklich im Bereich des allgemeinen steuerlichen Mandats des Steuerberaters gilt,[361] gleichermaßen aber für beschränkte Mandate gelten muss. In einigen Fällen wurden jedoch auch Beratungspflichten im Grenzbereich des Steuerrechts angenommen.[362] Diese Entscheidungen könnten so zu verstehen sein, dass die Beratungs- und Schadensverhütungspflicht jeweils auf andere als steuerrechtliche Fragen erstreckt wird,[363] oder aber der Begriff der steuerlichen Tätigkeit und damit zusammenhängender steuerlicher Fragen in den Entscheidungen bloß weit ausgelegt wird[364]. Dabei spricht mehr für die erstgenannte Sichtweise.[365] Entscheidend für das Verständnis der Beratungs- und Schadensverhütungspflicht ist aber wiederum ihre Mandatsbezogenheit. Soweit das Mandat des Steuerberaters reicht, unterliegt er dieser Pflicht. Verpflichtet er sich daher in den Grenzen des RDG[366] zu Tätigkeiten außerhalb des klassischen steuerrechtlichen Betätigungsfelds, unterliegt er auch insoweit der Pflicht zur Beratung und Schadensverhütung. Vorausset-

---

[359] S. schon Fn. 173.

[360] Vgl. BGH WM 1967, 72, 73; BGH WM 1980, 308, 309; BGHZ 128, 358, 361; BGHZ 129, 386, 396; BGH NJW 1998, 1486, 1486; BGH NJW-RR 2003, 1064, 1065; BGH NJW-RR 2003, 931, 932; BGH NJW-RR 2004, 1210, 1210; BGH WM 2009, 1376, 1377, Rn. 11; *Heermann*, in: MünchKomm-BGB, § 675 BGB Rn. 42; als auf steuerrechtliche Fragen beschränkt versteht sie auch OLG Schleswig GI 1993, 373, 378 f.; s. für den (hiervon zu unterscheidenden) Fall der Warnpflicht bezogen auf außerhalb des beschränkten Mandats liegender Gefahren in und bei Fn. 390 f.

[361] S. BGH NJW-RR 2013, 983, 984, Rn. 14 f.

[362] S. BGH NJW-RR 2004, 1358, 1359; BGH NJW-RR 2005, 1223, 1224; OLG Celle DStRE 2001, 838, 838 (wo es jeweils um sozialversicherungsrechtliche Fragen [Sozialversicherungsabzüge] im Zusammenhang mit der Lohnbuchhaltung ging); OLG Düsseldorf GI 1999, 119 ff. verneint demgegenüber eine Hinweispflicht bezüglich der Pflicht zur Abführung von Sozialversicherungsbeiträgen.

[363] So *Zugehör*, WM 2013, 1965, 1969; *ders.*, FS G. Fischer (2008), S. 617, 623.

[364] In diese Richtung wohl *Koslowski*, § 57 StBerG Rn. 109 i. V. m. Rn. 105.

[365] So spricht BGH NJW-RR 2004, 1358, 1359 von sich stellenden „sozialversicherungsrechtlichen Fragen"; OLG Celle DStRE 2001, 838, 838 verneint einen Verstoß gegen das damals geltende RBerG mit dem Argument, dass es sich weder um Rechtsbesorgung noch Rechtsvertretung handele, nicht aber damit, dass der Steuerberater nicht außerhalb des Steuerrechts tätig werde.

[366] Diese wurden ausführlich erörtert, s. oben S. 41 ff.

zung dafür muss aber immer sein, dass der Steuerberater sich tatsächlich zu der außersteuerlichen Tätigkeit verpflichtet hat.[367] So liegt es im Fall der Erstellung mit umfassenden Beurteilungen. Demzufolge steht einer Begründung der Pflicht über die „allgemeine" Beratungs- und Schadensverhütungspflicht nichts im Wege.[368]

Schließlich ist festzuhalten, dass schon ohne Rückgriff auf die Beratungs- und Schadensverhütungspflicht aus den Verlautbarungen allgemein die Pflicht folgen kann, die Ergebnisse der Beurteilungen schriftlich (ggf. im Erstellungsbericht) mitzuteilen.[369] Insoweit könnte der Berater beispielsweise verpflichtet sein mitzuteilen, aus welchen Gründen er von der Bewertung zu Fortführungswerten abgesehen hat. Dieser Verpflichtung ist jedoch erst in der Dokumentation der Auftragsausführung nachzukommen. Die über die Beratungs- und Schadensverhütungspflicht hergeleitete Hinweispflicht kann weiter gehen, denn nach ihr muss der Berater generell Schäden des Mandanten verhüten. Das kann bedeuten, dass der Mandant umgehend, also noch während der Erstellungsphase, zu warnen und dabei ausdrücklich auf die Gefahr einer möglichen Insolvenzreife hinzuweisen ist.

c) Erstellung mit Plausibilitätsbeurteilungen

Der Auftrag zur Erstellung mit Plausibilitätsbeurteilungen verlangt neben der Erstellungstätigkeit die Durchführung von Befragungen und Beurteilungen, um mit gewisser Sicherheit feststellen zu können, ob die vorgelegten Unterlagen ordnungsmäßig sind.[370] Zur Beurteilung der Plausibilität soll es neben weiteren Maßnahmen regelmäßig zumindest einer Befragung zu allen wesent-

---

[367] Daher ist *Zugehör*, WM 2013, 1965, 1969 die Gefolgschaft zu versagen, denn er kann nicht überzeugend begründen, dass sich der Steuerberater zu Tätigkeiten außerhalb des steuerrechtlichen Zusammenhangs verpflichtet hat.

[368] Klarzustellen ist, dass diese Auslegung keinen Einfluss auf die Verneinung einer unmittelbar aus der Vorschrift des § 252 Abs. 1 Nr. 2 HGB (ggf. im Zusammenwirken mit der allgemeinen Beratungs- und Schadensverhütungspflicht) folgenden Hinweispflicht hat. Die Regelung des § 252 Abs. 1 Nr. 2 HGB führt als solche gerade nicht dazu, dass die Thematik der Eröffnungsgründe zum Mandatsgegenstand wird, s. oben S. 66 ff. Anders ist dies in der vorliegend erörterten Konstellation, in der der erforderliche Mandatsbezug mit Blick auf die Eröffnungsgründe eben gerade durch die spezifischen Vorgaben der Verlautbarungen hinsichtlich der Erstellung mit umfassenden Beurteilungen hergestellt wird (die wie erörtert vertraglich einbezogen werden müssen, s. oben S. 65 f.).

[369] IDW S 7, Rn. 51, s. auch Rn. 57, 65, 74, WPg Supplement 1/2010, 100 ff.; Verlautbarung der Bundessteuerberaterkammer zu den Grundsätzen für die Erstellung von Jahresabschlüssen, Rn. 51, s. auch Rn. 58, 66, 74, DStR-Beihefter Heft 16/2010, 17 ff.

[370] IDW S 7, Rn. 11, 37, WPg Supplement 1/2010, 100 ff.; Verlautbarung der Bundessteuerberaterkammer zu den Grundsätzen für die Erstellung von Jahresabschlüssen, Rn. 11, 37, DStR-Beihefter Heft 16/2010, 17 ff.

lichen Abschlussaussagen bedürfen.[371] Zu den wesentlichen Abschlussaussagen könnte möglicherweise auch die Annahme der Fortführung der Unternehmenstätigkeit gezählt werden, die in der Bilanzierung zu Fortführungswerten zum Ausdruck kommt.[372] Das hätte zur Folge, dass Befragungen auch zur Möglichkeit der Fortführung der Unternehmenstätigkeit vorgenommen werden müssten, und zwar „regelmäßig". Dann würde sich das Mandat zur Erstellung des Jahresabschlusses mit Plausibilitätsbeurteilungen inhaltlich letztlich auch auf den Aspekt der Eröffnungsgründe erstrecken, die entgegenstehende Gegebenheiten i. S. d. § 252 Abs. 1 Nr. 2 HGB sind. Konsequenterweise müsste dann auch bei diesem Mandatstyp die Beratungs- und Schadensverhütungspflicht auf die Eröffnungsgründe bezogen werden. Das führte dem Grunde nach zu einer Hinweispflicht, wie sie im Rahmen des Mandats zur Abschlusserstellung mit umfassenden Beurteilungen besteht.

Allerdings stellt sich schon die Frage, ob die Verlautbarungen die Annahme der Fortführung der Unternehmenstätigkeit wirklich als wesentliche Abschlussaussage verstehen. Letztendlich kann das aber dahinstehen, da der systematische Zusammenhang mit dem Auftrag zur Erstellung mit umfassenden Beurteilungen im Ergebnis gegen eine Auslegung spricht, die den Berater bei der Erstellung mit Plausibilitätsbeurteilungen regelmäßig dazu verpflichtet, der Frage der Fortführung der Unternehmenstätigkeit nachzugehen. Wie dargelegt hat sich der Berater beim Auftrag zur Erstellung des Jahresabschlusses mit umfassenden Beurteilungen über Risiken im Zusammenhang mit der Bewertung zu informieren, was im Ergebnis auch die Eröffnungsgründe der InsO einbezieht. Die Formulierung bei dieser Auftragsvariante („Zur Bewertung … muss der [Berater] Informationen über bestehende Risiken erlangen…")[373] ist wesentlich deutlicher als beim Auftrag zur Jahresabschlusserstellung mit Plausibilitätsbeurteilungen („Befragung zu allen wesentlichen Abschlussaussagen")[374]. Daher wäre es wenig überzeugend, bei der Erstellung mit Plausibilitätsbeurteilungen eine im Vergleich zur Erstellung mit umfassenden Beurteilungen inhaltlich identische Verpflichtung anzunehmen, also zu unterstellen, dass der Berater generell die Fortführung der Un-

---

[371] IDW S 7, Rn. 40, WPg Supplement 1/2010, 100 ff.; Verlautbarung der Bundessteuerberaterkammer zu den Grundsätzen für die Erstellung von Jahresabschlüssen, Rn. 40, DStR-Beihefter Heft 16/2010, 17 ff.

[372] So wohl *Pollanz*, DStR 2014, 818, 823.

[373] IDW S 7, Rn. 49, WPg Supplement 1/2010, 100 ff.; Verlautbarung der Bundessteuerberaterkammer zu den Grundsätzen für die Erstellung von Jahresabschlüssen, Rn. 49, DStR-Beihefter Heft 16/2010, 17 ff.; Auslassungen und Hinzufügung durch Verfasser.

[374] IDW S 7, Rn. 40, WPg Supplement 1/2010, 100 ff.; Verlautbarung der Bundessteuerberaterkammer zu den Grundsätzen für die Erstellung von Jahresabschlüssen, Rn. 40, DStR-Beihefter Heft 16/2010, 17 ff.

ternehmenstätigkeit prüfen muss.[375] Eine inhaltlich identische Ausgestaltung hätte nach einer im Grunde identischen, jedenfalls aber stärkeren und eindeutigeren Formulierung verlangt. Dementsprechend sind der Mandatsgegenstand und damit auch die Reichweite der Beratungs- und Schadensverhütungspflicht enger zu verstehen. Eine insolvenzbezogene Hinweispflicht auf Grundlage der berufsständischen Verlautbarungen ist beim Auftrag zur Jahresabschlusserstellung mit Plausibilitätsbeurteilungen mithin nicht anzuerkennen.

d) Sonderfall: Erstellungsbericht im Rahmen von IDW S 7

Eine besondere Maßgabe für Wirtschaftsprüfer enthält IDW S 7, welcher vorsieht, dass sich für den erstellenden Wirtschaftsprüfer unabhängig von der Auftragsart aus der „Treuepflicht" eine Pflicht zur Information des Auftraggebers ergeben kann, in deren Rahmen der Wirtschaftsprüfer über Tatsachen zu berichten hat, die den Bestand des Unternehmens gefährden können, soweit er solche Tatsachen bei der Durchführung des Erstellungsauftrags festgestellt hat.[376] Dieser Pflicht hat der Wirtschaftsprüfer im Erstellungsbericht oder in sonstiger Weise schriftlich zu entsprechen. Berichtspflichtig sind demnach bestandsgefährdende Tatsachen. Als eine solche Tatsache kommt die Ausweisung eines nicht durch Eigenkapital gedeckten Fehlbetrags i. S. d. § 268 Abs. 3 HGB in der Bilanz durch den Abschlussersteller in Betracht (sog. buchmäßige oder bilanzielle Überschuldung)[377]. Sind Verluste in dem von § 268 Abs. 3 HGB vorausgesetzten Umfang eingetreten, deutet das auf eine Krise hin.[378] Häufig wird sogar die materielle Insolvenz (insbesondere Überschuldung i. S. d. § 19 InsO) im Raum stehen.[379] Daher könnte man die Ausweisung eines nicht durch Eigenkapital gedeckten Fehlbetrags bzw. die einer solchen Ausweisung zugrunde liegende Situation des Unternehmens als bestandsgefährdende Tatsache i. S. v. IDW S 7, Rn. 78 ansehen.

---

[375] A. A. *Pollanz*, DStR 2014, 818, 823; vgl. weiterführend OLG Saarbrücken ZInsO 2016, 458, 459 (danach folge aus der Vereinbarung der Vornahme von Plausibilitätsbeurteilungen auch keine Erweiterung des Mandatsumfangs).

[376] IDW S 7, Rn. 78, WPg Supplement 1/2010, 100 ff.

[377] Vgl. *Mertes/Griesel*, AnwBl 2015, 854, 855, 864; *Morck*, in: Koller/Kindler/Roth/Morck, § 268 HGB Rn. 5; *Wolf/Schlagheck*, Überschuldung, S. 3; *Winnefeld*, Bilanz-Hdb., Rn. F 590; der BGH spricht von einer „Unterdeckung in der Handelsbilanz", s. BGH NJW-RR 2013, 983, 984 f., Rn. 15 ff.; BGH NJW 2013, 2345, 2345, Rn. 12.

[378] Vgl. *Mertes/Griesel*, AnwBl 2015, 854, 864; *Wolf/Schlagheck*, Überschuldung, S. 3; s. auch § 92 Abs. 1 AktG, § 49 Abs. 3 GmbHG, dazu *Herrmann*, ZGR 1989, 273, 297 ff.

[379] Zur Notwendigkeit der Prüfung des insolvenzrechtlichen Überschuldungstatbestands in diesem Fall *Haußer/Heeg*, ZIP 2010, 1427, 1429; *Reiner/Haußer*, in: MünchKomm-HGB, § 268 HGB Rn. 28; vgl. ferner *Herrmann*, ZGR 1989, 273, 279 f.; *Winnefeld*, Bilanz-Hdb., Rn F 591.

Doch selbst dann ist nicht viel gewonnen, da IDW S 7 nur verlangt, dass der Wirtschaftsprüfer seinen Auftraggeber auf die bestandsgefährdende Tatsache hinweist. Der Wirtschaftsprüfer müsste also auf die Bilanzsituation und die in der wirtschaftlichen Situation des Unternehmens liegenden Gründe hinweisen, die ihn zur Ausweisung eines nicht durch Eigenkapital gedeckten Fehlbetrags veranlasst haben. Eine Pflicht zu weitergehenden spezifisch insolvenzrechtlichen Hinweisen kann daraus jedoch nicht hergeleitet werden.[380] Zwar könnte man möglicherweise auch die Insolvenzreife als bestandsgefährdende Tatsache ansehen. Eine Hinweispflicht würde aber erfordern, dass der Berater Kenntnis von der Insolvenzreife hat.[381] Das ist theoretisch denkbar, wird bei der Erstellung des handels- und auch steuerrechtlichen Jahresabschlusses aber regelmäßig nicht der Fall sein.[382] Bei der Notwendigkeit der Prüfung der Insolvenzreife und der Insolvenzantragspflicht handelt es sich schon nicht um bestandsgefährdende Tatsachen. Dass die Insolvenzreife droht, kommt bereits in dem Ausweis eines nicht durch Eigenkapital gedeckten Fehlbetrags zum Ausdruck; außerdem folgte auch aus der Anerkennung der drohenden Insolvenzreife als bestandsgefährdende Tatsache nicht die Pflicht zum Hinweis auf die Notwendigkeit der Prüfung der Insolvenzreife und die Insolvenzantragspflicht. Schließlich führt auch die Beratungs- und Schadensverhütungspflicht nicht weiter. Der Wirtschaftsprüfer hat demnach bei der Jahresabschlusserstellung regelmäßig nur darauf hinzuweisen, dass und warum er einen nicht durch Eigenkapital gedeckten Fehlbetrag ausgewiesen hat.

e) Sonderfall: IDW PS 270

Schließlich könnte es zur Begründung insolvenzbezogener Hinweispflichten in Frage kommen, den inhaltlich nicht unmittelbar einschlägigen IDW PS 270 heranzuziehen. Dieser betrifft zunächst nur die Abschlussprüfung und schreibt im Zusammenhang mit der Beurteilung der Fortführung der Unternehmenstätigkeit vor, dass der Abschlussprüfer die gesetzlichen Vertreter auf ihre insolvenzrechtlichen Verpflichtungen hinzuweisen hat, wenn er Anhaltspunkte für eine Insolvenzgefahr bei dem geprüften Unternehmen sieht.[383] Ohne Rückgriff auf die Beratungs- und Schadensverhütungspflicht könnte der Abschlussersteller einer dementsprechenden Hinweispflicht dann unterworfen werden, wenn die Regelung von der Abschlussprüfung auf die Abschluss-

---

[380] So wohl auch *Meixner/Schröder*, Wirtschaftsprüferhaftung, S. 312, Rn. 858.

[381] S. IDW S 7, Rn. 78 a. E., WPg Supplement 1/2010, 100 ff. („soweit er solche bei der Durchführung des Erstellungsauftrags festgestellt hat.").

[382] S. zur Frage der Kenntnis von Eröffnungsgründen bei der Abschlusserstellung noch ausführlich S. 82 ff.

[383] IDW PS 270, Rn. 29 a. E., WPg 2003, 775 ff., WPg Supplement 4/2010, 1 ff.; vgl. schon oben S. 63 f.

erstellung zu übertragen wäre. In der Literatur wird dies damit begründet, dass sich die Pflichten bei Abschlussprüfung und Abschlusserstellung ohnehin ähnelten und außerdem § 252 Abs. 1 Nr. 2 HGB zu beachten sei.[384]

Gegen eine solche Übertragung spricht schon, dass die Pflichten im Rahmen der Abschlusserstellung nicht ohne Weiteres mit denen bei der Abschlussprüfung gleichgesetzt werden können. Vor allem aber würde bei einer unbesehenen Übertragung der Klausel auf die Abschlusserstellung die Rechtsnatur der Verlautbarungen nicht berücksichtigt. Wie dargelegt können die Verlautbarungen von IDW und Bundessteuerberaterkammer keine unmittelbare Geltung „aus sich heraus" beanspruchen; es handelt sich bei diesen nicht um Rechtsnormen. Die im IDW PS 270 verankerte Hinweispflicht müsste daher von den Vertragsparteien in den Vertrag über die Abschlusserstellung einbezogen werden.[385] Ein solcher Erklärungsinhalt müsste der Willenserklärung des Beraters also im Zweifel durch Auslegung beigemessen werden können. Es ist theoretisch wohl möglich, tatsächlich aber schwer vorstellbar, dass ein Berater Vertragspflichten eingeht, die nicht auf den konkreten Mandatstyp zugeschnitten sind. Sodann wäre es zwar verständlich, wenn der Berater schon bei der Abschlusserstellung die Regelungen beachtete, die auch im Rahmen der Abschlussprüfung gelten, um den Abschluss im Hinblick auf eine spätere Prüfung optimal vorzubereiten.[386] Eine Pflicht zum Hinweis auf insolvenzrechtliche Verpflichtungen indes ist davon nicht betroffen. Außerdem bliebe nach wie vor offen, inwieweit der Berater sich auch im Einzelfall vertraglich zur Einhaltung dieser Standards verpflichten wollte. Dass der Berater sich beim Mandat zur Abschlusserstellung auch auf den IDW PS 270 bezieht, ist demnach regelmäßig auszuschließen. Die Maßgabe des IDW PS 270, die eine Hinweispflicht im Zusammenhang mit einer Insolvenzgefahr vorschreibt, ist nicht auf die Abschlusserstellung zu übertragen.

2. Zwischenergebnis

Die relevanten berufsständischen Verlautbarungen können nach alldem von vornherein nur dann zu einer Hinweispflicht des Beraters führen, wenn und soweit sie von den Parteien in den Vertrag aufgenommen werden. Darüber hinaus ist bei der Abschlusserstellung zwar § 252 Abs. 1 Nr. 2 HGB zu beachten. Doch folgt daraus letztlich keine insolvenzbezogene Hinweispflicht – auch nicht im Zusammenwirken mit der allgemeinen Beratungs- und Schadensverhütungspflicht. Im Übrigen resultiert nur aus den Vorgaben der Ver-

---

[384] S. *Meixner/Schröder*, Wirtschaftsprüferhaftung, S. 312, Rn. 859.

[385] S. oben S. 65 f.; anders aber die – abzulehnende – Ansicht von *Meixner/Schröder*, Wirtschaftsprüferhaftung, S. 3 ff., Rn. 10 ff., nach der nicht zwingend eine vertragliche Einbeziehung notwendig ist.

[386] Vgl. für die Erstellung mit umfassenden Beurteilungen auch IDW S 7, Rn. 46, 49, WPg Supplement 1/2010, 100 ff.

lautbarungen zur Abschlusserstellung mit umfassenden Beurteilungen, auf Grundlage der von der Rechtsprechung entwickelten Beratungs- und Schadensverhütungspflicht, eine insolvenzbezogene Hinweispflicht.[387] Einen Sonderfall stellt IDW S 7 für Wirtschaftsprüfer dar.

II. Warnpflicht bezogen auf außerhalb des (beschränkten) Mandatsgegenstands liegende Umstände

1. Grundlagen

Wie bis hierhin erörtert wurde, sind die Eröffnungsgründe in der Mehrzahl der Fälle nicht als Gegenstand des Mandats zur Jahresabschlusserstellung anzusehen. Daher kann die mandatsbezogene Beratungs- und Schadensverhütungspflicht insoweit kein taugliches Begründungsmuster einer insolvenzbezogenen Hinweispflicht sein. Es wurde aber schon angedeutet, dass der BGH trotz der grundsätzlichen Begrenzung der Beraterpflichten auf das vereinbarte Mandat in ständiger Rechtsprechung unter engen Voraussetzungen Ausnahmefälle mit darüber hinausgehenden Warnpflichten anerkennt. Danach kann der Berater verpflichtet sein, auf etwaige Fehlentscheidungen oder Gefahren außerhalb der Reichweite des vereinbarten Mandats hinzuweisen, wenn die drohenden Nachteile dem Berater bekannt sind oder sie offen zutage liegen und er Grund zur Annahme hat, dass diese drohenden Nachteile dem Auftraggeber nicht bewusst sind.[388] Ob auf diese Rechtsprechung allerdings eine insolvenzbezogene Hinweispflicht gestützt werden kann, ist aus mehreren Gründen fraglich. So rechnet der BGH die Prüfung des Vorliegens von Eröffnungsgründen wie dargelegt überzeugend der allgemeinen wirtschaftsrechtlichen Beratung zu.[389] Speziell aus Sicht des Steuerberaters wäre damit auch die Warnpflicht in Form einer insolvenzbezogenen Hinweispflicht nicht nur auf einen Umstand außerhalb des vereinbarten Mandats bezogen, sondern sogar auf einen Umstand jenseits seines eigentlichen Tätigkeitsbereichs.[390] Wie weit der BGH die Warnpflicht bezüglich außerhalb eines beschränkten

---

[387] Obschon – jedenfalls bei der Erstellung mit Plausibilitätsbeurteilungen – von einer Pflicht zur Überprüfung der Fortführungsannahme ausgehend *ablehnend* bezüglich insolvenzrechtlichen Hinweis- und Warnpflichten sowie einer Pflicht zur Prüfung der Insolvenzreife auf Grundlage der Verlautbarung der Bundessteuerberaterkammer *Pollanz*, DStR 2014, 818, 821, 824.

[388] S. schon S. 61 mit Fn. 291 f.; *Zugehör*, FS Ganter (2010), S. 573, 576 ff.; *Vill*, in: Hdb. d. Anwaltshaftung, § 2, Rn. 19 f.

[389] S. oben bei Fn. 173.

[390] S. zur vergleichbaren Problematik bei der mandatsbezogenen Beratungs- und Schadensverhütungspflicht S. 75 f.; anders als im dort erörterten Fall geht es hier aber um eine Warnpflicht, die auf außerhalb des beschränkten Mandats liegende Gefahren bezogen wäre und damit auf Aspekte erstreckt würde, zu deren Beachtung sich der Berater gerade nicht verpflichtet hat.

Mandats liegender Gefahren in der allgemeinen theoretischen Konzeption versteht, ob sie also auch auf außersteuerliche Gefahren bezogen ist, wurde in der bisherigen Rechtsprechung nicht ganz deutlich.[391] Will man diese Rechtsprechung nun auf die Insolvenzkonstellation anwenden, müssten in einem ersten Schritt aber in jedem Fall die vom BGH formulierten Voraussetzungen für das Bestehen einer Warnpflicht vorliegen.[392] Insoweit besteht kein Unterschied zwischen dem Tätigwerden von Steuerberatern, Rechtsanwälten und Wirtschaftsprüfern. Die Gefahr in Form der möglicherweise drohenden Insolvenzreife müsste offen zutage liegen oder dem Berater sogar bekannt sein. Sodann kommt es darauf an, ob die Gefahr dem Auftraggeber für den Berater erkennbar nicht bewusst ist.[393]

2. Überlegenes Wissen

a) Die Sichtweise der instanzgerichtlichen Rechtsprechung und des Schrifttums

In der instanzgerichtlichen Rechtsprechung[394] und in Teilen der Literatur[395] wird argumentiert, dass der Berater gerade im Zusammenhang mit der Erstellung des Jahresabschlusses Einblick in die wirtschaftlichen Verhältnisse und Kennzahlen des Unternehmens erlange, was ihm einen Überblick über die wirtschaftliche Gesamtsituation des Unternehmens verschaffe. Darüber hinaus habe der Berater die Vorschrift des § 252 Abs. 1 Nr. 2 HGB zu beachten und daher zu prüfen, ob rechtliche oder tatsächliche Gegebenheiten gegen die Fortführung der Unternehmenstätigkeit sprechen. Aufgrund dieser Prüfung gewinne der Berater Kenntnis von der Finanz-, Vermögens- und Ertragslage des Unternehmens, weshalb er auch in der Lage sei, auf die Gefahr eines sich abzeichnenden Eröffnungsgrunds hinzuweisen.[396] Die bereits im Zusammenhang mit dem Inhalt des Mandats zur Jahresabschlusserstellung erörterte Regelung des § 252 HGB wird also auch in der Absicht herangezogen, dem Berater die zur Begründung einer Hinweispflicht erforderlichen Kenntnisse

---

[391] In diese Richtung wohl BGH NJW-RR 1987, 1375, 1376; BGH NJW-RR 1991, 1125, 1126 (jeweils „wirtschaftliche Fehlentscheidung"); auf „steuerliche Fehlentscheidung" bezogen BGH NJW-RR 2005, 1511, 1511; BGH NJW 2009, 1141, 1142, Rn. 14; s. auch *Thole*, ZfPW 2015, 31, 44 f.

[392] Vgl. auch OLG Schleswig GI 1993, 373, 381.

[393] *Menkel*, DStR 2010, 2477, 2479 f. nimmt als Grenze der Hinweispflicht die Notwendigkeit der Sachverhaltsermittlung an und begrenzt die Hinweispflicht offenbar auch auf steuerrechtliche Aspekte.

[394] LG Wuppertal ZInsO 2011, 1997, 1999; LG Saarbrücken ZInsO 2012, 330, 332.

[395] *Wagner/Zabel*, NZI 2008, 660, 663; *Gräfe*, DStR 2010, 618, 619, 621; *Zugehör*, WM 2013, 1965, 1969, 1972; in diese Richtung wohl auch schon *Sundermeier/Gruber*, DStR 2000, 929, 929 f.

[396] S. insbesondere LG Wuppertal ZInsO 2011, 1997, 1999; LG Saarbrücken ZInsO 2012, 330, 332; *Wagner/Zabel*, NZI 2008, 660, 663.

von der Insolvenzreife nachzuweisen. Des Weiteren sei zu beachten, dass der den Abschluss erstellende Berater bei einem in wirtschaftlichen Schwierigkeiten steckenden Unternehmen verpflichtet sein kann, als gesonderte Position in der Bilanz einen nicht durch Eigenkapital gedeckten Fehlbetrag i. S. d. § 268 Abs. 3 HGB auszuweisen.[397] Es wird geltend gemacht, dass die zum Warnhinweis verpflichtende Kenntnis des Beraters von der Gefahr für den Mandanten in einem solchen Fall der „bilanziellen Überschuldung", in dem auch die insolvenzrechtliche Überschuldung nahe liegt, eben in der Kenntnis des Fehlbetrags, den der Berater selbst ausgewiesen hat, gründe.[398] Der Berater sehe also die Gefahr der insolvenzrechtlichen Überschuldung, wenn er eine bilanzielle Überschuldung feststelle.

b) Die Sichtweise des BGH

Dem ist der BGH mit der Auffassung entgegengetreten, dass selbst dann nicht ohne Weiteres angenommen werden könne, der Berater habe Kenntnis vom Vorliegen der Überschuldung i. S. v. § 19 InsO, wenn er einen Fehlbetrag ausweist.[399] Dabei stellt er maßgeblich auf die Unterschiede zwischen der Handelsbilanz und der insolvenzrechtlichen Überschuldung ab. Aus der Handelsbilanz könne die insolvenzrechtliche Überschuldung daher nicht ohne Weiteres entnommen werden.[400] Außerdem fehlten dem Berater das Wissen und die Einblicke, die zur Erstellung der Fortführungsprognose erforderlich seien.[401]

c) Stellungnahme

Der von einer hinreichenden Kenntnis des Beraters ausgehenden Ansicht ist zuzugestehen, dass der Berater gleichsam zwingend Einblick in die wirtschaftliche Situation des Unternehmens erhält, für das er einen Jahresabschluss erstellt. Weist der Berater darüber hinaus einen nicht durch Eigenkapital gedeckten Fehlbetrag aus, wird für ihn auch deutlich, dass die wirtschaftliche Situation des Unternehmens kritisch ist. Nach der Rechtsprechung des BGH ist für das Bestehen einer Warnpflicht aber erforderlich, dass der drohende Nachteil – also die Insolvenzreife, in der Praxis vor allem der Eröffnungsgrund der Überschuldung, § 19 InsO – für den Adressaten der Pflicht

---

[397] S. dazu bereits S. 78.

[398] *Gräfe*, DStR 2010, 618, 621; *Schwarz*, NZI 2012, 869, 871; *Wagner/Zabel*, NZI 2008, 660, 663 f.; *Zugehör*, WM 2013, 1965, 1970; *Büchler*, InsVZ 2010, 68, 71; wohl auch *Meixner/Schröder*, Wirtschaftsprüferhaftung, S. 314, Rn. 865.

[399] BGH NJW-RR 2013, 983, 985, Rn. 16 ff.; dem zustimmend *Kayser*, ZIP 2014, 597, 602; *H. F. Müller*, ZInsO 2013, 2181, 2183; *Schaaf/Mushardt*, DB 2013, 1890, 1892; vgl. auch *D. Fischer*, DB 2015, 1643, 1645 f.

[400] BGH NJW-RR 2013, 983, 984, Rn. 16.

[401] BGH NJW-RR 2013, 983, 985, Rn. 18.

offen zutage liegt oder auf den ersten Blick ersichtlich ist.[402] Für das Bestehen einer Warnpflicht im Sinne der Rechtsprechung des BGH muss es also darauf ankommen, ob der Berater nicht nur allgemein die wirtschaftliche Situation des Unternehmens erkennt, sondern gerade das Vorliegen der Insolvenzreife.

Die Tatbestandsmerkmale des komplexen § 19 InsO wurden bereits erörtert.[403] Es bedarf der Aufstellung einer Überschuldungsbilanz und einer dieser gegenüber gleichwertigen[404] Fortführungsprognose. Für den Berater müsste die insolvenzrechtliche Überschuldung, wie sie sich am Maßstab einer Überschuldungsbilanz darstellt, sowie die negative Fortführungsprognose spätestens in dem Moment offenbar werden, in dem er einen nicht durch Eigenkapital gedeckten Fehlbetrag ausweist. Das wird in dieser Konsequenz nicht vertreten[405] und wäre in der Sache auch nicht überzeugend. So ist die Handelsbilanz wie dargelegt nicht mit der Überschuldungsbilanz identisch; eine Unterdeckung in der Handelsbilanz hat höchstens indizielle Bedeutung.[406] Die Überschuldungsbilanz im Zusammenhang mit § 19 InsO hat unter anderem stille Reserven zu berücksichtigen und weist weitere Besonderheiten auf. Für die Fortführungsprognose kommt es maßgeblich auf ein plausibles, realisierbares Unternehmenskonzept und einen Finanzplan an.[407] Es kann nicht angenommen werden, dass die in diesem Zusammenhang relevanten Umstände jedem den Jahresabschluss erstellenden Berater, mag er auch einen Fehlbetrag in der Handelsbilanz ausgewiesen haben, bekannt oder auf den ersten Blick ersichtlich sind. Hätte der Berater ausnahmsweise tatsächlich Kenntnis von einem der beiden Tatbestandsmerkmale des § 19 InsO, so gölte unverändert, dass er das jeweils andere Merkmal – und damit die Insolvenzreife aufgrund von § 19 InsO – in der Regel nicht kennen wird.[408] Auch im Hinblick auf § 17 InsO lässt sich regelmäßig nichts aus der Handelsbilanz herleiten,[409] was schon daran liegt, dass der Zeitpunkt der Aufstellung der Handelsbilanz ein völlig anderer sein wird als derjenige der Aufstellung der Liquiditätsbilanz.

An all dem ändert auch die bei der Abschlusserstellung zu beachtende Vorschrift des § 252 Abs. 1 Nr. 2 HGB nichts. Zum einen folgt aus ihr nicht etwa die regelmäßige Verpflichtung, die Eröffnungsgründe eingehend zu

---

[402] S. nur BGHZ 128, 358, 362; vgl. schon Fn. 292 m. w. N.

[403] S. oben S. 6 sowie S. 49 ff.

[404] S. schon S. 50 f.

[405] S. nur *Gräfe*, DStR 2010, 618, 621; beachte auch noch Fn. 415.

[406] S. oben S. 49 m. w. N.; wie angedeutet stellt darauf auch der BGH maßgeblich ab, s. BGH NJW-RR 2013, 983, 984, Rn. 16.

[407] S. schon oben S. 50 f. mit Fn. 227.

[408] Vgl. *H. F. Müller*, ZInsO 2013, 2181, 2183.

[409] Vgl. BGH WM 2015, 931, 932, Rn. 12; *Pape*, WM 2008, 1949, 1851 f.; *K. Schmidt*, in: ders., § 17 InsO Rn. 34.

prüfen.[410] Zum anderen mag der Berater zwar letztlich aufgrund von mit Rücksicht auf die Vorschrift vorgenommenen Tätigkeiten Einblick in die wirtschaftliche Gesamtsituation des Unternehmens erlangen. Wegen der dargelegten Besonderheiten der Eröffnungsgründe kann aber die erforderliche positive Kenntnis des Beraters von einem Eröffnungsgrund nicht mit dem Verweis auf die bloße Kenntnis von der wirtschaftlichen Gesamtsituation des Unternehmens nachgewiesen werden.[411] Darüber hinaus kann selbst in dem Fall, dass sich der Berater bei der Abschlusserstellung von der Annahme der Fortführung i. S. d. § 252 Abs. 1 Nr. 2 HGB abwendet, nicht unbesehen unterstellt werden, er habe zugleich Kenntnis von einer negativen Fortführungsprognose i. S. d. § 19 InsO. Die beiden Vorschriften können nicht ohne Weiteres gleichgesetzt werden, sie sind nicht völlig deckungsgleich.[412]

Nach den bisherigen Ausführungen ist dem BGH daher insoweit zu folgen, als er meint, dass der Berater regelmäßig kein hinreichendes Wissen von der Insolvenzreife hat respektive ein solches nicht ohne Weiteres angenommen werden kann – selbst wenn der Berater eine bilanzielle Unterdeckung feststellt und ausweist.[413] Das muss erst recht bezüglich desjenigen Beraters gelten, der „lediglich" Einblick in die wirtschaftliche Gesamtsituation des Unternehmens erhält. In diesem Fall hat er u. U. nicht einmal einen indiziellen Hinweis auf eine mögliche insolvenzrechtliche Überschuldung. Ob das Wissen des Beraters sogar hinter dem des Geschäftsführers zurücksteht,[414] kann dabei letztlich offen bleiben. In jedem Fall wird es an der Voraussetzung fehlen, dass dem Berater die Insolvenzreife bekannt ist oder sie offen zutage liegt. Dies gilt unabhängig davon, um welchen Beratertypus es sich handelt. Selbst ein spezialisierter Rechtsanwalt oder Wirtschaftsprüfer wird, unabhängig von seiner Ausbildung, nicht ohne Weiteres erkennen können, ob ein Eröffnungsgrund bereits eingetreten ist. Vielmehr bedarf dies einer gesonderten, eingehenden Prüfung.

Zwar könnte man die Warnpflicht des Beraters, der die Insolvenzreife selbst demzufolge praktisch nie positiv kennen wird, auf die bloße Möglichkeit des Vorliegens der Insolvenzreife beziehen, beispielsweise vor dem Hintergrund der Aufdeckung der bilanziellen Überschuldung.[415] Der Berater

---

[410] S. schon oben S. 66 ff.; vgl. für Nachweise zur Gegenauffassung Fn. 326.

[411] So auch *H. F. Müller*, ZInsO 2013, 2181, 2182 f.; im Ergebnis auch *Kayser*, ZIP 2014, 597, 601 f.; das muss auch *Schwarz*, NZI 2012, 869, 871 konzedieren.

[412] Ausführlich *Hater*, Fortbestehensprognose und Fortführungsprognose, S. 61 ff.

[413] *Thole*, ZfPW 2015, 31, 45 zieht schon in Zweifel, dass es sich bei der fehlenden Reaktion auf die bilanzielle Überschuldung um eine wirtschaftliche Fehlentscheidung handelt (vor der nach der hier relevanten Rspr. des BGH zu warnen wäre).

[414] So BGH NJW-RR 2013, 983, 985, Rn. 19.

[415] So ausdrücklich *Zugehör*, WM 2013, 1965, 1970, 1972; s. auch *Schwarz*, NZI 2012, 869, 871; *Wagner/Zabel*, NZI 2008, 660, 664; die letztlich alle auf bloße Indizien abstellen (müssen), in der Regel die bilanzielle Überschuldung bzw. Unterdeckung in der Handelsbi-

müsste jedoch auch annehmen, dass der drohende Nachteil, also die Möglichkeit der Insolvenzreife, dem Auftraggeber nicht bewusst ist. In der Praxis wird der Auftraggeber zumeist eine Gesellschaft sein. Als solche handlungsunfähig, muss diese sich zum Handeln eines Geschäftsleiters bedienen. Bei der Bestimmung der für den Berater ersichtlichen Kenntnisse des Auftraggebers ist nunmehr in besonderem Maße die Bedeutung dieses Geschäftsleiters zu berücksichtigen. Der Geschäftsleiter hat sich stets über die wirtschaftliche Lage sowie die Insolvenzreife der Gesellschaft zu vergewissern und ggf. rechtzeitig i. S. d. § 15a InsO Insolvenzantrag zu stellen.[416] Herausragende Relevanz kommt der Überwachungspflicht in der Krise und insbesondere im Fall des Eintritts der bilanziellen Überschuldung zu. Die dargestellte Verpflichtung bezeichnet der BGH richtig als eine „originäre Aufgabe des Geschäftsführers"[417]. Diese Selbstprüfungspflicht trifft den Geschäftsleiter gerade aufgrund seiner Stellung als Organ der Gesellschaft, er nimmt sie auch für die Gesellschaft war und ist nicht zuletzt ihr gegenüber verpflichtet.[418] Jene rechtliche Aufgabenzuteilung ist im Zusammenhang mit der Ermittlung der Kenntnis des Auftraggebers von dem drohenden Nachteil in Form der möglichen Insolvenzreife zu berücksichtigen. Da der Geschäftsleiter nach seinem Aufgabenzuschnitt die wirtschaftliche Situation und die Insolvenzreife der Gesellschaft jederzeit im Blick haben muss, darf der Berater regelmäßig davon ausgehen, dass jedenfalls dem Geschäftsleiter des Auftraggebers die

lanz; s. auch *Gräfe*, DStR 2010, 618, 621; *Büchler*, InsVZ 2010, 68, 71; die instanzgerichtliche Rechtsprechung stellt auf das diffuse Merkmal des „sich abzeichnenden" Eröffnungsgrunds ab, s. LG Wuppertal ZInsO 2011, 1997, 1999; LG Saarbrücken ZInsO 2012, 330, 332; noch diffuser („entsprechende Voraussetzungen") LG Stuttgart DStRE 2011, 1169, 1169; zweifelnd hinsichtlich eines Abstellens auf die bilanzielle Überschuldung als Auslösetatbestand *Thole*, ZfPW 2015, 31, 45 (der zugleich überzeugend auf die Gefahr hinweist, dass ein früherer Auslösetatbestand nur schwer ex ante bestimmbar sei).

[416] Zur Verantwortlichkeit des Geschäftsleiters schon S. 7 ff.; BGHZ 126, 181, 199; BGH NJW-RR 1995, 669, 669 f.; BGH NJW 2007, 2118, 2120, Rn. 16; BGH NJW-RR 2012, 1122, 1122 f., Rn. 11; BGH WM 2012, 1124, 1126, Rn. 15; *Drenckhan*, Gläubigerschutz in der Krise der GmbH, S. 48 ff., 64; *Kleindiek*, FS U. H. Schneider (2011), S. 617, 618 f.; *Bork*, ZIP 2011, 101, 102; *Bitter*, ZInsO 2010, 1561, 1573; *Fleischer*, in: MünchKomm-GmbHG, § 43 GmbHG Rn. 62 f.; *Haas*, in: Baumbach/Hueck, § 64 GmbHG Rn. 61; *Paefgen*, in: Ulmer, § 43 GmbHG Rn. 60; *Hopt/Roth*, in: Großkomm. AktG, § 93 AktG Rn. 179, 181; *Spindler*, in: MünchKomm-AktG, § 93 AktG Rn. 156, 158; *Koch*, in: Hüffer/Koch, § 92 AktG Rn. 25.

[417] BGH NJW-RR 2013, 983, 985, Rn. 21; ähnlich schon OLG Schleswig GI 1993, 373, 379; OLG Celle ZInsO 2011, 1004, 1005.

[418] Vgl. *Drenckhan*, Gläubigerschutz in der Krise der GmbH, S. 48 f.; *Haas*, Gutachten E für den 66. DJT, E 105 f.; *Kleindiek*, FS U. H. Schneider (2011), S. 617, 619 f.; *ders.*, in: Lutter/Hommelhoff, § 43 GmbHG Rn. 35; *Haas/Ziemons*, in: Michalski, § 43 GmbHG Rn. 45; *Haas*, in: Baumbach/Hueck, § 64 GmbHG Rn. 160; *H. F. Müller*, in: MünchKomm-GmbHG, § 64 GmbHG Rn. 220; *K. Schmidt*, in: Scholz, § 64 GmbHG Rn. 220; *Spindler*, in: MünchKomm-AktG, § 92 AktG Rn. 75; *Fleischer*, in: Spindler/Stilz, § 92 AktG Rn. 72.

Möglichkeit der Insolvenz im Fall der bilanziellen Überschuldung bekannt ist. Der Gesellschaft wiederum sind die Kenntnisse ihres Geschäftsleiters zuzurechnen.[419] Folglich muss der Berater gerade nicht annehmen, dass dem Auftraggeber der über den Mandatsgegenstand hinausgehende, drohende Nachteil nicht bewusst ist.[420] Der Tatbestand der Warnpflicht ist demzufolge nicht erfüllt.

Den Berater pauschal zu einem insolvenzbezogenen Warnhinweis zu verpflichten bedeutet daher, ihm hinreichende Kenntnis der Insolvenzreife lediglich zu unterstellen bzw. zu übergehen, dass der Berater regelmäßig von der Kenntnis des Mandanten hinsichtlich der Insolvenzgefahr ausgehen darf. Damit löst man sich von der Rechtsprechung des BGH zu den Warnpflichten außerhalb eines beschränkten Mandats. Bei Lichte betrachtet handelte es sich gerade nicht mehr um einen „echten" Anwendungsfall dieser Rechtsprechung.[421]

Eine solche Pflicht in ihren Grundlagen und Voraussetzungen losgelöst von der Rechtsprechung des BGH als weitere Nebenpflicht aus dem zugrunde liegenden Schuldverhältnis zu verstehen, ist im theoretischen Ausgangspunkt zwar nicht von vornherein ausgeschlossen.[422] Anknüpfungspunkt für das Entstehen der Warnpflicht müsste allerdings auch in diesem Fall die bloße Möglichkeit des Bestehens der Insolvenzreife sein.[423] Erlegt man dem Berater jedoch auf, schon bei der bloßen Möglichkeit des Vorliegens der Insolvenzreife, letztlich ihrer bloßen Erkennbarkeit, einen Warnhinweis zu erteilen, rückt man die auf der Verletzung dieser Pflicht beruhende Haftung zugleich in die Nähe einer Haftung für fahrlässige Unkenntnis der Insolvenzreife bzw. deren Gefahr. Die Haftung wegen Verletzung der Warnpflicht bezogen auf außerhalb des beschränkten Mandatsgegenstands liegende Gefahren auch auf (leicht) fahrlässiges Verhalten auszudehnen bzw. den Berater einer dem im Ergebnis jedenfalls angenäherten Haftung zu unterwerfen, ist jedoch nicht

---

[419] Vgl. allgemein *Paefgen*, in: Ulmer, § 35 GmbHG Rn. 199 ff.; *U. H. Schneider/S. H. Schneider*, in: Scholz, § 35 GmbHG Rn. 121 ff.; *Stephan/Tieves*, in: MünchKomm-GmbHG, § 35 GmbHG Rn. 212 ff.; *Zöllner/Noack*, in: Baumbach/Hueck, § 35 GmbHG Rn. 146 ff.; *Spindler*, in: MünchKomm-AktG, § 78 AktG Rn. 93 ff.; *Fleischer*, in: Spindler/Stilz, § 78 AktG Rn. 53 ff.; *Habersack/Foerster*, in: Großkomm. AktG, § 78 AktG Rn. 37 ff.; *Raiser/Veil*, Recht der Kapitalgesellschaften, S. 69 ff., Rn. 23 ff. – alle m. w. N.

[420] Vgl. auch noch S. 98 ff. zur ähnlichen Situation bei dem allgemeinen steuerlichen Mandat. Dem Geschäftsleiter ist es im Übrigen zwar möglich, seine Aufgaben unter bestimmten Voraussetzungen (an den Berater) zu delegieren, doch erfordert dies etwa den Abschluss eines Prüfvertrags, vgl. zur gesellschaftsrechtlichen Doktrin schon oben S. 8 f. m. w. N. Dies darf nicht durch die Konstruktion einer Warnpflicht im Mandat zur Jahresabschlusserstellung ersetzt werden.

[421] Mit dem Verweis auf diese Rechtsprechung wird jedoch argumentiert, s. nur *Zugehör*, WM 2013, 1965, 1972; *Gräfe*, DStR 2010, 618, 621.

[422] S. allgemein *Olzen*, in: Staudinger, § 241 BGB Rn. 388 ff., 446 ff.

[423] Vgl. schon in und bei Fn. 415.

angemessen.[424] Erst recht unangemessen ist es, wenn zwar nicht unmittelbar an die Rechtsprechung angeknüpft, der Pflichtenkreis des Beraters im Vergleich zur Rechtsprechung aber – trotz beschränkten Mandats – sogar noch erweitert wird. Schließlich geht es bei der Insolvenzreife um eine Gefahr außerhalb des beschränkten Mandatsgegenstands, also einen Aspekt, zu dessen Beachtung sich der Berater gerade nicht verpflichtet hat. Bezogen auf den Steuerberater handelt es sich sogar um eine Gefahr außerhalb seines Tätigkeitsbereichs. Eine solch weite Haftungsausdehnung überzeugt nicht.[425]

III. Pflicht zur korrekten Erstellung des Jahresabschlusses

Von insolvenzbezogenen Hinweispflichten abzugrenzen ist die unmittelbar aus dem Vertrag über die Jahresabschlusserstellung folgende Pflicht, den Jahresabschluss fehlerfrei zu erstellen. Verpflichtet sich ein Berater dazu den Jahresabschluss anzufertigen, so hat er die Pflicht, diesen den objektiven Gegebenheiten und rechtlichen Vorgaben entsprechend zu erstellen.[426] Der Jahresabschluss muss richtig in dem Sinne sein, dass er die korrekten Zahlen des betroffenen Unternehmens darstellt. Im Zusammenhang mit einer Insolvenzsituation hat der BGH daher richtigerweise entschieden, dass ein Berater, der einen Jahresabschluss erstellt, welcher eine in Wahrheit bestehende – jedenfalls bilanzielle – Überschuldung nicht abbildet, für die Folgen der darauf beruhenden verspäteten Insolvenzantragstellung haftet.[427]

Nunmehr hat der BGH überzeugend klargestellt, dass dieser Entscheidung nicht die weitergehende Aussage entnommen werden kann, den Berater treffe auch eine insolvenzbezogene Hinweispflicht im Sinne einer Pflicht zum Hinweis auf eine mögliche Insolvenzreife oder die Insolvenzantragspflicht.[428] Dem ist zu folgen. Es ist richtig, dass ein Berater, der in einem Jahresabschluss falsche Zahlen nennt, für daraus resultierende Schäden des Mandanten grundsätzlich haftet. Denn in diesem Fall verletzt der Berater die Hauptleistungspflicht zur Erstellung eines richtigen Jahresabschlusses. Soweit nun Insolvenzverschleppungsschäden eintreten weil sich der Geschäftsleiter auf den falschen Jahresabschluss verlässt, und diese Schäden im Einzelfall (kausal) auf der Pflichtverletzung des Beraters, also der Erstellung eines falschen

---

[424] Gegen eine Haftung für (leicht) fahrlässiges Verhalten bzw. (leicht) fahrlässige Unkenntnis im Bereich der Warnpflicht (im Sinne der hergebrachten Rspr. des BGH) *Zugehör*, FS Ganter (2010), S. 573, 577; *Vill*, in: Hdb. d. Anwaltshaftung, § 2, Rn. 24 f.

[425] So auch *Kayser*, ZIP 2014, 597, 602; im Übrigen können gegen die Annahme einer insolvenzbezogenen Hinweispflicht bei einem Abschlusserstellungsmandat auf Grundlage einer Nebenpflicht auch die im Zusammenhang mit dem allgemeinen steuerlichen Mandat erörterten Argumente ins Feld geführt werden, s. dazu noch S. 94 ff.

[426] Vgl. auch *Hirte*, Berufshaftung, S. 42 m. w. N.

[427] BGH GmbHR 1987, 463, 463.

[428] BGH NJW-RR 2013, 983, 985 f., Rn. 22; in diese Richtung auch schon OLG Schleswig GI 1993, 373, 379.

Abschlusses beruhen, hat der Berater selbstverständlich diese Insolvenzverschleppungsschäden zu ersetzen. Das folgt jedoch aus der Anwendung allgemeiner haftungsrechtlicher Grundsätze. Insolvenzbezogene Pflichten des Beraters wie die Pflicht zum Hinweis auf die Notwendigkeit der Prüfung der Insolvenzreife oder die Insolvenzantragspflicht sind damit nicht angesprochen und können daher aus der Entscheidung aus dem Jahr 1987 nicht abgeleitet werden.[429] Die haftungsbegründende Pflichtverletzung lag dort einzig in der Anfertigung eines falschen Jahresabschlusses, also gänzlich außerhalb des insolvenzrechtlichen Zusammenhangs.

IV. Ergebnis zu den insolvenzbezogenen Pflichten in einem Mandat zur Jahresabschlusserstellung

Insolvenzbezogene Hinweispflichten, auch in Gestalt einer Pflicht zum Hinweis auf die mögliche Insolvenzreife, die Notwendigkeit der Prüfung der Insolvenzreife oder die mögliche Insolvenzantragspflicht, bestehen bei einem Mandat zur Erstellung eines Jahresabschlusses grundsätzlich nicht.[430] Ausnahmen können sich beim Mandat zur Erstellung mit umfassenden Beurteilungen ergeben. Allerdings besteht generell die Pflicht, den Jahresabschluss fehlerfrei zu erstellen.

F. Allgemeines steuerliches Mandat

In einem nächsten Schritt ist der Pflichtenkreis des allgemeinen steuerlichen Mandats auf insolvenzrechtliche Bezüge hin zu untersuchen. Dieses Mandat könnte Grundlage verschiedener insolvenzbezogener Pflichten sein. Die

---

[429] So auch *H. F. Müller*, ZInsO 2013, 2181, 2183; anders aber *Zugehör*, WM 2013, 1965, 1968 f. – s. zu seiner Ansicht, dass es sich bei der Abschlusserstellung um eine der allgemeinen wirtschaftlichen Beratung zuzuordnende Tätigkeit handele, bereits oben S. 70; s. auch *Spliedt*, in: K. Schmidt/Uhlenbruck, S. 93, Rn. 1.271. Im Übrigen ist festzustellen, dass zwar auch über die Grenzen des konkreten Mandats hinausreichende (Warn-)Pflichten bestehen können, doch wurde ausführlich dargelegt, dass deren Voraussetzungen regelmäßig nicht erfüllt sind – insbesondere ist der Geschäftsleiter an seinen gesellschaftsrechtlichen Verpflichtungen festzuhalten, s. schon oben S. 81 ff. Daher darf der Berater auch davon ausgehen, dass dem Mandanten die Bedeutung der bilanziellen Überschuldung bekannt ist. Darüber hinaus ist es dem Geschäftsleiter zwar im Grundsatz möglich, seine Aufgaben an einen Berater zu delegieren, doch erfordert dies den Abschluss eines darauf gerichteten Vertrags, also etwa eines Prüfvertrags (vgl. oben S. 8 f. m. w. N.). Dieses Erfordernis darf nicht durch die Konstruktion weitergehender (Warn-)Pflichten im Mandat zur Jahresabschlusserstellung unterlaufen bzw. ersetzt werden.

[430] A. A. speziell für das Mandat zur Abschlusserstellung *Zugehör*, WM 2013, 1965, 1966, 1969, 1976 und passim; s. auch *Schwarz*, NZI 2012, 869, 871; *Wagner/Zabel*, NZI 2008, 660, 663 f.; *Baumert*, ZIP 2013, 1851, 1853 f.; für Wirtschaftsprüfer *Meixner/Schröder*, Wirtschaftsprüferhaftung, S. S. 309 ff., Rn. 850 ff.

rechtliche Problematik konzentriert sich auf insolvenzbezogene Hinweispflichten.

I. Pflicht zum Hinweis auf die mögliche Insolvenzreife und aus ihr folgende Geschäftsleiterpflichten

1. Überblick: Die Sichtweise der Rechtsprechung und des Schrifttums

Nach Ansicht des BGH besteht in einem allgemeinen steuerlichen Mandat nicht die Pflicht des Steuerberaters, seinen Mandanten (ggf. aus Anlass einer Unterdeckung in der Handelsbilanz) auf eine möglicherweise vorliegende insolvenzrechtliche Überschuldung sowie die Verpflichtung des Geschäftsführers hinzuweisen, eine Überprüfung vorzunehmen oder in Auftrag zu geben, ob Insolvenzreife eingetreten ist und ggf. nach § 15a InsO Antrag auf Eröffnung eines Insolvenzverfahrens gestellt werden muss.[431] Eine solche Pflicht ergebe sich bei einem allgemeinen steuerlichen Mandat nicht – auch nicht aus einer „allgemeinen Vertragspflicht".[432]

In der instanzgerichtlichen Rechtsprechung wurde demgegenüber verschiedentlich die Auffassung vertreten, dass eine Hinweispflicht (jedenfalls grundsätzlich) bestehe.[433] Im Schrifttum wird eine solche Hinweispflicht zum Teil angenommen, zum Teil aber auch abgelehnt.[434]

---

[431] BGH NJW-RR 2013, 983, 984 ff., Rn. 12 ff. und 1. Ls.; bestätigt durch BGH NJW 2013, 2345, 2345, Rn. 12; BGH NJW-RR 2014, 827, 827 f., Rn. 3; s. bereits S. 29 f.

[432] BGH NJW-RR 2013, 983, 984, Rn. 13, 15.

[433] Vgl. grds. OLG Schleswig ZInsO 2011, 2280, 2285; LG Saarbrücken ZInsO 2012, 330, 331 ff.; LG Stuttgart DStRE 2011, 1169, 1169 (Berufspflichtverletzung); s. auch LG Wuppertal ZInsO 2011, 1997, 1998 f. (sofern die Jahresabschlusserstellung Teil des Mandats ist); differenziert OLG Celle ZInsO 2011, 1004, 1005 ff.; OLG Dresden ZInsO 2015, 1507, 1508 f. lehnt die Hinweispflicht im Anschluss an den BGH (und auch mit Rücksicht auf § 17 InsO) ab; im Anschluss an den BGH auch OLG Saarbrücken ZInsO 2016, 458, 459 f.; ablehnend angesichts der Kenntnisse des Geschäftsleiters im konkreten Fall (aber auch ungeachtet dessen tendenziell ablehnend) schon OLG Schleswig GI 1993, 373, 378 ff.; ähnlich OLG Köln DStRE 2012, 970, 973; LG Koblenz DStRE 2010, 647, 647 f.; vgl. für den Fall, dass (auch) der *Geschäftsleiter* als Mandant anzusehen ist auch OLG Celle ZIP 2012, 2353, 2354 f.

[434] Eine Hinweispflicht grds. bejahend etwa *Zugehör*, FS G. Fischer (2008), S. 617, 620 ff.; *ders.*, WM 2013, 1965 ff.; *Gräfe*, DStR 2010, 618, 620 ff.; *Mutschler*, DStR 2012, 539, 540; *Schwarz/Schwarz*, ZInsO 2013, 1344, 1345 f.; *Kaiser/Oetjen*, DStR 2011, 2488, 2489 f.; *Sundermeier/Gruber*, DStR 2000, 929, 929 f.; *Hölzle*, DStR 2003, 2075, 2075; vgl. auch *Schwarz*, NZI 2012, 869, 871; *Wagner/Zabel*, NZI 2008, 660, 663 f.; *Cymutta*, BB 2012, 3151, 3156; vgl. auch schon *K. Schmidt*, in: ders./Uhlenbruck[4], S. 81 f., Rn. 1.182; *Vill*, in: Hdb. d. Anwaltshaftung, § 2, Rn. 23 a. E., 304; mit Bezug zum Jahresabschluss auch *Meixner/Schröder*, Wirtschaftsprüferhaftung, S. 314 f., Rn. 865; ansatzweise *Reck*, ZInsO 2000, 121, 122; wohl auch *Bales*, ZInsO 2010, 2073, 2077; gegen eine Hinweispflicht etwa *H. F. Müller*, ZInsO 2013, 2181, 2182 f.; *Thole*, ZfPW 2015, 31, 41 ff.; *Kayser*, ZIP 2014, 597, 601 f.; *Römermann*, GmbHR 2013, 513, 515 f.; *Gehrlein*, ZInsO

2. *Der Mandatsgegenstand als Ausgangspunkt*

Auch für das allgemeine steuerliche Mandat gilt der Befund, dass insolvenzbezogene Hinweispflichten üblicherweise nicht ausdrücklich vereinbart werden. Ebenso wenig dürften die Erklärungen der Parteien ohne Weiteres für eine unmittelbar zu solchen Hinweispflichten führende Auslegung fruchtbar gemacht werden können. Ausgangspunkt zur Erörterung einer insolvenzbezogenen Hinweispflicht ist daher abermals die den Rechtsprechungsgrundsätzen über die Haftung von Beratern entstammende Beratungs- und Schadensverhütungspflicht.[435] Demzufolge muss ermittelt werden, ob der Aspekt der Insolvenzreife respektive die Eröffnungsgründe Gegenstand des Mandats, nunmehr in Form des allgemeinen steuerlichen Mandats, sind.[436] Dies ist eine Auslegungsfrage. Da sich aber das allgemeine steuerliche Mandat aus verschiedenen Tätigkeitselementen zusammensetzt,[437] könnte schon jedes dieser im konkreten allgemeinen steuerlichen Mandat enthaltenen Elemente die Eröffnungsgründe zum Gegenstand des Mandats machen, sofern die Thematik der Eröffnungsgründe bereits Teil des jeweiligen Tätigkeitselements ist.

Nach den bisherigen Erkenntnissen kann festgehalten werden, dass die Verpflichtung zur Erstellung des Jahresabschlusses zumeist keine solche Wirkung zeitigt.[438] Denn das Mandat zur Erstellung des Jahresabschlusses erstreckt sich seinerseits in der Regel nicht auf die Eröffnungsgründe.[439] Auch aus der Übernahme von Tätigkeiten wie der Lohnbuchhaltung, Erstellung von Steuererklärungen, Vertretung vor den Finanzbehörden und ähnlichem kann nicht auf eine Einbeziehung des (nicht steuerrechtlichen) Aspekts der Insolvenzreife in das Mandat geschlossen werden. Einzig die betriebswirtschaftliche Beratung lässt insofern einen potentiellen Bezug zur Insolvenzreife erkennen, als dass diese Beratung gerade auf den wirtschaftlichen Erfolg oder das Überleben des Unternehmens gerichtet sein kann. In Anbetracht des Umfangs eines allgemeinen steuerlichen Mandats ist allerdings problematisch, dass es sich bei einem solchen nicht um einen gesetzlich typi-

---

2013, 2296, 2296; *ders.*, Anwalts- und Steuerberaterhaftung, S. 54 ff., Rn. 81 f.; *D. Fischer*, DB 2015, 1643, 1644 ff.; *Luttmann*, ZInsO 2013, 1777, 1779; *Plathner*, DStR 2013, 1349, 1352 ff.; *Klusmeier*, ZInsO 2013, 1347, 1347 f.; *Schaaf/Mushardt*, DB 2013, 1890, 1892; *Werner*, StBW 2013, 571, 571 f.; *Schwab*, in: NK-BGB, § 675 BGB Rn. 12; s. auch *Hüttinger*, Instrumente zur vorinsolvenzlichen Sanierung des Unternehmensträgers, S. 552; eher zurückhaltend auch *Fölsing*, ZInsO 2015, 1478, 1481.

[435] S. auch BGH NJW-RR 2013, 983, 984, Rn. 14.

[436] S. zum allgemeinen Grundsatz nur S. 60 f.

[437] Vgl. dazu S. 13 f. m. w. N.

[438] A. A. *Zugehör*, FS G. Fischer (2008), S. 617, 622 f., der sich (auch) im allgemeinen steuerlichen Mandat auf das Element der Erstellung des Jahresabschlusses stützt; s. auch *dens.*, WM 2013, 1965, 1969.

[439] Ausführlich dazu und zur Ausnahme bei der Erstellung des Jahresabschlusses mit umfassenden Beurteilungen S. 64 ff.

sierten Vertrag handelt und auch die Rechtsprechung keine übergreifenden charakterisierenden Bestandteile dieses Mandats – zumindest mit Rücksicht auf betriebswirtschaftliche Tätigkeiten – herausgearbeitet hat.[440] Einzelne Tätigkeiten aus dem weiten Feld der betriebswirtschaftlichen Beratung lassen sich nur schwer generalisierend *dem* prototypischen allgemeinen steuerlichen Mandat zuordnen.[441] Eine Auslegung in dem Sinne, dass ein auf die allgemeine *steuerliche* Betreuung eines Mandanten gerichtetes Mandat regelmäßig auch verschiedenste betriebswirtschaftliche Tätigkeiten umfasst, kann jedenfalls nicht überzeugen. Bei der individuellen Vereinbarung von – vor allem umfassenden – wirtschaftsberatenden Tätigkeiten liegt vielmehr die Annahme nahe, dass es sich schon nicht mehr um ein „reines“ allgemeines steuerliches Mandat handelt. Wirtschaftsberatende Komponenten sind demnach überwiegend aus dem Regelungsbereich des allgemeinen steuerlichen Mandats auszuscheiden.[442]

Außerdem kann festgehalten werden, dass beispielsweise die Verpflichtung zur Erstellung der monatlichen betriebswirtschaftlichen Auswertungen nach ihrem Zweck nicht auf die Ermittlung der Insolvenzreife gerichtet ist.[443] Betriebswirtschaftliche Beratung mag zwar auch die wirtschaftliche Überlebensfähigkeit des Unternehmens im Blick haben, welche durch eine mögliche Insolvenzreife gefährdet sein kann. Es besteht aber ein struktureller Unterschied zwischen der Erstellung der betriebswirtschaftlichen Auswertungen und den Eröffnungsgründen. Es kann nicht aufgrund der Übernahme der Erstellung der betriebswirtschaftlichen Auswertungen angenommen werden, dass das allgemeine steuerliche Mandat auch den Aspekt der Insolvenzreife zum Gegenstand hat.[444] Folglich ist die von der Rechtsprechung entwickelte allgemeine Beratungs- und Schadensverhütungspflicht zur Begründung einer insolvenzbezogenen Hinweispflicht in einem allgemeinen steuerlichen Mandat regelmäßig unergiebig.

---

[440] BGH NJW-RR 2013, 983, 984, Rn. 13 ordnet immerhin eine Betätigung, die unter anderem die Erstellung der „monatlichen betriebswirtschaftlichen Auswertungen“ umfasst, als „Wahrnehmung der allgemeinen steuerlichen Interessen“ ein.

[441] Zum Überschneidungsbereich von allgemeinem steuerlichem Mandat und Wirtschaftsberatungsmandat schon S. 18 f.

[442] Zur Wirtschaftsberatung noch S. 119 ff.

[443] Da es entscheidend auf den Zuschnitt des Mandats im Rechtssinne ankommt, ist insofern zunächst auch nicht ausschlaggebend, inwieweit eine mögliche Insolvenz rein tatsächlich ersichtlich wird, s. zu letzterem beispielsweise *Mock*, Finanzverfassung, S. 281 (Kapitalflussrechnung und § 17 InsO).

[444] Dieses Verständnis teilt offenkundig auch der BGH, s. BGH NJW-RR 2013, 983, 984, Rn. 13 ff.

3. Nebenpflicht

In die hergebrachte Dogmatik der Beraterhaftung lässt sich eine insolvenzbezogene Hinweispflicht demzufolge auch im Rahmen eines allgemeinen steuerlichen Mandats nicht einordnen. Das schließt aber nicht aus, eine weitergehende Nebenpflicht aus dem Schuldverhältnis zwischen Berater und Mandant zu entwickeln. Die schwerpunktmäßig interessierende Pflicht zum Hinweis auf die mögliche Insolvenzreife bzw. die Pflicht des Geschäftsleiters, diese zu prüfen oder prüfen zu lassen und ggf. Insolvenzantrag zu stellen, kann ihrer Charakteristik nach den retrospektiv orientierten[445] Aufklärungspflichten zugeordnet werden, deren positivrechtliche Verankerung seit der Schuldrechtsmodernisierung in § 241 Abs. 2 BGB liegt[446]. Zweck der Pflicht wäre es, den Mandanten über für ihn relevante Umstände, nämlich die (drohende) Insolvenzreife (bzw. die Geschäftsleiterpflichten) zu informieren, sodass er sein Verhalten entsprechend ausrichten kann und sich nicht – was ohne die Kenntnis der Information die Folge wäre – selbst schädigt.

Solche Pflichten sind nicht im Einzelnen gesetzlich geregelt. Sie müssen, da sie schwer zu verallgemeinern sind, individuell entwickelt werden.[447] Es stellt sich die Frage, ob dem allgemeinen steuerlichen Mandat derartige Pflichten in Gestalt insolvenzbezogener Hinweispflichten entnommen werden können. Als allgemeine Voraussetzungen einer auf § 241 Abs. 2 BGB gestützten Pflicht werden ein Informationsgefälle zwischen den Parteien und die Erkennbarkeit dieses Informationsgefälles für den zu Verpflichtenden angesehen.[448] Das ähnelt den Voraussetzungen der schon erörterten (beraterspezi-

---

[445] S. *Olzen*, in: Staudinger, § 241 BGB Rn. 439.

[446] *Bachmann*, in: MünchKomm-BGB, § 241 BGB Rn. 110; zur Entwicklung *Olzen*, in: Staudinger, § 241 BGB Rn. 388 ff.; zur uneinheitlichen Terminologie *ders.*, in: Staudinger, § 241 BGB Rn. 437; s. auch Begr. RegE SMG, BT-Drs. 14/6040, S. 125.

[447] S. *Breidenbach*, Informationspflichten, S. 61 f., der von einem „beweglichen System" spricht und dabei an den viel zitierten *Wilburg,* Entwicklung eines beweglichen Systems im Bürgerlichen Recht, dort insbesondere S. 12 ff., anknüpft; s. insoweit auch *Hopt*, Kapitalanlegerschutz, S. 414 m. w. N.; *Pohlmann*, Die Haftung wegen Verletzung von Aufklärungspflichten, S. 103; *Bachmann*, in: MünchKomm-BGB, § 241 BGB Rn. 124; im Allgemeinen *Schwarze*, in: Staudinger, § 280 BGB Rn. C 45; *Fikentscher/Heinemann*, Schuldrecht, S. 27, Rn. 37; vgl. ferner *Rehm*, Aufklärungspflichten im Vertragsrecht, S. 6 ff., 10 f.

[448] S. aus der Rspr., die in der Regel auf vorvertragliche Aufklärungspflichten (und oft den Bereich der Bankverträge) bezogen ist, insbesondere BGHZ 123, 126, 128 ff.; aus der Literatur *Krebs*, Sonderverbindung und außerdeliktische Schutzpflichten, S. 509; *Pohlmann*, Die Haftung wegen Verletzung von Aufklärungspflichten, S. 104 f.; *Olzen*, in: Staudinger, § 241 BGB Rn. 447 ff. m. w. N. der Rspr. (insbesondere Rn. 447); *Bachmann*, in: MünchKomm-BGB, § 241 BGB Rn. 122 f.; abstrahierend *Breidenbach*, Informationspflichten, S. 61 ff.; insgesamt aus (rechts-)ökonomischer Perspektive *Rehm*, Aufklärungspflichten im Vertragsrecht, S. 23 ff., 219 ff. Dass das Vorliegen eines Informationsgefälles letztlich schon logische Grundvoraussetzung einer Warnpflicht sein muss, zeigt sich im

fischen) „Warnpflicht" bezogen auf außerhalb eines beschränkten Mandats liegende Gefahren.[449] Darüber hinaus werden regelmäßig weitere „Begleitumstände" unter verschiedenen Topoi zusammengefasst, die dann im Sinne einer Interessenabwägung zur Pflichtenbestimmung herangezogen werden.[450]

a) Das Wissen des Beraters

Zunächst ist auf das Merkmal des Informationsgefälles einzugehen. Dieses Merkmal wird in der instanzgerichtlichen Rechtsprechung und der Literatur zu dem Thema der Beraterhaftung in der Insolvenzsituation dem Grunde nach aufgegriffen. Soweit eine Pflicht des steuerlichen Beraters zum Hinweis auf die mögliche Insolvenzreife und daraus folgende Geschäftsleiterpflichten in einem allgemeinen steuerlichen Mandat angenommen oder jedenfalls thematisiert wird, spielt ein angebliches überlegenes Wissen des Beraters bei der Begründung dieser Pflicht in Rechtsprechung[451] und Literatur[452] eine erhebliche Rolle. Es ist zu hinterfragen, ob ein solches überlegenes Wissen bezogen auf das Ziel der Aufklärungspflicht, also die von ihr betroffenen Tatsachen, vorliegt. Da in dieser Ausarbeitung insoweit wiederum eine funktionale Anknüpfung gewählt wird, mithin die durch das allgemeine steuerliche Mandat veranlassten Tätigkeiten aufgegriffen werden, ist nicht ausschlaggebend, um

---

Übrigen etwa auch daran, dass auch auf europäischer (rechtsvereinheitlichender) Ebene an ein solches angeknüpft wird, vgl. beispielsweise Art. IV.C.–2:108 Draft Common Frame of Reference (DCFR).

[449] Vgl. S. 81 ff. sowie Fn. 291 f.

[450] S. nur *Olzen*, in: Staudinger, § 241 BGB Rn. 454 ff.; *Bachmann*, in: MünchKomm-BGB, § 241 BGB Rn. 123 ff.; s. im Übrigen schon Fn. 447.

[451] OLG Schleswig ZInsO 2011, 2280, 2285; LG Saarbrücken ZInsO 2012, 330, 333; ferner LG Wuppertal ZInsO 2011, 1997, 1998 f.; s. auch OLG Köln DStRE 2012, 970, 973; OLG Celle ZInsO 2011, 1004, 1005 f.; LG Koblenz DStRE 2010, 647, 648; BGH NJW-RR 2013, 983, 984 f., Rn. 16 ff. lehnt das Bestehen einer Hinweispflicht gerade mangels überlegenen Wissens ab.

[452] Bejahend daher *Mutschler*, DStR 2012, 539, 540; *K. Schmidt*, in: ders./Uhlenbruck[4], S. 81 f., Rn. 1.182; *Meixner/Schröder*, Wirtschaftsprüferhaftung, S. 314 f., Rn. 865; *Zugehör*, FS G. Fischer (2008), S. 617, 622 f.; *ders.*, WM 2013, 1965, 1969 f.; *Gräfe*, DStR 2010, 618, 620 f.; *Commandeur/Utsch*, NZG 2012, 1376, 1377; vgl. auch *Kaiser/Oetjen*, DStR 2011, 2488, 2489; *Sundermeier/Gruber*, DStR 2000, 929, 929 f.; *Hölzle*, DStR 2003, 2075, 2075; ferner *Wagner/Zabel*, NZI 2008, 660, 663 f.; *Cymutta*, BB 2012, 3151, 3156; ansatzweise *Vill*, in: Hdb. d. Anwaltshaftung, § 2, Rn. 23 a. E. sowie § 2, Rn. 304; dagegen *Kayser*, ZIP 2014, 597, 602; *H. F. Müller*, ZInsO 2013, 2181, 2182 f.; *Römermann*, GmbHR 2013, 513, 515; *Luttmann*, ZInsO 2013, 1777, 1779; *D. Fischer*, DB 2015, 1643, 1644 ff.; *Werner*, StBW 2013, 571, 572; vgl. ferner *Hüttinger*, Instrumente zur vorinsolvenzlichen Sanierung des Unternehmensträgers, S. 552; restriktiv auch *Fölsing*, ZInsO 2015, 1478, 1481; *Schaaf/Mushardt*, DB 2013, 1890, 1892; s. für die Begründung angeblicher Kenntnis der Insolvenzreife bzw. ihrer Gefahr im Rahmen der Abschlusserstellung schon Fn. 395, 398.

welchen Beratertyp – Steuerberater, Wirtschaftsprüfer oder Rechtsanwalt – es sich handelt, sofern diese identische Tätigkeiten vornehmen. Dies wird bei der Erfüllung des allgemeinen steuerlichen Mandats der Fall sein.

Als von der Aufklärungspflicht erfasste Tatsache kommt zunächst die Insolvenzreife in Betracht. Mit Blick auf das Mandat zur Jahresabschlusserstellung wurde schon ausgeführt, dass dem Berater aufgrund von durch dieses Mandat veranlassten Tätigkeiten regelmäßig keine Kenntnis von der Insolvenzreife nachgewiesen werden kann – auch nicht, sofern eine bilanzielle Überschuldung festgestellt wurde.[453] Ebenso wenig erfordert das allgemeine steuerliche Mandat Tätigkeiten, die gerade für §§ 17, 19 InsO relevante Detailkenntnisse vermitteln.[454] So müsste der Berater bezogen auf § 19 InsO eine spezifisch insolvenzrechtliche Überschuldungsbilanz aufstellen. Dies wird durch seine Tätigkeit im Rahmen des allgemeinen steuerlichen Mandats jedoch nicht veranlasst, auch nicht durch die Erstellung betriebswirtschaftlicher Auswertungen. Sie tragen nicht den Besonderheiten der Überschuldungsbilanz i. S. v. § 19 InsO Rechnung. Gleiches gilt bezogen auf die Fortführungsprognose, zu deren Erstellung der Berater die Fortführungswilligkeit der Beteiligten prüfen sowie einen Finanzplan und ein Unternehmenskonzept entwickeln müsste.[455] Diese Elemente sind zu spezifisch, als dass die Annahme gerechtfertigt sein könnte, der Berater erlange im Rahmen eines allgemeinen steuerlichen Mandats ohne Weiteres Kenntnis von ihnen. Auch der Tatbestand von § 17 InsO wird für einen Berater nicht ersichtlich, ohne dass er diesen spezifisch prüft. Zwar könnte ihm eine Zahlungseinstellung (vgl. § 17 Abs. 2 S. 2 InsO) offenbar werden. Insofern hätte er jedoch kein dem Mandanten bzw. Geschäftsleiter überlegenes Wissen, welches doch ein Wissensgefälle voraussetzte. Die spezifisch insolvenzrechtliche Liquiditätsbilanz i. S. d. § 17 InsO wird durch die Anforderungen der Rechtsprechung geprägt. Die Tätigkeit im Rahmen eines allgemeinen steuerlichen Mandats führt nicht zu der Aufstellung einer solchen speziellen Liquiditätsbilanz. Die betriebswirtschaftlichen Auswertungen sind auch mit Blick auf § 17 InsO als zu allgemein anzusehen.[456] Insgesamt ist also zu konstatieren, dass der Berater aufgrund von im Zusammenhang mit dem allgemeinen steuerlichen Mandat erbrachten Tätigkeiten in der Regel keine Kenntnis von der Insolvenzreife haben wird.[457]

---

[453] S. im Einzelnen oben S. 82 ff., auch zur Sichtweise des BGH.

[454] S. schon S. 5 f., 49 ff. für die einzelnen Elemente der Tatbestände von §§ 17, 19 InsO.

[455] So auch BGH NJW-RR 2013, 983, 985, Rn. 18.

[456] Vgl. zur Bedeutung von Kapitalflussrechnungen im Zusammenhang mit § 17 InsO *Mock*, Finanzverfassung, S. 281.

[457] Überzeugend BGH NJW-RR 2013, 983, 985, Rn. 16, 18 f.; vgl. zu § 17 InsO auch OLG Dresden ZInsO 2015, 1507, 1508 f.

Eine weitere von der Aufklärungspflicht erfasste Tatsache könnte die „bloße" Möglichkeit bzw. Gefahr der Insolvenzreife sein. Entsprechend müsste das Informationsgefälle auf diese Möglichkeit bezogen sein. Bereits festgestellt wurde, dass der den Jahresabschluss erstellende Berater Einblick in die allgemeine wirtschaftliche Situation des von dem Mandanten betriebenen Unternehmens erhält. Das gilt gleichermaßen, wenn die Erstellung des Jahresabschlusses Teil des allgemeinen steuerlichen Mandats ist. Wird sogar der Ausweis eines nicht durch Eigenkapital gedeckten Fehlbetrags notwendig, so steht objektiv die Möglichkeit einer Insolvenz im Raum. Die sog. bilanzielle Überschuldung könnte also – vermittelt sie doch als solche noch keine Kenntnis von der Insolvenzreife – zumindest ein Anlass zur Erkenntnis der Gefahr der Insolvenzreife und daher Anknüpfungspunkt zur Begründung einer entsprechenden Hinweispflicht sein.[458] Der Hinweis auf die Unterdeckung selbst kann allerdings ohnehin geschuldet sein.[459] Darüber hinaus kann ein solcher Hinweis nicht unbesehen auf die Bedeutung der Unterdeckung für die Frage der Insolvenzreife ausgedehnt werden. Damit kommt es darauf an, ob der Berater im Fall der bilanziellen Überschuldung Kenntnis von der Möglichkeit bzw. Gefahr der Insolvenzreife hat. Darüber kann keine allgemeingültige Aussage getroffen werden. Es ließe sich lediglich die Frage stellen, ob und inwieweit ein Berater diese Möglichkeit ungeachtet seiner tatsächlichen Kenntnis jedenfalls kennen muss.[460] Für eine solche Kenntnispflicht ließe sich möglicherweise anführen, dass dem zugrunde liegenden Vertrag gerade ein Beratungselement innewohnt.[461] Auch geht es bei der Möglichkeit der Insolvenzreife bei Vorliegen der bilanziellen Überschuldung um einen abstrakten Zusammenhang im wirtschaftlich-rechtlichen Bereich, dessen Beherrschung von Rechtsanwälten, Wirtschaftsprüfern und auch Steuerberatern u. U. aufgrund ihrer Ausbildung und ihres Tätigkeitsbilds[462] im Grundsatz erwartet werden könnte.[463]

Über eine Anknüpfung an die bilanzielle Überschuldung hinaus könnte auch die These postuliert werden, dass der Berater im Zusammenhang mit der

---

[458] Vgl. auch schon bei Fn. 415.

[459] S. schon S. 78 f.

[460] Dies ginge im Ergebnis in Richtung einer Informationsbeschaffungspflicht, dazu *Breidenbach*, Informationspflichten, S. 71 f., 83 ff.; *Olzen*, in: Staudinger, § 241 BGB Rn. 449; *Bachmann*, in: MünchKomm-BGB, § 241 BGB Rn. 122; konkret *K. Schmidt*, in: ders./Uhlenbruck[4], S. 81, Rn. 1.182 („offenkundige Solvenzrisiken").

[461] S. zu dem Beratungselement als Begründungsmuster *Krebs*, Sonderverbindung und außerdeliktische Schutzpflichten, S. 509; *Breidenbach*, Informationspflichten, S. 88 f.; *Olzen*, in: Staudinger, § 241 BGB Rn. 449.

[462] S. schon S. 47 f., 55, 58 f.

[463] Insoweit dürfte allerdings die grds. Mandatsbezogenheit der erforderlichen Rechtskenntnisse des Beraters nicht außer Acht gelassen werden, s. dazu nur *Borgmann*, in: dies./Jungk/Schwaiger, Anwaltshaftung, S. 120 ff., Rn. 33 ff.; *Vill*, in: Hdb. d. Anwaltshaftung, § 2, Rn. 57 ff.

Erstellung der betriebswirtschaftlichen Auswertungen Einblick in die wirtschaftliche Situation des Unternehmens und eine möglicherweise drohende Insolvenz erlange[464]. Doch sind die dadurch gewonnenen Erkenntnisse im Regelfall zu allgemein, als dass auf sie die Annahme gestützt werden könnte, der Berater erlange auch ein zur Begründung einer insolvenzbezogenen Hinweispflicht hinreichendes Wissen von der drohenden Insolvenz. Im Einzelfall mag sich dem Berater zwar offenbaren, dass die Situation des Unternehmens kritisch ist. Es wird aber auch insoweit an einem Wissensgefälle fehlen, da die betriebswirtschaftlichen Auswertungen in der Regel dem Mandanten zur Verfügung gestellt werden.[465] Weiterhin wäre eine auf die Erstellung der im Einzelfall in ihren Ausprägungen vielgestaltig denkbaren betriebswirtschaftlichen Auswertungen gestützte Begründung des „überlegenen" Wissens des Beraters zu unpräzise, als dass eine konturenscharfe abstrakte Umgrenzung einer insolvenzbezogenen Hinweispflicht möglich wäre. Stützt man sich auf die Möglichkeit der Insolvenzreife als Inhalt der Hinweispflicht, verbleibt daher als wesentlicher Anlass für die Kenntnis des Beraters von dieser Möglichkeit die bilanzielle Unterdeckung – und zwar unter der Prämisse, dass der Berater die Möglichkeit der Insolvenzreife in dieser Situation im Einzelfall erkennt oder jedenfalls, gleichsam abstrakt, zu kennen hat.

Als Gegenstand einer Aufklärungspflicht könnte schließlich die Pflicht des Geschäftsleiters zur Prüfung der Insolvenzreife in Betracht kommen. Dass der Geschäftsleiter sich stets über die wirtschaftliche Lage sowie die Insolvenzreife der Gesellschaft zu vergewissern und ggf. rechtzeitig i. S. d. § 15a InsO Insolvenzantrag zu stellen hat, wurde, wie auch die aus dem Verstoß gegen diese Grundsätze folgende Haftung, bereits dargestellt.[466] Die generelle Pflicht zur Beobachtung der finanziellen Situation verdichtet sich bei Anzeichen einer Krise zu der Verpflichtung, die Eröffnungsgründe der InsO zu

---

[464] Vgl. zur Kapitalflussrechnung *Mock*, Finanzverfassung, S. 281.

[465] Daher führte auch eine Anknüpfung an die Annahme, (jedenfalls) die Kapitalflussrechnung könne über die Wahrscheinlichkeit der Insolvenz Auskunft erteilen – vgl. insoweit *Mock*, Finanzverfassung, S. 281 – nicht weiter. Im Übrigen gölten diesbezüglich die noch folgenden Ausführungen entsprechend.

[466] S. oben S. 7 ff.; zu den Pflichten des Geschäftsleiters BGHZ 126, 181, 199; BGH NJW-RR 1995, 669, 669 f.; BGH NJW 2007, 2118, 2120, Rn. 16; BGH NJW-RR 2012, 1122, 1122 f., Rn. 11; BGH WM 2012, 1124, 1126, Rn. 15; *Drenckhan*, Gläubigerschutz in der Krise der GmbH, S. 48 ff., 64; *Kleindiek*, FS U. H. Schneider (2011), S. 617, 618 f.; *Bork*, ZIP 2011, 101, 102; *Bitter*, ZInsO 2010, 1561, 1573; *Koch*, in: Hüffer/Koch, § 92 AktG Rn. 25; *Spindler*, in: MünchKomm-AktG, § 93 AktG Rn. 156, 158; *Hopt/Roth*, in: Großkomm. AktG, § 93 AktG Rn. 179, 181; *Fleischer*, in: MünchKomm-GmbHG, § 43 GmbHG Rn. 62 f.; *Haas*, in: Baumbach/Hueck, § 64 GmbHG Rn. 61; *Paefgen*, in: Ulmer, § 43 GmbHG Rn. 60.

prüfen.[467] Für den Berater könnte sich nunmehr die Pflicht ergeben, den Geschäftsleiter auf dessen Verpflichtung hinzuweisen, sobald der Berater Kenntnis von den die Verpflichtung des Geschäftsleiters begründenden Umständen erlangt. Anlass zur Prüfung durch den Geschäftsleiter wäre in jedem Fall die Feststellung der bilanziellen Überschuldung.[468] Entsprechend könnte auch für die Verpflichtung des Beraters an diesen Fall angeknüpft werden. Zum einen ist aber zu berücksichtigen, dass vertragliche Pflichten, und damit auch Nebenpflichten, im Grundsatz nur gegenüber dem Vertragspartner bestehen. Vertragspartner ist bei einem allgemeinen steuerlichen Mandat üblicherweise jedoch die Gesellschaft, nicht deren Geschäftsleiter.[469] Zum anderen müsste der Berater Kenntnis von den Geschäftsleiterpflichten (und dem Auslösetatbestand, also der bilanziellen Überschuldung) haben. Diese Kenntnis lässt sich wiederum nicht allgemeingültig begründen. Mithin müsste auch insoweit darauf abgestellt werden, dass der Berater die Geschäftsleiterpflichten jedenfalls habe kennen müssen.

Zusammenfassend lässt sich festhalten, dass der generalisierenden Aussage, der Berater habe hinreichendes Wissen bezogen auf die von einer möglichen Aufklärungspflicht betroffenen Aspekte, mit Blick auf ein allgemeines steuerliches Mandat nicht beigetreten werden kann. Ein solches Wissen kann ihm nicht ohne Weiteres unterstellt werden. Eine Hinweispflicht ließe sich also nur unter der Prämisse begründen, dass der Berater Kenntnis von den relevanten Aspekten haben muss, diese Kenntnis folglich von ihm erwartet wird. Betreffs der Insolvenzreife als solcher ist dies allerdings schon im Ausgangspunkt abzulehnen. Dem Berater kann nicht zugemutet werden, von sich aus aktiv und umfassend die Insolvenzreife zu prüfen.

b) Die Überlegenheit des Wissens und die Dimension der Geschäftsleiterpflichten

In jedem Fall sind dem Wissen des Beraters die Erkenntnismöglichkeiten (und auch -pflichten) des Mandanten gegenüberzustellen.[470] Zugleich ist zu bedenken, dass ein potentielles Informationsgefälle auch für den Berater erkennbar sein muss. Dieser müsste erkennen oder zumindest damit rechnen

---

[467] S. schon S. 7 f.; *Kleindiek*, FS U. H. Schneider (2011), S. 617, 618 f.; *Spindler*, in: MünchKomm-AktG, § 93 AktG Rn. 156, 158; *Haas*, in: Baumbach/Hueck, § 64 GmbHG Rn. 61.

[468] Vgl. nur BGH NJW-RR 2013, 983, 985, Rn. 21; *Kleindiek*, FS U. H. Schneider (2011), S. 617, 619; *Haas*, in: Baumbach/Hueck, § 64 GmbHG Rn. 61.

[469] Vgl. schon S. 1 f. Zur Möglichkeit der Haftung gegenüber Dritten ausführlich Kapitel 3, S. 168 ff., 195 ff.

[470] Vgl. *Pohlmann*, Die Haftung wegen Verletzung von Aufklärungspflichten, S. 105; *Rehm*, Aufklärungspflichten im Vertragsrecht, S. 261 ff.; *Bachmann*, in: MünchKomm-BGB, § 241 BGB Rn. 122a; *Breidenbach*, Informationspflichten, S. 62 ff. stellt für vertragsschlussbezogene Informationspflichten auf den Informations*bedarf* ab.

können, dass der Mandant den von der möglichen Hinweispflicht erfassten Aspekt nicht kennt oder kennen kann.[471] Als Aufklärungsziele kommen nach dem bislang Erörterten die Möglichkeit der Insolvenzreife sowie die Pflichten des Geschäftsleiters in der Krise, jeweils im Fall der bilanziellen Überschuldung, in Betracht.

Im Zusammenhang mit dem Erkenntnishorizont des Mandanten ist wiederum zu bedenken, dass es sich bei diesem für gewöhnlich um eine Gesellschaft handeln wird und demnach das besondere Augenmerk bei der Ermittlung seines Erkenntnishorizonts dem Geschäftsleiter gelten muss. Der Erkenntnishorizont der Gesellschaft wird gerade durch den Geschäftsleiter in seiner Funktion als Organ der Gesellschaft determiniert – die Gesellschaft muss sich das Verhalten und die Erkenntnismöglichkeit des Geschäftsleiters zurechnen lassen.[472] Aus der zentralen Stellung des Geschäftsleiters folgt seine originäre Pflicht zur Beobachtung der wirtschaftlichen Lage der Gesellschaft, und zwar umso mehr im Fall der bilanziellen Überschuldung. Da der Geschäftsleiter gegenüber der Gesellschaft dazu verpflichtet ist, sich stets über deren Insolvenzreife zu vergewissern und ggf. rechtzeitig i. S. d. § 15a InsO Insolvenzantrag zu stellen,[473] ist es aus der Perspektive der Gesellschaft demgemäß primär der Geschäftsleiter, der ihre Interessen auch bezüglich ihrer wirtschaftlichen Situation zu wahren hat. Bezogen auf den Erkenntnishorizont der Gesellschaft ist daher festzuhalten, dass die Gesellschaft als Mandant, vermittelt durch den Geschäftsleiter, der rechtlichen Konzeption nach selbst in der Lage, jedenfalls aber verpflichtet, ist, die Insolvenzgefahr festzustellen.[474] Sie muss ihre Interessen insoweit selbst und eigenverantwortlich wahren.[475] Diese Aufgabenzuweisung und die derart

---

[471] Vgl. *Pohlmann*, Die Haftung wegen Verletzung von Aufklärungspflichten, S. 105; *Olzen*, in: Staudinger, § 241 BGB Rn. 450 f.; *Bachmann*, in: MünchKomm-BGB, § 241 BGB Rn. 122a.

[472] Vgl. allgemein *Paefgen*, in: Ulmer, § 35 GmbHG Rn. 199 ff.; *U. H. Schneider/S. H. Schneider*, in: Scholz, § 35 GmbHG Rn. 121 ff.; *Stephan/Tieves*, in: MünchKomm-GmbHG, § 35 GmbHG Rn. 212 ff.; *Zöllner/Noack*, in: Baumbach/Hueck, § 35 GmbHG Rn. 146 ff.; *Spindler*, in: MünchKomm-AktG, § 78 AktG Rn. 93 ff.; *Fleischer*, in: Spindler/Stilz, § 78 AktG Rn. 53 ff.; *Habersack/Foerster*, in: Großkomm. AktG, § 78 AktG Rn. 37 ff.; *Raiser/Veil*, Recht der Kapitalgesellschaften, S. 69 ff., Rn. 23 ff. – alle m. w. N.; vgl. auch schon oben S. 87 mit Fn. 419.

[473] S. schon S. 7 ff. m. w. N. sowie soeben bei Fn. 466 f.

[474] Ähnlich BGH NJW-RR 2013, 983, 985, Rn. 19, 21; *H. F. Müller*, ZInsO 2013, 2181, 2182; *Kayser*, ZIP 2014, 597, 602; *Thole*, ZfPW 2015, 31, 43; s. a. *Schaaf/Mushardt*, DB 2013, 1890, 1892; *D. Fischer*, DB 2015, 1643, 1645; das lässt *Zugehör*, WM 2013, 1965, 1970 f. nicht gelten; aus der Rspr. OLG Schleswig ZInsO 2011, 2280, 2285; LG Saarbrücken ZInsO 2012, 330, 333.

[475] Vgl. im Allgemeinen *Pohlmann*, Die Haftung wegen Verletzung von Aufklärungspflichten, S. 104 f.; *Rehm*, Aufklärungspflichten im Vertragsrecht, S. 261 ff.; *Bachmann*, in: MünchKomm-BGB, § 241 BGB Rn. 122a; *Olzen*, in: Staudinger, § 241 BGB Rn. 454.

umrissenen Erkenntnismöglichkeiten kann der Berater voraussetzen.[476] Er darf daher darauf vertrauen, dass der Mandant (durch den Geschäftsleiter) selbst die Möglichkeit zur Vornahme der in der Krise relevanten Feststellungen hat und solche Feststellungen auch trifft.[477] Demnach muss der Berater grundsätzlich nicht damit rechnen, dass der Mandant die Gefahr der Insolvenz nicht erkennen kann. Er muss also auch nicht von dem Vorliegen eines Informationsgefälles ausgehen. Bezogen auf die Geschäftsleiterpflichten in der Krise als Ziel der Aufklärungspflicht ist neben der Tatsache, dass der Geschäftsleiter regelmäßig nicht der Mandant des Beraters ist, gleichfalls festzuhalten, dass der Geschäftsleiter die ihn treffende Verpflichtung eigenverantwortlich handhaben muss. Seine Pflichten hat er zu kennen.[478] Der Berater muss folglich auch unmittelbar auf den Geschäftsleiter bezogen nicht damit rechnen, dass ein Informationsgefälle vorliegt. Mithin fehlt es in beiden Konstellationen an einem erkennbaren Informationsgefälle.[479]

Anderes könnte nur gelten, wenn der Geschäftsleiter seine Beratungsbedürftigkeit im Einzelfall zum Ausdruck bringt und damit ein mögliches Informationsgefälle erkennbar macht.[480] Dabei sind zwei Möglichkeiten denkbar. Zum einen kann der Geschäftsleiter mit der Feststellung an den Berater herantreten, dass er nicht einschätzen könne, ob die Gesellschaft insolvent sei. In diesem Fall kann er dem Berater den Abschluss eines Prüfvertrags antragen.[481] Jedenfalls aber zeigt er, dass ihm die Gefahr des Vorliegens der Insolvenzreife bewusst ist. Daher liegt bei Lichte betrachtet überhaupt kein Informationsgefälle vor. Eine Hinweispflicht des Beraters, die nach dem bislang Erörterten ihrerseits auf die Gefahr der Insolvenzreife bezogen wäre, scheidet dann aus. Zum anderen könnte – weniger spezifisch – das bloße Handeln des Geschäftsleiters darauf schließen lassen, dass ihm die Möglichkeit der Insolvenzreife nicht bewusst ist, beispielsweise indem er schlicht weiterwirtschaftet „wie üblich“. Insoweit ist allerdings schon zweifelhaft, ob dadurch die Erkennbarkeit, an der es wie dargelegt grundsätzlich fehlt, hergestellt wird.

---

[476] Vgl. schon S. 86 f.

[477] Ansatzweise auf das Vertrauen des Beraters in die Sachkunde des Mandanten abstellend auch *Spliedt*, in: K. Schmidt/Uhlenbruck, S. 97, Rn. 1.279.

[478] S. *Kleindiek*, in: Lutter/Hommelhoff, § 43 GmbHG Rn. 10; *Fleischer*, in: MünchKomm-GmbHG, § 43 GmbHG Rn. 255; *Paefgen*, in: Ulmer, § 43 GmbHG Rn. 167; *K. Schmidt*, in: Scholz, § 64 GmbHG Rn. 179; *Spindler*, in: MünchKomm-AktG, § 93 AktG Rn. 177.

[479] Daran ändert auch eine Zuordnung des Merkmals der Erkennbarkeit des Informationsgefälles (bzw. „Informationsbedarfs“) zur Frage, ob eine Informationspflicht fahrlässig verletzt ist, wie *Breidenbach*, Informationspflichten, S. 65, sie vornimmt, nichts.

[480] Vgl. im Allgemeinen *Breidenbach*, Informationspflichten, S. 63 f.

[481] Vgl. auch noch S. 104 ff.

Fehlt es mithin bereits an einem erkennbaren Informationsgefälle, spricht die schon erörterte gesetzliche Aufgabenzuweisung hinsichtlich der wirtschaftlichen Situation der Gesellschaft darüber hinaus schon aus ganz grundsätzlichen strukturell-systematischen Erwägungen dagegen, dem Berater im Ergebnis die Mitverantwortung für die Feststellung der Insolvenzreife auf Grundlage eines allgemeinen steuerlichen Mandats zu übertragen. Dem Geschäftsleiter obliegt diese Verantwortung wie dargestellt kraft seiner Position als Organ der Gesellschaft, sie ist im Grundsatz untrennbar mit der Organstellung verbunden. Persönliche Unkenntnis ändert daran nichts.[482] In bestimmten Fällen ist es dem Geschäftsleiter nach der Rechtsprechung des BGH zwar möglich, sich zu entlasten indem er sich – spezifisch insolvenzrechtlich – beraten lässt.[483] Dies ändert gleichwohl nichts an der Zuweisung der primären Verantwortlichkeit für die Beobachtung der wirtschaftlichen Situation und die Feststellung der Insolvenzreife zum Geschäftsleiter. Es kann nicht überzeugen, dass der lediglich aufgrund eines *allgemeinen steuerlichen* Mandats tätig werdende und gerade nicht als Organ agierende Berater verpflichtet sein soll, neben den Geschäftsleiter zu treten und dessen organschaftlich begründete Verantwortung gegenüber der Gesellschaft gleichermaßen und gemeinsam mit ihm zu tragen.[484]

c) Bedeutung der Information

Über ein mögliches Informationsgefälle und seine Erkennbarkeit hinaus wird bei der Begründung von Aufklärungspflichten auch die Bedeutung der Information für den potentiellen Adressaten berücksichtigt.[485] Die Insolvenzreife ist für den Mandanten offenkundig von Bedeutung. Allerdings wird sich das

---

[482] S. schon S. 8 f.; BGHZ 126, 181, 199; BGH NJW 2007, 2118, 2120, Rn. 15 f.; BGH NJW-RR 2012, 1122, 1122 f., Rn. 9, 11; BGH WM 2012, 1124, 1125 f., Rn. 13, 15; *B. Müller*, Haftungsprivilegierung der Geschäftsleitung, S. 79 ff.; *Kleindiek*, FS U. H. Schneider (2011), S. 617, 622; *Haas*, in: Baumbach/Hueck, § 64 GmbHG Rn. 84; *Fleischer*, in: MünchKomm-GmbHG, § 43 GmbHG Rn. 255; *Hopt/Roth*, in: Großkomm. AktG, § 93 AktG Rn. 392; *Spindler*, in: MünchKomm-AktG, § 93 AktG Rn. 177.

[483] S. schon S. 8 f.; BGHZ 126, 181, 199; BGH NJW 2007, 2118, 2120, Rn. 16; BGH NJW-RR 2012, 1122, 1122 f., Rn. 11; BGH WM 2012, 1124, 1126, Rn. 15 ff.; BGH WM 2013, 1646, 1647 f., Rn. 21 ff.; vgl. auch BGH NJW-RR 2011, 1670, 1672, Rn. 18; BGH NJW-RR 2015, 988, 991, Rn. 28 ff. (Übertragung auf Einholung von Rechtsrat); OLG Stuttgart WM 2010, 120, 123 f.; *Strohn*, ZHR 176 (2012), 137, 139 ff.; *Fleischer*, ZIP 2009, 1397, 1400; *ders.*, in: MünchKomm-GmbHG, § 43 GmbHG Rn. 42 ff., 259; *H. F. Müller*, DB 2014, 1301 ff.; *ders.*, in: MünchKomm-GmbHG, § 64 GmbHG Rn. 160 ff.; *Bitter*, ZInsO 2010, 1561, 1573; *Paefgen*, in: Ulmer, § 43 GmbHG Rn. 69; *Hopt/Roth*, in: Großkomm. AktG, § 93 AktG Rn. 139 f.; *Koch*, in: Hüffer/Koch, § 93 AktG Rn. 44 f.

[484] Vgl. auch schon Fn. 474.

[485] *Pohlmann*, Die Haftung wegen Verletzung von Aufklärungspflichten, S. 103 f., 106; *Breidenbach*, Informationspflichten, S. 62 ff., 67 f.; *Bachmann*, in: MünchKomm-BGB, § 241 BGB Rn. 124a f.; *Olzen*, in: Staudinger, § 241 BGB Rn. 452, 455.

Unternehmen ohnehin schon in der Krise befinden, was dem Mandanten regelmäßig bekannt sein dürfte. Der Eintritt der Insolvenzreife könnte demgegenüber als die Situation nicht wesentlich verschlimmernd angesehen werden. Andererseits können der Eintritt der Insolvenzreife und die mit ihr verbundenen Folgen die Krise vertiefen und damit die Bedeutung für den Mandanten verstärken. Für den Geschäftsleiter ist der Eintritt der Insolvenzreife aufgrund seiner damit verbundenen haftungsbewehrten Pflichten von überragender Bedeutung. Allerdings ist der Geschäftsleiter in der Regel nicht der Mandant, also Vertragspartner.

d) Vertrauensstellung und Autorität des Beraters

Weiterhin wird auf den Topos der Vertrauensprägung des Rechtsverhältnisses abgestellt.[486] Für die konkrete Insolvenzkonstellation wird insbesondere mit Blick auf Steuerberater darauf verwiesen, dass diesen aufgrund ihrer Autorität und Expertise eine besondere Vertrauensstellung gegenüber dem Mandanten zukomme, mit der eine besondere Verantwortung verbunden sei, die sich wohl in einer insolvenzbezogenen Hinweispflicht niederschlagen soll.[487]

Dass gerade Steuerberater häufig erster Ansprechpartner der Geschäftsleitung sind und ihnen aufgrund ihrer Tätigkeit ein oft erhebliches Vertrauen entgegengebracht wird, lässt sich nicht leugnen.[488] Damit hängt zusammen, dass es sich vor allem bei der Tätigkeit im Rahmen eines allgemeinen steuerlichen Mandats in zeitlicher Hinsicht meist um Dauermandate handelt. Aufgrund dieses zeitlichen Aspekts wird die Vertrauensprägung des Rechtsverhältnisses noch verstärkt.[489] Dass der Steuerberater (im Zusammenhang mit der Erstellung des Jahresabschlusses, die Teil des allgemeinen steuerlichen Mandats sein kann) ein angebliches öffentliches Vertrauen in Anspruch nehme,[490] kann dabei jedoch keine ausschlaggebende Bedeutung haben. Entscheidend ist das konkrete Schuldverhältnis, aus dem die Hinweispflicht abgeleitet werden soll. Diesbezüglich ist zu erkennen, dass ein „allgemeines" Vertrauen in den Berater und seine Fähigkeiten nicht ausreichen kann, um eine insolvenzbezogene Hinweispflicht zu begründen. Fehlt ein hinreichender Bezug des von der zu begründenden Hinweispflicht erfassten Aspekts zu dem

---

[486] S. *Pohlmann*, Die Haftung wegen Verletzung von Aufklärungspflichten, S. 105 f.; *Bachmann*, in: MünchKomm-BGB, § 241 BGB Rn. 126 ff.

[487] *K. Schmidt*, in: ders./Uhlenbruck^4, S. 81, Rn. 1.182; s. a. *Schwarz/Schwarz*, ZInsO 2013, 1344, 1345 f.; *Büchler*, InsVZ 2010, 68, 71; dagegen BGH NJW-RR 2013, 983, 985, Rn. 19.

[488] Vgl. auch schon S. 32.

[489] Vgl. *Hopt*, Kapitalanlegerschutz, S. 421 f.; *Pohlmann*, Die Haftung wegen Verletzung von Aufklärungspflichten, S. 106; *Olzen*, in: Staudinger, § 241 BGB Rn. 455; *Bachmann*, in: MünchKomm-BGB, § 241 BGB Rn. 126 ff.; s. auch *Breidenbach*, Informationspflichten, S. 52 ff.; krit. *Rehm*, Aufklärungspflichten im Vertragsrecht, S. 245 f.

[490] So *Schwarz/Schwarz*, ZInsO 2013, 1344, 1345.

konkreten Tätigwerden des Beraters, ist es nicht gerechtfertigt, eine Hinweispflicht anzuerkennen. Es ist aber nicht ersichtlich, inwiefern der Berater durch sein Auftreten im Rahmen seiner Tätigkeit[491] – dem allgemeinen steuerlichen Mandat – etwa gerade mit Bezug zu einer eventuell drohenden Insolvenzreife Anlass zum Vertrauen in ihn gibt.

Insoweit an das allgemeine steuerliche Mandat angeknüpft wird, besteht dem Grunde nach wiederum kein Unterschied in der Stellung von Steuerberatern einerseits und Wirtschaftsprüfern oder Rechtsanwälten andererseits. Auch in dem eher unüblichen bzw. theoretischen Fall der Übernahme eines allgemeinen steuerlichen Mandats durch einen Wirtschaftsprüfer oder Rechtsanwalt träfen die Aussagen zu, dass der Berater eine allgemein wichtige, vertrauenerweckende Position einnimmt, in diesem Zusammenhang zunächst aber keine spezifische Verbindung zwischen dem allgemeinen steuerlichen Mandat und der drohenden Insolvenzreife vorliegt.

e) Berufsbild, Berufspflichten und Ausbildung des Beraters

Versuche eine insolvenzbezogene Hinweispflicht zu begründen, stützen sich bezüglich Steuerberatern auch auf deren Berufsbild bzw. Berufspflichten. Nach einer berufsgerichtlichen Entscheidung des LG Stuttgart gehöre es zu den Berufspflichten eines gewissenhaften Steuerberaters, den Mandanten auf die Notwendigkeit der Insolvenzantragstellung bei Eintreten der entsprechenden Voraussetzungen hinzuweisen.[492] Das wird vereinzelt aufgegriffen.[493] Die Berufspflichten seien auch im schuldrechtlichen Zusammenhang zu berücksichtigen.[494]

Nach der gesetzlichen Vorgabe ist der Steuerberater zu einer gewissenhaften Beratung des Mandanten verpflichtet, vgl. §§ 33, 57 StBerG. Ähnliches gilt für Rechtsanwälte und Wirtschaftsprüfer, vgl. §§ 2, 43 WPO, §§ 43 f. BRAO. Dabei handelt es sich jedoch um sehr allgemeine Regelungen, denen nicht der gesetzgeberische Wille zur Normierung umfassender *zivilrechtlicher* Hinweispflichten entnommen werden kann. Angesichts des Grundsatzes der Vertragsfreiheit kann der bloße Verweis auf solche zunächst lediglich berufsrechtlich relevanten Vorschriften auch nicht ohne Weiteres ausreichen, um eine zivilrechtliche Hinweispflicht zu begründen.[495] Das gilt unabhängig von dem betroffenen Beratertyp.

---

[491] Vgl. auch noch S. 104 f. hinsichtlich der Verbindung zu der Reichweite des zugrunde liegenden Mandats.

[492] LG Stuttgart DStRE 2011, 1169, 1169.

[493] LG Saarbrücken ZInsO 2012, 330, 331; *Schwarz/Schwarz*, ZInsO 2013, 1344, 1345.

[494] Auf die Berufspflichten der Steuerberater (und gleichermaßen der Wirtschaftsprüfer) stützt sich unabhängig von der Entscheidung des LG Stuttgart *Reck*, ZInsO 2000, 121, 122.

[495] Vgl. richtig *Heese*, Beratungspflichten, S. 323 ff. Die berufsrechtlichen Regelungen mögen zwar der „Inspiration“ dienen. Doch ist insoweit die Eigenständigkeit der Zivil-

Im Zusammenspiel mit der jeweiligen Ausbildung[496] des Beraters ließe sich auf dem Boden der dargestellten zivilrechtlichen Dogmatik der Nebenpflichten unter Umständen allerdings argumentieren, dass der Berater eine besondere Sachkunde[497] für den Bereich des Insolvenzrechts aufweise, die sich aufgrund seiner Berufspflichten auch legislatorisch, jedenfalls in einem Leitbild, manifestiert hat und die als Begründungsmuster einer originär zivilrechtlichen, insolvenzbezogenen Hinweispflicht herangezogen werden könnte. Das liefe inhaltlich letztlich parallel zu dem schon angesprochenen Aspekt des dem Berater entgegengebrachten Vertrauens. Die Sachkunde des Beraters könnte somit den Bezug zwischen dem ihm entgegengebrachten Vertrauen und dem (insolvenzrechtlichen) Aspekt der drohenden Insolvenzreife herstellen.[498]

f) Aufgabenkreis und Funktion des Beraters

Darüber hinaus ist hinsichtlich der Bestimmung einer möglichen Hinweispflicht jedoch die Funktion des Beraters zu berücksichtigen, die in Anknüpfung an das Beziehungsgeflecht der Parteien zu bestimmen ist und so durch tatsächliche Umstände wie auch das zugrunde liegende Vertragsverhältnis tangiert wird.[499] Das allgemeine steuerliche Mandat dient zunächst dazu, dem Berater die Wahrnehmung der allgemeinen steuerlichen Angelegenheiten des Mandanten zu übertragen.[500] Die Tätigkeit ist unter anderem auf Beratung gerichtet und kann daher im Grundsatz einen fruchtbaren Boden zur Begründung einer Hinweispflicht bilden.[501] Indes handelt es sich bei der Beratung im Rahmen des allgemeinen steuerlichen Mandats eben nicht um eine allgemeine wirtschaftliche oder wirtschaftsrechtliche Beratung. Auf sie erstreckt sich das

rechtsordnung zu achten. Maßgeblich ist also die Einordnung des zu bewertenden Sachverhalts in die *zivilrechtliche* Dogmatik der Vertragspflichten. An ihrem Maßstab sind Existenz und Umfang etwaiger Pflichten, auch in Form von Nebenpflichten, zu bestimmen.

[496] Für Steuerberater insoweit LG Saarbrücken ZInsO 2012, 330, 331.

[497] S. dazu *Breidenbach*, Informationspflichten, S. 56 ff.; *Bachmann*, in: MünchKomm-BGB, § 241 BGB Rn. 129; *Olzen*, in: Staudinger, § 241 BGB Rn. 448; im Allgemeinen kritisch *Rehm*, Aufklärungspflichten im Vertragsrecht, S. 227 ff.; s. aber auch S. 235 ff., S. 267 ff. (auf Grundlage des *Entgelt*gedankens).

[498] Vgl. zum Aspekt der Entgeltlichkeit der (allgemeinen) Tätigkeit des Beraters *Rehm*, Aufklärungspflichten im Vertragsrecht, S. 235 ff., 244 ff., 267 ff.

[499] Vgl. *Hopt*, Kapitalanlegerschutz, S. 420; *Breidenbach*, Informationspflichten, S. 73 ff.; *Rehm*, Aufklärungspflichten im Vertragsrecht, S. 244 ff.; teils auch den Topoi Vertrauensprägung bzw. Wesentlichkeit der Information zugeordnet, s. *Pohlmann*, Die Haftung wegen Verletzung von Aufklärungspflichten, S. 105 f.; *Bachmann*, in: MünchKomm-BGB, § 241 BGB Rn. 127; s. auch *Olzen*, in: Staudinger, § 241 BGB Rn. 455.

[500] Vgl. schon S. 13 ff.

[501] Vgl. *Breidenbach*, Informationspflichten, S. 75 f.; *Rehm*, Aufklärungspflichten im Vertragsrecht, S. 244 f., aus verfassungsrechtlicher Perspektive (Vertragsfreiheit) S. 129 f.

allgemeine steuerliche Mandat schon inhaltlich grundsätzlich nicht.[502] Die Eröffnungsgründe der InsO wiederum sind jedoch der allgemeinen wirtschaftsrechtlichen Beratung zuzuschlagen.

Die Tätigkeit im Rahmen eines allgemeinen steuerlichen Mandats schließt auch rein tatsächlich nicht zwingend eine Beratung über die Eröffnungsgründe mit ein, der Berater kann seine Tätigkeit auch ohne diese spezielle Beratung oder einen diesbezüglichen Hinweis erbringen.[503] Es besteht ein qualitativer Unterschied zwischen der vereinbarten Tätigkeit und der möglichen (insolvenzrechtsbezogenen) Informationsgewährung. Für den Steuerberater liegt die Problematik der Insolvenzreife sogar außerhalb seines eigentlichen Tätigkeitsbereichs. Daran kann auch die Entgeltlichkeit der Tätigkeit des Beraters[504] nichts ändern – grenzenlose Hinweispflichten können dem Umstand, dass der Berater entgeltlich tätig wird, gerade nicht entnommen werden.

Die Funktion des Beraters, der ein allgemeines steuerliches Mandat übernimmt, ist es demzufolge nicht, dem Mandanten fehlende Kenntnisse im Bereich des Insolvenzrechts zu ersetzen. Das bedeutet zugleich, dass der Mandant seine eigenen Bemühungen bezüglich des Hinweisziels – der drohenden Insolvenzreife – nicht einstellen darf.[505] Geht der Berater nicht über die der Tätigkeit im Rahmen des allgemeinen steuerlichen Mandats immanenten Grenzen seiner Funktion hinaus,[506] darf der Geschäftsleiter seine Pflicht zur Überwachung der wirtschaftlichen Situation der Gesellschaft also nicht im Vertrauen auf die Tätigkeit des Beraters aufgeben bzw. sie als auf den Berater übertragen verstehen. Dafür besteht in einem allgemeinen steuerlichen Mandat kein Anlass. Danach überzeugt auch die gegenüber den eine insolvenzbezogene Hinweispflicht des Beraters bejahenden Stimmen geäußerte Kritik, dass die Verantwortungsbereiche von Berater und Mandant verschwömmen, wenn eine solche Pflicht für das allgemeine steuerliche Mandat angenommen würde.[507] Der inhaltlich begrenzte Funktionskreis des Beraters steht einer abweichenden Beurteilung entgegen.

Anders stellt sich die Situation dar, wenn ein Prüfvertrag geschlossen wurde. In einem solchen Fall ist es gerade Sinn und Zweck der Vereinbarung, dem Mandanten fehlende Kenntnisse bezogen auf die Bestimmung der Insolvenzreife zu ersetzen (was insofern auch für den Berater erkennbar wird). Dabei begründen die Parteien allerdings schon eine Hauptleistungspflicht zur

---

[502] Vgl. schon oben S. 91 f.

[503] Vgl. allgemein auch *Breidenbach*, Informationspflichten, S. 76 f.

[504] Vgl. aber *Rehm*, Aufklärungspflichten im Vertragsrecht, S. 267 ff. (vgl. aber auch S. 244 ff.).

[505] Vgl. dazu *Breidenbach*, Informationspflichten, S. 73.

[506] S. zur überobligatorischen fehlerhaften Beratung noch S. 108 ff.

[507] *H. F. Müller*, ZInsO 2013, 2181, 2182; *Kayser*, ZIP 2014, 597, 602.

Prüfung der Insolvenzreife, die auch die Mitteilung des Ergebnisses der Prüfung erfasst.

g) Kein Widerspruch zu sonstiger „beraterhaftungsrechtlicher" Rechtsprechung

Vereinzelt wird zur Begründung einer insolvenzbezogenen Hinweispflicht im allgemeinen steuerlichen Mandat allerdings eine Parallele zu der Situation bei anderen beratenden Berufen, die ebenfalls auf die Insolvenzantragspflicht hinweisen müssten, gezogen.[508] Nach dem BGH hat ein Rechtsanwalt, der vom Vorstand einer erkennbar dauernd zahlungsunfähigen oder überschuldeten Genossenschaft den Auftrag erhält, mit den Gläubigern einen außergerichtlichen Vergleich anzustreben, die Vorstandsmitglieder über die Pflicht, einen Antrag auf Eröffnung des Insolvenzverfahrens zu stellen, sowie das Verbot, Zahlungen zu leisten, zu belehren.[509] Es sei kein Grund ersichtlich, warum den Steuerberater eine solche Pflicht nicht treffen solle.[510] Diese Ansicht lässt aber die Unterschiede beider Konstellationen außer Acht. Der Rechtsanwalt wurde mit der Sanierungsberatung, genauer dem Aushandeln eines außergerichtlichen Vergleichs, beauftragt. Diese Verpflichtung kann von vornherein nur umgesetzt, ein außergerichtlicher Vergleich also erreicht, werden, sofern nicht die Insolvenzreife eintritt, die zwingend ein gerichtliches Verfahren in Form des Insolvenzverfahrens nach sich zieht. Damit ist die Frage der Insolvenzreife bei einem solchen Mandat zur Sanierungsberatung – im Gegensatz zu einem allgemeinen steuerlichen Mandat oder auch einem Mandat zur Erstellung des Jahresabschlusses – schon Gegenstand des Mandats. Daher ist auch keine Vergleichbarkeit der Fälle gegeben. Eine Gleichbehandlung ist mithin nicht zwingend geboten. Der Aufgabenkreis des Beraters sowie seine Funktion sind bei dem allgemeinen steuerlichen Mandat und dem Abschlusserstellungsmandat anderer Natur. Diese Differenzierung gilt, insoweit sie an das konkrete Mandat anknüpft, unabhängig davon, ob ein Rechtsanwalt, Steuerberater oder Wirtschaftsprüfer tätig wird. Maßgeblich ist die funktionale Eigenständigkeit des allgemeinen steuerlichen Mandats.

h) Fazit zur Nebenpflicht

Zusammenfassend lässt sich festhalten, dass der Berater regelmäßig keine Kenntnis von der Insolvenzreife des Mandanten haben wird. Verlangt man von ihm, den Zusammenhang zwischen bilanzieller Unterdeckung und drohender Insolvenzreife zu (er-)kennen, so spricht für eine darauf aufbauende insolvenzbezogene Hinweispflicht die Sachkunde des Beraters in Verbindung

---

[508] OLG Schleswig ZInsO 2011, 2280, 2285; *Zugehör*, WM 2013, 1965, 1972 f.

[509] BGH NJW 2001, 517 ff.; zu den insolvenzbezogenen Pflichten auch schon S. 62 f.

[510] Vgl. *Zugehör*, WM 2013, 1965, 1973.

mit dem ihm entgegengebrachten Vertrauen. Es mag sich bei der möglicherweise drohenden Insolvenzreife auch um eine wesentliche Frage handeln. Dem steht jedoch die Erkenntnis gegenüber, dass der Berater sich regelmäßig darauf verlassen kann, der Mandant sei (durch den Geschäftsleiter) selbst in der Lage, die wirtschaftliche Situation im Allgemeinen zu überwachen und einen Zusammenhang zwischen bilanzieller Unterdeckung und Insolvenzreife zu erkennen bzw. im Blick zu haben. Es ist gerade die Aufgabe des Geschäftsleiters, eine mögliche Insolvenzreife zu prüfen. Auch ist der Berater nach seiner Funktion in einem allgemeinen steuerlichen Mandat nicht dazu berufen, dem Geschäftsleiter diese Aufgabe abzunehmen. Entsprechend ist es dem Mandanten nicht erlaubt, auf eigene Überprüfungen zu verzichten. Seine Eigenverantwortung überwiegt das in den Berater gesetzte Vertrauen und dessen Sachkunde. Als „geborener“ Interessenwahrer in wirtschaftlicher Hinsicht ist grundsätzlich der Mandant selbst respektive der Geschäftsleiter anzusehen. Fehlen dem Geschäftsleiter die zur Wahrnehmung seiner Aufgabe erforderlichen Kenntnisse, hat er das deutlich zu machen und sich gesondert beraten zu lassen[511]. Der aufgrund eines allgemeinen steuerlichen Mandats tätig werdende Berater muss, soll er als Wahrer der (allgemeinen) wirtschaftlichen bzw. wirtschaftsrechtlichen Interessen des Mandanten anzusehen und tätig sein, erst dazu auserkoren werden. Das allgemeine steuerliche Mandat übernimmt diese Funktion gerade nicht. Voraussetzung ist vielmehr, dass ein Prüfvertrag abgeschlossen und damit der auf das Steuerrecht begrenzte Wirkbereich des allgemeinen steuerlichen Mandats überschritten wird. Das gilt unabhängig davon, ob ein Steuerberater, Wirtschaftsprüfer oder Rechtsanwalt im Rahmen eines allgemeinen steuerlichen Mandats tätig wird.

Dass der Berater einen solchen Prüfvertrag aus berufsrechtlicher Perspektive im Grundsatz, wenn auch u. U. mit gewissen Einschränkungen, schließen *kann*, wurde ausgeführt.[512] Damit geht jedoch nicht zwingend einher, dass er ihn auch schließen *muss* oder gleichsam automatisch abschließt. Erforderlich ist die privatautonome Konstituierung eines solchen Prüfvertrags.[513] Eine im allgemeinen steuerlichen Mandat wurzelnde Nebenpflicht, die im Ergebnis zu einer insolvenzbezogenen Hinweispflicht führte, existiert demgegenüber nicht.

---

[511] Überzeugend BGH NJW-RR 2013, 983, 985, Rn. 21; *H. F. Müller*, ZInsO 2013, 2181, 2182; gegen eine Nebenpflicht auch *Thole*, ZfPW 2015, 31, 42 ff.

[512] S. oben S. 41 ff., zu den Voraussetzungen im Einzelnen S. 43 ff.

[513] Richtig daher BGH NJW-RR 2013, 983, 985, Rn. 20 a. E.; s. auch *H. F. Müller*, ZInsO 2013, 2181, 2182.

4. Ergebnis bezüglich der Pflicht zum Hinweis auf die mögliche Insolvenzreife und aus ihr folgende Geschäftsleiterpflichten

Nach alldem besteht in einem allgemeinen steuerlichen Mandat keine Pflicht zum Hinweis auf die (drohende) Insolvenzreife oder die Pflicht des Geschäftsleiters, eine Prüfung der Insolvenzreife vorzunehmen oder in Auftrag zu geben und ggf. Insolvenzantrag zu stellen.

II. Pflicht zur richtigen *Erteilung überobligatorischer Auskünfte*

In Abgrenzung zum bislang Erörterten ist nunmehr die Konstellation der konkreten, überobligatorischen Stellungnahme – speziell zum Vorliegen der Insolvenzreife – in einem allgemeinen steuerlichen Mandat zu untersuchen. Es geht um den Fall, dass der Berater, ohne nach den bisherigen Ausführungen dazu verpflichtet zu sein, konkret und im Ergebnis fehlerhaft Auskunft zum Bestehen eines Eröffnungsgrunds erteilt, das Vorliegen also bejaht oder verneint.[514] Die Rechtsprechung löst diese Konstellation wie dargelegt unter Rückgriff auf einen angeblich konkludent geschlossenen Prüfvertrag. Es wurde aufgezeigt, dass dieser Lösungsweg für den Regelfall abzulehnen ist.[515] Dies darf jedoch nicht ohne Weiteres dazu führen, den Berater von jeglicher Verantwortung für seine Aussagen freizustellen. Entsprechend der gegenüber der Rechtsprechung geäußerten Kritik ist die Lösung dieses Falls auf Grundlage des bestehenden Vertrags in Gestalt des allgemeinen steuerlichen Mandats und darauf aufbauend in § 241 Abs. 2 BGB zu suchen.[516]

Anders als bei dem Hinweis auf die drohende Insolvenzreife ist als haftungsbegründendes Verhalten nicht das Unterlassen eines Hinweises in den Fokus zu nehmen, sondern vielmehr das Tätigwerden des Beraters in Form der aktiven Falschauskunft. Dogmatisch geht es daher prima facie nicht um die bis hierhin im Vordergrund stehenden Aufklärungspflichten. Indes ließe

---

[514] Ein solcher Fall lag BGH NJW 2013, 2345 ff. zugrunde (jedenfalls sofern man mit dem BGH davon ausgeht, der Berater habe mit der Aussage, es liege eine „Überschuldung rein bilanzieller Natur" vor, zugleich eine insolvenzrechtliche Überschuldung und damit § 19 InsO ausgeschlossen).

[515] Ausführlich oben S. 20 ff.

[516] Allgemein zu diesem Ansatz *Emmerich*, in: MünchKomm-BGB, § 311 BGB Rn. 65; *Bachmann*, in: MünchKomm-BGB, § 241 BGB Rn. 115; *Sutschet*, in: Bamberger/Roth, § 241 BGB Rn. 79 (der mit Verweis auf die Rspr. auch die Möglichkeit eines stillschweigenden Auskunftsvertrags sieht); *Olzen*, in: Staudinger, § 241 BGB Rn. 459; der Ansatz, bei Überschreitung vertraglicher Befugnisse (hier aus dem zugrundeliegenden, meist allgemeinen steuerlichen, Mandat) auf das Recht der Geschäftsführung ohne Auftrag zurückzugreifen, ist aufgrund des abschließenden Charakters des Vertrags (mit der inzwischen wohl h. M.) abzulehnen, s. dazu *Bergmann*, Die GoA als Subordinationsverhältnis, S. 172 ff. m. w. N.; *ders.*, in: Staudinger, Vorbem zu §§ 677 ff BGB Rn. 190 ff. m. w. N.; *Beuthien*, in: Soergel, § 677 BGB Rn. 24; *Seiler*, in: MünchKomm-BGB, § 677 BGB Rn. 49; *Fehrenbacher*, in: PWW, § 677 BGB Rn. 18.

sich dogmatisch danach unterscheiden, ob der Berater auf Nachfrage des Mandanten hin eine (endgültige) Aussage zur Insolvenzreife trifft[517] oder ob er unaufgefordert Auskunft erteilt. Die auf Nachfrage erteilte Falschinformation wird teils als Verletzung einer Aufklärungspflicht verstanden, bei der es keinen Unterschied mache, ob sie durch Unterlassen oder positives Tun verletzt werde.[518] Eine solche Einordnung würde grundsätzlich zu einem erhöhten Begründungsaufwand hinsichtlich des Vorliegens einer Pflichtverletzung führen.[519] Im dogmatischen Ausgangspunkt müsste insoweit konstruktiv etwa darauf abgestellt werden, dass der aufgrund einer Nachfrage beispielsweise hinsichtlich der Insolvenzreife konkret Stellung nehmende Berater jedenfalls von einem Informationsgefälle ausgehen wird, welches aufgrund der Nachfrage des Mandanten ebenso erkennbar ist wie die Bedeutung der Information für diesen.[520] Weiter müsste daraus, dass der Berater die Frage des Mandanten beantwortet, darauf geschlossen werden, der Berater erweitere seine durch das Mandat – welches trotz der Auskunft nach wie vor als allgemeines steuerliches Mandat anzusehen ist[521] – auf die rein steuerrechtliche Beratung begrenzte Tätigkeit funktional hinsichtlich der Bewertung des Vorliegens der Insolvenzreife.[522]

Ungeachtet einer dogmatischen Differenzierung bezüglich des Auslösers der Aussage des Beraters ist festzuhalten, dass allgemein im Ergebnis vielfach angenommen wird, Falschinformationen seien generell zu unterlassen und führten unabhängig von etwaigen Aufklärungspflichten grundsätzlich zu Schadensersatzansprüchen.[523] Wertungsmäßig spricht dafür im speziellen Fall

---

[517] Durch die konkrete Antwort des Beraters hinsichtlich des Vorliegens der Insolvenzreife unterscheidet sich dieser Fall (jedenfalls bei unbefangenem Verständnis, vgl. auch noch Fn. 542) von der auf S. 112 ff. erörterten Konstellation, dazu ausführlich dort.

[518] *Pohlmann*, Die Haftung wegen Verletzung von Aufklärungspflichten, S. 31 f.; *Olzen*, in: Staudinger, § 241 BGB Rn. 459, 462 m. w. N.

[519] Vgl. *Pohlmann*, Die Haftung wegen Verletzung von Aufklärungspflichten, S. 32; *Emmerich*, in: MünchKomm-BGB, § 311 BGB Rn. 65.

[520] Vgl. auch *Olzen*, in: Staudinger, § 241 BGB Rn. 459.

[521] S. dazu S. 30 ff.

[522] Vgl. auch *Olzen*, in: Staudinger, § 241 BGB Rn. 459; allgemein *Breidenbach*, Informationspflichten, S. 76.

[523] Vgl. *Pohlmann*, Die Haftung wegen Verletzung von Aufklärungspflichten, S. 32; *Adolff*, Third Party Legal Opinions, S. 65; *Kersting*, JR 2008, 312, 312 (kritisch jedenfalls im Bereich von Dreipersonen- bzw. Dritthaftungsverhältnissen aber *ders.*, Dritthaftung, insbesondere S. 362 ff.); ferner *Lorenz*, Der Schutz vor dem unerwünschten Vertrag, S. 412 m. w. N.; *Sutschet*, in: Bamberger/Roth, § 241 BGB Rn. 79; *Emmerich*, in: MünchKomm-BGB, § 311 BGB Rn. 65; *Bachmann*, in: MünchKomm-BGB, § 241 BGB Rn. 115; *Martinek*, in: Staudinger, § 675 BGB Rn. C 17; *Berger*, in: Erman, § 675 BGB Rn. 148; *Schulze*, in: Hk-BGB, § 241 BGB Rn. 7; *Krebs*, in: NK-BGB, § 241 BGB Rn. 55 a. E.; vgl. aus der Rspr. etwa BGHZ 74, 103, 110; BGH NJW-RR 1986, 1478, 1479; BGH NJW-RR 1988, 458, 459; BGH NJW-RR 1997, 144, 145.

des insolvenzbezogenen Hinweises durch den aufgrund eines allgemeinen steuerlichen Mandats tätigen Berater zunächst, dass der Mandant infolge des unzutreffenden Hinweises in die Irre geführt und davon abgehalten wird, weiteren Rat einzuholen, um die richtigen Maßnahmen treffen zu können.[524] Eine überobligatorische unrichtige Stellungnahme gefährdet den Mandanten daher erheblich. Dabei ist der Berater umso mehr an seiner Aussage festzuhalten, als er nach dem bis hierhin Erörterten gerade nicht verpflichtet ist, eine Erklärung zur Insolvenzreife abzugeben. Zu bedenken ist sodann, dass der Berater im Rahmen einer bestehenden Rechtsbeziehung entgeltlich beratend tätig wird. Er unterliegt damit ohnehin einer erhöhten Interessenbindung.[525] Bereits hingewiesen wurde auch auf die Vertrauensprägung der Beziehung zwischen dem (besonders sachkundigen) Berater und dessen Mandanten, die sich durch die Aussage des Beraters hinsichtlich der Eröffnungsgründe gleichsam aktualisiert.[526] Schlussendlich ist es auch aus Gründen der Verhaltenssteuerung erforderlich, falsche, überobligatorische Auskünfte haftungsrechtlich zu sanktionieren, denn letztlich sind diese insgesamt unerwünscht. Dass die dargelegten Erwägungen zum Teil auch im Zusammenhang mit der Erörterung einer Verpflichtung zum ungefragten Hinweis auf die (drohende) Insolvenzreife aufgegriffen wurden, insoweit aber nicht zu einer Hinweispflicht führten, steht der hier getroffenen Einordnung nicht entgegen. Denn wertungsmäßig haftet dem Handeln des Beraters bei der aktiven Falschauskunft eine völlig andere Qualität an.[527]

Zusammenfassend ist mithin festzuhalten, dass konkrete überobligatorische Aussagen zur Insolvenzreife richtig sein müssen, andernfalls liegt, auf Grundlage des bestehenden (allgemeinen steuerlichen) Mandats gestützt auf § 241 Abs. 2 BGB, eine Pflichtverletzung des Beraters vor. Will der Berater nicht Gefahr laufen, für eine falsche Auskunft zur Insolvenzreife zu haften, so muss er demnach insgesamt auf solche Aussagen verzichten; insofern gilt die Feststellung: „tertium non datur“[528].

---

[524] Insoweit zutreffend *Hager*, KTS 2014, 313, 313, der sich mit dieser Erwägung hilfsweise auf § 241 Abs. 2 BGB stützt (primär jedoch dem Lösungsweg des BGH zustimmt); in der Sache findet sich diese Erwägung ansatzweise auch bei BGH NJW-RR 2013, 983, 986, Rn. 23.

[525] Zwar handelt es sich etwa bei dem allgemeinen steuerlichen Mandat um ein Mandat, das gerade nicht auf die Prüfung der Insolvenzreife gerichtet ist. Doch ergibt sich die allgemeine Interessenbindung als solche auch schon aus diesem Mandat. Im Übrigen überschreitet der Berater wie soeben dargelegt selbst seinen mit dem allgemeinen steuerlichen Mandat einhergehenden Funktionskreis.

[526] Vgl. aber auch *Lorenz*, Der Schutz vor dem unerwünschten Vertrag, S. 412, demzufolge es dessen nicht einmal bedarf.

[527] Vgl. nur *Pohlmann*, Die Haftung wegen Verletzung von Aufklärungspflichten, S. 32; BGH NJW-RR 1986, 1478, 1479; BGH NJW-RR 1988, 458, 459; BGH NJW-RR 1997, 144, 145; vgl. auch schon Fn. 523 m. w. N.

[528] S. allgemein *Emmerich*, in: MünchKomm-BGB, § 311 BGB Rn. 65.

Bezieht man diese Konzeption auf die vom BGH entschiedenen Fälle, so ist zunächst festzustellen, dass sich die Ergebnisse mit denjenigen des BGH decken, wenn der Berater das Vorliegen der Insolvenzreife im konkreten Fall tatsächlich beurteilt, die Insolvenzreife also etwa eindeutig ausschließt.[529] Zu bedenken ist indes, dass der Berater nach dem BGH darüber hinaus im Ergebnis schon von sich aus über die Insolvenzreife aufzuklären haben (und für die unterlassene Aufklärung haften) kann, wenn es zu einem Gespräch über die wirtschaftliche Situation der Gesellschaft kommt (und dies für die Begründung eines Prüfvertrags genügen können soll).[530] Denn im Grundsatz hat der Berater immer dann schon von sich aus über die Insolvenzreife aufzuklären und ggf. zu haften, wenn das Zustandekommen eines Prüfvertrags angenommen und dadurch das eigentliche allgemeine steuerliche Mandat verlassen wird. Als Weiterung dieser Rechtsprechung liegt es damit zugespitzt formuliert gleichsam in der Hand der Tatsachengerichte, ob und in welchem (u. U. weiten) Umfang im Ergebnis praktisch sogar schon eine Aufklärungspflicht besteht. Anknüpfend an § 241 Abs. 2 BGB kommt es hingegen nur dann zu einer Haftung, wenn der Berater tatsächlich und im Ergebnis unrichtig Stellung zum Vorliegen eines Eröffnungsgrunds nimmt, nicht aber, wenn die Aufklärung unterlassen wird. Dies zeigt sich auch an der Konstellation, in der einer GmbH zur Vermeidung ihrer Zahlungsunfähigkeit durch den Geschäftsführer ein Darlehen gestellt wurde, worüber dieser den Steuerberater informierte, der wiederum zu einer Rangrücktrittserklärung hinsichtlich des Rückzahlungsanspruchs riet.[531] Konsequenterweise hätte der BGH in diesem Fall von dem Abschluss eines Prüfvertrags ausgehen müssen. Schließlich besteht ein unmittelbarer Bezug des Rats hinsichtlich des Rangrücktritts zu dem Eröffnungsgrund der Überschuldung nach § 19 InsO (s. § 19 Abs. 2 S. 2, 39 Abs. 2 InsO). Dies stellte der BGH selbst fest.[532] Entsprechend wäre dann aber auch ein Hinweis des Beraters bezüglich der etwaigen Insolvenzreife geschuldet gewesen. Dahingegen wäre nach der auf § 241 Abs. 2 BGB beruhenden Konzeption eine Haftung lediglich dann begründet, wenn es zu einer überobligatorischen, falschen Aussage mit Blick auf die Insolvenzreife gekommen wäre.

Die Bedeutung des Prüfvertrags wird durch die auf § 241 Abs. 2 BGB gestützte Konzeption geschmälert. Zur Lösung von Fällen, in denen Schäden vermittelt durch eine überobligatorische, unrichtige Aussage des Beraters zum Vorliegen der Insolvenzreife eintreten, ist regelmäßig auf das bestehende

---

[529] Dies betrifft den Fall BGH NJW 2013, 2345 ff., sofern man denn mit dem BGH annimmt, der Berater habe durch die Äußerung, es handele sich um eine „Überschuldung rein bilanzieller Natur" die insolvenzrechtliche Überschuldung ausgeschlossen.

[530] Vgl. BGHZ 193, 297 ff.

[531] S. BGH NJW-RR 2013, 983 ff.

[532] BGH NJW-RR 2013, 983, 986, Rn. 23; s. in diesem Zusammenhang auch *Römermann*, GmbHR 2013, 513, 515; *ders./Praß*, GmbHR 2013, 938, 940.

allgemeine steuerliche Mandat zurückzugreifen.[533] Unrichtige Aussagen zur Insolvenzreife stellen eine Verletzung der aus diesem Schuldverhältnis folgenden Pflichten dar. Dieser Lösungsweg ist dogmatisch klarer und praktisch leichter handhabbar als der Umweg über einen angeblich stillschweigend getroffenen Prüfvertrag, der die Gefahr der Einführung einer Hinweispflicht „durch die Hintertür" in sich trägt.[534]

III. Pflicht zum Hinweis auf die Notwendigkeit des Abschlusses eines Prüfvertrags zur „verbindlichen" Feststellung der Insolvenzreife

Der BGH hat dem Pflichtenprogramm des Beraters eine weitere Facette hinzugefügt. Im Zusammenhang mit der Zurückweisung einer Nichtzulassungsbeschwerde führte er am 06.02.2014 aus, dass ein Berater, der bei einem „rein steuerrechtlichen" Mandat mit dem Geschäftsleiter in konkrete Erörterungen über die etwaige Insolvenzreife der beratenen Gesellschaft eintritt, dem Mandanten einen Weg aufzeigen müsse, der die Feststellung ermöglicht, ob die (materielle) Insolvenz vorliegt oder nicht. Der Berater müsse also auf die Notwendigkeit des Abschlusses eines Prüfvertrags mit ihm oder einem Dritten hinweisen.[535] Damit ergänzt und vervollständigt der BGH vordergründig die von ihm entworfene Konzeption der Haftung des Beraters im steuerlichen Mandat.[536] Einerseits hat der Berater nach dem BGH bei einem allgemeinen steuerlichen Mandat nicht von sich aus auf die mögliche Insolvenzreife hinzuweisen. Andererseits müssen abschließende, spezifische Äußerungen zur Insolvenzreife richtig sein, da nach der Rechtsprechung des BGH ansonsten eine Verletzung der Pflichten aus einem Prüfvertrag, der ggf. mittels konkludenter Willenserklärungen hergeleitet wird, vorliegen kann. Außerdem entsteht immer dann, wenn im Übrigen das (konkludente) Zustandekommen eines Prüfvertrags angenommen wird, die Pflicht, auch schon von

[533] In gewissen – indes hier nicht (weiter) erörterten – Konstellationen, in denen es sich nicht um ein allgemeines steuerliches, sondern ein ganz anderes, „entfernteres" Mandat z. B. eines Rechtsanwalts handelte, mochte die Anknüpfung an § 241 Abs. 2 BGB u. U. an Grenzen stoßen. So könnte im Ansatz bezweifelt werden, ob sich darauf die Haftung etwa eines Rechtsanwalts stützen lässt, der mit der Abwicklung eines Verkehrsunfalls betraut ist und von dem plötzlich eine Stegreifauskunft zur Insolvenzreife verlangt wird (beachte indes schon Fn. 523). Doch dürfte in derartigen (Sonder-)Fällen ohnehin auch ein (dann u. U. sogar ausnahmsweise mindestens weit überwiegendes) Mitverschulden des Mandanten anzunehmen sein; vgl. insoweit allgemein noch S. 147 ff., 154 f.

[534] Anders *Thole*, ZfPW 2015, 31, 40 f., der dem Ansatz des BGH folgt (zugleich aber die Schwierigkeiten sieht); vgl. nunmehr aber auch *D. Fischer*, DB 2015, 1643, 1646; insoweit auch noch sogleich sowie Fn. 542 zur jüngsten Rechtsprechung des BGH.

[535] BGH NJW-RR 2014, 827, 828, Rn. 4 f. und Ls.

[536] *Zilkens*, EWiR 2014, 385, 385 f.

sich aus auf die Insolvenzreife hinzuweisen.[537] In einem „rein steuerrechtlichen“ und damit auch dem allgemeinen steuerlichen Mandat haftet der Berater demnach grundsätzlich nicht, wenn er auf eine unaufgeforderte konkrete Aussage (insbesondere zur Insolvenzreife) verzichtet. Wird etwa die Frage der Insolvenzreife angesprochen, äußert sich der Berater aber nicht oder nur so allgemein, dass selbst nach der Rechtsprechung kein konkludenter Abschluss eines Prüfvertrags anzunehmen ist, so lässt sich daraus – auf Grundlage der Rechtsprechung des BGH vor der Entscheidung vom 06.02.2014 – gleichfalls keine Haftung ableiten.[538]

Unter diesen Vorzeichen kann die mit der zuletzt genannten Entscheidung festgelegte Hinweispflicht in funktionaler Hinsicht zunächst als auf das Fehlen einer hinter dem Handeln desjenigen Beraters stehenden vertraglichen Grundlage (mit Blick auf die Insolvenzreife) gerichtet verstanden werden, der im Rahmen eines allgemeinen steuerlichen Mandats „zu allgemeine“ Ausführungen macht, die gleichwohl insolvenzrechtlichen Bezug haben. Nach diesem Verständnis soll der Mandant durch die Hinweispflicht also in die Lage versetzt werden, gerade einen (vertraglich abgesicherten) Weg zur Feststellung der Insolvenzreife beschreiten zu können.[539] Allgemeine insolvenzrechtliche Auskünfte (auf Grundlage eines rein steuerrechtlichen Mandats – mithin eines solchen, das nicht auch die Prüfung der Insolvenzreife beinhaltet) wären für den Mandanten schließlich wertlos (im Übrigen haftete der Berater nicht, sofern er nicht „überschießend“, d. h. überobligatorisch Stellung zum konkreten Vorliegen der Insolvenzreife nähme oder aus sonstigen Gründen der konkludente Abschluss eines Prüfvertrags anzunehmen wäre). Nimmt der BGH nunmehr eine Hinweispflicht betreffs der Anforderungen an eine Klärung der Insolvenzreife an, so kann dahinter gleichzeitig der Zweck gesehen werden, eine Fehlvorstellung bei dem Mandanten zu vermeiden. Dieser könnte davon ausgehen, schon alles getan zu haben, was im Zusammenhang mit der im Raum stehenden Insolvenzreife erforderlich sei.[540]

---

[537] Zur Rechtsprechung des BGH hinsichtlich der insolvenzbezogenen Pflichten insbesondere oben S. 29 f., 62, 83, 90, zum Vertragsschluss beim Prüfvertrag auch schon S. 20 ff., je m. w. N.

[538] Vgl. auch *Zilkens*, EWiR 2014, 385, 386; resümierend auch BGH NJW-RR 2014, 827, 827 f., Rn. 3. Praktisch sind die Grenzen allerdings fließend, da nicht zweifelsfrei abstrakt festgestellt werden kann, in welchen Fällen ein konkludenter Prüfvertrag zustande kommt. Unklar ist, wie dargelegt, ab welcher Intensität bzw. Bestimmtheit von insolvenzbezogenen Äußerungen die Schwelle zum Prüfvertrag überschritten wird. Diesem Problem sah sich letztlich auch das OLG Schleswig in BeckRS 2014, 06690, II., 1. ausgesetzt, das daher – als Vorinstanz zu BGH NJW-RR 2014, 827 f. – seinerseits gleichsam hilfsweise auf eine Nebenpflicht zurückgriff. S. dazu und zur Rechtslage nach der Entscheidung vom 06.02.2014 noch sogleich.

[539] Vgl. BGH NJW-RR 2014, 827, 828, Rn. 5.

[540] In diese Richtung – Irreführung des Mandanten durch den Berater, indem der Berater dem Mandanten den Eindruck vermittelt, der Mandant habe alles getan, um seiner Pflicht

Indes darf nicht verkannt werden, dass der BGH es sich mit der Entscheidung vom 06.02.2014 zugleich ermöglicht hat, aus dem soeben dargestellten Haftungsschema auszubrechen, das bis zum Zeitpunkt dieser neuerlichen Entscheidung bestand. Denn nunmehr muss der BGH zur Begründung der Haftung des Beraters eben nicht (mehr) zwingend auf einen Prüfvertrag und die damit einhergehenden Fiktionen zurückgreifen[541]. Bei Lichte betrachtet befreit sich der BGH demzufolge jedenfalls in Teilen wieder aus dem selbst angelegten Korsett seiner Rechtsprechung.[542] Dieses Vorgehen könnte die Rechtsprechung zum Prüfvertrag relativieren und bedeutet in jedem Fall eine weitere Schwächung der dogmatisch ohnehin brüchigen Konzeption des BGH.[543]

Interpretiert man die vom BGH festgelegte Pflicht des Beraters mit Blick auf ihre Zielrichtung im Ergebnis aber in dem dargestellten Sinne, also letztlich als Pflicht zum Hinweis auf die „Unverbindlichkeit" eigenen Handelns und die Möglichkeiten (und Notwendigkeit) zur gesonderten Feststellung der Insolvenzreife, so lässt auch sie sich der Sache nach als eine retrospektiv orientierte Aufklärungspflicht einordnen. Es soll verhindert werden, dass der Mandant im Glauben, schon alles im Zusammenhang mit der Insolvenzreife Erforderliche getan zu haben, davon absieht, eine vertraglich fundierte, mit Haftung verbundene Prüfung der Insolvenzreife (durch eine sachverständige Person, sei dies der Berater selbst oder ein Dritter) in Auftrag zu geben.

---

zur Überprüfung der möglicherweise gegebenen Insolvenzreife nachzukommen, als haftungsbegründendes Handeln – schon BGH NJW-RR 2013, 983, 986, Rn. 23; vgl. ansatzweise auch *Zilkens*, EWiR 2014, 385, 386.

541 Zu diesen ausführlich oben S. 20 ff., vgl. ferner S. 38 ff.

542 BGH NJW-RR 2014, 827, 828, Rn. 4 ließe sich sogar so verstehen, dass der BGH nun auch für *falsche* Auskünfte zur Insolvenzreife auf das allgemeine steuerliche Mandat zurückgreifen will („Den Steuerberater treffen jedoch weitergehende vertragliche Hinweispflichten, wenn er – wie hier – bei einem rein steuerrechtlichen Mandat mit dem Vertretungsorgan in konkrete Erörterungen über eine etwaige Insolvenzreife der von ihm beratenen Gesellschaft eintritt. Insoweit gilt nichts anderes als in sonstigen Fällen, in denen der Berater außerhalb des bestehenden Mandatsverhältnisses für die Entschließung des Mandanten erkennbar erhebliche Erklärungen abgibt, die sich als *unzutreffend* erweisen." [Hervorhebung durch Verfasser]) – bemerkenswert insoweit jetzt auch *D. Fischer*, DB 2015, 1643, 1646. Tatsächlich ging es in der konkreten Entscheidung allerdings eher um *unvollständige*, nicht aber um *unrichtige*, insolvenzbezogene Auskünfte, s. dazu die Vorinstanz OLG Schleswig BeckRS 2014, 06690, II., 2., b) mit Verweis auf die eigene vorhergehende Entscheidung ZInsO 2011, 2280, 2285. Da das OLG im Zusammenhang mit den (demnach wohl unvollständigen) Aussagen des Beraters nicht vom Abschluss eines Prüfvertrags ausgehen mochte, erfolgte dann der gleichsam hilfsweise Rückgriff auf eine Nebenpflicht.

543 Vgl. auch schon S. 38 ff. mit Fn. 160; dabei bleibt zum jetzigen Zeitpunkt der Entwicklung letztlich offen, ob der BGH nunmehr tatsächlich auch Fälle falscher Auskünfte über den in der Entscheidung vom 06.02.2014 angelegten Weg lösen würde, vgl. schon soeben Fn. 542.

Dadurch könnte schließlich ein Schaden entstehen, der vermieden worden wäre, wenn der Mandant gewusst hätte, dass es mit Blick auf die Insolvenzreife an einer vertraglichen Grundlage für das Handeln des Beraters fehlt. Die Voraussetzungen zur Begründung einer solchen Pflicht entsprechen folglich den schon im Zusammenhang mit dem Hinweis auf die drohende Insolvenzreife erörterten.[544] Es ist jedoch das andersartige Hinweisziel – bezogen auf die Möglichkeiten zur Feststellung der Insolvenzreife – zu berücksichtigen.

Mit Blick auf das erforderliche Wissensgefälle ließe sich argumentieren, dass der Berater seine Pflichten zu kennen hat.[545] Folglich hat er auch zu wissen, dass er in einem allgemeinen steuerlichen Mandat nicht verpflichtet ist, auf eine möglicherweise drohende Insolvenzreife hinzuweisen, dass aber eine abschließende Prüfung erforderlich ist. Der Mandant bzw. dessen Geschäftsleiter mag demgegenüber davon ausgehen, die Aussage des Beraters, mit dem der Mandant immerhin vertraglich verbunden ist, sei abschließend. Der Berater könnte dies auch erkennen. Hinsichtlich der auf das Hinweisziel zu beziehenden Bedeutung der Information ist festzustellen, dass der Wert der Aussage des Beraters mit ihrer Endgültigkeit steht und fällt. Demzufolge kommt es auch gerade darauf an, wer auf welcher vertraglichen Grundlage der richtige Ansprechpartner des Mandanten zur Klärung der Insolvenzreife ist. Der BGH meint, dass der Hinweis auf einen Weg zur Feststellung der Insolvenzreife schon mit Rücksicht auf die vielfältigen mit der Insolvenz verbundenen rechtlichen Folgen geschuldet sei.[546] Er stellt zur Begründung der Hinweispflicht also nicht zuletzt auf die Bedeutung der Insolvenzreife ab. Hinsichtlich Vertrauensstellung und Sachkunde des Beraters lässt sich mutatis mutandis auf die Ausführungen im Zusammenhang mit der Hinweispflicht betreffs der möglichen Insolvenzreife rekurrieren. Der Berater weist eine besondere Sachkunde auf, die auch die Basis für das ihm vom Mandanten entgegengebrachte Vertrauen bilden mag.

Schließlich bleibt der aus dem zugrunde liegenden Mandat abzuleitende Aufgabenkreis des Beraters zu berücksichtigen. Das allgemeine steuerliche Mandat soll dem Mandanten Kenntnisse im Steuerrecht ersetzen, nicht jedoch im Bereich des Insolvenzrechts.[547] Zunächst ließe sich allerdings darauf abstellen, dass es die Funktion auch des lediglich steuerrechtlich tätigen Beraters ist, über seine eigenen Leistungen zu informieren. Darüber hinaus könnte argumentiert werden, dass der Berater mit seinen Ausführungen zum Ausdruck bringt, sich, auch wenn eine eindeutige Stellungnahme zum Vorliegen eines Eröffnungsgrunds zunächst ausbleibt, inhaltlich mit dieser Problematik

---

[544] Vgl. S. 93 ff.

[545] Vgl. nur *Heermann*, in: MünchKomm-BGB, § 675 BGB Rn. 31; *Vill*, in: Hdb. d. Anwaltshaftung, § 2, Rn. 76 ff.; *Borgmann*, in: dies./Jungk/Schwaiger, Anwaltshaftung, S. 131 ff., Rn. 48 ff.

[546] BGH NJW-RR 2014, 827, 828, Rn. 5.

[547] S. schon S. 104 f.

zu befassen. In einem solchen Fall wäre es denkbar, von einer Erweiterung des Funktionskreises des Beraters zu sprechen,[548] die ihn jedenfalls dazu verpflichtet, deutlich zu machen, dass seine Aussagen nicht abschließend sind und ein Prüfvertrag mit ihm oder einem Dritten geschlossen werden muss.

Nach alldem ist die vom BGH vertretene, in seinem Sinne verstandene, Hinweispflicht dogmatisch begründbar.[549] Allerdings besteht zumindest im Ansatz die Gefahr, dass durch die Anerkennung einer solchen Pflicht zum Hinweis auf den Weg zur Feststellung der Insolvenzreife – je nach ihrer Ausgestaltung – das bis hierhin erarbeitete Pflichtenprogramm des Beraters unterlaufen wird. Es muss verhindert werden, dass durch die Annahme einer weiteren Pflicht letztlich doch eine faktische Übertragung der allgemeinen Verantwortung für die Überwachung der Insolvenzreife auf den Berater erfolgt, der gerade keinen Prüfvertrag geschlossen hat.[550] Der BGH stellt hinsichtlich des Auslösetatbestands der dargestellten Pflicht schließlich auf den Eintritt in „konkrete Erörterungen" über eine etwaige Insolvenzreife der beratenen Gesellschaft ab.[551] Diese Formulierung birgt Abgrenzungsschwierigkeiten und könnte für die Praxis neue Unsicherheiten bei der Bestimmung des konkreten Pflichtenprogramms des Beraters mit sich bringen.[552] Ab wann „konkrete Erörterungen" der Insolvenzreife vorliegen, die aber noch keinen Prüfvertrag begründen (dessen genaue Grenzen wie dargelegt ihrerseits unscharf bleiben), ist offen. In jedem Fall ist daher dafür Sorge zu tragen, dass es nicht zu einer zu weiten Auslegung einer solchen Pflicht kommt. Wollte man etwa schon eher allgemeine Anfragen oder Aussagen zur wirtschaftlichen Situation der Gesellschaft als zur Entstehung der angesprochenen Pflicht ausreichend erachten, folgte daraus letztlich doch in weitem Umfang eine Verpflichtung des Beraters, auf Grundlage eines bloß allgemeinen steuerlichen Mandats Hinweise zu Fragen der Insolvenzreife zu erteilen. Zwar ermöglicht der BGH es dem Berater, die Pflicht schon dadurch zu erfüllen, dass er den Mandanten an einen qualifizierten Dritten verweist.[553] Dieses Vorgehen ist auch aus anderen Zusammenhängen bekannt und gewährleistet zumindest, dass der Berater die Frage der Insolvenzreife nicht selbst beantworten muss.[554] Gleichwohl bleibt

---

[548] Vgl. dazu *Breidenbach*, Informationspflichten, S. 76; s. auch BGH NJW-RR 2014, 827, 828, Rn. 4 a. E., der ebenfalls entscheidend auf die Erklärung des Beraters abstellt.

[549] Auf Grundlage des vom *BGH* im Übrigen vertretenen Konzepts stellt sich die Anerkennung der Hinweispflicht indes als auch dogmatisch fragwürdig dar – sie ruft (weitere) Brüche in diesem Konzept hervor, s. schon soeben S. 114 sowie Fn. 160.

[550] Für den Grundsatz beim allgemeinen steuerlichen Mandat oben S. 89 ff., S. 106 f.

[551] S. BGH NJW-RR 2014, 827, 828, Rn. 4 und Ls.

[552] Befürwortend aber *Zilkens*, EWiR 2014, 385, 386.

[553] BGH NJW-RR 2014, 827, 828, Rn. 5.

[554] S. etwa BGH WM 2009, 1376, 1377, Rn. 11 f.; BGH NJW-RR 2004, 1358, 1359; OLG Köln VersR 2006, 87, 87 f.; *Gehrlein*, Anwalts- und Steuerberaterhaftung, S. 30, Rn. 51, S. 36, Rn. 58.

die Gefahr bestehen, dass die auf steuerrechtliche Aspekte bezogene Beschränkung der Pflichten des Beraters, der eben ein allgemeines *steuerliches* Mandat übernommen hat, unterlaufen wird.

Will man die vom BGH zur Anwendung gebrachte Pflicht im Ergebnis grundsätzlich anerkennen, so ist sie demzufolge zumindest restriktiv zu verstehen. Mit Blick auf den angesprochenen Gesichtspunkt der Funktionskreiserweiterung ist zu fordern, dass die besondere Beratungsbedürftigkeit des Mandanten hinsichtlich der Feststellung der Insolvenzreife für den Berater klar ersichtlich werden muss und dieser sich daraufhin in der Sache äußert (ohne aber zunächst abschließend Stellung zu nehmen).

Dies wird der Fall sein, wenn der Mandant ausdrücklich danach fragt, ob Insolvenzreife gegeben ist und der Berater etwa (lediglich) ausführt, dass aufgrund eines bestimmten Umstands (allein) nicht auf die Insolvenzreife geschlossen werden könne.[555] Selbst wenn die Aussage des Beraters insoweit noch zutreffen mag, lässt sich in dieser Konstellation daran anknüpfen, dass der Mandant durch die Auskunft in die Irre geführt werden könnte[556] und die Aussage u. U. eben nicht die ganze Wahrheit enthält bzw. letztlich unvollständig bleibt. Eine dergestalt verstandene Pflicht des Beraters, letztlich keine unvollständige, zur Irreführung des Mandanten geeignete Auskunft zu erteilen, mag man dann gleichsam als Ergänzung bzw. Unterfall der Pflicht, keine falschen überobligatorischen Auskünfte zu erteilen, ansehen[557] und in das insoweit in dieser Arbeit vertretene Konzept[558] integrieren. Dieser Einordnung entsprechend lassen sich auch die erörterten Wertungskriterien hinsichtlich der Rechtfertigung einer solchen Pflicht heranziehen.[559]

Es handelt sich demnach allerdings lediglich um Sonderkonstellationen. Die Anerkennung einer solchen Pflicht darf nicht im Ergebnis dazu führen, dem Berater auf Grundlage des allgemeinen steuerlichen Mandats regelmäßig die Verantwortung für die Überwachung der Insolvenzreife zu übertragen.[560]

---

[555] Es soll vorausgesetzt werden, dass die Äußerung weder eindeutig so zu verstehen ist, als bedürfe die Frage der Insolvenzreife gesonderter, umfassender Prüfung noch als werde die Insolvenzreife zugleich insgesamt ausgeschlossen; im zuletzt genannten Fall wäre – bei unterstellter Unrichtigkeit dieser Aussage – ohnehin eine Haftung auf Grundlage von § 241 Abs. 2 BGB gegeben, s. oben S. 108 ff.

[556] Wertungsmäßig lässt sich in dieser Konstellation in der Tat darauf abstellen, dass die Ausführungen des Beraters den Mandanten zu der Annahme verleiten mögen, schon alles im Zusammenhang mit der im Raum stehenden Insolvenzreife Erforderliche getan zu haben, vgl. dazu auch BGH NJW-RR 2013, 983, 986, Rn. 23.

[557] Vgl. allgemein auch *Lorenz*, Der Schutz vor dem unerwünschten Vertrag, S. 413 („Auch Teilwahrheit ist Unwahrheit, wenn sie zur Irreführung geeignet ist").

[558] Dazu oben S. 108 ff.

[559] Vgl. oben S. 109 f.

[560] Eindeutig abschließende, falsche Äußerungen zur Insolvenzreife werden wie erörtert ohnehin unmittelbar über die Pflicht zur richtigen Erteilung überobligatorischer Auskünfte sanktioniert.

IV. Ergebnis zu den insolvenzbezogenen Pflichten in einem allgemeinen steuerlichen Mandat

Fasst man die Erkenntnisse zu den Pflichten des Beraters in einem allgemeinen steuerlichen Mandat zusammen, so zeigt sich, dass aus diesem Mandat nicht die Pflicht folgt, unaufgefordert auf die objektiv drohende Insolvenzreife hinzuweisen. Zwar ist der Berater – das gilt in besonderem Maße für Steuerberater – häufig der erste Ansprechpartner des Mandanten. Doch sind die übernommenen Beratungsaufgaben im Rechtssinne auf steuerrechtliche Aspekte begrenzt. Darüber hinaus besteht keine Pflicht, die Insolvenzreife im Blick zu haben, auch nicht auf Grundlage von § 241 Abs. 2 BGB. Die dem Mandanten (durch den Geschäftsleiter) zukommende Eigenverantwortung überwiegt die „Fürsorgepflicht“ des Beraters. Das befreit den Berater allerdings nicht von jeglicher Haftung. Sofern er überobligatorisch etwa zum konkreten Vorliegen eines Eröffnungsgrunds Stellung nimmt, haftet er für die Richtigkeit seiner Aussage. Der Berater kann daher sicherstellen, diesbezüglich nicht in die Verantwortung genommen zu werden, indem er auf Äußerungen zum konkreten Vorliegen der Insolvenzreife verzichtet. Tritt er in konkrete Erörterungen über die Insolvenzreife ein, ohne aber (fehlerhaft) abschließend Stellung zum Vorliegen eines Eröffnungsgrunds zu nehmen, hat der Berater nach dem BGH zumindest einen Weg zur Klärung dieser Frage aufzuzeigen. Diesbezüglich genügte der Verweis an einen fachlich geeigneten Dritten. Eine solche Pflicht ist indes bedachtsam zu handhaben und dergestalt zu verstehen, dass der Berater letztlich unvollständige, auf die konkrete Frage nach dem Vorliegen der Insolvenzreife hin erteilte, Auskünfte zu unterlassen hat (die strukturell im Ergebnis als Unterfall falscher Auskünfte einzuordnen sind).

Diese differenzierte Pflichtenbestimmung führt zu einer angemessenen Risikoverteilung zwischen Berater und Mandant. Der Berater kann sich bei seiner Tätigkeit auf steuerrechtliche Aspekte konzentrieren. Eines Hinweises oder Urteils zur Insolvenzreife kann er sich enthalten. Er ist damit von der Verpflichtung zu insolvenzrechtlicher Beratung abgeschirmt. Zu einer Durchbrechung der „Grenze des Insolvenzrechts“ kommt es nur, soweit der Berater überobligatorisch (und im Ergebnis unzutreffend oder in Einzelfällen unvollständig) Stellung zu insolvenzrechtlichen Aspekten wie der Insolvenzreife nimmt. Benötigt der zum eigenverantwortlichen Handeln verpflichtete Mandant Unterstützung im insolvenzrechtlichen Bereich, hat er demnach ein Spezialmandat in Form eines Prüfvertrags zu erteilen. Vor falschen Äußerungen etwa zur Insolvenzreife ist der Mandant gleichwohl geschützt.

G. Unternehmens- bzw. Wirtschaftsberatung

In Abgrenzung zum allgemeinen steuerlichen Mandat bleibt das originär auf Wirtschaftsberatung gerichtete Mandat zu erörtern.[561] Es ist schon angeklungen, dass die Bandbreite denkbarer Tätigkeiten groß ist.[562] Das erschwert eine allgemeingültige Untersuchung möglicher Hinweispflichten, sodass im Folgenden nur eine grobe Rasterung solcher Pflichten in Anlehnung an die bisherigen Ausführungen, insbesondere zum allgemeinen steuerlichen Mandat, vorgenommen werden kann und soll. Sofern einer der in dieser Ausarbeitung im Mittelpunkt stehenden Berufsträger tätig wird, wäre in Ansehung einer möglichen insolvenzbezogenen Hinweispflicht zunächst auf die allgemeine Beratungs- und Schadensverhütungspflicht einzugehen.[563] Insoweit müsste der Aspekt der Insolvenzreife Gegenstand des Mandats sein. Darüber hinaus steht wiederum eine auf § 241 Abs. 2 BGB gestützte Aufklärungspflicht im Raum.[564]

Betreffs möglicher Spielarten der Unternehmensberatung bietet sich die Unterteilung in die „Ganzheitsberatung" einerseits und die „Schwerpunktberatung" sowie noch spezieller die „Spezialberatung" andererseits an.[565] Die Ganzheitsberatung ist demnach auf eine ganzheitliche Beurteilung aller betrieblichen Abläufe gerichtet, um das Gesamtniveau des Unternehmens anzuheben, während die Schwerpunktberatung einzelne betriebliche Funktionsbereiche und die Spezialberatung eng begrenzte Aufgabenstellungen im Blick hat.[566] Verglichen mit steuerrechtlichen Mandaten wäre die Ganzheitsberatung im Hinblick auf den Mandatszuschnitt demnach als Spiegelbild des allgemeinen steuerlichen Mandats anzusehen, während es sich bei der Schwerpunkt- und Spezialberatung letztlich um begrenzte Mandate handelt.

Geht man der Frage nach, ob der Aspekt der Insolvenzreife zum Mandatsgegenstand gehört und greift man die dargestellte Differenzierung auf, so dürften Schwerpunkt- und Spezialmandate, die auf Marketing, Personalwesen, EDV und ähnliches bezogen sind, als die Insolvenzreife erfassende Mandate von vornherein ausscheiden. Es verbliebe zunächst die Ganzheitsbera-

---

[561] Der speziellere Fall der Sanierungsberatung wurde bereits erörtert, s. oben S. 62 f.

[562] S. oben S. 18 f., insbesondere Fn. 40.

[563] *Kröger*, Die Haftung des Unternehmensberaters, S. 152, versteht die Pflichten zur Beratung und Schadensverhütung allerdings als allgemeine Beratungsgrundsätze, die daher auch andere Unternehmensberater treffen müssten (s. auch S. 240, 341 f.).

[564] Zu „allgemeinen" Hinweispflichten des Unternehmensberaters *Exner*, Der Unternehmensberatungsvertrag, S. 128 (nur soweit es sich um Probleme im Zusammenhang mit der Beratung handele und gegründet auf die „Pflicht zur ordnungsgemäßen Vertragserfüllung" bzw. „Leistungstreuepflichten").

[565] So *Kröger*, Die Haftung des Unternehmensberaters, S. 184, der damit *Martinek*, in: Staudinger, § 675 BGB Rn. B 78 folgt (wobei nur letzterer auch noch die Spezialberatung unterscheidet).

[566] *Martinek*, in: Staudinger, § 675 BGB Rn. B 78.

tung. Sie ist zwar auf die betrieblichen Abläufe in ihrer Gesamtheit gerichtet und hat auch eine Steigerung des wirtschaftlichen Erfolgs insgesamt zum Ziel.[567] Gleichwohl dürfte es eher fernliegen, den Aspekt der Insolvenzreife als unmittelbar vom Mandatsgegenstand erfasst anzusehen. Weiter könnten solche Schwerpunkt- oder Spezialmandate in Betracht kommen, die gerade auf die finanzwirtschaftliche Analyse bezogen sind. Bei ihnen könnte im Einzelfall denkbar sein, dass die Frage der Insolvenzreife schon zum Mandatsgegenstand gehört.

Im Übrigen könnte aber jedenfalls eine Aufklärungspflicht auf Grundlage von § 241 Abs. 2 BGB bestehen.[568] Die Insolvenzreife kommt als Aufklärungsziel nicht in Betracht, da mit Blick auf die erörterten Besonderheiten der Eröffnungsgründe grundsätzlich nicht anzunehmen sein wird, dass der Berater aufgrund seiner Tätigkeit das Vorliegen der spezifischen Tatbestände der §§ 17, 19 InsO einschätzen kann. Es fehlt mithin ein Informationsgefälle. Für das Aufklärungsziel der drohenden bzw. möglichen Insolvenzreife könnte demgegenüber anderes gelten. Ist der Berater mit der finanzwirtschaftlichen Analyse befasst, erhält er einen – u. U. weitreichenden – Einblick in die finanzielle und wirtschaftliche Situation des Unternehmens. Dabei kann er Zugriff auf den Jahresabschluss und weitere schon vorhandene Dokumente haben sowie neue, auch weitergehende, auf die wirtschaftliche Situation bezogene Erkenntnisse generieren. Dadurch könnte auch der Fall eintreten, dass er beispielsweise eine bilanzielle Überschuldung erkennt. Potentiell kann das Wissen des Unternehmensberaters dabei weiter reichen als das Wissen des mit der allgemeinen steuerlichen Beratung betrauten Beraters. Demzufolge ist es auch denkbar, dass der Berater eine Situation erkennt oder erkennen kann, in der die Möglichkeit der Insolvenz besteht (diese stünde jedenfalls bei bilanzieller Überschuldung im Raum).

Vorstellbar ist dies auch bei der Ganzheitsberatung. Sofern der Mandant die Situation nicht erkennt oder einschätzen kann, stellt sich allerdings die Frage, ob mit Rücksicht auf die Erkenntnispflicht des Mandanten ein Unterschied zur Lage bei einem allgemeinen steuerlichen Mandat besteht. Dies ist zu verneinen, da der Geschäftsleiter hier wie dort primär für die Überwachung der finanziellen Situation der Gesellschaft verantwortlich zeichnet.[569] Allerdings könnten mögliche Wissensdefizite des Mandanten für den Berater bedingt durch die Reichweite des Mandats erkennbar werden.

Mit Blick auf die Bedeutung der Information bestehen keine Unterschiede zum allgemeinen steuerlichen Mandat. Ähnliches dürfte für die mögliche Vertrauensstellung des Beraters gelten, sofern ein Rechtsanwalt, Wirtschaftsprüfer oder Steuerberater tätig wird. Diese genießen ein hohes Vertrauen,

---

567 Vgl. *Martinek*, in: Staudinger, § 675 BGB Rn. B 78.

568 S. zu den Voraussetzungen schon S. 93 ff.

569 Vgl. schon S. 7 ff. m. w. N., 98 ff. m. w. N.

zumal auch die betriebswirtschaftliche Beratung eine längerfristige sein kann.[570] In Verbindung mit der Sachkunde solcher Berater könnte dieses Vertrauen auch eine Anbindung an das konkrete Mandat erfahren. Eine differenziertere Betrachtung ist angezeigt, sofern nicht ein Rechtsanwalt, Wirtschaftsprüfer oder Steuerberater tätig wird, sondern eine nicht diesen Berufskreisen zugehörige Person. Das ist im insofern nicht regulierten Bereich der Unternehmensberatung möglich, sodass eine Fixierung bezüglich Berufsbild und Ausbildung fehlt.[571] Dann mag die Beurteilung bezüglich des Vertrauens davon abhängen, wie der Berater konkret auftritt und ob er sich beispielsweise als Spezialist im Bereich der Restrukturierung geriert. Auch die Sachkunde des Beraters ist dann einzelfallabhängig zu bewerten.

Hinsichtlich Aufgabenkreis und Funktion des Beraters ist festzustellen, dass ein wirtschaftsberatendes Mandat, anders als das allgemeine steuerliche Mandat, je nach Ausgestaltung auch „in der Nähe" des Aspekts der Insolvenzreife anzusiedeln sein könnte. Das wäre insbesondere bei finanzanalytischen Mandaten vorstellbar. Für die Ganzheitsberatung hängt dies davon ab, als wie weitgehend das Mandat ausgelegt wird. Maßgeblich sind dafür naturgemäß in erster Linie die Parteivereinbarungen. Nimmt man jedoch den Begriff ernst, so spricht dies für eine weitgehende Übertragung von Aufgaben auf den Berater. Soweit das Mandat den wirtschaftlichen Erfolg des Unternehmens im Blick hat, dürfte eine im Rahmen der Beratung anzustellende Analyse daher, gerade wenn ein Berater aufgrund seiner Expertise in diesem Bereich engagiert wird, auch auf die wirtschaftliche Überlebensfähigkeit bezogen sein (und zwar auch sofern bei Mandatserteilung noch keine ganz konkrete Krisensituation vorlag und demnach nicht von einem Sanierungsberatungsmandat gesprochen werden kann). Folglich kann es der Zweck eines wirtschaftsberatenden Mandats sein, dem Mandanten fehlende Kenntnisse in dem für die Feststellung der Überlebensfähigkeit erforderlichen Bereich und auch bezogen auf die dafür entscheidenden Unternehmenskennzahlen zu ersetzen. Dann rechtfertigt eine Gesamtschau der aufgezeigten Aspekte den Schluss, dass der Berater dazu verpflichtet sein kann, auf eine drohende Insolvenzreife hinzuweisen. Da das Management Consulting auch auf das Verhalten der Geschäftsleiter bezogen sein kann, ist es darüber hinaus möglich, dass sich diese Hinweispflicht auf die abstrakten[572] Geschäftsleiterpflichten in der Krise erstreckt.

---

[570] Vgl. für ein sich der Rundumbetreuung annäherndes Mandat eines Rechtsanwalts als ständigem Berater der Geschäftsführung *K. Schmidt*, in: ders./Uhlenbruck[4], S. 82, Rn. 1.183; zur Dauerberatung bei der Unternehmensberatung *Exner*, Der Unternehmensberatungsvertrag, S. 3.

[571] Vgl. *Kröger*, Die Haftung des Unternehmensberaters, S. 99 f.

[572] Vgl. zur rechtlichen Zulässigkeit eines solchen Hinweises im Hinblick auf das RDG S. 56.

H. Adressaten insolvenzbezogener Hinweise

Sofern im Einzelfall eine insolvenzbezogene Hinweispflicht – insbesondere eine Pflicht zum Hinweis auf das Vorliegen der Insolvenzreife – besteht, stellt sich die daran anschließende Frage, wie diese Pflicht zu erfüllen ist und ob der Berater im Zusammenhang mit ihrer Erfüllung weiteren Pflichten unterliegt. Genauer ist zunächst zu erörtern, welchen Akteur der Berater auf Seiten des Mandanten zu unterrichten hat. Ausgangspunkt solcher Überlegungen muss die dieser Ausarbeitung zugrunde liegende Prämisse sein, dass als Vertragspartner in der Regel die Gesellschaft anzusehen sein wird. Ist diese als solche handlungsunfähig liegt es nahe, den richtigen Empfänger der Information des Beraters im Geschäftsleiter als regelmäßigem Vertretungsorgan des Mandanten zu erblicken. Bei der Auslegung des Vertrags ist insoweit zu bedenken, dass es sich bei dem Geschäftsleiter in vielen Fällen ohnehin schon um den tatsächlichen Ansprechpartner des Beraters handeln wird. Darüber hinaus ist anzunehmen dass eine derart wichtige Information wie die Frage der Insolvenzreife zumeist unmittelbar der Führungsebene des Unternehmens mitgeteilt werden soll. Sofern ein Aufsichtsgremium existiert, also etwa ein (ggf. fakultativer) Aufsichtsrat oder auch ein Beirat, kämen zwar auch solche Gremien als Adressaten in Betracht. Gleichwohl wird es regelmäßig dabei bleiben, dass der Geschäftsleiter, dem tyischerweise gerade die operative Leitung des Unternehmens obliegt und der vor allem vorrangig der Insolvenzantragspflicht nach § 15a Abs. 1 InsO unterliegt, als primärer Ansprechpartner des Beraters anzusehen ist.[573]

Besonderheiten könnten indes gelten, wenn der Berater die vertraglich versprochene Information dem Geschäftsleiter zwar pflichtgemäß mitteilt, dieser sie aber beispielsweise in der Sache ignoriert und weiterwirtschaftet wie bisher. Derart „beratungsresistente" Geschäftsleiter mögen in der Praxis durchaus anzutreffen sein. In einer solchen Situation steht in Frage, ob den Berater weitergehende Pflichten treffen und er sich etwa „hilfsweise" an das Aufsichtsgremium als gleichsam nächsten verfügbaren Ansprechpartner zu wenden hat,[574] um Schaden von seinem Mandanten abzuwenden. Speziell die

---

[573] Anders liegen die Dinge lediglich im Fall der Vornahme einer Pflichtprüfung durch den Abschlussprüfer, der sich kraft gesetzlicher Anordnung an den Aufsichtsrat zu wenden hat, s. dazu § 111 Abs. 2 S. 3 AktG mit § 321 Abs. 5 S. 2 Hs. 1 HGB sowie § 171 Abs. 1 S. 2 AktG; vgl. dazu nur *Mirtschink*, Die Haftung des Wirtschaftsprüfers gegenüber Dritten, S. 11 f., 17, 21 f.; *Ebke*, in: MünchKomm-HGB, § 321 HGB Rn. 90.

[574] Vgl. zum Ansatz einer Pflicht zur „Remonstration" des steuerlichen Beraters in der Hierarchie der beratenen Gesellschaft etwa BGH WM 2012, 758, 759 f., Rn. 12 (die Einschaltung des Geschäftsleiters durch den Berater unterblieb, nachdem der Berater von vornherein nur eine Buchhalterin angesprochen hatte, diese einen steuerrechtlichen Hinweis jedoch als gegenstandslos abtat); s. auch *D. Fischer*, DB 2013, 2010, 2011 f.; *Vill*, in: Hdb. d. Anwaltshaftung, § 2, Rn. 303; vgl. für insolvenzbezogene Hinweise (in Anknüp-

Mitglieder des Aufsichtsrats sind im Zusammenhang mit der Krise auch gesteigerten (Überwachungs-)Pflichten und einer Haftung bei gesetzeswidriger Verzögerung der Insolvenzantragstellung sowie der Verletzung des Zahlungsverbots (s. § 116 S. 1 i. V. m. § 93 AktG) unterworfen[575]. Eine ähnliche Situation könnte auftreten, sofern der Berater lediglich einem der Mitglieder einer mehrköpfigen Geschäftsleitung im Grunde vertragsgemäß, aber im Ergebnis fruchtlos, das Ergebnis seiner Tätigkeit mitteilt. Dann mag sich die Frage stellen, ob nachgelagert die übrigen Geschäftsleiter einzubeziehen sind. Da jedoch in jedem Fall ausschließlich die Gesellschaft als Vertragspartner anzusehen ist, kann es sich insoweit zunächst höchstens um eine gegenüber der Gesellschaft bestehende Pflicht handeln; es geht gerade um die Wahrnehmung der Verpflichtungen gegenüber dem Mandanten.[576]

Der Anknüpfungspunkt für eine solche Hinweispflicht könnte in der Schadensverhütungspflicht des Beraters zu sehen sein. Danach hat der Berater den Mandanten wie mehrfach ausgeführt – im Grundsatz im Rahmen des erteilten Mandats – vor Schäden zu bewahren. Ausnahmsweise kann eine Warnpflicht sogar über den Mandatsgegenstand hinausgehende Gefahren erfassen, sofern die Gefahr dem Berater bekannt ist und er annehmen muss, dass der Mandant sie nicht erkennt.[577] Eine in diesem Sinne relevante Gefahr bzw. Schädigung ließe sich auch darin sehen, dass das für den Mandanten agierende Organ den erteilten Rat ignoriert und damit „sehenden Auges" zum Nachteil des Mandanten handelt. Zwar geht diese Gefahr nicht unmittelbar von dem Berater aus. Sie steht jedoch im Zusammenhang mit der Erfüllung einer übernommenen Pflicht. Insoweit erscheint es als vertretbar, dem Berater über die Prüfung der Insolvenzreife und die damit verbundene Verpflichtung zur Mitteilung des Ergebnisses hinaus auch aufzugeben, bei „Unwilligkeit" des primären Ansprechpartners an das Aufsichtsorgan oder die übrigen Mitglieder der Geschäftsleitung heranzutreten. In jedem Fall muss zur Voraussetzung einer solchen Pflicht aber werden, dass die ignorierende Haltung des zunächst

---

fung an die genannte Entscheidung des BGH) auch *Spliedt*, in: K. Schmidt/Uhlenbruck, S. 97 f., Rn. 1.280.

[575] S. zur Haftung des Aufsichtsrats insoweit etwa auch BGH NJW 2009, 2454, 2455 f., Rn. 14 ff.; BGHZ 187, 60, 63 ff., Rn. 12 ff.; OLG Hamburg ZInsO 2015, 1012 ff. (Revision zum BGH eingelegt) – je einschließlich Besonderheiten der Haftung gerade für die Verletzung des Zahlungsverbots; s. auch *Koch*, in: Hüffer/Koch, § 116 AktG Rn. 17; *Spindler*, in: ders./Stilz, § 116 AktG Rn. 39; *Habersack*, in: MünchKomm-AktG, § 116 AktG Rn. 20; s. weiter *Spindler*, in: MünchKomm-GmbHG, § 52 GmbHG Rn. 620 ff., 761 ff. Bei Führungslosigkeit der Gesellschaft (s. § 10 Abs. 2 S. 2 InsO, § 35 Abs. 1 S. 2 GmbHG) kann der Aufsichtsrat nach § 15a Abs. 3 InsO sogar selbst zur Stellung des Insolvenzantrags verpflichtet sein.

[576] S. zur Haftung gegenüber Dritten ausführlich Kapitel 3; zur Haftung des Beraters gegenüber dem Geschäftsleiter nach dem in dieser Arbeit vertretenen Konzept unten S. 220 ff.; zur Haftung gegenüber dem Aufsichtsrat auch Kapitel 3, in und bei Fn. 243.

[577] S. zum allgemeinen Pflichtenkreis schon oben S. 60 ff. m. w. N.

adressierten Geschäftsleiters für den Berater bei seiner eigentlichen Pflichterfüllung ganz eindeutig erkennbar ist. Eine allgemeine Überwachungspflicht hinsichtlich des Handelns des Geschäftsleiters darf dem Berater nicht ohne Weiters übertragen werden. Weiterhin muss sich die Gesellschaft Handeln und Kenntnisse des Geschäftsleiters grundsätzlich zurechnen lassen,[578] sodass man die Gesellschaft als nicht schutzbedürftig ansehen könnte, wenn der Geschäftsleiter insoweit bewusst ihren Interessen zuwider handelt.[579] Doch bedeutet es für den Berater keine übermäßige Belastung, an das Aufsichtsorgan oder weitere Mitglieder der Geschäftsleitung heranzutreten, sofern eben die Voraussetzung gegeben ist, dass die Haltung des zunächst angesprochenen Geschäftsleiters für den Berater bei seiner eigentlichen Pflichterfüllung evident ist. Daher kann sich in Ausnahmefällen eine Verpflichtung des Beraters zur Unterrichtung weiterer Gesellschaftsorgane ergeben.[580]

J. Ergebnis zu den insolvenzbezogenen Beraterpflichten

In der Gesamtschau ergibt sich ein differenziertes Bild insolvenzbezogener Beraterpflichten. Der Prüfvertrag ist gerade auf die Prüfung der Insolvenzreife gerichtet und macht einen Hinweis auf das Ergebnis der Prüfung erforderlich. Auch die Sanierungsberatung und Jahresabschlussprüfung kennen die Pflicht zum Hinweis auf die Insolvenzreife. Im Rahmen der Jahresabschlusserstellung ist auf die (mögliche) Insolvenzreife hinzuweisen, sofern es sich um eine Erstellung mit umfassenden Beurteilungen handelt. Dem allgemeinen steuerlichen Mandat ist eine solche Verpflichtung demgegenüber fremd. Allerdings müssen tatsächlich erteilte konkrete Auskünfte etwa zum Vorliegen eines Eröffnungsgrunds zutreffen. Die Unternehmensberatung kann je nach Ausgestaltung eine insolvenzbezogene Hinweispflicht nach sich ziehen. Besteht eine Hinweispflicht nach den dargestellten Grundsätzen, kann sich in Einzelfällen die zusätzliche Verpflichtung zur Unterrichtung weiterer Gesellschaftsorgane ergeben, sofern der Geschäftsleiter die Information des Beraters letztlich ignoriert.

---

[578] Vgl. schon oben Fn. 419, 472.

[579] Der BGH deutet in WM 2012, 758, 759 f., Rn. 12 (dazu schon Fn. 574) jedoch an, dass es für die Frage einer „Remonstration" dann, wenn der Berater anstelle des Geschäftsleiters von vornherein nur die Buchhalterin anspricht, nicht allein auf die Grundsätze der „Wissenszurechnung" (so die Vorinstanz OLG Hamburg BeckRS 2012, 07061, II., 2., b) ankomme, sondern auf die „jeweiligen Umstände". Besitze die Buchhalterin eine ungewöhnliche Vertrauensstellung, könne sie als rangangemessene Repräsentantin erscheinen, deren Unterrichtung es erübrige, sich an die Geschäftsleitung zu wenden.

[580] S. zum Aspekt des Mitverschuldens noch unten S. 155 f.

§ 6 Pflichtverletzung und Vertretenmüssen

A. Die Verletzung der insolvenzbezogenen Pflichten

Sind die insolvenzbezogenen Pflichten des Beraters nunmehr bestimmt, ergeben sich zugleich die Voraussetzungen der Verletzung dieser Pflichten. Das konkrete Mandat determiniert das jeweilige Pflichtenprogramm im erörterten Sinne. Wird der Berater aufgrund eines Prüfvertrags tätig, liegt eine Pflichtverletzung demzufolge vor, sofern die Insolvenzreife verkannt respektive nicht auf sie hingewiesen wird. Gleiches gilt im Fall der Sanierungsberatung, der Jahresabschlussprüfung sowie der Jahresabschlusserstellung mit umfassenden Beurteilungen und ggf. auch bei der Unternehmensberatung. Bei einem allgemeinen steuerlichen Mandat liegt eine insolvenzbezogene Pflichtverletzung insbesondere vor, wenn eine falsche Auskunft etwa zum konkreten Vorliegen der Insolvenzreife erteilt wird.

Das Bestehen eines Schadensersatzanspruchs setzt neben dem Vorliegen der Pflichtverletzung weiterhin voraus, dass bereits zwischen dem Verhalten des Schädigers und dem Verletzungserfolg ein Ursachenzusammenhang besteht, sog. haftungsbegründende Kausalität.[581] Im Bereich der vertraglichen Beraterhaftung wird dies dahingehend modifiziert, dass das Verhalten des Beraters zu einer Pflichtverletzung geführt haben muss und für den Mandanten infolge der Pflichtverletzung nachteilige Folgen eintreten können.[582] Die haftungsbegründende Kausalität ist demzufolge auf einer ersten Stufe festzustellen, d. h. schon im Rahmen der Prüfung des Haftungstatbestands aus § 280 BGB als solchen und bevor auf die Entstehung eines Schadens als Folge der Rechtsverletzung einzugehen ist. Maßstab zur Ermittlung der haftungsbegründenden Kausalität ist zunächst die Äquivalenztheorie, nach der das Handeln des Beraters conditio sine qua non für die Pflichtverletzung bzw. die nachteiligen Folgen sein muss, es also nicht hinweggedacht werden können darf, ohne dass diese Folgen entfielen.[583] Im konkreten Fall der fehlerhaften Insolvenzreifeprüfung ließe sich darauf abstellen, dass nachteilige Folge der fehlerhaften Prüfung durch den Berater die Unkenntnis des Mandanten (bzw. dessen Geschäftsleiters) von der Notwendigkeit und Möglichkeit einer der Situation entsprechenden Entscheidung zwischen Insolvenzantragstellung

---

[581] S. nur *Oetker*, in: MünchKomm-BGB, § 249 BGB Rn. 105 f.; *Ekkenga/Kuntz*, in: Soergel, Vor § 249 BGB Rn. 121; *Grüneberg*, in: Palandt, Vorb v § 249 BGB Rn. 24 – die Definition passt in erster Linie für den deliktischen Bereich.

[582] BGH NJW 2004, 444, 444; BGH NJW 2011, 2138, 2140, Rn. 28 f.; *D. Fischer*, in: Bamberger/Roth, § 675 BGB Rn. 24; *Gehrlein*, Anwalts- und Steuerberaterhaftung, S. 69, Rn. 100; *Borgmann*, in: dies./Jungk/Schwaiger, Anwaltshaftung, S. 234 f., Rn. 45.

[583] *Schiemann*, in: Staudinger, § 249 BGB Rn. 8; *Ekkenga/Kuntz*, in: Soergel, Vor § 249 BGB Rn. 121 f.; *Oetker*, in: MünchKomm-BGB, § 249 BGB Rn. 103; *Grüneberg*, in: Palandt, Vorb v § 249 BGB Rn. 25.

und Sanierung sei.[584] Insoweit wäre auch Kausalität i. S. d. Äquivalenztheorie gegeben. Bezieht man sich ganz allgemein auf den Zusammenhang zwischen Handeln und Pflichtverletzung, ist gleichfalls haftungsbegründende Kausalität anzunehmen.[585]

Jenseits dessen stellt sich die Frage nach Beweislast und Beweismaß hinsichtlich Pflichtverletzung und haftungsbegründender Kausalität. Festzuhalten ist zunächst, dass der Beweis des Verstoßes gegen das Pflichtenprogramm allgemeinen Regeln entsprechend[586] von dem Anspruchsteller, im Grundsatz also dem Mandanten, zu erbringen ist,[587] und zwar, da der Haftungsgrund betroffen ist, nach § 286 ZPO.[588] Auch die der haftungsbegründenden Kausalität zugrunde liegenden Tatsachen sind nach allgemeinen Regeln von dem Anspruchsteller zu beweisen.[589] Die Anforderungen an den Beweis richten sich – tangiert ist erneut der Haftungsgrund – im Ausgangspunkt wiederum nach § 286 ZPO, sodass der Anspruchsteller die der haftungsbegründenden Kausalität zugrundeliegenden Tatsachen zur „vollen richterlichen Überzeugung"[590] nachzuweisen hat.[591] Bei Vertragsverletzungen, die einen reinen Vermögensschaden zur Folge haben (um eine solche Konstellation handelt es sich auch bei der fehlerhaften Insolvenzreifeprüfung), soll es insbesondere nach der Rechtsprechung ausreichen, dass der Kläger nach § 286 ZPO eine Vertragsverletzung nachweist, von der er so betroffen ist, dass nachteilige

---

[584] So *Hager*, KTS 2014, 313, 314.

[585] Zum eingrenzenden Kriterium der Adäquanz bei der haftungsbegründenden Kausalität (das meist erfüllt sein wird) *Schiemann*, in: Staudinger, § 249 BGB Rn. 23; *Ekkenga/Kuntz*, in: Soergel, Vor § 249 BGB Rn. 134 f.; zur geringen praktischen Bedeutung der haftungsbegründenden Kausalität im Bereich der Beraterhaftung *D. Fischer*, in: Bamberger/Roth, § 675 BGB Rn. 24; *Gehrlein*, Anwalts- und Steuerberaterhaftung, S. 69, Rn. 100.

[586] S. nur *Leipold*, in: Stein/Jonas, § 286 ZPO Rn. 61 ff. m. w. N.; *Prütting*, in: MünchKomm-ZPO, § 286 ZPO Rn. 110 ff.

[587] *Soffner*, Die Haftung des Rechtsanwalts für Rechtsfehler, S. 148; *Ernst*, in: MünchKomm-BGB, § 280 BGB Rn. 150; *Schwarze*, in: Staudinger, § 280 BGB Rn. F 1, 38, 71; *Grüneberg*, in: Palandt, § 280 BGB Rn. 34 ff.; s. auch Begr. RegE SMG, BT-Drs. 14/6040, S. 136.

[588] S. nur *Prütting*, in: MünchKomm-ZPO, § 287 ZPO Rn. 8; *Leipold*, in: Stein/Jonas, § 287 ZPO Rn. 11.

[589] Zum Grundsatz schon Fn. 586; *Zugehör*, FS G. Fischer (2008), S. 617, 624; *Grüneberg*, in: Palandt, Vorb v § 249 BGB Rn. 128; *Ebert*, in: Erman, Vor §§ 249–253 BGB Rn. 171; *Lange*, in: ders./Schiemann, Schadensersatz, S. 161 f.

[590] Zur Beweisstärke im Einzelnen *Leipold*, in: Stein/Jonas, § 286 ZPO Rn. 5 ff.; *Prütting*, in: MünchKomm-ZPO, § 286 ZPO Rn. 35 ff.

[591] Im Grundsatz h. M.: *Leipold*, in: Stein/Jonas, § 287 ZPO Rn. 13 m. w. N. auch der Rspr.; *Prütting*, in: MünchKomm-ZPO, § 287 ZPO Rn. 9 ff.; *Ahrens*, in: Wieczorek/Schütze, § 287 ZPO Rn. 2, 15 ff.; *Ekkenga/Kuntz*, in: Soergel, Vor § 249 BGB Rn. 400; *Oetker*, in: MünchKomm-BGB, § 249 BGB Rn. 501; *Grüneberg*, in: Palandt, Vorb v § 249 BGB Rn. 136; *Ebert*, in: Erman, Vor §§ 249–253 BGB Rn. 187.

Folgen für ihn eintreten können.[592] Auf den Nachweis einer „ersten“ Rechtsgutverletzung kommt es demnach nicht an. Dies bedeutet, dass schon für den Beweis des Kausalzusammenhangs zwischen Vertragsverletzung und Schadenseintritt der – gegenüber § 286 ZPO abgesenkte[593] – Maßstab des § 287 Abs. 1 ZPO gilt.[594]

Teilt man das Verständnis der Rechtsprechung, wird der Beweis der haftungsbegründenden Kausalität regelmäßig gelingen.[595] Doch auch bei einer differenzierteren Betrachtung, die für den Beweis auf Ebene der haftungsbegründenden Kausalität im Rahmen von § 286 ZPO den Nachweis verlangt, dass es als Folge der Vertragsverletzung zu einem Erfolg kommt, ist für die Insolvenzkonstellation anzunehmen, dass der Beweis jedenfalls gelingen wird, sofern die Unkenntnis des Mandanten von der Notwendigkeit und Möglichkeit einer Entscheidung zwischen Insolvenzantrag und Sanierung als Erfolg verstanden wird.[596] Schließlich liegt es nahe, dass der Mandant (bzw. dessen Geschäftsleiter) infolge der fehlerhaften Insolvenzreifeprüfung und der damit verbundenen falschen Information gerade nicht wusste, dass Insolvenzreife vorlag und daher nach Maßgabe des § 15a InsO Insolvenzantrag zu stellen war, sofern nicht die Voraussetzungen der Insolvenzantragspflicht durch eine erfolgreiche Sanierung zu beseitigen waren.[597]

B. Das Vertretenmüssen

I. Grundlagen

Die festgestellte Pflichtverletzung muss der Berater zu vertreten haben, s. § 280 Abs. 1 S. 2 BGB. Diesbezüglich ergeben sich in der Insolvenzkonstellation im Grundsatz keine Besonderheiten. Rein tatsächlich wird regelmäßig ein fahrlässiges Handeln des Beraters i. S. d. § 276 Abs. 1 S. 1, Abs. 2 BGB, also ein Außerachtlassen der im Verkehr erforderlichen Sorgfalt, in Rede

---

[592] Vgl. BGH VersR 1975, 540, 540 f.; BGH NJW 1983, 998, 998 f.; BGH NJW 1993, 3073, 3076; BGH NJW 2004, 444, 444; BGH NJW 2005, 3275, 3276; BGH NJW 2008, 2647, 2647, Rn. 12; BGH BeckRS 2008, 06993, Rn. 13 (Kurzwiedergabe in IBR 2008, 616); *Heese*, Beratungspflichten, S. 295; *Leipold*, in: Stein/Jonas, § 287 ZPO Rn. 15 m. w. N. auch zur Kritik; *Ahrens*, in: Wieczorek/Schütze, § 287 ZPO Rn. 15 f., 21 ff.; *Lange*, in: ders./Schiemann, Schadensersatz, S. 177 f.; *Jungk*, in: Borgmann/Jungk/Schwaiger, Anwaltshaftung, S. 367, Rn. 23; *Gehrlein*, Anwalts- und Steuerberaterhaftung, S. 69, Rn. 100; vgl. auch schon bei Fn. 582.

[593] S. *Prütting*, in: MünchKomm-ZPO, § 287 ZPO Rn. 17; *Leipold*, in: Stein/Jonas, § 287 ZPO Rn. 31 ff.; *Ahrens*, in: Wieczorek/Schütze, § 287 ZPO Rn. 1, 6 ff.; s. auch *Heese*, Beratungspflichten, S. 293 f.

[594] *Heese*, Beratungspflichten, S. 295; *Leipold*, in: Stein/Jonas, § 287 ZPO Rn. 15.

[595] Vgl. auch *D. Fischer*, in: Bamberger/Roth, § 675 BGB Rn. 24; *Gehrlein*, Anwalts- und Steuerberaterhaftung, S. 69, Rn. 100.

[596] So *Hager*, KTS 2014, 313, 314; s. auch schon bei Fn. 584.

[597] Folgerichtig *Hager*, KTS 2014, 313, 314.

stehen. Es gilt ein objektivierter Sorgfaltsmaßstab, d. h. es wird die Sorgfalt eines ordentlichen, gewissenhaften Beraters geschuldet, die dem Standard in der Berufsgruppe bzw. dem Verkehrskreis entspricht.[598] Persönliche Unkenntnis oder Unfähigkeit entlastet daher grundsätzlich nicht.[599] Nach § 280 Abs. 1 S. 2 BGB wird das Vertretenmüssen vermutet, was zur Folge hat, dass sich der Berater exkulpieren muss.[600] Als Konsequenz aus der Beweislastverteilung und dem Überschneidungsbereich von Pflichtverletzung und objektiviertem Verschulden wird der Berater die (bewiesene) Pflichtverletzung zumeist zu vertreten haben.[601]

II. Haftungsbeschränkung bei „Stegreifauskünften"?

Erneut aufgegriffen werden soll nunmehr der schon angesprochene Umstand, dass Berater bei ihrer Tätigkeit häufig mit spontanen Fragen des Mandanten konfrontiert werden, die inhaltlich oft keinen unmittelbaren Bezug zum konkreten Mandat haben.[602] Lässt sich der Berater dadurch zu „Stegreifauskünften" bewegen, ohne die Rechtslage umfassend geprüft zu haben, bedeutet das ein hohes Haftungsrisiko. In solchen Fällen liegen Fehler etwa hinsichtlich der Bewertung der Insolvenzreife nahe. Es ließe sich die Frage stellen, ob es Auswirkungen auf die daraus resultierende Haftung des Beraters hat, dass der Mandant den Berater durch Nachfragen „zwischen Tür und Angel" letzten Endes dazu verleitet bzw. dazu beigetragen hat, eine spontane, nicht im Einzelnen überprüfte und schließlich falsche Auskunft zu erteilen. So könnte zugunsten des Beraters eine Haftungsprivilegierung in Frage kommen. Das ist gesetzlich nicht eigens vorgesehen. Ein Anknüpfungspunkt könnte in § 680 BGB zu sehen sein, der hinsichtlich der Haftung des Geschäftsführers bei der Geschäftsführung ohne Auftrag dann eine Beschränkung auf Vorsatz

---

[598] S. nur *Soffner*, Die Haftung des Rechtsanwalts für Rechtsfehler, S. 130 ff. m. w. N. auch der Rspr.; *Walter*, Spezialisierung und Sorgfaltsstandard im Arzt- und Anwaltshaftungsrecht, S. 227; *Caspers*, in: Staudinger, § 276 BGB Rn. 34; *Westermann*, in: Erman, § 276 BGB Rn. 10; *Grundmann*, in: MünchKomm-BGB, § 276 BGB Rn. 55, 125; *Borgmann*, in: dies./Jungk/Schwaiger, Anwaltshaftung, S. 224 ff., Rn. 29 ff.

[599] *Soffner*, Die Haftung des Rechtsanwalts für Rechtsfehler, S. 130; *Grundmann*, in: MünchKomm-BGB, § 276 BGB Rn. 55 f.; *Caspers*, in: Staudinger, § 276 BGB Rn. 29.

[600] *Soffner*, Die Haftung des Rechtsanwalts für Rechtsfehler, S. 148; *Schwarze*, in: Staudinger, § 280 BGB Rn. F 74; *Ernst*, in: MünchKomm-BGB, § 280 BGB Rn. 34, 153; vgl. aber auch *Heese*, Beratungspflichten, S. 271 f.

[601] *H. F. Müller*, ZInsO 2013, 2181, 2184 mit Verweis auf *Grundmann*, in: MünchKomm-BGB, § 276 BGB Rn. 125; s. auch *Ernst*, in: MünchKomm-BGB, § 280 BGB Rn. 153; zur Überschneidung von Pflichtwidrigkeit und Vertretenmüssen *Schwarze*, in: Staudinger, § 280 BGB Rn. F 38; dazu auch *Soffner*, Die Haftung des Rechtsanwalts für Rechtsfehler, S. 133 ff.; *Walter*, Spezialisierung und Sorgfaltsstandard im Arzt- und Anwaltshaftungsrecht, S. 218 ff.; vgl. auch *Heese*, Beratungspflichten, S. 271 f., 274.

[602] S. schon S. 32.

und grobe Fahrlässigkeit statuiert, wenn der Geschäftsführer zur Abwendung einer dem Geschäftsherrn drohenden dringenden Gefahr handelt. Einer unmittelbaren Anwendung der Vorschrift steht dabei regelmäßig schon entgegen, dass bereits ein Vertragsverhältnis zwischen Berater und Mandant bestehen wird (vgl. nur § 677 BGB), z. B. ein allgemeines steuerliches oder ein klassisches rechtsanwaltliches Mandat.[603]

Mit Blick auf eine analoge Anwendung der Norm[604] – und mithin die Interessenlage – ist zunächst die nach h. M. hinter § 680 BGB stehende Erwägung zu bedenken, dass die Hilfeleistung durch Dritte in Gefahrensituationen im öffentlichen Interesse steht und diesbezügliche Anreize geschaffen werden sollen, die Gefahrensituation aber schnell zu unüberlegtem Handeln führen kann.[605] Weiter stelle die Norm in der Sache eine gesetzliche Konkretisierung des Gedankens der sog. überholenden Kausalität dar, indem sich der Geschäftsführer darauf berufen könne, ohne sein Handeln wäre es zu einem noch größeren Schaden gekommen.[606] Vor diesem Hintergrund ist zu konstatieren, dass die Situation, in der ein Berater zu Stegreifauskünften bewegt wird, mit dem Regelungszweck des § 680 BGB wenig gemein hat. Zwar kann sich ein Mandant beispielsweise aufgrund der finanziellen Krise und den damit verbundenen Folgen in einer Art Notsituation befinden. Das öffentliche Interesse wird in diesem Zusammenhang jedoch im Grunde von § 15a InsO geschützt. Es wäre auch ein Fehlanreiz, spontanes und wenig überlegtes Handeln des Beraters zu privilegieren, da ein solches weder für den Mandanten noch die Gläubiger einen Vorteil bedeutet. Weiterhin ist der Gedanke der überholenden Kausalität in der Insolvenzkonstellation nur wenig tragfähig. So wird etwa infolge einer falschen Auskunft zum Vorliegen der Insolvenzreife, die dann zur Verschleppung des Insolvenzantrags führt, keineswegs ein geringerer Schaden entstehen, als beim Unterlassen der Auskunft. Vor allem

---

[603] Vgl. *Seiler*, in: MünchKomm-BGB, § 677 BGB Rn. 43 ff.; *Bergmann*, in: Staudinger, Vorbem zu §§ 677 ff BGB Rn. 187 ff.; *Fehrenbacher*, in: PWW, § 677 BGB Rn. 17; *Sprau*, in: Palandt, § 677 BGB Rn. 11; der Beratervertrag wird regelmäßig auch als abschließend anzusehen sein, sodass ein Rückgriff auf die Geschäftsführung ohne Auftrag auch nicht unter dem Aspekt der Lückenhaftigkeit des Vertrags möglich ist, s. dazu *Bergmann*, Die GoA als Subordinationsverhältnis, S. 170 f.; im Übrigen ist die hier interessierende Konstellation der Stegreifauskunft auch relativ „weit weg" vom Tatbestand des § 680 BGB, vgl. nur *Beuthien*, in: Soergel, § 680 BGB Rn. 6 ff.; *Seiler*, in: MünchKomm-BGB, § 680 BGB Rn. 2 ff.

[604] Zur Analogie und ihren Voraussetzungen nur *Bydlinski*, Methodenlehre, S. 475 ff. m. w. N.

[605] Vgl. BGHZ 43, 188, 194; BGHZ 63, 167, 174; s. auch Mot. II, S. 858 = *Mugdan*, Bd. II, S. 479; *Bergmann*, Die GoA als Subordinationsverhältnis, S. 246 m. w. N.; *ders.*, in: Staudinger, § 680 BGB Rn. 1; *Beuthien*, in: Soergel, § 680 BGB Rn. 1; *Seiler*, in: MünchKomm-BGB, § 680 BGB Rn. 1.

[606] *Bergmann*, Die GoA als Subordinationsverhältnis, S. 246 m. w. N.; *ders.*, in: Staudinger, § 680 BGB Rn. 3; *Dornis*, in: Erman, § 680 BGB Rn. 1.

aber wäre es wenig überzeugend, dem Berater regelmäßig ein Haftungsprivileg zu gewähren, obwohl dieser letztlich doch auf vertraglicher Grundlage handelt, die das Haftungsregime auch schon bestimmt (und zwar im Grundsatz nach § 276 BGB, also ohne Haftungsprivileg). In diesen Vertrag würde aufgrund der „Notsituation" nunmehr – möglicherweise gegen den Parteiwillen – ein Haftungsprivileg eingeführt. Letztlich wäre das sogar systemwidrig. Es wäre auch keineswegs selbstverständlich, dass die Parteien, wenn sie angesichts der spontanen Frage des Mandanten ihre vertragliche Beziehung erweiterten, eine Haftungsbeschränkung aufnähmen.

Außerdem erhält der Berater für seine eigentliche vertragliche Tätigkeit, anlässlich derer er mit der Frage des Mandanten konfrontiert wird, ein Entgelt, dessen Kalkulation regelmäßig nicht das Haftungsprivileg einbeziehen wird. Schließlich ist der Berater berufshaftpflichtversichert.[607] Sinn und Zweck des § 680 BGB stehen einer analogen Anwendung der Norm auf die spezifische Konstellation daher entgegen.

Demzufolge greift zugunsten des spontan agierenden Beraters keine Haftungsprivilegierung ein, sodass es bei der allgemeinen Regel bleibt, dass auch leichte Fahrlässigkeit die Haftung begründet.[608]

III. Fehlinformation durch den Mandanten

Schließlich soll erörtert werden, wie es sich auf die Haftung des zur Prüfung der Insolvenzreife verpflichteten Beraters auswirkt, wenn dieser vom Mandanten falsche Informationen (tatsächlicher Art) erhält, was zur fehlerhaften Prüfung der Insolvenzreife führt. So könnte der Berater etwa irrig von einer falschen Tatsachengrundlage, also beispielsweise von falschen „Zahlen", ausgehen. Steht im Ergebnis fest, dass der Berater zu einem falschen Ergebnis gekommen ist, bedeutet das nach dem bisher Gesagten für sich genommen eine Verwirklichung des Haftungstatbestands aufgrund der Verletzung insolvenzbezogener Pflichten. Schließlich ist der Berater – jedenfalls bei einem Prüfvertrag – verpflichtet, die Insolvenzreife zu prüfen und das richtige Ergebnis mitzuteilen; insofern hat der Berater einen Erfolg herbeizuführen.[609]

Darüber hinaus hat der Berater die allgemeine und damit mandatsübergreifende Pflicht, die zur Erfüllung des Mandats erforderlichen Informationen

---

[607] Diese (im Ansatz übertragbaren) Aspekte werden auch als Begründung für die Unanwendbarkeit des § 680 BGB auf berufliche Nothelfer genannt, s. dazu *Bergmann*, Die GoA als Subordinationsverhältnis, S. 255; *ders.*, in: Staudinger § 680 BGB Rn. 15; *Beuthien*, in: Soergel, § 680 BGB Rn. 5; *Dornis*, in: Erman, § 680 BGB Rn. 2; *Sprau*, in: Palandt, § 680 BGB Rn. 1; dagegen allerdings *Seiler*, in: MünchKomm-BGB, § 680 BGB Rn. 6; *Gehrlein*, in: Bamberger/Roth, § 680 BGB Rn. 2; differenzierend *Fehrenbacher*, in: PWW, § 680 BGB Rn. 3.

[608] S. zur Frage des Mitverschuldens noch S. 155.

[609] S. oben S. 62.

einzuholen.[610] Gleichzeitig trifft den Mandanten allerdings eine Mitwirkungspflicht.[611] Auf die *Richtigkeit* der mitgeteilten Informationen tatsächlicher Art darf der Berater dabei grundsätzlich vertrauen.[612] Wenn nach diesen Maßstäben keine über die fehlerhafte Insolvenzreifeprüfung hinausgehende Pflichtverletzung vorliegt, der Berater also seiner Pflicht zur Sachverhaltsaufklärung nachgekommen ist und insbesondere nicht die Richtigkeit der vom Mandanten mitgeteilten Informationen überprüfen musste, stellt sich zunächst die Frage, auf welcher Ebene zu berücksichtigen ist, dass der Mandant in Wahrheit falsche Tatsachen mitgeteilt hat. Dies könnte zum einen auf der Ebene der Pflichtverletzung Berücksichtigung finden – dann wäre in der fehlerhaften Insolvenzreifeprüfung also gar keine Pflichtverletzung zu sehen, zum anderen auf der Ebene des Verschuldens.[613] Jenseits der rein dogmati-

---

[610] S. nur *Vill*, in: Hdb. d. Anwaltshaftung, § 2, Rn. 34 ff. m. w. N.; *Borgmann*, in: dies./Jungk/Schwaiger, Anwaltshaftung, S. 110 ff., Rn. 16 ff.; *Gehrlein*, Anwalts- und Steuerberaterhaftung, S. 31 f., Rn. 52.

[611] S. BGH NJW 1982, 437, 437; BGH NJW 1996, 2929, 2932; BGH NJW 1997, 518, 519; BGH NJW 1997, 2168, 2170; BGH NJW-RR 2004, 1358, 1360; *D. Fischer*, FS Ganter (2010), S. 471, 477 f.; *ders.*, in: Bamberger/Roth, § 675 BGB Rn. 17; *Martinek*, in: Staudinger, § 675 BGB Rn. B 169; *Berger*, in: Erman, § 675 BGB Rn. 57; *Vill*, in: Hdb. d. Anwaltshaftung, § 2, Rn. 34, 39 f.; *Borgmann*, in: dies./Jungk/Schwaiger, Anwaltshaftung, S. 107 ff., Rn. 9 ff.; *Gehrlein*, Anwalts- und Steuerberaterhaftung, S. 32, Rn. 53; s. zum Aspekt des Mitverschuldens des Mandanten insoweit auch noch bei Fn. 688 sowie S. 154.

[612] S. BGH NJW 1985, 1154, 1155; BGH NJW 1997, 2168, 2169; BGH NJW 1998, 2048, 2049; BGH NJW-RR 2004, 1358, 1360; BGH NJW-RR 2006, 923, 925, Rn. 22; *Benicke*, in: Soergel, § 675 BGB Rn. 58; *Martinek*, in: Staudinger, § 675 BGB Rn. B 170; *Heermann*, in: MünchKomm-BGB, § 675 BGB Rn. 30; *D. Fischer*, in: Bamberger/Roth, § 675 BGB Rn. 17; *Vill*, in: Hdb. d. Anwaltshaftung, § 2, Rn. 41 f. m. w. N.; *Borgmann*, in: dies./Jungk/Schwaiger, Anwaltshaftung, S. 116 ff., Rn. 25 ff.; *Gehrlein*, Anwalts- und Steuerberaterhaftung, S. 31 f., Rn. 52.

[613] Vgl. auch die ähnliche Diskussion bei der Haftung des Geschäftsleiters – dort geht die h. M. davon aus, dass den Geschäftsleiter, der aufgrund der Expertise eines Gutachters irrig meint, Insolvenzreife liege nicht vor, und daher die Insolvenzantragstellung verzögert, kein Verschulden treffe (vgl. schon Kapitel 1 bei Fn. 33 m. w. N.), so BGH NJW 2007, 2118, 2120, Rn. 16; BGH WM 2012, 1124, 1126, Rn. 16 ff.; vgl. auch BGH NJW-RR 2011, 1670, 1671 f., Rn. 16 ff. (Übertragung auf Einholung von Rechtsrat); *Haas*, in: Baumbach/Hueck, § 64 GmbHG Rn. 84; *Paefgen*, in: Ulmer, § 43 GmbHG Rn. 171; *K. Schmidt*, in: Scholz, § 64 GmbHG Rn. 58; *Spindler*, in: MünchKomm-AktG, § 93 AktG Rn. 177; vgl. auch *Harnos*, Geschäftsleiterhaftung bei unklarer Rechtslage, S. 149 ff.; a. A. (schon die Pflichtverletzung entfalle) *Fleischer*, ZIP 2009, 1397, 1405; *ders.*, in: MünchKomm-GmbHG, § 43 GmbHG Rn. 42f; *Kleindiek*, in: Lutter/Hommelhoff, § 43 GmbHG Rn. 13; vgl. etwa auch (Rechtsrat) *Thole*, ZHR 173 (2009), 504, 524 m. w. N.; *Hopt/Roth*, in: Großkomm. AktG, § 93 AktG Rn. 140 m. w. N.; im Zusammenhang mit der *Haftung des Geschäftsleiters* ist die Unterscheidung aufgrund der für die Gesellschaft günstigeren Beweislastverteilung allerdings weniger bedeutsam, s. zu dieser etwa *Hopt/Roth*, in: Großkomm. AktG, § 93 AktG Rn. 426 ff.; vgl. beraterspezifisch auch *Heese*, Beratungspflichten, S. 241.

schen Frage könnte die unterschiedliche Zuordnung auch praktische Auswirkungen haben, da die Regelung des § 280 Abs. 1 S. 2 BGB nur für das Verschulden gilt. Die Pflichtverletzung hat daher wie bereits dargelegt der Anspruchsteller, also der Mandant, zu beweisen, was je nach Ausgestaltung der Pflicht (und etwaiger Berücksichtigung des Aspekts der Richtigkeit der vom Mandanten mitgeteilten Information auf Ebene der Pflichtverletzung) erschwert werden könnte. Entsprechend fiele letztlich auch das Haftungsrisiko des Beraters größer oder eben geringer aus.[614] Gegen eine Zuordnung zur Pflichtverletzung spricht, dass der Wille der Parteien, die die Prüfung der Insolvenzreife zum Vertragsgegenstand gemacht haben, auf diese Weise angemessen berücksichtigt wird. Es erscheint künstlich, den Aspekt der zutreffenden Information des Beraters durch den Mandanten auf die Ebene der Pflichtverletzung zu heben. Die klaren Konturen der Aufgabendefinition des Beraters, der eben die Insolvenzreife zu prüfen hat, zerfließen andernfalls. Danach obliegt es dem Berater, nachzuweisen, dass die fehlerhafte Insolvenzreifeprüfung auf falscher Information durch den Mandanten beruht. Es ist auch nicht unbillig, die Last dieses Nachweises dem Berater und nicht etwa, letztlich anspruchsbegründend, dem Mandanten (bezogen darauf, dass er zutreffend informiert hat) aufzuerlegen.

Ob eine fehlerhafte Information durch den Mandanten geeignet ist, den Berater zu entlasten, ist folgerichtig nach den auf der Ebene des Verschuldens geltenden Maßstäben zu ermitteln. Als Elemente des Fahrlässigkeitsvorwurfs werden gemeinhin die Erkennbarkeit sowie Vermeidbarkeit der Tatbestandsverwirklichung angesehen.[615] Zur Konkretisierung dieses Ausgangspunkts kann eine Typisierung nach Berufsgruppe bzw. Verkehrskreis erfolgen.[616] Demnach wäre eine Entlastung möglich, wenn auch ein ordentlicher, gewissenhafter Berater nicht erkennen konnte, dass die tatsächlichen (nicht rechtlichen) Informationen des Mandanten nicht zutreffen und sofern dadurch auch die Fehlerhaftigkeit der Insolvenzreifeprüfung nicht erkennbar bzw. vermeidbar war. Es wird sich bei den falschen Tatsachen also um solche handeln müssen, die für die Prüfung wesentlich sind und mit denen die Richtigkeit der Prüfung steht und fällt.

Da der Berater sich, wie ausgeführt, grundsätzlich auf die Richtigkeit der vom Mandanten erteilten Informationen verlassen darf, wird eine Entlastung infrage kommen, soweit nicht Anlass bestand, im Einzelfall an der Richtig-

---

[614] Vgl. schon bei Fn. 601; vgl. auch *Walter*, Spezialisierung und Sorgfaltsstandard im Arzt- und Anwaltshaftungsrecht, S. 219, 225; *Soffner*, Die Haftung des Rechtsanwalts für Rechtsfehler, S. 134.

[615] *Pfeiffer*, in: Soergel, § 276 BGB Rn. 77; *Grundmann*, in: MünchKomm-BGB, § 276 BGB Rn. 53; *Westermann*, in: Erman, § 276 BGB Rn. 13; *Borgmann*, in: dies./Jungk/Schwaiger, Anwaltshaftung, S. 223 f., Rn. 27.

[616] S. schon Fn. 598; *Caspers*, in: Staudinger, § 276 BGB Rn. 32; *Westermann*, in: Erman, § 276 BGB Rn. 11.

keit der Informationen zu zweifeln[617] und eine korrekte Prüfung der Insolvenzreife infolge der fehlerhaften Information nicht mehr möglich war. Es dürften demzufolge keine erkennbaren Indizien für die Unrichtigkeit der mitgeteilten Informationen vorliegen. Eine weitergehende Differenzierung zwischen Rechtsanwalt, Steuerberater, Wirtschaftsprüfer usw. ergibt sich insoweit nicht; die genannten Grundsätze gelten einheitlich für die verschiedenen Berufsgruppen.

Die Haftung scheidet aber nicht schon dann aus, wenn der Mandant lediglich unvollständige Informationen erteilt. Wie schon angedeutet besteht ein Spannungsverhältnis zwischen der Pflicht des Beraters zur Sachverhaltsaufklärung und der Informationspflicht des Mandanten. Sofern der Mandant den Berater unvollständig informiert und also seine Informationspflicht verletzt, kann darin zwar ein Mitverschulden des Mandanten i. S. v. § 254 BGB zu sehen sein.[618] Keine Auswirkungen hat die bloß unvollständige Information jedoch auf das Verschulden des Beraters (bezogen auf die Verletzung der Pflicht zur Prüfung der Insolvenzreife). Es ist zu berücksichtigen, dass der Berater im Fall unvollständiger Information von Seiten des Mandanten regelmäßig auch die ihn treffende Pflicht zur Beschaffung der fehlenden Informationen verletzen wird. Eine Haftung des Beraters wäre damit in jedem Fall begründet. Das Verschulden des Beraters wird durch die unvollständige Information nicht berührt.[619]

IV. Ergebnis

Auf der Ebene des Verschuldens gelten demzufolge die allgemeinen Grundsätze. Der Berater haftet danach für jede Fahrlässigkeit, wobei ein objektivierter Fahrlässigkeitsmaßstab anzulegen ist. Eine Haftungsbeschränkung bedürfte einer vertraglichen Grundlage, die den dafür geltenden Regeln folgt.[620] Ein Irrtum des Beraters über die Tatsachengrundlage kann das Verschulden unter bestimmten Voraussetzungen ausschließen.

---

[617] Vgl. BGH NJW 1985, 1154, 1155; BGH NJW 1997, 2168, 2169; BGH NJW 1998, 2048, 2049; BGH NJW-RR 2004, 1358, 1360; BGH NJW-RR 2006, 923, 925, Rn. 22; *Benicke*, in: Soergel, § 675 BGB Rn. 58; *D. Fischer*, in: Bamberger/Roth, § 675 BGB Rn. 17; *Vill*, in: Hdb. d. Anwaltshaftung, § 2, Rn. 41; *Gehrlein*, Anwalts- und Steuerberaterhaftung, S. 31, Rn. 52; *Borgmann*, in: dies./Jungk/Schwaiger, Anwaltshaftung, S. 116, Rn. 25.

[618] Vgl. schon Fn. 611 sowie noch S. 147 ff., 154 je m. w. N., insbesondere bei Fn. 688.

[619] Doch kann wie erwähnt ein Mitverschulden des Mandanten zu berücksichtigen sein, s. im Einzelnen S. 154.

[620] S. dazu nur *Rinkler*, in: Hdb. d. Anwaltshaftung, § 1, Rn. 476 ff.

§ 7 Der Schaden des Mandanten

A. Das Vorliegen eines Schadens dem Grunde nach

Der Anspruch aus § 280 BGB setzt schließlich voraus, dass der Mandant als Anspruchsinhaber einen Schaden erleidet. Bei der Ermittlung des gem. §§ 249 ff. BGB zu ersetzenden Schadens ist (im Grundsatz) von der Differenzhypothese auszugehen, nach der die Differenz zwischen dem tatsächlichen Vermögensstand und dem hypothetischen, ohne das schädigende Ereignis bestehenden Vermögensstand i. S. eines Gesamtvermögensvergleichs[621] als Schaden zu verstehen ist.[622] Als denkbare Schäden im Zusammenhang mit der Verletzung einer insolvenzbezogenen Hinweispflicht werden beispielhaft die Ausschüttung eines angeblichen Gewinns, eine nicht gerechtfertigte Investitionsentscheidung und als Regelfall das Anwachsen der Verbindlichkeiten des Mandanten genannt.[623] Das Anwachsen der Verbindlichkeiten ist eine praktisch geradezu zwingende und entsprechend häufige Folge der Verschleppung des Insolvenzantrags und der damit einhergehenden Weiterführung des Unternehmens. Dieser Ansatz ist daher besonders in den Blick zu nehmen. Die überwiegende Ansicht bejaht das Vorliegen eines Schadens des Mandanten im Fall des Anwachsens der Verbindlichkeiten bzw. – präziser aufgrund des anzustellenden Gesamtvermögensvergleichs[624] – der Vertiefung der Überschuldung.[625] Dafür spricht, dass die Vertiefung der Überschuldung des Mandanten durch die Insolvenzantragstellung infolge eines zutreffenden Hinweises auf die Insolvenzreife verhindert worden wäre. Ein Schaden kann auch in der Belastung mit einer Verbindlichkeit liegen, und zwar selbst in dem Fall, dass der überschuldete bzw. vermögenslose Anspruchsteller die

---

[621] *Zugehör*, FS G. Fischer (2008), S. 617, 629; *D. Fischer*, in: Bamberger/Roth, § 675 BGB Rn. 25.

[622] H. M., ständige Rspr., s. nur *Oetker*, in: MünchKomm-BGB, § 249 BGB Rn. 18 f. m. w. N. der Rspr. und Literatur; *Grüneberg*, in: Palandt, Vorb v § 249 BGB Rn. 10; *Schiemann*, in: Staudinger, § 249 BGB Rn. 4 ff.; *ders.*, in: Lange/Schiemann, Schadensersatz, S. 248; *Borgmann*, in: dies./Jungk/Schwaiger, Anwaltshaftung, S. 252, Rn. 80.

[623] *Zugehör*, FS G. Fischer (2008), S. 617, 628; s. auch *Gräfe*, DStR 2010, 669, 671.

[624] Vgl. auch *Thole*, ZfPW 2015, 31, 53.

[625] BGH NJW 2013, 2345, 2346 f., Rn. 20 ff.; LG Saarbrücken ZInsO 2012, 330, 335; LG München I ZIP 2008, 1123, 1126 (für § 323 HGB); *Zugehör*, FS G. Fischer (2008), S. 617, 628 f.; *ders.*, WM 2013, 1965, 1975; *H. F. Müller*, ZInsO 2013, 2181, 2184; *Thole*, ZfPW 2015, 31, 53; *D. Fischer*, DB 2015, 1643, 1648; *Büchler*, InsVZ 2010, 68, 75; *Gehrlein*, ZInsO 2013, 2296, 2298; im Grds. auch *Spliedt*, in: K. Schmidt/Uhlenbruck, S. 101 f., Rn. 1.288; im Ergebnis auch *Hager*, KTS 2014, 313, 315; *Meixner/Schröder*, Wirtschaftsprüferhaftung, S. 317, Rn. 872 f.; a. A. *Römermann/Praß*, GmbHR 2013, 938, 939; s. auch *Plathner*, DStR 2013, 1349, 1350; ferner *Klöhn*, in: MünchKomm-InsO, § 15a InsO Rn. 280.

Verbindlichkeit ohnehin nicht erfüllen kann.[626] Auch wenn die Erfüllung der Verbindlichkeit zugunsten des Gläubigers durch die Insolvenz in Frage steht, bleibt der Mandant rechtlich zur Erfüllung verpflichtet.[627]

Dem wird entgegengehalten, dass durch die Pflichtverletzung des Beraters in Wahrheit zuvorderst die Gläubiger geschädigt seien, soweit sie nämlich mit im Verschleppungszeitraum begründeten Verbindlichkeiten ausfielen oder eine Verschlechterung der Quote hinnehmen müssten. Ein Schaden des Mandanten (d. h. regelmäßig der Gesellschaft) liege daher nicht vor.[628] Dass sich die Belastung des Mandanten mit einer weiteren Verbindlichkeit im möglichen (teilweisen) Ausfall des Gläubigers als aus der jeweiligen Verbindlichkeit Begünstigtem spiegelt, kann nicht geleugnet werden. Es ist also eine gewisse Deckungsgleichheit bzw. Kongruenz hinsichtlich der nachteiligen Auswirkungen der Pflichtverletzung auf Mandant und Gläubiger zu konstatieren.

Gleichwohl kann diese Erkenntnis nicht dazu führen, das Vorliegen eines Schadens bei dem Mandanten insgesamt zu verneinen. Wertungsmäßig steht dem entgegen, dass eine Zuweisung des Schadens zu den Gläubigern eine ungerechtfertigte Haftungsfreistellung des Beraters bedeuten kann. Es ist jedoch nicht einsichtig, weshalb dem Berater, der eine insolvenzbezogene Pflichtverletzung begeht und beispielsweise eine fehlerhafte Prüfung der Insolvenzreife vornimmt, die tatsächlich bereits bestehende Überschuldung des Mandanten zugutekommen und er hinsichtlich der Vertiefung der Überschuldung gegenüber dem vermeintlich nicht geschädigten Mandanten, in der Regel aber auch gegenüber dem Gläubiger[629], haftungsfrei bleiben soll.[630] Die Pflichtverletzung würde insoweit, obwohl Vermögensnachteile eingetreten

---

[626] Vgl. BGHZ 57, 78, 81 ff.; BGHZ 59, 148, 149 ff.; BGH NJW 1986, 581, 582 f.; *Zugehör*, FS G. Fischer (2008), S. 617, 628; *Oetker*, in: MünchKomm-BGB, § 249 BGB Rn. 16; *Grüneberg*, in: Palandt, § 249 BGB Rn. 4.

[627] *H. F. Müller*, ZInsO 2013, 2181, 2184; vgl. auch *Spliedt*, in: K. Schmidt/Uhlenbruck, S. 101 f., Rn. 1.288.

[628] Vgl. zu den „Neugläubigern" *Plathner*, DStR 2013, 1349, 1350; im Übrigen *Römermann/Praß*, GmbHR 2013, 938, 939 (die weiterhin § 92 InsO anwenden wollen, was bezogen auf diejenigen Gläubiger, die erst nach Eintritt der Insolvenzreife und dem Verkennen derselben durch den Berater zum Gläubiger werden, aufgrund der Tatsache, dass es sich um Individualschäden handelt, nicht überzeugt). Nimmt man indes an, dass ein Schaden des Mandanten vorliege, so kommt dies mittelbar auch den Gläubigern (in ihrer Gesamtheit) zu Gute.

[629] Zur (wohl eher seltenen) Variante der (Dritt-)Haftung des Beraters gegenüber den Gläubigern nach dem in dieser Ausarbeitung vertretenen Konzept noch S. 229 ff.

[630] Vgl. auch BGHZ 57, 78, 82 f.; BGHZ 59, 148, 151; LG Saarbrücken ZInsO 2012, 330, 335; *Zugehör*, FS G. Fischer (2008), S. 617, 628; *H. F. Müller*, ZInsO 2013, 2181, 2184; *Meixner/Schröder*, Wirtschaftsprüferhaftung, S. 317, Rn. 872; die Haftungsfreistellung wäre nach *Plathner*, DStR 2013, 1349, 1350 im Ergebnis jedoch die Folge; s. auch *Römermann/Praß*, GmbHR 2013, 938, 939.

sind, abgesehen von wenigen Ausnahmefällen nicht sanktioniert. Weiterhin ist der Zweck der vertraglichen, insolvenzbezogenen Pflichten des Beraters zu bedenken. Diese sollen gerade eine unbewusste Fortführung des insolvenzreifen Unternehmens und die damit regelmäßig einhergehende Vertiefung der Überschuldung des Mandanten verhindern.[631] Mit Blick auf diese Erwägungen führt auch der Rekurs auf die im Rahmen der Haftung des Geschäftsleiters gegenüber der Gesellschaft wegen Insolvenzverschleppung erarbeiteten Grundsätze[632] nicht weiter. Denn die eigenständigen vertraglichen – und damit privatautonom geschaffenen – insolvenzbezogenen Pflichten des Beraters bestehen gerade im Interesse der Gesellschaft, die somit Schutzobjekt der Pflichten ist. Ihr ist der Schaden aus der Vertiefung der Überschuldung zuzurechnen. Schließlich lässt sich auch auf die ähnliche Vorgehensweise bei der Existenzvernichtungshaftung abstellen, in deren Rahmen ebenfalls ein Schaden der Gesellschaft angenommen wird, obwohl letztlich auch die Gläubiger betroffen sind.[633]

Soweit im Zuge der Unternehmensfortführung konkrete Verbindlichkeiten begründet wurden und dadurch eine Vertiefung der Überschuldung herbeigeführt wurde, ist daher (im Rahmen des vorzunehmenden Gesamtvermögensvergleichs)[634] ein Schaden gegeben, der den Mandanten selbst trifft. In Ansehung von Beweislast und -maß gelten keine Besonderheiten. Der Anspruchsteller hat den Schaden nachzuweisen, wofür der Maßstab des § 287 ZPO gilt.[635] Wird an die Vertiefung der Überschuldung angeknüpft, ist der Schadensersatzanspruch – sofern die übrigen Voraussetzungen gegeben sind – inhaltlich zunächst auf Befreiung von den Verbindlichkeiten gerichtet, um sich mit Eröffnung des Insolvenzverfahrens in einen in die Masse fallenden

---

[631] Vgl. schon S. 17, s. auch noch S. 138 ff.

[632] S. BGHZ 138, 211, 216 f.; *Haas*, in: Baumbach/Hueck, § 64 GmbHG Rn. 160; *Paefgen*, in: Ulmer, § 43 GmbHG Rn. 191; *Fleischer*, in: Spindler/Stilz, § 92 AktG Rn. 72; *Spindler*, in: MünchKomm-AktG, § 92 AktG Rn. 75; s. auch OLG Koblenz AG 2009, 336, 336 f.; vgl. auch *Thole*, ZfPW 2015, 31, 53.

[633] S. *Thole*, ZfPW 2015, 31, 53 („Verlust der Schuldendeckungsfähigkeit"); zur Existenzvernichtungshaftung insbesondere BGHZ 173, 246 ff.; BGHZ 179, 344 ff.; ausführlich zum Schaden diesbezüglich *Röck*, Die Rechtsfolgen der Existenzvernichtungshaftung, S. 129 ff., die etwa auf den mit der Haftungskanalisierung auf die Gesellschaft verbundenen Schutz der Mitgesellschafter abstellt (s. S. 137 f.) und bezüglich der Gläubiger in der Folge einen Reflexschaden annimmt, s. S. 142 f., 66 ff., s. ferner S. 73 ff. zum Vermögens- bzw. Eigeninteresse der Gesellschaft. Endlich kommt die Innenhaftung hier wie dort letztlich auch den Gläubigern zugute.

[634] Differenziert zur Berechnung *Spliedt*, in: K. Schmidt/Uhlenbruck, S. 102, Rn. 1.288.

[635] Zur Beweislast allgemein schon Fn. 586; *Zugehör*, FS G. Fischer (2008), S. 617, 629; *Prütting*, in: MünchKomm-ZPO, § 287 ZPO Rn. 16; *Lange*, in: ders./Schiemann, Schadensersatz, S. 177.

Zahlungsanspruch, gerichtet auf den vollen Betrag der Verbindlichkeit, umzuwandeln.[636]

B. Haftungsausfüllende Kausalität und Zurechnung

Aufbauend auf dem dargelegten Verständnis des Schadens ist im Weiteren die sog. haftungsausfüllende Kausalität mitsamt der Zurechnung in den Blick zu nehmen.

I. Materiell-rechtliche Grundlagen

1. Äquivalente Kausalität

Im Rahmen der haftungsausfüllenden Kausalität ist der Ursachenzusammenhang zwischen Pflichtverletzung bzw. Nachteil und eingetretenem Schaden zu ermitteln, wobei in einem ersten Schritt wiederum auf die Äquivalenztheorie zurückzugreifen ist.[637] Ungeachtet noch zu erörternder beweisrechtlicher Fragen wäre bezogen auf den Vertiefungsschaden Kausalität i. S. d. Äquivalenztheorie etwa unter der Prämisse gegeben, dass der Geschäftsleiter bei ordnungsgemäßer Prüfung der Insolvenzreife durch den Berater aufbauend auf dem Ergebnis dieser Prüfung umgehend Insolvenzantrag gestellt hätte.[638]

2. Adäquanz

Nach allgemeiner Meinung ist die Äquivalenztheorie, nach der auch weit entfernt liegende Ereignisse kausal sein können, einzuschränken. Die sog. Adäquanztheorie versteht Schadensfolgen allgemein nur dann als „adäquat kausal" und damit im Ergebnis zurechenbar, wenn die Möglichkeit des Erfolgseintritts nicht außerhalb aller Wahrscheinlichkeit liegt bzw. das Ereignis die Möglichkeit eines Erfolgs der eingetretenen Art generell nicht unerheblich erhöht hat.[639] Im Kontext der Haftung für fehlerhafte oder unterlassene Auskünfte zur Insolvenzreife vertritt der BGH die Auffassung, dass die aus solchen fehlerhaften oder unterlassenen Auskünften folgende Vertiefung der Überschuldung eine grundsätzlich adäquate Schadensfolge bilde.[640] Dafür spricht, dass die Fortführung des Unternehmens und die damit einhergehende

---

[636] *Zugehör*, FS G. Fischer (2008), S. 617, 628 f. m. w. N.; *H. F. Müller*, ZInsO 2013, 2181, 2184 m. w. N.

[637] Vgl. schon Fn. 583.

[638] Vgl. *Zugehör*, FS G. Fischer (2008), S. 617, 625; diese Hypothese lag auch BGH NJW 2013, 2345, 2346, Rn. 15 zugrunde.

[639] S. nur *Oetker*, in: MünchKomm-BGB, § 249 BGB Rn. 110; *Schiemann*, in: Staudinger, § 249 BGB Rn. 12 ff.; *Grüneberg*, in: Palandt, Vorb v § 249 BGB Rn. 26 – alle m. w. N. der Rspr. u. Literatur.

[640] BGH NJW 2013, 2345, 2346, Rn. 23 f.; in der Sache ähnlich *Zugehör*, FS G. Fischer (2008), S. 617, 626 f.

Eingehung neuer Verbindlichkeiten, die im Rahmen des anzustellenden Gesamtvermögensvergleichs eine Vertiefung der Überschuldung bedeuten kann, gerade die typische und entsprechend vorhersehbare Reaktion des Geschäftsleiters auf den fehlenden oder falschen Hinweis bezüglich der Insolvenzreife darstellt.

Anderes kann nach dem BGH gelten, der Bereich adäquater Schadensverursachung also verlassen werden, sofern die Verluste nicht aus der Fortsetzung der üblichen Geschäftstätigkeit, sondern der Eingehung wirtschaftlich nicht vertretbarer Risiken resultieren, was erst in Betracht kommen könne,

> „wenn die Grenzen, in denen sich ein von Verantwortungsbewusstsein getragenes, ausschließlich am Unternehmenswohl orientiertes, auf sorgfältiger Ermittlung der Entscheidungsgrundlagen beruhendes unternehmerisches Handeln bewegen muss, deutlich überschritten sind, die Bereitschaft, unternehmerische Risiken einzugehen, in unverantwortlicher Weise überspannt worden ist oder das Verhalten des Geschäftsleiters aus anderen Gründen als unvertretbar gelten muss“.[641]

Auch dem ist zuzustimmen. Die unrichtige oder unterlassene Aufklärung des Beraters erhöht nicht das Risiko, dass der Geschäftsleiter im Folgenden völlig unverantwortlich vorgeht und Verbindlichkeiten jeglicher Art und Höhe begründet. Ein „Exzess“ des Geschäftsleiters ist dem Berater nicht mehr zuzurechnen. Ein solcher Vorbehalt ist jedoch dahingehend zu beschränken, dass nur krasse Verstöße gegen die Grundsätze unternehmerischen Handelns aus der Zurechnung auszunehmen sind. Solange sich der Geschäftsleiter im „safe harbor“ der in § 93 Abs. 1 S. 2 AktG kodifizierten sog. Business Judgement Rule bewegt,[642] wird dieser Fall ausscheiden. Dass der Geschäftsleiter grundsätzlich ein unternehmerisches Ermessen in Anspruch nehmen darf, ist auch im Verhältnis zum Berater zu respektieren.

3. Schutzzwecklehre

Über den Gedanken der Adäquanz hinaus können sich Einschränkungen der Zurechnung aus der Schutzzwecklehre ergeben, nach der zu fragen ist, ob der Nachteil mit der vom Schädiger geschaffenen Gefahrenlage in einem inneren Zusammenhang steht bzw. aus dem Bereich der Gefahren stammt, zu dessen

---

[641] BGH NJW 2013, 2345, 2346, Rn. 24; vgl. auch *Spliedt*, in: K. Schmidt/Uhlenbruck, S. 103, Rn. 1.292.

[642] S. dazu *Spindler*, in: MünchKomm-AktG, § 93 AktG Rn. 36 ff.; *Koch*, in: Hüffer/Koch, § 93 AktG Rn. 15 ff.; *Fleischer*, in: Spindler/Stilz, § 93 AktG Rn. 59 ff.; *U. H. Schneider*, in: Scholz, § 43 GmbHG Rn. 53 ff. (leicht abweichende Terminologie); *Haas/Ziemons*, in: Michalski, § 43 GmbHG Rn. 68 ff.; *Zöllner/Noack*, in: Baumbach/Hueck, § 43 GmbHG Rn. 22 ff.; s. auch *Raiser/Veil*, Recht der Kapitalgesellschaften, S. 166 ff., Rn. 66 ff.; für einen Rückgriff auf den gegenüber der Gesellschaft geltenden Sorgfaltsstandard spricht schon der Verweis von BGH NJW 2013, 2345, 2346, Rn. 24 auf BGHZ 135, 244, 253 f.

Abwendung die verletzte Vertragspflicht gerade übernommen wurde und der Nachteil damit unter den Schutzzweck der verletzten Norm fällt.[643] Nach überwiegender Ansicht ist die Vertiefung der Überschuldung dem Berater gemäß den vorstehenden Grundsätzen zuzurechnen.[644] Zweck des Prüfvertrags ist es gerade, dem Mandanten fehlende Kenntnisse im Bereich des Insolvenzrechts zu ersetzen. Ihm soll die Erkennung der Insolvenzreife ermöglicht und damit zugleich eröffnet werden, dem – richtigen – Ergebnis der Prüfung, d. h. seiner tatsächlichen Situation, entsprechend angemessen reagieren zu können. Die „sinnlose" Vertiefung seiner Überschuldung ist jedenfalls nicht als eine in diesem Sinne angemessene Reaktion zu verstehen. Der Mandant will sich durch Erteilung des Prüfvertrags gerade davor absichern, unbewusst ein insolvenzreifes Unternehmen fortzuführen und in diesem Zuge eine Vertiefung der Überschuldung herbeizuführen. Mithin steht die Vertiefung der Überschuldung mit der durch die Verletzung der Vertragspflicht geschaffenen Gefahrenlage in einem inneren Zusammenhang. Die Vertiefung der Überschuldung fällt also unter den Schutzzweck der verletzten Vertragspflicht.[645] Dass die Erhöhung der Verbindlichkeiten aufgrund der ohnehin bestehenden Überschuldung gleichsam „ins Leere" geht, kann ihrer Zurechnung zur Pflichtverletzung des Beraters schon nach den Ausführungen zum Vorliegen eines Schadens dem Grunde nach nicht entgegengehalten werden.[646]

Diese Erwägungen gelten gleichermaßen für die übrigen Fälle, in denen eine insolvenzbezogene Hinweispflicht angenommen wird. Es besteht jeweils ein innerer Zusammenhang zwischen der durch die Verletzung der Hinweispflicht geschaffenen Gefahrenlage und der Vertiefung der Überschuldung. Endlich gilt auch für die Nebenpflichten des allgemeinen (steuerlichen) Mandats der Befund, dass diese Pflichten gerade die unbesehene Fortführung des

---

[643] S. nur *Ekkenga/Kuntz*, in: Soergel, Vor § 249 BGB Rn. 176 ff.; *Oetker*, in: MünchKomm-BGB, § 249 BGB Rn. 120 ff.; *Grüneberg*, in: Palandt, Vorb v § 249 BGB Rn. 29 ff.; *Schiemann*, in: Staudinger, § 249 BGB Rn. 27 ff. – alle m. w. N. der Rspr. u. Literatur.

[644] BGH NJW 2013, 2345, 2346 f., Rn. 26 ff.; vorausgesetzt von LG München I ZIP 2008, 1123, 1126 (für § 323 HGB); *Zugehör*, FS G. Fischer (2008), S. 617, 626 f.; *ders.*, WM 2013, 1965, 1975; *Meixner/Schröder*, Wirtschaftsprüferhaftung, S. 316 f., Rn. 869 ff.; zweifelnd OLG Köln BeckRS 2013, 11389, II.

[645] Den von OLG Köln BeckRS 2013, 11389, II., vorgetragenen Bedenken (mögliche Freistellung des Vertragspartners von jeglichen mit der Fortführung verbundenen Risiken) wird schon dadurch Rechung getragen, dass bestimmte Schäden (z. B. aus „exzessiver" Fortführung) als nicht mehr adäquat kausal anzusehen sein können, s. S. 137 f.

[646] Richtig BGH NJW 2013, 2345, 2347, Rn. 27 f. mit Verweis auf die Organhaftung (dazu *Fleischer*, in: MünchKomm-GmbHG, § 43 GmbHG Rn. 263; *Spindler*, in: MünchKomm-AktG, § 93 AktG Rn. 171; *Paefgen*, in: Ulmer, § 43 GmbHG Rn. 191) und die Haftung des „Abschlussprüfers" (genauer – jedenfalls hinsichtlich BGH VersR 1988, 178 f. – wohl: Abschlussersteller).

Unternehmens verhindern sollen, sodass der Schutzzweckzusammenhang auch insoweit als gegeben anzusehen ist.

II. Beweislast und Beweismaß

Nunmehr kann festgehalten werden, dass ein kausal auf der Pflichtverletzung beruhender, zurechenbarer Schaden im theoretischen Ausgangspunkt auch in der Vertiefung der Überschuldung liegt. Aus Sicht der Praxis ist darüber hinaus bedeutsam, welche der Parteien beweisbelastet ist und nach welchen Maßstäben der Beweis hinsichtlich der vorstehend erörterten Tatbestandsmerkmale zu führen ist.

Der Nachweis derjenigen Tatsachen, in denen die haftungsausfüllende Kausalität gründet, obliegt wiederum dem Anspruchsteller.[647] Hinsichtlich des Beweismaßes ist festzustellen, dass die h. M. § 287 ZPO über seinen unmittelbaren Wortlaut hinaus auch auf die haftungsausfüllende Kausalität anwendet.[648] Weiterhin kann zugunsten des Mandanten die sog. Vermutung beratungsrichtigen Verhaltens eingreifen. Danach gilt bei Verträgen mit rechtlichen Beratern die Vermutung, dass der Mandant beratungsgemäß gehandelt hätte, wenn nach der Lebenserfahrung bei vertragsgemäßer Leistung des Beraters lediglich ein bestimmtes Verhalten nahegelegen hätte bzw. im Hinblick auf die Interessenlage oder andere objektive Umstände eine bestimmte Entschließung des zutreffend unterrichteten Mandanten mit Wahrscheinlichkeit zu erwarten gewesen wäre.[649]

---

[647] *Zugehör*, FS G. Fischer (2008), S. 617, 625; *Grüneberg*, in: Palandt, Vorb v § 249 BGB Rn. 128; *Ernst*, in: MünchKomm-BGB, § 280 BGB Rn. 145; *Schwarze*, in: Staudinger, § 280 BGB Rn. F 41.

[648] *Leipold*, in: Stein/Jonas, § 287 ZPO Rn. 18 m. w. N. der Rspr. u. Literatur; *Prütting*, in: MünchKomm-ZPO, § 287 ZPO Rn. 13; *Ekkenga/Kuntz*, in: Soergel, Vor § 249 BGB Rn. 400; *Oetker*, in: MünchKomm-BGB, § 249 BGB Rn. 499 ff.; *Lange*, in: ders./Schiemann, Schadensersatz, S. 177.

[649] BGHZ 123, 311, 315; BGHZ 126, 217, 222; BGHZ 193, 193, 206, Rn. 36; BGHZ 193, 297, 311 f., Rn. 39; BGH WM 2015, 1622, 1624, Rn. 23 ff.; zum Ganzen auch *Heese*, Beratungspflichten, S. 297 ff.; *Kayser*, ZIP 2014, 597, 603; *D. Fischer*, in: Bamberger/Roth, § 675 BGB Rn. 28; *Schwarze*, in: Staudinger, § 280 BGB Rn. F 71; *Heermann*, in: MünchKomm-BGB, § 675 BGB Rn. 34; *Gehrlein*, Anwalts- und Steuerberaterhaftung, S. 73, Rn. 105; *Jungk*, in: Borgmann/Jungk/Schwaiger, Anwaltshaftung, S. 368 f., Rn. 25; die dogmatische Einordnung ist umstritten, auch die Senate des BGH handhaben sie uneinheitlich, s. *Leipold*, in: Stein/Jonas, § 286 ZPO Rn. 123; *Ahrens*, in: Wieczorek/Schütze, Vor § 286 ZPO Teil A Rn. 171; *Grüneberg*, in: Palandt, § 280 BGB Rn. 39; der für die Anwalts- und Steuerberaterhaftung zuständige IX. Zivilsenat des BGH geht von einem Fall des Anscheinsbeweises aus, s. nur BGHZ 123, 311, 315 sowie zuletzt etwa BGH WM 2015, 1622, 1624, Rn. 23, während der XI. Zivilsenat eine Beweislastumkehr annimmt, s. noch Fn. 654; zur Entkräftung der Vermutung aus Sicht der Rspr. *Gehrlein*, Anwalts- und Steuerberaterhaftung, S. 79 f., Rn. 112.

Diese Vermutung hilft dem Mandanten jedoch nicht, wenn als Reaktion auf eine zutreffende Beratung mehrere gleich vernünftige Verhaltensweisen in Betracht kommen, der Mandant also Handlungsalternativen hat.[650] Daher hat der BGH im Fall der falschen Auskunft zur Insolvenzreife entschieden, dass für die Annahme einer solchen Vermutung kein Raum sei, da der Mandant mehrere Handlungsmöglichkeiten gehabt habe, und zwar in Form der Insolvenzantragstellung und – alternativ – der Sanierung innerhalb der Antragsfrist des § 15a InsO.[651] Damit verbleibt für die Vermutung beratungsrichtigen Verhaltens in der Situation der fehlerhaften Insolvenzreifeprüfung nur in solchen Konstellationen ein Anwendungsbereich, in denen eine Sanierung von vornherein ausgeschlossen ist.[652] Gewissermaßen als Ausgleich erkennt der BGH an, dass zur Aufklärung des hypothetischen Geschehensverlaufs der Geschäftsleiter des Mandanten i. S. d. § 287 Abs. 1 S. 3 ZPO als Partei zu vernehmen sein könne. Das sei angezeigt, weil es sich bei der Frage, welche Entscheidung der Geschäftsleiter bei vertragsgerechtem Verhalten des Beraters getroffen hätte, um eine innere, in der Person des Geschäftsleiters liegende Tatsache handele, die zu dem von § 287 Abs. 1 S. 3 ZPO erfassten Bereich gehöre. Entsprechend könne der Antrag, den Geschäftsleiter des Mandanten zu hören, nicht (aufgrund der Würdigung von Indiztatsachen) abgelehnt werden.[653]

Letzterem mag für sich genommen zuzustimmen sein. Auffällig ist jedoch die Dichotomie der Rechtsprechung des BGH im Zusammenhang mit der Vermutung beratungsrichtigen Verhaltens. Diese entstand daraus, dass im Bereich der Anlageberatung neuerdings nicht mehr angenommen wird, die Vermutung beratungsrichtigen (bzw. dort „aufklärungsrichtigen") Verhaltens sei unanwendbar, wenn dem Geschädigten mehrere Handlungsalternativen offen standen.[654] Der BGH argumentiert dort mit dem Schutzzweck der Aufklärungspflicht und verweist darauf, dass dem Ersatzberechtigten wenig damit gedient wäre, wenn er den Aufklärungsverpflichteten zwar an sich aus der Verletzung einer Aufklärungspflicht in Anspruch nehmen könnte, aber regelmäßig daran scheiterte, den Beweis zu erbringen, wie er auf den Hinweis,

---

650 S. schon Fn. 649; s. auch BGH NJW 2014, 2795, 2795 f., Rn. 2 ff.; *Schwab*, NJW 2012, 3274, 3275 f.; *Jungk*, in: Borgmann/Jungk/Schwaiger, Anwaltshaftung, S. 370 f., Rn. 29.

651 BGHZ 193, 297, 312, Rn. 40; BGH NJW 2013, 2345, 2346, Rn. 16.

652 BGH NJW 2013, 2345, 2346, Rn. 16; *Kayser*, ZIP 2014, 597, 603 f.; kritisch daher *Hager*, KTS 2014, 313, 315.

653 BGH NJW 2013, 2345, 2346, Rn. 17; *Kayser*, ZIP 2014, 597, 604.

654 Grundlegend BGHZ 193, 159, 168 ff., Rn. 30 ff.; BGH BKR 2013, 212, 214, Rn. 20; BGH BeckRS 2013, 10421, Rn. 19; BGH BeckRS 2013, 19537, Rn. 25; BGH BKR 2014, 295, 295 f., Rn. 9; BGH NJW 2014, 2951, 2953, Rn. 26; eine weitere Facette der Dichotomie zeigt sich wie schon angedeutet in der dogmatischen Einordnung – der XI. Zivilsenat des BGH geht von einer Beweislastumkehr aus; zum Ganzen *Schwab*, NJW 2012, 3274 ff.

wäre er denn gegeben worden, reagiert hätte. Andererseits habe der Aufklärungspflichtige wenig zu befürchten, wenn er sich bei Verletzung seiner Hinweispflicht darauf zurückziehen könnte, dass kaum zu beweisen sei, was der Vertragspartner auf den Hinweis hin getan hätte.[655]

Die unterschiedliche Behandlung der genannten Konstellationen in der Rechtsprechung wäre wohl nur mit dem Argument zu rechtfertigen, dass die Situationen insgesamt nicht vergleichbar seien.[656] Berücksichtigt man jedoch die der Rechtsprechung zur Anlageberatung zugrunde liegende Wertung, so lässt sich an der Überzeugungskraft der Unterscheidung zweifeln, da auch dem später in Insolvenz gefallenen Mandanten der Beweis, dass er bei ordnungsgemäßer Beratung über die Insolvenzreife schon früher Insolvenzantrag gestellt hätte, misslingen kann.[657] Es fällt auch unter den Schutzzweck der insolvenzbezogenen Prüf- bzw. Nebenpflichten, dem Mandanten gerade den sachgerechten Umgang mit der Krise zu ermöglichen und dadurch eine Verschleppung der Antragstellung sowie eine damit einhergehende Vertiefung der Überschuldung zu vermeiden.[658] Dieser Zweck wird durch die erschwerte (oder anders gewendet: nicht erleichterte) Durchsetzung der Haftung im Prozess allerdings beeinträchtigt, was in gewisser Weise zugleich eine Entwertung der durch das materielle Haftungsrecht geschaffenen Sanktion im Fall tatsächlicher Verschleppung, letztlich also des Verstoßes des Beraters gegen den Zweck, bedeutet.[659] Wie auch bei der Anlageberatung steht der Geschädigte vor der Schwierigkeit, eigenes hypothetisches Verhalten zu beweisen, was dazu führen kann, dass der dem Grunde nach bestehende Anspruch im Ergebnis vereitelt wird. Insoweit ist die verschiedenartige Behandlung der Anlage- und Rechtsberatung in der Rechtsprechung in der Tat nicht einsichtig.[660] Die Folge der Verhinderung einer weiteren Ausdehnung von Beweiser-

---

[655] BGHZ 193, 159, 171, Rn. 35; vgl. auch schon BGHZ 61, 118, 122; *Heese*, Beratungspflichten, S. 299.

[656] Vgl. BGH NJW 2014, 2795, 2795 f., Rn. 3; s. auch *Gehrlein*, Anwalts- und Steuerberaterhaftung, S. 72 f., Rn. 104, der aber – abgesehen von der vermeintlichen Angemessenheit der Risikoverteilung – Sachgründe für die Differenzierung (wie letztlich auch der BGH) schuldig bleibt; s. aber *D. Fischer*, DB 2015, 1643, 1647; erneut an seiner Rechtsprechung festhaltend (IX. Zivilsenat) BGH WM 2015, 1622, 1624, Rn. 23.

[657] Um diese Hypothese ging es in dem durch den BGH entschiedenen Fall, s. BGH NJW 2013, 2345, 2346, Rn. 15; kritisch daher *Hager*, KTS 2014, 313, 314 f.; kritisch angesichts der unterschiedlichen Behandlung der Fälle auch *Luttmann*, ZInsO 2013, 1777, 1780; s. auch *Schwab*, NJW 2012, 3274, 3276; allgemein zur Teleologie *Canaris*, FS Hadding (2004), S. 3, 18 ff.

[658] S. schon S. 138 ff.; vgl. hinsichtlich des grds. vergleichbaren Schutzzwecks auch *Schwab*, NJW 2012, 3274, 3276; *Röhm/Seichter/Lennartz*, DStR 2014, 1735, 1736.

[659] Vgl. *Hager*, KTS 2014, 313, 314 f.; vgl. ferner *Canaris*, FS Hadding (2004), S. 3, 21 f., 24.

[660] *Hager*, KTS 2014, 313, 314 f.; *Schwab*, NJW 2012, 3274, 3276; *ders.*, in: NK-BGB, § 675 BGB Rn. 15; s. auch *Röhm/Seichter/Lennartz*, DStR 2014, 1735, 1736; s. auch

leichterungen mag man zwar, nicht zuletzt mit Rücksicht auf die allgemeinen prozessualen Grundsätze, für allgemein begrüßenswert erachten;[661] gleichwohl kann dies nichts an der genannten Feststellung ändern.

Versagt der BGH dem Kläger, der die Wahl zwischen Insolvenzantragstellung und Sanierung hatte, im Bereich der Beraterhaftung im Ergebnis aber die Berufung auf die Vermutung beratungsrichtigen Verhaltens, sind die der haftungsausfüllenden Kausalität zugrunde liegenden Tatsachen am Maßstab des § 287 ZPO zu beweisen. Immerhin lässt es der BGH in der Insolvenzkonstellation wie ausgeführt zu, den Geschäftsleiter als Partei zu vernehmen. Im Übrigen ist es auch nach den üblichen Maßstäben des § 287 ZPO nicht von vornherein ausgeschlossen nachzuweisen, dass der Geschäftsleiter bei zutreffender Beratung Insolvenzantrag gestellt hätte.[662] Für den Kläger (d. h. den Mandanten bzw. Insolvenzverwalter) besteht gleichwohl das Risiko, dass nicht zur hinreichenden Überzeugung des Gerichts nachgewiesen werden kann, der Geschäftsleiter hätte bei korrekter Beratung Insolvenzantrag gestellt.

In solchen Fällen, in denen eine Wahlmöglichkeit zwischen Insolvenzantragstellung und Sanierung bestand, und damit eine Berufung auf die Vermutung beratungsrichtigen Verhaltens ausscheidet, könnte dem Kläger jedoch ein differenzierteres Verständnis der Kausalkette zugutekommen. Ausgangspunkt wäre die Bestimmung des Endpunktes der Kausalkette auf haftungsbegründender Seite als aus der Pflichtverletzung folgende Unkenntnis des Mandanten von der Notwendigkeit und Möglichkeit einer Entscheidung über das weitere Vorgehen, d. h. Insolvenzantragstellung oder Sanierung.[663] Anknüpfend daran ließe sich auf haftungsausfüllender Seite auf den Zusammenhang zwischen dieser Unkenntnis von der Wahlmöglichkeit und dem daraus folgenden Verlust der Wahlmöglichkeit abstellen, welcher daraus resultiert, dass sich das von § 15a InsO eröffnete, höchstens dreiwöchige, „Sanierungsfenster“ schließt, ohne dass die Möglichkeit der Sanierung wahrgenommen wurde. Zugleich wäre die Unkenntnis der Insolvenzreife sowie der damit einhergehenden Wahlmöglichkeit und -notwendigkeit ursächlich für die Verschlep-

---

Canaris, FS Hadding (2004), S. 3, 24; das bloße Zurückziehen auf den (dogmatischen) Mechanismus des Anscheinsbeweises, so letztlich BGH NJW 2014, 2795, 2795 f., Rn. 2 ff., kann jedenfalls nicht überzeugen; a. A. *Seyfarth/Rößler*, VersR 2013, 837, 839; *Heese*, Beratungspflichten, S. 301 ff. geht von einer einheitlichen Beweislastumkehr aus.

661 *Seyfarth/Rößler*, VersR 2013, 837, 839; *Röhm/Seichter/Lennartz*, DStR 2014, 1735, 1736.

662 Vgl. zur Überzeugungskraft wiederum *Hager*, KTS 2014, 313, 315; immerhin handelt es sich um eine strafbewehrte gesetzliche Pflicht – etwas zu optimistisch aber *Seyfarth/Rößler*, VersR 2013, 837, 839; zu den Unwägbarkeiten in der Praxis etwa OLG Köln DStRE 2011, 397, 399 f.; OLG Saarbrücken BeckRS 2016, 01694, Rn. 60 ff. (insoweit in ZInsO 2016, 458 ff. nur teilweise abgedruckt).

663 Vgl. auch schon S. 127; so die Konzeption *Hagers*, KTS 2014, 313, 314 f.

pung der Insolvenz.[664] Im Prozess machte das letztlich den Nachweis erforderlich, dass jedenfalls eine der Wahlmöglichkeiten bei zutreffender Information über die Insolvenzreife wahrgenommen worden wäre, was wiederum die Vertiefung der Überschuldung ausgeschlossen hätte.[665] Dieser Beweis sollte leichter zu führen sein als der vom BGH[666] angesprochene Beweis hinsichtlich der Insolvenzantragstellung. Schließlich dürfte im Regelfall – wenn und soweit in der konkreten Konstellation keine dieser Einschätzung entgegenstehenden Umstände zu erkennen sind – anzunehmen sein, dass der Geschäftsleiter überhaupt rechtmäßig gehandelt hätte.[667] Dies kann als erforderlich, aber auch hinreichend erachtet werden.

C. Ergebnis zum Schaden

In der Insolvenzkonstellation kann ein kausal auf der Pflichtverletzung beruhender, zurechenbarer Schaden grundsätzlich auch in der Vertiefung der Überschuldung liegen. Der Beweis ist durch den Anspruchsteller zu erbringen, der nach dem BGH insbesondere (nach § 287 ZPO) nachweisen muss, dass der Geschäftsleiter bei vertragsgemäßer Leistung des Beraters Insolvenzantrag gestellt hätte. Die Berufung auf die sog. Vermutung beratungsrichtigen Verhaltens ist nach dem BGH im Regelfall nicht möglich.

§ 8 Mitverschulden

A. Grundlagen

Während bislang die wesentlichen eine Haftung begründenden Tatbestandsmerkmale des § 280 BGB erörtert wurden, soll der Blick im Folgenden auf die durch § 254 BGB eröffnete Möglichkeit der Minderung des dem Grunde nach bestehenden Schadensersatzanspruchs infolge Mitverschuldens des Geschädigten gerichtet werden. Es ist zu untersuchen, inwieweit ein Mitverschulden bei der in dieser Ausarbeitung beleuchteten insolvenzbezogenen Haftung in Betracht kommt. Da es sich bei dem Mandanten als dem Geschä-

---

[664] So insgesamt *Hager*, KTS 2014, 313, 315; vgl. auch *Canaris*, FS Hadding (2004), S. 3, 15 ff. (der hinsichtlich der maßgeblichen Kausalitätstheorie auf die Lehre vom „Erfolg in seiner konkreten Gestalt" abstellt).

[665] Sähe man die Kausalität aufgrund der dargestellten Zusammenhänge als praktisch immer gegeben an, führte das zu einer Art faktischen Beweislastumkehr; vgl. auch den ähnlichen Mechanismus bei *Canaris*, FS Hadding (2004), S. 3, 17 f.

[666] BGH NJW 2013, 2345, 2346, Rn. 15.

[667] Zu denkbaren Einwänden des Beraters mit Rücksicht auf die Sanierungsvariante (rechtmäßiges Alternativverhalten) *Hager*, KTS 2014, 313, 315 f.; vgl. zu der Konstellation des Vorliegens zweier, im Ergebnis indes gleichwertiger, Handlungsalternativen etwa BGHZ 151, 5, 12 f.; BGH NJW 2005, 1113, 1114.

digten regelmäßig um eine Gesellschaft handeln wird, rückt wiederum der Geschäftsleiter in den Fokus, dessen Handeln die Gesellschaft sich im Grundsatz nach ganz h. M. entsprechend § 31 BGB auch im Bereich des Mitverschuldens zurechnen lassen muss.[668] Die auf Rechtsfolgenseite erforderliche Abwägung hat zwar im Einzelfall durch das dazu berufene Gericht zu erfolgen.[669] Gleichwohl lassen sich allgemeine Aussagen zu ihren Rahmenbedingungen treffen.

B. Mitverschulden bei insolvenzbezogenen Pflichtverletzungen

I. Differenzierende versus einheitliche Handhabung

Nach Ansicht des BGH ist auf der Ebene des Mitverschuldens zu differenzieren. So könne grundsätzlich kein durch den Geschäftsleiter vermitteltes Mitverschulden des Mandanten angenommen werden. Es sei zu beachten, dass der Berater die Belehrungsbedürftigkeit des Mandanten zugrunde zu legen habe und daher sogar dem wirtschaftlich und rechtlich erfahrenen Mandanten nicht vorhalten könne, dieser habe auch selbst erkennen können, worüber ihn der Berater hätte aufklären sollen,[670] kurz: der Berater solle eben gerade beraten. Demgegenüber könne im Bereich der Abschlussprüfung ein Mitverschulden anzunehmen sein, da der Abschlussprüfer zwar speziell zur Prüfung eingeschaltet werde, er aber das „gesellschaftsinterne Kontrollsystem" nicht ersetzen solle.[671]

Diese Differenzierung vermag in der konkreten Insolvenzkonstellation nicht zu überzeugen. Man wird hinsichtlich des Mitverschuldens im Grundsatz zwar – und das durchaus berechtigt[672] – zwischen der Abschlussprüfung

---

[668] S. nur BGHZ 68, 142, 151; BGH NJW 1983, 1856, 1856; *Looschelders*, Mitverantwortlichkeit, S. 537; *Zugehör*, FS G. Fischer (2008), S. 617, 629 f.; *Schiemann*, in: Staudinger, § 254 BGB Rn. 107; *Ekkenga/Kuntz*, in: Soergel, § 254 BGB Rn. 139; *Oetker*, in: MünchKomm-BGB, § 254 BGB Rn. 136; *Lange*, in: ders./Schiemann, Schadensersatz, S. 604; allgemein auch *Paefgen*, in: Ulmer, § 35 GmbHG Rn. 214 ff.

[669] S. nur *Ekkenga/Kuntz*, in: Soergel, § 254 BGB Rn. 146.

[670] BGHZ 193, 297, 311, Rn. 37; s. auch schon BGH NJW 2000, 1263, 1265; BGH NJW-RR 2003, 1064, 1067; BGH NJW-RR 2007, 857, 860, Rn. 28; BGH WM 2008, 950, 952, Rn. 17; BGH NJW 2009, 1141, 1143, Rn. 21; BGH WM 2010, 993, 994 f., Rn. 14; dazu auch *Heese*, Beratungspflichten, S. 242 f.; *D. Fischer*, FS Ganter (2010), S. 471, 475 f.; *Borgmann*, in: dies./Jungk/Schwaiger, Anwaltshaftung, S. 271, Rn. 115; s. zur vergleichbaren Rspr. im Bereich der Anlageberatung etwa BGH NJW 2004, 1868, 1870; BGHZ 186, 152, 159, Rn. 21; BGHZ 189, 13, 31 f., Rn. 41; BGHZ 201, 310, 323, Rn. 46; BGH WM 2015, 569, 570, Rn. 13 f.; s. auch *Nobbe/Zahrte*, in: MünchKomm-HGB, Bankvertragsrecht, Anlageberatung, Rn. 320 f.

[671] BGH NJW 2013, 2345, 2347, Rn. 29 ff., insbesondere Rn. 30.

[672] S. zur Berücksichtigung des Mitverschuldens bei der Abschlussprüfung nicht zuletzt aufgrund der Wertung des § 322 Abs. 2 S. 2 HGB *Ebke*, in: MünchKomm-HGB, § 323 HGB Rn. 74.

und der eigentlichen Beratung unterscheiden mögen. Indes gilt es mit Blick auf die Insolvenzkonstellation zu berücksichtigen, dass die entschiedenen Fälle schon die Differenzierung des BGH hinsichtlich der vereinbarten Tätigkeit nicht tragen. Während es in der ersten Entscheidung des BGH um ein Gespräch anlässlich der Vorlage der Bilanz ging, das auch die Frage der wirtschaftlichen Situation und der Insolvenzantragspflicht zum Gegenstand hatte und das der BGH revisionsrechtlich zum Anknüpfungspunkt für einen Prüfvertrag machte,[673] war Grundlage der Haftung in der weiteren Entscheidung ein Vermerk des den Jahresabschluss erstellenden Steuerberaters im Bilanzbericht[674]. Damit betreffen beide Fälle gleichermaßen die Feststellung der Insolvenzreife (aus Sicht des BGH letztlich eben einen Prüfvertrag). Aus diesem Grund wäre bezogen auf den Aspekt des Mitverschuldens jedenfalls eine einheitliche Behandlung der Fälle geboten.[675]

Anderes kann auch nicht unter der Prämisse gelten, dass zwischen einem externen Dienstleister, der die Insolvenzgefahr untersuchen solle und dem die wirtschaftliche Selbstprüfungspflicht der Gesellschaft vollständig übertragen werde, und dem Berater, der eine Abschlussprüfung vornimmt, die nichts an der Selbstprüfungspflicht der Gesellschaft ändere, zu differenzieren sei.[676] Eine solche, gegenüber der Sichtweise des BGH leicht modifizierte bzw. präzisierte, Unterscheidung ist in den entschiedenen Fällen ebenso wenig durchzuhalten und ebenso künstlich wie die Unterscheidung des BGH. Wird der Berater von einer Gesellschaft mit der Prüfung der Insolvenzreife beauftragt, so hat er diese Leistung einheitlich im Interesse der Gesellschaft zu erbringen. Es existiert bei der Erbringung dieser Leistung kein Anknüpfungspunkt für eine Unterscheidung zwischen Abschlussprüfern und „externen Dienstleistern", wenn und soweit in jedem Fall eine identische Leistung, nämlich gerade die Prüfung der Insolvenzreife, geschuldet wird. Auch die Wertung des § 322 Abs. 2 S. 2 HGB bietet für eine Differenzierung bei der Prüfung der Insolvenzreife keine Basis. Es bleibt zwar noch zu klären, wie weit etwa eine Übertragung der Selbstprüfungspflicht auf den Berater reicht. In jedem Fall aber ist in der Insolvenzkonstellation, in der es um die Prüfung der Insolvenzreife geht, hinsichtlich der Anwendung von § 254 BGB eine einheitliche Handhabung angezeigt.

---

[673] BGHZ 193, 297, 297, Rn. 2; s. schon S. 22.

[674] BGH NJW 2013, 2345, 2345; s. schon S. 21 f.

[675] Kritisch hinsichtlich der Unterscheidung auch *H. F. Müller*, ZInsO 2013, 2181, 2185; die Annahme von Mitverschulden generell ablehnend *Römermann/Praß*, GmbHR 2013, 938, 939; wie der BGH differenzierend *Kayser*, ZIP 2014, 597, 604 f.

[676] So aber *Gehrlein*, ZInsO 2013, 2296, 2298 ff. Die unterschiedliche Behandlung lässt sich auch nicht schon dadurch rechtfertigen, dass man die Prüfung der Insolvenzreife mit BGHZ 193, 297, 300 f., Rn. 11 ohne Weiteres und letztlich nur formal der freiwilligen Abschlussprüfung zuordnet; vgl. auch schon bei Fn. 28.

Stützt man sich im Rahmen des § 254 BGB sodann auf eine entsprechende Anwendung des § 31 BGB, so erscheint eine Zurechnung der Handlungen des Geschäftsleiters zur Gesellschaft als im Grundsatz wenig problematisch. Vor diesem Hintergrund wird beispielsweise die in Rechtsprechung und Literatur vertretene Sichtweise verständlich, dass eine Zurechnung möglich (und ein weit überwiegendes Mitverschulden bis hin zum Anspruchsausschluss anzunehmen) sei, sofern der Geschäftsleiter die Insolvenzreife sowie die Insolvenzantragspflicht positiv kannte (und dem Berater zugleich lediglich Fahrlässigkeit vorzuwerfen ist).[677] Für diesen Fall gilt es im Übrigen anzumerken, dass – sofern sich die Begründung einer Hinweispflicht als Nebenpflicht zentral auf ein vorhandenes Wissensgefälle stützt – der Wegfall des Wissensgefälles ungeachtet § 254 BGB schon den Wegfall der Hinweispflicht zur Folge hätte.

II. Zurechnung der Verletzung gesellschaftsrechtlich determinierter Geschäftsleiterpflichten

Auf Grundlage der §§ 254, 31 BGB könnte es darüber hinaus denkbar sein, an die eingangs erörterten gesellschaftsrechtlichen Pflichten des Geschäftsleiters gegenüber der Gesellschaft anzuknüpfen, nach denen der Geschäftsleiter aufgrund seiner Stellung als Organ der Gesellschaft jederzeit deren wirtschaftliche Lage und die Insolvenzreife im Blick haben muss.[678] Überträgt man diese Grundsätze auf die Beraterhaftung, also das Verhältnis zwischen Gesellschaft und Berater, folgt daraus, dass bei einem gegen sie gerichteten Verstoß ein der Gesellschaft zurechenbares, in der Person des Geschäftsleiters verwirklichtes, Mitverschulden anzunehmen wäre.[679] Konsequenterweise könnten dann auch die zum Vertrauen des Geschäftsleiters auf fachkundigen

---

[677] So wohl BGH NJW 2013, 2345, 2347, Rn. 30 (nach der wie erörtert wenig überzeugenden Sichtweise des BGH gilt dies nur für den „Abschlussprüfer"); *H. F. Müller*, ZInsO 2013, 2181, 2185; *Kayser*, ZIP 2014, 597, 604; *Gräfe*, DStR 2010, 669, 672; s. auch *Zugehör*, FS G. Fischer (2008), S. 617, 630 (beachte aber auch S. 623); *Wagner/Zabel*, NZI 2008, 660, 666; s. auch OLG Schleswig GI 1993, 373, 382 f.; vgl. auch *Oetker*, in: MünchKomm-BGB, § 254 BGB Rn. 136; schon mit Blick auf die Hinweispflicht BGH NJW-RR 2013, 983, 986, Rn. 28; vgl. auch schon OLG Schleswig GI 1993, 373, 381 f. sowie BGH BeckRS 2012, 23304; BGH BeckRS 2010, 12192; s. auch OLG Celle ZInsO 2011, 1004, 1005 f.; OLG Köln DStRE 2012, 970, 973; LG Koblenz DStRE 2010, 647, 648; *Büchler*, InsVZ 2010, 68, 72; s. auch noch S. 152.

[678] S. schon S. 7 ff. m. w. N., S. 86 f. m. w. N.

[679] Vgl. *Zugehör*, FS G. Fischer (2008), S. 617, 629 f.; *D. Fischer*, FS Ganter (2010), S. 471, 479; *H. F. Müller*, ZInsO 2013, 2181, 2185; *Wagner/Zabel*, NZI 2008, 660, 665 f.; ferner *Büchler*, InsVZ 2010, 68, 72; unmittelbar für den Geschäftsleiter grds. auch *Gräfe*, DStR 2010, 669, 672; an diesen anschließend LG Saarbrücken ZInsO 2012, 330, 336; *Meixner/Schröder*, Wirtschaftsprüferhaftung, S. 319 f., Rn. 876 ff. (für Wirtschaftsprüfer); für eine Dritthaftungskonstellation LG Wuppertal ZInsO 2011, 1997, 2000 f.

Rat entwickelten Grundsätze zu berücksichtigen sein,[680] denen ursprünglich Bedeutung im Rahmen der Organhaftung zukommt und die den Pflichtenkreis des Geschäftsleiters konkretisieren. Projiziert auf den Bereich des § 254 BGB schiede ein der Gesellschaft zurechenbares Mitverschulden des Geschäftsleiters danach aus,[681] sofern dieser den unabhängigen, fachlich qualifizierten Berater unverzüglich nach Auftreten der Krise unter umfassender Darstellung der Verhältnisse der Gesellschaft und Offenlegung der erforderlichen Unterlagen mit der Prüfung der Insolvenzreife beauftragte und das Prüfergebnis, auf dessen unverzügliche Vorlage er hinzuwirken hat, einer Plausibilitätskontrolle unterzöge[682].

Der Berater würde demnach im Verhältnis zur Gesellschaft von einem Verstoß des Geschäftsleiters gegen dessen organschaftliche Pflichten profitieren. Dieser Mechanismus könnte als im Ausgangspunkt in dem Zusammenspiel zwischen §§ 254, 31 BGB begründet verstanden werden. So kann nach § 254 BGB eben das „Verschulden [hier: des Mandanten] gegen sich selbst“,[683] konkret vermittelt durch § 31 BGB in entsprechender Anwendung, zur Anspruchsminderung führen. Bei Lichte besehen steht jedoch in Frage, ob § 31 BGB tatsächlich eine Überleitung der strengen organschaftlichen Pflichten des Geschäftsleiters, die ihm – originär gesellschaftsrechtlich determiniert – gerade gegenüber der Gesellschaft auferlegt wurden,[684] in das Verhältnis von Berater und Gesellschaft ermöglichen können soll.

---

[680] Vgl. *H. F. Müller*, ZInsO 2013, 2181, 2185; *Spliedt*, in: K. Schmidt/Uhlenbruck, S. 104, Rn. 1.294.

[681] Im Umkehrschluss bliebe die Annahme eines Mitverschuldens demnach möglich, sofern der Geschäftsleiter gegen die Maßgaben des gesellschaftsrechtlichen Vertrauensgrundsatzes verstieße. Betonte man demgegenüber, dass die gesellschaftsrechtlichen Grundsätze es gerade ermöglichen, die Selbstprüfungspflicht auf Dritte zu übertragen, läge die Schlussfolgerung nahe, den Mitverschuldenseinwand insoweit generell zu versagen, so etwa *Gehrlein*, ZInsO 2013, 2296, 2299 f. für den „externen Dienstleister“; vgl. auch *Gräfe*, DStR 2010, 669, 672; LG Saarbrücken ZInsO 2012, 330, 336 – ihnen genügt zur vollständigen Übertragung der Selbstprüfungspflicht letztlich die bloße Beauftragung des Beraters.

[682] Zum Vertrauen des Geschäftsleiters auf fachkundigen Rat, sog. Vertrauensgrundsatz, und seinen einzelnen Elementen schon oben S. 8 f. m. w. N.; BGH NJW 2007, 2118, 2120, Rn. 16; BGH NJW-RR 2012, 1122, 1122 f., Rn. 11; BGH WM 2012, 1124, 1126, Rn. 16 ff.; *Strohn*, ZHR 176 (2012), 137, 139 ff.; *H. F. Müller*, DB 2014, 1301 ff.; *ders.*, in: MünchKomm-GmbHG, § 64 GmbHG Rn. 160 ff.; *Fleischer*, ZIP 2009, 1397, 1400; *ders.*, in: MünchKomm-GmbHG, § 43 GmbHG Rn. 42 ff.; *Bitter*, ZInsO 2010, 1561, 1573; *Paefgen*, in: Ulmer, § 43 GmbHG Rn. 69; *Hopt/Roth*, in: Großkomm. AktG, § 93 AktG Rn. 139 f.; *Koch*, in: Hüffer/Koch, § 93 AktG Rn. 44.

[683] *D. Fischer*, FS Ganter (2010), S. 471, 474; *Ekkenga/Kuntz*, in: Soergel, § 254 BGB Rn. 2 m. w. N.

[684] Vgl. etwa *Poertzgen*, Organhaftung wegen Insolvenzverschleppung, S. 208 f.; *Drenckhan*, Gläubigerschutz in der Krise der GmbH, S. 48 f.; *Paefgen*, in: Ulmer, § 43 GmbHG Rn. 60.

So ist es insbesondere bei einem Prüfvertrag spezifischer Zweck der Beauftragung des Beraters, dem Mandanten (in der Regel also der Gesellschaft) fehlende Kenntnisse im Bereich des Insolvenzrechts zu ersetzen, sodass der Mandant mithilfe des Beraters Gewissheit über die Frage erlangen kann, ob Insolvenzreife vorliegt.[685] Wäre etwa der Geschäftsleiter als Repräsentant der Gesellschaft selbst in der Lage, die Insolvenzreife verlässlich zu beurteilen, erschiene die Beauftragung des Beraters als von vornherein überflüssig. Generell gilt im Recht der Beraterhaftung der Grundsatz, dass der Mandant regelmäßig auf die Tätigkeit des Beraters und also darauf vertrauen darf, dieser erteile eine zutreffende, fehlerfreie Auskunft.[686] Der Rekurs auf die im Innenverhältnis zwischen Geschäftsleiter und Gesellschaft geltenden Pflichten würde dieses den Mandanten schützende Konzept letztlich beeinrächtigen und sollte daher mit Bedacht erfolgen. Dafür spricht auch, dass bei solchen Mandanten, die nicht als juristische Person organisiert sind und die nicht der Insolvenzantragspflicht unterliegen, der auf dem spezifischen Fehlverhalten des Geschäftsleiters beruhende Mitverschuldenseinwand von vornherein nicht zur Geltung käme. Bezogen auf das Beratungsverhältnis zwischen Berater und Mandant erscheint eine solche Differenzierung indes als fragwürdig.

Insoweit der Geschäftsleiter nach der gesellschaftsrechtlichen Doktrin allerdings dazu verpflichtet wird, den Berater umfassend zu informieren („umfassende Darstellung der Verhältnisse der Gesellschaft und Offenlegung der erforderlichen Unterlagen")[687], ist gleichwohl eine Parallele zu den allgemeinen Grundsätzen der Beraterhaftung aufzudecken. Nach diesen trifft den Berater im Rahmen des Mandats zwar eine allgemeine Pflicht zur Klärung des Sachverhalts; zugleich unterliegt aber der Mandant einer Informationspflicht, bei deren Verletzung ein Mitverschulden des Mandanten anzunehmen sein kann.[688] Die aus dem gesellschaftsrechtlichen Pflichtenprogramm des

---

[685] Insoweit ist der Einwand des BGH in BGHZ 193, 297, 311, Rn. 37 nicht ohne Weiteres von der Hand zu weisen; restriktiv hinsichtlich des Mitverschuldens daher auch OLG Schleswig BeckRS 2014, 06690, II., 2., c); s. auch *Römermann/Praß*, GmbHR 2013, 938, 939.

[686] S. etwa BGH NJW 1992, 820, 820; BGHZ 134, 100, 114 f.; BGH NJW-RR 2003, 1064, 1067; BGH NJW-RR 2007, 857, 860, Rn. 28; BGH NJW 2009, 1141, 1143, Rn. 21; spezifisch insolvenzbezogen wie erörtert BGHZ 193, 297, 311, Rn. 37; *Heese*, Beratungspflichten, S. 240 ff.; *D. Fischer*, FS Ganter (2010), S. 471, 475 ff.; *ders.*, in: Hdb. d. Anwaltshaftung, § 6, Rn. 17 f.; *Heermann*, in: MünchKomm-BGB, § 675 BGB Rn. 34; *Schiemann*, in: Staudinger, § 254 BGB Rn. 59; *Ekkenga/Kuntz*, in: Soergel, § 254 BGB Rn. 64a; *Borgmann*, in: dies./Jungk/Schwaiger, Anwaltshaftung, S. 271, Rn. 115.

[687] Vgl. im Einzelnen zu den Elementen des Vertrauensgrundsatzes oben S. 8 f. m. w. N. sowie bei Fn. 682.

[688] BGH WM 1982, 1313, 1314; BGH NJW 1996, 2929, 2932; BGH NJW 1997, 518, 519; BGH NJW 1997, 2168, 2170; BGH NJW-RR 2004, 1358, 1361; *Heese*, Beratungspflichten, S. 241; *D. Fischer*, FS Ganter (2010), S. 471, 477 f.; *Vill*, in: Hdb. d. Anwaltshaftung, § 2, Rn. 34 ff. zur Pflicht des Beraters zur Klärung des Sachverhalts, § 2, Rn. 39 f.

Geschäftsleiters folgende Informationsverpflichtung fügt sich mithin auch in die Dogmatik der Beraterhaftung ein. Sie kann daher im Grunde in das Verhältnis zwischen Berater und Gesellschaft übertragen werden. Der Geschäftsleiter hat den Berater mithin über alle für die Erfüllung des Mandats erforderlichen Umstände zu unterrichten; andernfalls kann § 254 BGB greifen.

Abweichendes gilt hinsichtlich der Anforderung an den Geschäftsleiter, einen fachlich qualifizierten Berater einzuschalten. Der Berater darf sich nicht mit der Begründung, dass er nicht hinreichend qualifiziert sei, auf § 254 BGB berufen können. Ein solcher Einwand ist ihm als jedenfalls treuwidrig zu versagen. Schon auf Ebene des Verschuldens gilt, dass fehlende Qualifikation nicht entlastet.[689] Ebensowenig kann aus der fehlenden Qualifikation des Beraters auf ein Mitverschulden des Mandanten geschlossen werden.[690] Hält sich der Berater für nicht hinreichend qualifiziert, hat er schon von der Übernahme des Mandats abzusehen.

Auch die organschaftliche Pflicht zur Plausibilitätskontrolle lässt sich nicht ohne Friktionen in das Beratungsverhältnis einpassen. Schließlich darf sich der Mandant gerade auf die Richtigkeit der Beratung verlassen, eine Überprüfung hat nicht notwendigerweise stattzufinden.[691] Daher dürfte lediglich in solchen Ausnahmefällen ein Anknüpfungspunkt für die Annahme eines Mitverschuldens gegeben sein, in denen gegen die Richtigkeit des erteilten Rats sprechende Umstände ganz eindeutig zutage liegen.[692] Doch hat dies nicht die Einführung einer gleichsam obligatorischen Plausibilitätskontrolle im Recht der Beraterhaftung zur Folge. Vielmehr kann es nur anlassbezogen um seltene Sonderkonstellationen gehen. Regelmäßig besteht daher – auf das Bera-

---

zum Mitverschulden des Mandanten bei Verletzung seiner Informationspflicht, je m. w. N.; *Borgmann*, in: dies./Jungk/Schwaiger, Anwaltshaftung, S. 110 ff., Rn. 16 ff. mit S. 271 f., Rn. 116 m. w. N.; s. auch schon Fn. 611 sowie sogleich S. 154; vgl. zu der Parallele für die Insolvenzkonstellation auch OLG Schleswig BeckRS 2014, 06690, II., 2., c) a. E.

[689] S. schon oben Fn. 598 f.

[690] Vgl. für einen Extremfall (Mitverschulden des Auftraggebers aufgrund „Selbstwiderspruchs" bei der Vergabe von Arbeiten, von denen er weiß, dass sie mit Gefahren verbunden sind, die nur ein Fachmann beherrschen kann, an eine Person, deren mangelnde Sachkunde dem Auftraggeber bekannt ist oder an deren Fähigkeiten zu zweifeln aus seiner Sicht konkreter Anlass bestand) *D. Fischer*, in: Hdb. d. Anwaltshaftung, § 6, Rn. 20 m. w. N. der Rspr.; allgemein auch *Ekkenga/Kuntz*, in: Soergel, § 254 BGB Rn. 65. Eine solche Annahme wird bei der Beauftragung eines Rechtsberaters praktisch wohl nicht in Frage kommen.

[691] Vgl. schon Fn. 686.

[692] Vgl. allgemein BGH WM 1977, 334, 337; BGH NJW 1982, 1095, 1096; BGH BeckRS 2010, 24460, Rn. 2; BGH WM 2011, 1529, 1530, Rn. 13; *D. Fischer*, DB 2015, 1643, 1649; *Borgmann*, in: dies./Jungk/Schwaiger, Anwaltshaftung, S. 271, Rn. 115; vgl. ferner *Heese*, Beratungspflichten, S. 243; *Ekkenga/Kuntz*, in: Soergel, § 254 BGB Rn. 64a; *Spliedt*, in: K. Schmidt/Uhlenbruck, S. 104, Rn. 1.294 will die Pflicht zur Plausibilitätskontrolle offenbar generell berücksichtigen; anders *Kayser*, ZIP 2014, 597, 604.

tungsverhältnis bezogen – gerade keine Pflicht zur Plausibilitätskontrolle. Entsprechend wird sich also auch die Annahme eines Mitverschuldens verbieten.

Der Geschäftsleiter ist gegenüber der Gesellschaft darüber hinaus dazu verpflichtet, den Berater unverzüglich nach Auftreten der Krise einzuschalten und auf die unverzügliche Vorlage des Prüfergebnisses hinzuwirken. In der Beziehung zwischen Gesellschaft und Berater wird sich daraus kein eigenständiger Mitverschuldenseinwand herleiten lassen. Auch wenn die Beauftragung des Beraters nicht mit dem Auftreten der Krise koinzidiert, hat dieser die übernommenen Aufgaben korrekt zu erfüllen und so etwa für die zutreffende Beurteilung der Insolvenzreife einzustehen. Sofern ihm dies aus seiner Sicht als bereits im Zeitpunkt der Mandatsübernahme nicht mehr möglich erscheint (beispielsweise aufgrund der zeitlichen Verzögerung), darf er das Mandat erst gar nicht übernehmen. Will allerdings der Mandant einen Schaden liquidieren, der in Wahrheit schon vor der Übernahme des Mandats eintrat, so wird es bereits an der (haftungsausfüllenden) Kausalität des Verhaltens des Beraters fehlen. Hinsichtlich der Verpflichtung des Geschäftsleiters, auf die unverzügliche Vorlage des Prüfergebnisses hinzuwirken, ist zu bemerken, dass der Berater die insolvenzrechtlich vorgegebenen zeitlichen Rahmenbedigungen seiner versprochenen Tätigkeit selbst kennen muss. So muss er insbesondere die Frist des § 15a InsO kennen und diese, soweit sie von Bedeutung ist, in seine Beratung einbeziehen. Auch muss er erkennen, ob anderweitig eine besondere Eilbedürftigkeit besteht. Dies rechnet zu seinen originären Vertragspflichten als Rechtsberater, sodass ein Mitverschulden regelmäßig ausscheidet.[693] Macht er demgegenüber berechtigt geltend, nicht ordnungsgemäß oder vollumfänglich informiert worden zu sein, greifen die erörterten Grundsätze zur Informationsverpflichtung des Mandanten.[694]

Endlich dürfte die gesellschaftsrechtlich bedingte Verpflichtung, einen unabhängigen Berater zu beauftragen, im Zusammenhang mit dem Mitverschuldenseinwand in der Regel nicht zum Tragen kommen. Derartige Fallgestaltungen erscheinen eher fernliegend.

---

[693] Auch in diesem Zusammenhang kann höchstens ausnahmsweise in engsten Grenzen ein Mitverschulden anzunehmen sein, vgl. für steuerrechtsspezifische Tätigkeiten (Abgabe der Steuererklärung) BGH NJW 1992, 307, 309 (insoweit in BGHZ 115, 382 ff. nicht abgedruckt); *Borgmann*, in: dies./Jungk/Schwaiger, Anwaltshaftung, S. 271, Rn. 115. Allerdings betraf die Abgabe der Steuererklärung den Bereich originärer Eigenverantwortlichkeit des Mandanten, während die Verpflichtung des Geschäftsleiters, auf die unverzügliche Vorlage des Prüfergebnisses hinzuwirken, gerade gegenüber der Gesellschaft besteht und dieser im Verhältnis zu dem Berater höchstens zugerechnet würde. Die Konstellationen sind daher nicht ohne Weiteres vergleichbar.

[694] S. bereits oben S. 149 f. sowie sogleich S. 154.

III. Rechtsfolgen – Leitlinien einer Abwägung

Wird jedoch ein zu- und anrechenbares Mitverschulden angenommen, so ist der Blick auf die Bemessung der Mitverschuldensquote und also die Abwägung der Verursachungsbeiträge zu richten.[695] Erneut kann zunächst festgehalten werden, dass bei dem Zusammentreffen von vorsätzlichem Verhalten des Geschäftsleiters, der die Insolvenzreife und -antragspflicht kennt, und fahrlässigem Handeln des Beraters selbst ein vollständiger Anspruchsausschluss anzunehmen sein kann.[696] Vorsätzliches Handeln des Beraters wiederum dürfte in der Praxis eher selten auftreten. In einem solchen Fall wird bloß fahrlässiges Handeln des Geschäftsleiters zumeist vollständig hinter dem vorsätzlichen Beraterhandeln zurücktreten.[697] In der Konstellation beiderseitigen Vorsatzes, etwa bei kollusivem Verhalten von Geschäftsleiter und Berater, wird eine individuelle Abwägung und Schadensteilung vorgeschlagen.[698] Denkbar wäre es auch, die Gesellschaft als in dieser Situation schutzwürdig anzusehen und ihr daher im Außenverhältnis den vollen Anspruch gegen den Berater zu belassen, um die Schadensverteilung sodann in das Innenverhältnis zwischen Geschäftsleiter und Berater zu verlagern. Betont man demgegenüber die Bedeutung des § 31 BGB und die Rechtsstellung des Geschäftsleiters als Organ des Geschädigten, muss man die Gesellschaft als diesbezüglich

---

[695] S. zur Bedeutung des Verschuldens im Rahmen der bei § 254 BGB erforderlichen Abwägung nur *Looschelders*, Mitverantwortlichkeit, S. 581 ff., 594 f., 568 ff.

[696] Vgl. schon oben bei Fn. 677; allgemein auch *Oetker*, in: MünchKomm-BGB, § 254 BGB Rn. 112; *Ekkenga/Kuntz*, in: Soergel, § 254 BGB Rn. 154; *Schiemann*, in: Lange/Schiemann, Schadensersatz, S. 621; vgl. auch *D. Fischer*, FS Ganter (2010), S. 471, 486; in besonders krassen Fällen mag der eingetretene Schaden dem Berater schon nicht mehr zugerechnet werden können, doch dürfte über § 254 BGB insoweit letztlich ein identisches Ergebnis erzielt werden, vgl. dazu allgemein nur *Oetker*, in: MünchKomm-BGB, § 249 BGB Rn. 143; allgemein zur Zurechenbarkeit oben S. 137 ff.

[697] S. *Zugehör*, FS G. Fischer (2008), S. 617, 631; *D. Fischer*, FS Ganter (2010), S. 471, 485 f. (auch zu Ausnahmen von diesem Grundsatz); *H. F. Müller*, ZInsO 2013, 2181, 2185; differenziert *Looschelders*, Mitverantwortlichkeit, S. 594 f.; *Oetker*, in: MünchKomm-BGB, § 254 BGB Rn. 112; *Schiemann*, in: Staudinger, § 254 BGB Rn. 121; *Ekkenga/Kuntz*, in: Soergel, § 254 BGB Rn. 153; vgl. ferner *Borgmann*, in: dies./Jungk/Schwaiger, Anwaltshaftung, S. 272 f., Rn. 117 f.; vgl. allgemein aus der Rspr. etwa RGZ 162, 202, 208; BGHZ 57, 137, 145; BGHZ 76, 216, 218; BGH NJW 1984, 921, 922; zu den Ausnahmen aus der Rspr. etwa BGH NJW 2002, 1643, 1646; vgl. auch BGHZ 98, 148, 158.

[698] S. *Zugehör*, FS G. Fischer (2008), S. 617, 630; vgl. auch *Ekkenga/Kuntz*, in: Soergel, § 254 BGB Rn. 154 (in der Regel hälftige Schadensteilung); *Ebert*, in: Erman, § 254 BGB Rn. 95; *Oetker*, in: MünchKomm-BGB, § 254 BGB Rn. 112 („Neutralisierung" und Rückgriff auf sonstige Kriterien); ähnlich *Schiemann*, in: Lange/Schiemann, Schadensersatz, S. 622; vgl. aber auch *Voß*, Gesamtschuldnerische Organhaftung, S. 206; vgl. für Abschlussprüfer *S. Schmidt/Feldmüller*, in: Beck Bil-Komm., § 323 HGB Rn. 122 (Schadensteilung, zweifelnd aber bei Kollusion).

gerade nicht schutzwürdig ansehen und ihr das Handeln des Geschäftsleiters insoweit strikt entsprechend § 31 BGB zurechnen.[699] In der Folge ist dann eine Schadensteilung zwischen Gesellschaft und Berater vorzunehmen.

Im praktisch wohl wichtigsten Bereich des beiderseits fahrlässigen Verhaltens wird der jeweilige Grad der Fahrlässigkeit eine bedeutende Rolle für die Bemessung der Mitverschuldensquote spielen, wobei der Grundsatz der Schadensteilung den Ausgangspunkt vieler Überlegungen darstellt.[700] Mit Bezug zur Insolvenzkonstellation wird bei der Verletzung der gesellschaftsrechtlichen Pflichten des Geschäftsleiters eine Aufteilung nach den Umständen des Einzelfalls vorgeschlagen.[701] Allgemeiner wird vertreten, dass der Beitrag des Beraters in der Regel – nicht aber zwingend – wesentlich schwerer wiegen wird als derjenige des Mandanten, sodass es zu einer überwiegenden Schadenstragung des Beraters kommen müsse.[702] Berücksichtigt man, dass die Beratung des Mandanten gerade den eigentlichen Zweck des Vertragsverhältnisses und den Aufgabenschwerpunkt des Beraters ausmacht, ist dem im Ausgangspunkt, vorbehaltlich individueller, fallspezifischer Besonderheiten, zuzustimmen.

Mit Blick auf die dem Geschäftsleiter auferlegten gesellschaftsrechtsspezifischen Pflichten wird ein der Gesellschaft zurechenbares Mitverschulden im Vertragsverhältnis mit dem Berater wie erörtert in erster Linie bei der Verletzung der Informationspflicht[703] in Betracht kommen. Die ihm auferlegten Pflichten hat der Geschäftsleiter in jedem Fall zu kennen. Auch stellt die Missachtung dieser Pflichten gegenüber der Gesellschaft eine erhebliche

---

[699] Vgl. zu der Tendenz, der Gesellschaft den *Vorsatz* des Geschäftsleiters generell zuzurechnen etwa BGH NJW 1984, 921, 922; *Schiemann*, in: Staudinger, § 254 BGB Rn. 121; vgl. auch *Oetker*, in: MünchKomm-BGB, § 254 BGB Rn. 136; *D. Fischer*, in: Hdb. d. Anwaltshaftung, § 6, Rn. 32.

[700] *Looschelders*, Mitverantwortlichkeit, S. 582 f.; *Ekkenga/Kuntz*, in: Soergel, § 254 BGB Rn. 155: in der Regel Schadensteilung; *Oetker*, in: MünchKomm-BGB, § 254 BGB Rn. 113; *Ebert*, in: Erman, § 254 BGB Rn. 96; *Schiemann*, in: Lange/Schiemann, Schadensersatz, S. 622 f.

[701] *Zugehör*, FS G. Fischer (2008), S. 617, 631; *H. F. Müller*, ZInsO 2013, 2181, 2185; *Spliedt*, in: K. Schmidt/Uhlenbruck, S. 104 f., Rn. 1.295 f.; *Büchler*, InsVZ 2010, 68, 72: Mitverantwortung des Geschäftsleiters in Höhe von mindestens 50%; *Wagner/Zabel*, NZI 2008, 660, 666: 50%; vgl. auch LG Wuppertal ZInsO 2011, 1997, 2001 (Dritthaftungskonstellation); s. zur Bemessung des Mitverschuldens auf Grundlage der Ansicht des BGH (Mitverschulden nur bei der Prüfung durch den Abschlussprüfer) BGH NJW 2013, 2345, 2347, Rn. 31 f.; dazu teils kritisch (keine vollständige Haftungsfreistellung des Beraters) *Zugehör*, WM 2013, 1965, 1976; dazu wiederum *Gehrlein*, ZInsO 2013, 2296, 2301.

[702] S. etwa *D. Fischer*, FS Ganter (2010), S. 471, 485 (3/5); aus der Rspr. insoweit etwa BGH NJW 1994, 379, 379; BGH NJW-RR 1995, 252, 253; vgl. ferner *Borgmann*, in: dies./Jungk/Schwaiger, Anwaltshaftung, S. 271 f., Rn. 116.

[703] Dazu insbesondere S. 149 f.

Verfehlung dar. Gleichwohl ist mit Rücksicht auf das Beratungsverhältnis, auf das bezogen § 254 BGB angewendet werden soll, zu bedenken, dass es eben Zweck der Beauftragung und Schwerpunkt der Tätigkeit des Beraters als Spezialisten ist, den Mandanten – bei einem Prüfvertrag über das Vorliegen der Insolvenzreife – zu beraten. Aus diesen Gründen ist der Verursachungsbeitrag des Beraters als in der Regel, gleichsam durch die übernommenen Aufgaben vorbestimmt, überwiegend anzusehen. Dies wird im Ausgangspunkt und Regelfall die Anrechnung einer Mitverschuldensquote in Höhe von 30–40% zulasten des Mandanten rechtfertigen.[704] Grob fahrlässiges Handeln des Beraters mag diese dem Mandanten zugewiesene Quote vermindern. Indes können auch derartige Leitlinien aufgrund der Situationsgebundenheit der erforderlichen Feststellungen im konkreten Einzelfall zu durchbrechen sein. Besondere Umstände und etwa grob fahrlässiges Handeln des Geschäftsleiters mögen zu einer Mitverschuldensquote von 50% oder auch darüber hinaus führen können.

C. Mitverschulden aufgrund unvollständiger Information des Beraters

Einen Sonderfall betrifft die schon im Rahmen des Verschuldens angesprochene Konstellation des Zusammentreffens der (ggf. neben die insolvenzbezogene Pflichtverletzung tretenden) Verletzung der Pflicht des Beraters zur Klärung des Sachverhalts und der unvollständigen Information des Beraters durch den Mandanten bzw. den Geschäftsleiter.[705] Der Mandant unterliegt dem Berater gegenüber einer Informationspflicht, bei deren Verletzung ein Mitverschulden des Mandanten anzunehmen sein kann.[706] Da diese Pflicht dem Bereich der Eigenverantwortung des Mandanten zuzuordnen ist, kann die grundsätzliche Berücksichtigung eines Mitverschuldens überzeugen. Diese Situation ist letztlich mit der Verletzung der gesellschaftsrechtlich determinierten Informationspflicht des Geschäftsleiters vergleichbar;[707] in der Praxis mögen die jeweiligen Pflichten sogar ineinander aufgehen. Insoweit erscheint eine Gleichbehandlung, auch hinsichtlich der Abwägung und Bildung der Mitverschuldensquote,[708] geboten. Auf dieser Grundlage ist im Regelfall mithin eine anzurechnende Quote in Höhe von 30–40% anzunehmen.

---

[704] Allgemein zur Quotenbildung *Schiemann*, in: Staudinger, § 254 BGB Rn. 119; zu den prozessualen Aspekten *D. Fischer*, FS Ganter (2010), S. 471, 486 ff.

[705] S. oben S. 133.

[706] BGH WM 1982, 1313, 1314; BGH NJW 1996, 2929, 2932; BGH NJW 1997, 518, 519; BGH NJW 1997, 2168, 2170; BGH NJW-RR 2004, 1358, 1361; *Heese*, Beratungspflichten, S. 241; *D. Fischer*, FS Ganter (2010), S. 471, 477 f.; *Vill*, in: Hdb. d. Anwaltshaftung, § 2, Rn. 39 f.; vgl. auch schon bei Fn. 688 sowie Fn. 611.

[707] Vgl. dazu oben S. 149 f.

[708] Vgl. dazu soeben S. 153 f.

D. Mitverschulden durch Verleiten zu Stegreifauskünften

Sodann könnte ein Mitverschulden des Mandanten darin zu sehen sein, dass er den Berater zu einer Stegreifauskunft verleitet hat.[709] In einem solchen Fall dürfte meist zugleich auch die gesellschaftsrechtlich determinierte Informationspflicht des Geschäftsleiters verletzt werden. So wird die umfassende Information des Beraters wie auch die Offenlegung aller erforderlichen Unterlagen spontan kaum möglich sein. Ist im Einzelfall eine Verletzung der dargestellten Grundsätze gegeben, eröffnet dies wie ausgeführt auch den Einwand des Mitverschuldens.[710] Ein darüber hinausgehender Verursachungsbeitrag aufgrund Verleitens des Beraters zu einer Stegreifauskunft wird regelmäßig nicht in Betracht kommen. Nachfragen – auch spontane – und kurzfristig aufgeworfene Probleme charakterisieren die Tätigkeit eines Beraters gerade. Es ist seine Aufgabe, darauf besonnen zu reagieren und sich den erforderlichen zeitlichen Spielraum für eine umfassende und sorgfältige Prüfung des Anliegens des Mandanten auszubedingen, oder die Übernahme des Mandats andernfalls abzulehnen bzw. es niederzulegen. Ein Mitverschulden des Mandanten schon darin zu sehen, dass er von seinem Berater einen, auch kurzfristigen, Rat verlangt, widerspricht in der Regel dem Sinn und Zweck des Mandats.

E. Der „beratungsresistente" Geschäftsleiter

Endlich könnte ein Mitverschulden in solchen (Sonder-)Fällen anzuerkennen sein, in denen der Geschäftsleiter eine vom Berater im Grundsatz pflichtgemäß erteilte insolvenzbezogene Information letztlich ignoriert und das Unternehmen reaktionslos weiterführen will. Es wurde dargelegt, dass den Berater in derartigen Konstellationen ausnahmsweise eine Pflicht zur Unterrichtung weiterer Gesellschaftsorgane treffen kann und er also das Aufsichtsgremium oder, bei einer mehrköpfigen Geschäftsleitung, die übrigen Geschäftsleiter zu informieren hat. Eine solche Pflicht ist indes nur in ganz evidenten Fällen anzuerkennen, in denen die „Beratungsresistenz", also die ignorierende Haltung des Geschäftsleiters, schon bei der Erfüllung der eigentlichen insolvenzbezogenen Hinweispflicht offenbar wird. Eine allgemeine Überwachungspflicht hat der Berater insoweit nicht.[711]

Entsteht die erörterte Hinweispflicht im Einzelfall aber ausnahmsweise, so ist weiter zu untersuchen, ob sich die Gesellschaft aufgrund des Verhaltens des Geschäftsleiters ein Mitverschulden anrechnen lassen muss. Wie ausgeführt können Handlungen des Geschäftsleiters der Gesellschaft im Grundsatz auch mit Blick auf § 254 BGB zugerechnet werden. Zwar ist im Rahmen der

---

[709] S. schon S. 128 ff. zu dem Verschuldensmaßstab bei Stegreifauskünften.

[710] S. oben S. 147 ff., 153 f.

[711] S. zum Ganzen oben S. 122 ff.

Beraterhaftung nach dem oben Gesagten zu bedenken, dass die Anrechnung eines Mitverschuldens aufgrund von Verursachungsbeiträgen im Verantwortungsbereich des Beraters weithin ausscheidet. Doch gehört es zu dem Bereich der Eigenverantwortung[712] des ordnungsgemäß aufgeklärten Mandanten, den erteilten Rat zu berücksichtigen. Dies muss auch für Verbände gelten, die durch Organwalter handeln. Nunmehr ließe sich allerdings fragen, ob dann nicht richtigerweise schon die Verpflichtung des Beraters zur Unterrichtung weiterer Gesellschaftsorgane entfallen müsste[713] und eine andere Lösung inkonsequent oder gar widersprüchlich wäre. Dies ließe jedoch außer Acht, dass eine Lösung über die ausnahmsweise Anerkennung einer weitergehenden Hinweispflicht des Beraters im Zusammenspiel mit der Berücksichtigung eines Mitverschuldens Flexibilität gewährleistet und angemessene Ergebnisse im Einzelfall ermöglicht. Als Resultat dürfte meist eine mindestens weit überwiegende (zugerechnete) Verantwortlichkeit des Mandanten anzunehmen sein.[714]

F. Ergebnis zum Mitverschulden

Der seine insolvenzbezogenen Pflichten verletzende Berater kann sich gegenüber dem Mandanten – angelehnt an allgemeine Grundsätze der Beraterhaftung – in Sonderfällen auf ein Mitverschulden berufen, das in der Person des Geschäftsleiters verwirklicht sein wird und entsprechend § 31 BGB zuzurechnen ist. In der Insolvenzkonstellation kann eine Differenzierung zwischen der Abschlussprüfung und anderen Fällen (der Prüfung der Insolvenzreife) nicht überzeugen. Sofern der Berater die Prüfung der Insolvenzreife übernimmt, gelten auf Ebene des Mitverschuldens einheitliche Maßstäbe. Eine Übertragung der gesellschaftsrechtlichen Pflichten des Geschäftsleiters gegenüber der Gesellschaft in das Beratungsverhältnis zwischen Mandant und Berater wirft indes Probleme auf. Einzig die Verpflichtung zur umfassenden Darstellung der Verhältnisse der Gesellschaft und Offenlegung der erforderlichen Unterlagen lässt sich in die Dogmatik der Beraterhaftung integrieren. Darüber hinausgehende Anknüpfungspunkte für die Zu- und Anrechnung eines Mitverschuldens sind regelmäßig nicht anzuerkennen. Hinsichtlich der Bemessung der Mitverschuldensquote sind die Umstände des Einzelfalls maßgebend. Als allgemeine Leitlinie wird – immer in Abhängigkeit von fallspezifischen Besonderheiten – zumeist von einem überwiegenden Verursa-

---

[712] Vgl. nur *D. Fischer*, in: Hdb. d. Anwaltshaftung, § 6, Rn. 17; *Borgmann*, in: dies./Jungk/Schwaiger, Anwaltshaftung, S. 271 f., Rn. 116.

[713] Vgl. dazu schon oben S. 124.

[714] Vgl. auch schon oben S. 152 mit Fn. 696 und Fn. 677 zum vorsätzlichen Handeln des Geschäftsleiters (Fn. 696 auch zum Gedanken der fehlenden Zurechenbarkeit), aber auch S. 152 f. zum – in dieser Konstellation wohl eher unwahrscheinlichen – Fall der Kollusion.

chungs- und Schadensbeitrag des Beraters auszugehen sein. Vorsatz des Geschäftsleiters kann zum vollständigen Anspruchsausschluss führen, während Vorsatz des Beraters die Berufung auf ein Mitverschulden in der Regel ausschließt. Auch bei der Verletzung der Pflicht des Beraters zur Unterrichtung weiterer Gesellschaftsorgane wird ein mindestens weit überwiegendes Mitverschulden zu berücksichtigen sein.

§ 9 Außervertragliche Haftung

Nachdem die wesentlichen Koordinaten der Haftung des Beraters gegenüber der Gesellschaft im Mandat nunmehr bestimmt sind, soll der Blick auf die Beziehung zwischen Berater und Mandant abschließend etwas erweitert werden. Die bisherigen Ausführungen gingen von dem zwischen ihnen bestehenden Vertragsverhältnis aus. Jenseits der originär vertraglichen Haftung liegen die deliktische sowie die organschaftliche Haftung, die gegenüber dem (aus vertraglicher Perspektive gesprochen) Mandanten, in der Regel also der Gesellschaft, ebenfalls Bedeutung erlangen können. Darauf ist im Folgenden einzugehen.

A. Deliktische Haftung

Im Zusammenhang mit der Krise eines Unternehmens ist zunächst die Verwirklichung verschiedener deliktischer Tatbestände des Zivilrechts, aber auch von Straftatbeständen durch den Berater, je nach Tatbeitrag und Deliktsstruktur als Täter oder Teilnehmer, denkbar, was – bei der Verletzung von Schutzgesetzen über § 823 Abs. 2 BGB – seine zivilrechtliche Haftung zur Folge haben kann.[715] Dies ist jeweils eine Frage des Einzelfalls und soll, auch wenn es in der Praxis bisweilen zur Tatbestandsverwirklichung kommen mag, nicht umfassend vertieft werden. Anknüpfend an den in der Praxis allerdings sehr häufigen Verstoß des Geschäftsleiters gegen die Regelung des § 15a InsO sollen jedoch Aspekte der Haftung des Beraters aus § 823 Abs. 2 BGB i. V. m. § 15a InsO, § 830 Abs. 2 BGB, d. h. als Gehilfe des die Insolvenzantragstellung verzögernden Geschäftsleiters, herausgegriffen werden.[716] Die

---

[715] Übersicht über denkbare Tatbestände etwa bei *Zugehör*, FS G. Fischer (2008), S. 617, 632; *H. F. Müller*, ZInsO 2013, 2181, 2188; *Bales*, ZInsO 2010, 2073, 2074; *Sundermeier/Gruber*, DStR 2000, 929, 933 ff.; vgl. schließlich *Pallas*, FS Derleder (2015), S. 345, 347 ff.

[716] Da es sich bei § 15a InsO um ein Sonderdelikt handelt, kann der Berater das Delikt nur als Teilnehmer verwirklichen, s. nur BGHZ 164, 50, 57; *Froehner*, ZInsO 2011, 1617, 1617; *Klöhn*, in: MünchKomm-InsO, § 15a InsO Rn. 142, 275; *Haas*, in: Baumbach/Hueck, § 64 GmbHG Rn. 174; *Kleindiek*, in: Lutter/Hommelhoff, Anh zu § 64 GmbHG Rn. 85; zur Maßgeblichkeit der strafrechtlichen Grundsätze im Rahmen des § 830 Abs. 2

Möglichkeit der Haftung des Beraters auf dieser Grundlage wird unterschiedlich bewertet.[717] Als Tatbeitrag, also Hilfeleistung i. S. d. § 27 StGB, wird die fortgesetzte Beratung des insolvenzreifen Mandanten angesehen, durch die der Geschäftsleiter (der gem. § 27 Abs. 1 StGB vorsätzlich handeln muss) in seinem Entschluss der Insolvenzverschleppung bestärkt und die Geschäftstätigkeit des Unternehmens aufrechterhalten werde, sodass es zumeist um eine Form der sog. psychischen Beihilfe geht.[718]

Zur Haftung kann es demnach von vornherein nur dann kommen, wenn der Geschäftsleiter im Rahmen der Insolvenzverschleppung tatsächlich vorsätzlich handelt. Auf Seiten des Gehilfen wiederum, d. h. des Beraters, ist auf subjektiver Ebene Vorsatz hinsichtlich der (vorsätzlichen) Haupttat in ihren wesentlichen Zügen sowie hinsichtlich der Hilfeleistung erforderlich.[719] Sofern dieser „doppelte" Vorsatz vorliegt und der im Zivilprozess nach allgemeinen Regeln dem Kläger obliegende Beweis diesbezüglich gelingt,[720] mag eine Haftung rechtlich begründet und erfolgreich durchsetzbar sein. In der Mehrzahl der Fälle wird die Frage, ob der Berater tatsächlich vorsätzlich gehandelt hat, jedoch nicht ohne Weiteres zu beantworten und vor allem zu beweisen sein.[721] Besonders zu beachten ist darüber hinaus, dass dem Berater mit seiner Beratungsleistung ein im Grundsatz erlaubtes berufstypisches Verhalten vorgeworfen wird. Die Maßstäbe zur Einordnung solcher berufstypischer oder „neutraler" Handlungen als strafbare Beihilfe sind umstritten.[722]

BGB BGHZ 137, 89, 102 f. m. w. N.; s. zu diesen allgemein nur *Joecks*, in: MünchKomm-StGB, § 27 StGB Rn. 3 ff.

[717] Dafür *Wagner*, ZInsO 2009, 449, 450 ff.; *Bales*, ZInsO 2010, 2073, 2074 ff.; *Lange*, DStR 2007, 954 ff.; s. auch schon *Reck*, ZInsO 2000, 121 ff.; differenzierend *Kaiser/Oetjen*, DStR 2011, 2488, 2489 ff.; *Uhlenbruck*, in: K. Schmidt/Uhlenbruck, S. 1138 ff., Rn. 11.105 f.; einschränkend OLG Köln DStRE 2011, 1109, 1109 f.; *v. Eichborn*, DStR 2011, 1195, 1196; *H. F. Müller*, ZInsO 2013, 2181, 2188; *Römermann*, GmbHR 2013, 513, 518 f.; *Werner*, StBW 2013, 571, 573; aus Beweisgründen *Zugehör*, FS G. Fischer (2008), S. 617, 632, 635.

[718] *Wagner*, ZInsO 2009, 449, 452 f.; *Bales*, ZInsO 2010, 2073, 2074 f.; *Kaiser/Oetjen*, DStR 2011, 2488, 2490 ff.; *Cymutta*, BB 2012, 3151, 3156; s. auch *Reck*, ZInsO 2000, 121, 123 f.; *Lange*, DStR 2007, 954, 955 f.; ferner *Froehner*, ZInsO 2011, 1617, 1621; s. aus der Rspr. etwa BGHZ 164, 50, 57 f.; BGHSt 14, 280, 282; BGH NStZ 2000, 34, 36; s. zur psychischen Beihilfe nur *Heine/Weißer*, in: Schönke/Schröder, § 27 StGB Rn. 15; *Joecks*, in: MünchKomm-StGB, § 27 StGB Rn. 7.

[719] S. nur *Joecks*, in: MünchKomm-StGB, § 27 StGB Rn. 91, 98; *Heine/Weißer*, in: Schönke/Schröder, § 27 StGB Rn. 28 ff.

[720] S. zum Grundsatz Fn. 586.

[721] Skeptisch bzgl. der Haftung daher *Zugehör*, FS G. Fischer (2008), S. 617, 632 (s. auch S. 635); *H. F. Müller*, ZInsO 2013, 2181, 2188; *Hüttinger*, Instrumente zur vorinsolvenzlichen Sanierung des Unternehmensträgers, S. 560.

[722] Aus der Rspr. BGH NStZ 2000, 34, 34; BGHSt 46, 107, 109 ff.; BGH NStZ 2001, 364, 365; BGH NStZ 2004, 41, 43; BGH BeckRS 2014, 03755, Rn. 26; OLG Köln DStRE

Dies zu vertiefen würde den Rahmen der Ausarbeitung sprengen. Es soll daher die Feststellung genügen, dass der BGH von strafbarer Beihilfe ausgeht, wenn der Berater weiß, dass das Handeln des Haupttäters ausschließlich darauf abzielt, eine strafbare Handlung zu begehen. Anderes gelte, wenn der Berater nicht weiß, wie der von ihm geleistete Beitrag vom Haupttäter verwendet wird und er es lediglich für möglich hält, dass seine Beratungsleistung zur Begehung einer Straftat genutzt wird, es sei denn, das vom Berater erkannte Risiko strafbaren Verhaltens des Haupttäters sei derart hoch, dass der Berater „sich mit seiner Hilfeleistung ‚die Förderung eines erkennbar tatgeneigten Täters angelegen sein' ließ".[723]

In Frage stehen wird der Vorsatz des Beraters danach in dem wohl häufigen Fall, dass er trotz der Krise der beratenen Gesellschaft das Mandat aufrechterhält und die Gesellschaft auch weiterhin berät. Zunächst ist denkbar, dass der Berater beispielsweise die bilanzielle Unterdeckung der Gesellschaft erkennt und die Beratung fortführt, ohne aber einen Hinweis auf die drohende Insolvenzreife und die mögliche Insolvenzantragspflicht zu geben. Im Schrifttum wird teils angenommen, der Berater hafte in dieser Konstellation, da es zu einer „Solidarisierung" mit dem Geschäftsleiter komme.[724] Dass in einem solchen Fall indes nicht ohne Weiteres die Kenntnis der Insolvenzreife unterstellt werden kann, wurde ausführlich erörtert.[725] So folgt beispielsweise die insolvenzrechtliche Überschuldung nicht unmittelbar aus einer Unterdeckung in der Handelsbilanz. Auch mögen dem Berater hinsichtlich der Fortführungsprognose relevante Kenntnisse fehlen. Die Feststellung der spezifisch insolvenzrechtlichen Tatbestände erfordert regelmäßig eine eingehende Prüfung. Ebensowenig kann unbesehen vorausgesetzt werden, dass der Berater annimmt, der Geschäftsleiter verzögere vorsätzlich die Insolvenzantragstellung. Orientiert an der Rechtsprechung des BGH müsste daher etwa darauf abgestellt werden, dass das Risiko strafbaren Verhaltens des Geschäftsleiters im Fall der Fortführung des Unternehmens trotz bilanzieller Unterdeckung derart hoch ist, dass der Berater sich die Förderung des Geschäftsleiters mit der Fortführung seiner Beratung jedenfalls „angelegen" sein lässt. Doch bleibt offen, ob der Berater in der Tat von einem solchen Risiko ausgeht. Die Beweislast für die genannten Aspekte läge bei dem Kläger, der insoweit beispielsweise – dies könnte ein Ansatzpunkt für den Insolvenzver-

---

2011, 1109, 1109 f.; s. auch *Heine/Weißer*, in: Schönke/Schröder, § 27 StGB Rn. 9 ff. m. w. N.; *Joecks*, in: MünchKomm-StGB, § 27 StGB Rn. 48 ff. m. w. N.

[723] S. jeweils BGH NStZ 2000, 34, 34; dazu auch *Weyand*, ZInsO 2016, 1969, 1971; *Joecks*, in: MünchKomm-StGB, § 27 StGB Rn. 52 ff.; vgl. im Übrigen schon soeben Fn. 722.

[724] *Lange*, DStR 2007, 954, 958; vgl. auch *Wagner*, ZInsO 2009, 449, 454; insoweit auch *Kaiser/Oetjen*, DStR 2011, 2488, 2490.

[725] S. schon S. 82 ff., 94 ff.

walter sein – auf die schriftlich dokumentierte Korrespondenz mit dem Berater und auf die beteiligten Mitarbeiter zurückgreifen müsste.

Allerdings besteht nach den bisherigen Ausführungen grundsätzlich keine Pflicht zum Hinweis auf die (drohende) Insolvenzreife.[726] Besteht eine solche Pflicht jedoch nicht, so gebietet bereits das Prinzip der Einheit der Rechtsordnung, dass der Berater sich nicht schon dann etwa strafbar macht, wenn er das Mandat trotz der Gefahr der u. U. drohenden Insolvenzreife und ohne Hinweis auf diese aufrechterhält.[727] Es wäre auch in der Sache widersinnig, weitergehend eine Mandatsniederlegung zu fordern bzw. spiegelbildlich dazu im Fall der Mandatsfortführung die (deliktsrechtliche) Haftung des Beraters anzunehmen. Das führt letztlich gerade dazu, dass der Mandant in der Krise seinen Berater verliert, obwohl nach wie vor (ggf. krisenspezifischer) Beratungsbedarf im Zusammenhang mit ungeachtet der Krise fortbestehenden Pflichten des Mandanten vorhanden sein wird.[728] Daher sollte eine Haftung zumindest in Fällen der Erbringung weiterhin erforderlicher, auf Gegenstände gesetzlicher Verpflichtung gerichteter, Tätigkeiten und Beratung ausscheiden. Angesprochen sind damit etwa Buchführung, Abschlusserstellung und ähnliches.[729] Dem Mandanten muss es im Grundsatz auch in Krise und Insolvenz möglich sein, sich insofern beraten und unterstützen zu lassen.

Weist der Berater umgekehrt auf die Möglichkeit der Insolvenzreife hin, hält er den Geschäftsleiter sogar über seine (d. h. des Beraters) vertragsrechtlichen Pflichten hinaus zu rechtmäßigem Verhalten an, oder kommt ihnen, im Fall eines Prüfvertrags, jedenfalls nach. Allerdings liegt die Kenntnis der Beteiligten von der (Gefahr der) Insolvenzreife dann offen zutage, sodass sich der erforderliche Vorsatz im Ausgangspunkt leichter nachweisen ließe. Doch bringt der Berater mit seinem Hinweis zumindest dann, wenn er auch auf die aus der Insolvenzreife folgenden Pflichten verweist, zum Ausdruck, sich

---

[726] S. zur Jahresabschlusserstellung S. 64 ff., zum allgemeinen steuerlichen Mandat S. 89 ff.

[727] Unter etwas anderen Vorzeichen auf die Einheit der Rechtsordnung abstellend *Kaiser/Oetjen*, DStR 2011, 2488, 2492; *v. Eichborn*, DStR 2011, 1195, 1196; vgl. ferner *Werner*, StBW 2013, 571, 573; anders in der Sache *Lange*, DStR 2007, 954, 955 f., 958 (der allerdings von einer Hinweispflicht ausgeht); anders auch (soweit sie ebenfalls eine Hinweispflicht voraussetzen) *Kaiser/Oetjen*, DStR 2011, 2488, 2489 ff.

[728] Vgl. auch *H. F. Müller*, ZInsO 2013, 2181, 2188; *v. Eichborn*, DStR 2011, 1195, 1196; *Römermann*, GmbHR 2013, 513, 519 (dem im Übrigen allerdings entgegenzuhalten ist, dass es nicht darum geht, den Berater unmittelbar für den unterlassenen Insolvenzantrag des Geschäftsleiters haften zu lassen); vgl. auch *Kaiser/Oetjen*, DStR 2011, 2488, 2491 f.; *Froehner*, ZInsO 2011, 1617, 1621; *Riering*, in: MAH-InsO, § 22, Rn. 76; s. ferner LG Koblenz DStRE 2010, 647, 648; vgl. dagegen aber *Wagner*, ZInsO 2009, 449, 453 f.

[729] Vgl. *Froehner*, ZInsO 2011, 1617, 1621; *v. Eichborn*, DStR 2011, 1195, 1196; *H. F. Müller*, ZInsO 2013, 2181, 2188; ferner *Kaiser/Oetjen*, DStR 2011, 2488, 2492; LG Koblenz DStRE 2010, 647, 648.

gerade nicht mit dem Geschäftsleiter zu „solidarisieren", denn er wirkt eben auf rechtmäßiges Verhalten hin.[730]

Zu einer Haftung wird es daher nur dann kommen, wenn der Berater über das Erbringen nach wie vor erforderlicher Tätigkeiten hinaus tatsächlich unterstützend in die eigentliche Verzögerung der Antragstellung eingreift. Das könnte beispielsweise der Fall sein, wenn er dazu übergeht, mit Gläubigern zu verhandeln oder auf die Verschleierung der Insolvenzreife hinzuwirken.[731] Eine Haftung wird sich schließlich bei kollusivem Zusammenwirken ergeben.

Nach diesen Maßstäben wäre auch die Konstellation des Zusammentreffens mit einem „beratungsresistenten" Geschäftsleiter zu beurteilen.[732] Es wurde dargelegt, dass der zur Prüfung der Insolvenzreife verpflichtete Berater gehalten sein kann, die Mitglieder des Aufsichtsorgans oder etwaige weitere Geschäftsleiter zu informieren, sofern der zunächst adressierte Geschäftsleiter ganz eindeutig erkennbar nicht die im Zusammenhang mit dem Ergebnis der Prüfung erforderlichen Konsequenzen ziehen will. Dies verpflichtet den Berater gleichwohl nicht zur umgehenden Niederlegung des Mandats. Vielmehr hat er zunächst eben weitere Entscheidungsträger einzubeziehen. Indes mag ein daran anschließendes, weitreichendes Tätigwerden in Abstimmung mit dem ursprünglich adressierten Geschäftsleiter, nach den dargestellten Maßstäben abhängig von seinem konkreten Umfang, als „Solidarisierung" zu interpretieren sein können und daher die Schwelle zur Beihilfe, mithin ggf. zur Haftung, überschreiten.

B. Organhaftung

Schließlich kommt eine Haftung des Beraters gegenüber der Gesellschaft als bzw. entsprechend einem Gesellschaftsorgan in Betracht. Denkbar sind zwei Konstellationen. Zum einen könnte der Berater schon formal vom externen Spezialisten zum internen Sanierer werden, indem er in der Krise zum regelmäßig geschäftsleitenden, nach der Organisationsverfassung der Gesellschaft „regulären" Organ bestellt wird (als sog. Sanierungsgeschäftsführer oder

---

[730] Vgl. auch OLG Köln DStRE 2011, 1109, 1110; *v. Eichborn*, DStR 2011, 1195, 1196; *Kaiser/Oetjen*, DStR 2011, 2488, 2491 f.; vgl. insoweit auch *Lange*, DStR 2007, 954, 959; *Weyand*, ZInsO 2016, 1969, 1972; anders im Ergebnis *Wagner*, ZInsO 2009, 449, 453 f.

[731] *Froehner*, ZInsO 2011, 1617, 1621; *Weyand*, ZInsO 2016, 1969, 1971 f.; *Riering*, in: MAH-InsO, § 22, Rn. 76; vgl. auch *Kaiser/Oetjen*, DStR 2011, 2488, 2492; *H. F. Müller*, ZInsO 2013, 2181, 2188; *D. Fischer*, DB 2015, 1703, 1706; vgl. insoweit auch *Uhlenbruck*, in: K. Schmidt/Uhlenbruck, S. 1139 f., Rn. 11.106.

[732] S. schon oben S. 122 ff., zum Mitverschulden S. 155 f.

„Chief Restructuring Officer").[733] In diesem Fall unterliegt er ohne Weiteres den organschaftlichen Pflichten und der zivil- wie strafrechtlichen Haftung eines Geschäftsleiters.[734]

Darüber hinaus könnte ein Berater, der ohne formalen Bestellungsakt in tatsächlicher Hinsicht entsprechend einem Geschäftsleiter agiert, als sog. „faktischer Geschäftsführer"[735] anzusehen sein. Nach überwiegender Ansicht ist der faktische Geschäftsführer gerade im Zusammenhang mit der Insolvenz zivil- und strafrechtlich entsprechend einem ordnungsgemäß bestellten Geschäftsleiter verantwortlich.[736] Die Anforderungen an das Vorliegen faktischer Geschäftsführung sind im Einzelnen jedoch streitig.[737] Nach der Rechtsprechung kommt es darauf an, ob der Handelnde nach dem Gesamterscheinungsbild seines Auftretens die Gesellschaft über bloß interne Einwirkung hinaus durch eigenes Agieren im Außenverhältnis, das die Tätigkeit des rechtlichen Geschäftsführungsorgans nachhaltig prägt, lenkt.[738] Bei Vorliegen dieser Voraussetzungen kann demnach auch ein Berater als faktischer Geschäftsführer anzusehen und entsprechend einem Organ verantwortlich sein. Auch wenn dies nicht ausgeschlossen ist, wird es sich dabei tatsächlich aber

---

[733] Vgl. etwa *Kaufmann*, in: Buth/Hermanns, RSI, S. 430 ff., Rn. 1 ff.; *Uhlenbruck*, in: K. Schmidt/Uhlenbruck, S. 220 f., Rn. 2.201; vgl. auch *Hüttinger*, Instrumente zur vorinsolvenzlichen Sanierung des Unternehmensträgers, S. 552 f.

[734] *Frege*, NZI 2006, 545, 548 f.; *Thiele*, ZInsO 2015, 977 ff.; *Uhlenbruck*, in: K. Schmidt/Uhlenbruck, S. 231 f., Rn. 2.224 f.; s. zur Haftung des Geschäftsleiters schon oben S. 7 ff.

[735] Vgl. *Fleischer*, in: MünchKomm-GmbHG, § 43 GmbHG Rn. 220; *U. H. Schneider*, in: Scholz, § 43 GmbHG Rn. 26; *Kleindiek*, in: Lutter/Hommelhoff, Vor § 35 GmbHG Rn. 11; *Spindler*, in: MünchKomm-AktG, § 93 AktG Rn. 18; *Koch*, in: Hüffer/Koch, § 93 AktG Rn. 38; vgl. zu dieser Variante auch *Hüttinger*, Instrumente zur vorinsolvenzlichen Sanierung des Unternehmensträgers, S. 553.

[736] S. aus der Rspr. nur BGHZ 75, 96, 106; BGHZ 104, 44, 46 ff.; BGHZ 150, 61, 68 f.; BGH WM 2005, 1706, 1707 f. (Insolvenzantragstellung bzw. Haftung im Zivilrecht); BGHSt 3, 32, 37 ff.; BGHSt 21, 101, 103 f.; BGHSt 31, 118, 121 f.; BGH NJW 2015, 712, 712 f. (strafrechtl. Verantwortlichkeit); *Fleischer*, in: MünchKomm-GmbHG, § 43 GmbHG Rn. 242 m. w. N.; *Kleindiek*, in: Lutter/Hommelhoff, § 43 GmbHG Rn. 3 f., § 64 GmbHG Rn. 6, Anh zu § 64 GmbHG Rn. 59; *Klöhn*, in: MünchKomm-InsO, § 15a InsO Rn. 75; *Spindler*, in: MünchKomm-AktG, § 93 AktG Rn. 18; anders bzgl. Insolvenzantrag *H. F. Müller*, in: MünchKomm-GmbHG, § 64 GmbHG Rn. 61.

[737] Übersicht etwa bei *Fleischer*, in: MünchKomm-GmbHG, § 43 GmbHG Rn. 227 ff.; *U. H. Schneider*, in: Scholz, § 43 GmbHG Rn. 27 f.; s. auch *Hüttinger*, Instrumente zur vorinsolvenzlichen Sanierung des Unternehmensträgers, S. 563 ff.

[738] Vgl. BGHZ 104, 44, 48; BGHZ 150, 61, 69 f.; BGH WM 2005, 1706, 1707; *U. H. Schneider*, in: Scholz, § 43 GmbHG Rn. 28a; gegen das Erfordernis eines Auftretens im Außenverhältnis z. B. *Fleischer*, in: MünchKomm-GmbHG, § 43 GmbHG Rn. 231 ff. m. w. N.; kritisch auch *K. Schmidt*, in: Scholz, § 64 GmbHG Rn. 153.

wohl eher um Ausnahmefälle handeln.[739] Solange sich der Berater ausschließlich darauf beschränkt, Rat zu erteilen, ihn aber nicht selbst umsetzt, wird jedenfalls keine faktische Geschäftsführung vorliegen.

C. Ergebnis zur außervertraglichen Haftung

Der Berater kann aufgrund seiner Tätigkeit für den insolvenzgefährdeten bzw. insolvenzreifen Mandanten sowohl der deliktischen als auch der organschaftlichen Haftung unterliegen. In beiden Varianten handelt es sich allerdings um eher theoretische Fälle, die praktisch häufig ausscheiden werden, da schon die Tatbestandsverwirklichung fehlt oder aber der Beweis nur schwierig zu erbringen sein wird.

§ 10 Abstimmung und Abwicklung der Haftung von Berater und Geschäftsleiter gegenüber der Gesellschaft

Abschließend ist zu erörtern, wie sich die in diesem Kapitel beleuchtete Haftung des Beraters zu der hier weithin vorausgesetzten Haftung des Geschäftsleiters verhält. Sind beide Akteure gegenüber der Gesellschaft verpflichtet, stellt sich die Frage, welchen Regelungen die Abwicklung dieser Haftung unterliegt.

A. Abwicklung der Haftung auf Grundlage der Vorschriften über das Gesamtschuldverhältnis

Der Geschäftsleiter kann gegenüber der Gesellschaft wie eingangs skizziert haften.[740] Infrage kommt insbesondere eine Haftung nach § 64 S. 1 GmbHG bzw. nach §§ 93 Abs. 3 Nr. 6, 92 Abs. 2 S. 1 AktG sowie nach § 43 Abs. 2 GmbHG bzw. § 93 Abs. 2 AktG. Die Haftung des Beraters wird sich nach den bisherigen Ausführungen aus § 280 BGB ergeben. In dieser Konstellation der Haftung mehrerer ist die Anwendung der Vorschriften über das Gesamtschuldverhältnis, §§ 421 ff. BGB, in Betracht zu ziehen.

I. Gesamtschuldtatbestand

Die Entstehung eines Gesamtschuldverhältnisses zwischen Geschäftsleiter und Berater wird gesetzlich nicht explizit angeordnet. Als gesetzesrechtlicher Anknüpfungspunkt könnte gleichwohl § 840 Abs. 1 BGB in Frage kommen,

---

[739] S. auch *Fleischer*, in: MünchKomm-GmbHG, § 43 GmbHG Rn. 239; *Klöhn*, in: MünchKomm-InsO, § 15a InsO Rn. 79; *K. Schmidt*, in: Scholz, § 64 GmbHG Rn. 153; ferner *Müller-Feldhammer*, NJW 2008, 1777, 1782; *Frege*, NZI 2006, 545, 550; *Riering*, in: MAH-InsO, § 22, Rn. 84; warnend jedoch *Reck*, ZInsO 2000, 121, 125 f.

[740] S. schon oben S. 7 ff.

nach dessen unmittelbarem Wortlaut mehrere aus unerlaubter Handlung nebeneinander Verantwortliche als Gesamtschuldner haften. Diese Norm wird in vielen Fällen des Zusammentreffens von Schädigern und gegen sie gerichteten Schadensersatzansprüchen in analoger Anwendung zur Begründung eines Gesamtschuldverhältnisses herangezogen und dadurch zu einem gleichsam allgemeinen Begründungsmuster einer „Schadensersatzgesamtschuld".[741] In entsprechender Anwendung könnte die Norm möglicherweise auch in der Insolvenzkonstellation die Verbindung der Einzelverbindlichkeiten zu einem Gesamtschuldverhältnis bedingen. Als problematisch mag dabei im Einzelnen etwa erscheinen, dass der Berater wie dargelegt zumeist (nur) aus Vertrag (§ 280 BGB) haften wird, während die praxisrelevante Haftung des Geschäftsleiters aus § 64 S. 1 GmbHG bzw. §§ 93 Abs. 3 Nr. 6, 92 Abs. 2 S. 1 AktG nach h. M. nicht als Schadensersatzanspruch, sondern als Erstattungsanspruch eigener Art zu qualifizieren ist[742]. Es ließe sich auch fragen, ob § 840 BGB den dogmatisch weniger strittigen Anspruch aus § 43 Abs. 2 GmbHG bzw. § 93 Abs. 2 AktG mit dem gegen den Berater gericheten Anspruch aus § 280 BGB gesamtschuldnerisch verbinden können soll.[743]

Doch auch jenseits von speziellen Tatbeständen wie § 840 BGB kann es nach h. M. zum Entstehen einer Gesamtschuld allein auf Grundlage des § 421 BGB kommen.[744] Jedenfalls dies tritt in der Insolvenzkonstellation ein, soweit denn im konkreten Fall nach ihren jeweiligen Entstehungsvoraussetzungen Einzelverbindlichkeiten sowohl des Beraters als auch des Geschäftsleiters bestehen.[745] Schließlich soll die infolge der Verzögerung des Insol-

---

[741] Vgl. *Bydlinski*, in: MünchKomm-BGB, § 421 BGB Rn. 45 f., 48 ff.; *Wagner*, in: MünchKomm-BGB, § 840 BGB Rn. 4 ff.; *Vieweg*, in: Staudinger, § 840 BGB Rn. 7 ff.; *Looschelders*, in: Staudinger, § 421 BGB Rn. 85 f.; *Sprau*, in: Palandt, § 840 BGB Rn. 1.

[742] Zur dogmatischen Einordnung des Anspruchs aus § 64 S. 1 GmbHG (gleiches gilt für die Parallelnormen, z. B. §§ 93 Abs. 3 Nr. 6, 92 Abs. 2 S. 1 AktG) etwa BGHZ 146, 264, 278 f.; *Kleindiek*, in: Lutter/Hommelhoff, § 64 GmbHG Rn. 5; *H. F. Müller*, in: MünchKomm-GmbHG, § 64 GmbHG Rn. 138 ff.; *Haas*, in: Baumbach/Hueck, § 64 GmbHG Rn. 7; *Habersack/Foerster*, in: Großkomm. AktG, § 92 AktG Rn. 134 ff.; *Fleischer*, in: Spindler/Stilz, § 92 AktG Rn. 19; a. A. insbesondere *K. Schmidt*, ZHR 168 (2004), 637, 652 ff.; *ders.*, in: Scholz, § 64 GmbHG Rn. 14 ff., 61 ff.

[743] Inwieweit § 840 BGB beim Zusammentreffen deliktischer mit ausschließlich vertraglichen Ansprüchen (ggf. analog) angewendet werden kann, ist umstritten, vgl. schon die Nachweise in Fn. 741 – als umso problematischer mag das Zusammentreffen ausschließlich vertraglicher Ansprüche mit gesellschaftsrechtlichen Binnenhaftungsansprüchen, deren Rechtsnatur teils streitig ist, erscheinen (wenngleich es einiges für sich hätte, § 840 BGB in einem derart weiten Sinne zu verstehen).

[744] S. nur *Looschelders*, in: Staudinger, § 421 BGB Rn. 8 f., zu den teils umstrittenen Voraussetzungen Rn. 10 ff.; zu ihnen auch *Bydlinski*, in: MünchKomm-BGB, § 421 BGB Rn. 3 ff.; *Grüneberg*, in: Palandt, § 421 BGB Rn. 3 ff.

[745] Für eine Lösung über das Gesamtschuldverhältnis im Ergebnis auch *Thole*, ZfPW 2015, 31, 55 ff.; vgl. im Grundsatz jetzt auch (indes ohne spezifische Anwendung auf die

venzantrags eingetretene Vermögensminderung ausgeglichen werden, ohne dass die Gesellschaft die entsprechenden Beträge kumulativ, im Ergebnis also mehrfach, verlangen könnte. Auch das einschränkende Merkmal der Gleichstufigkeit wäre gegeben. Denn aus der maßgeblichen, auf das Außenverhältnis bezogenen, Perspektive der Gesellschaft fehlt es an der Nachrangigkeit einer der – einmal entstandenen – Verpflichtungen.[746]

Das Gesamtschuldverhältnis kommt naturgemäß lediglich dann nicht zur Entstehung, wenn es bei einem der Beteiligten schon an einer Einzelverbindlichkeit gegenüber der Gesellschaft fehlt. Dies könnte etwa bei dem vermeintlichen Zusammentreffen der insoweit disparaten Ansprüche aus § 64 S. 1 GmbHG und § 280 BGB der Fall sein. Schließlich verlangt § 64 S. 1 GmbHG wie angedeutet – und anders als § 280 BGB – nicht das Vorliegen eines Schadens, sondern lediglich einer „Zahlung“,[747] sodass der Geschäftsleiter theoretisch aus § 64 S. 1 GmbHG verpflichtet sein kann, ohne dass zugleich eine Verbindlichkeit des Beraters aus § 280 BGB besteht.[748]

II. Rechtsfolgen

Kommt es jedoch zum Entstehen eines Gesamtschuldverhältnisses, so gelten die Rechtsfolgen der §§ 421 ff. BGB. Das Verhältnis zwischen Berater und Geschäftsleiter wird durch § 426 BGB ausgestaltet, der hinsichtlich der Bemessung der Ausgleichsansprüche die Berücksichtigung fallspezifischer Besonderheiten erlaubt.[749] Zu bedenken ist indes, dass dem Berater in bestimmten Fällen die Berufung auf § 254 BGB (i. V. m. § 31 BGB analog) möglich ist.[750] In einem solchen Fall wird der Anspruch der Gesellschaft gegen den Berater schon im Außenverhältnis beschränkt. Folgerichtig beschränkt sich dann auch die gesamtschuldnerische Verbundenheit von Berater und Ge-

---

Insolvenzkonstellation) BGH WM 2016, 1601, 1604, Rn. 31; allgemein (nicht insolvenzbezogen) auch *Voß*, Gesamtschuldnerische Organhaftung, S. 92 f.

[746] S. auch *Voß*, Gesamtschuldnerische Organhaftung, S. 92 f.; *Thole*, ZfPW 2015, 31, 55; zur Gleichstufigkeit allgemein *Bydlinski*, in: MünchKomm-BGB, § 421 BGB Rn. 12 ff.; *Grüneberg*, in: Palandt, § 421 BGB Rn. 7 ff.; kritisch *Looschelders*, in: Staudinger, § 421 BGB Rn. 27 ff.

[747] S. zum Zahlungsbegriff etwa *H. F. Müller*, in: MünchKomm-GmbHG, § 64 GmbHG Rn. 144 ff.; *Haas*, in: Baumbach/Hueck, § 64 GmbHG Rn. 63 ff.; *Kleindiek*, in: Lutter/Hommelhoff, § 64 GmbHG Rn. 15 ff.; *Habersack/Foerster*, in: Großkomm. AktG, § 92 AktG Rn. 128 ff.; *Fleischer*, in: Spindler/Stilz, § 92 AktG Rn. 22 ff.; *Koch*, in: Hüffer/Koch, § 92 AktG Rn. 32 f.; ferner *Bitter*, ZInsO 2010, 1505, 1514 f.

[748] Gleiches gilt, soweit der Geschäftsleiter nicht gegenüber der Gesellschaft, sondern gegenüber Dritten haftet.

[749] S. nur *Bydlinski*, in: MünchKomm-BGB, § 426 BGB Rn. 14 ff.

[750] S. im Einzelnen oben S. 144 ff.

schäftsleiter auf den verminderten Betrag, den der Berater im Außenverhältnis schuldet.[751]

Umgekehrt ließe sich fragen, inwieweit der Geschäftsleiter gegenüber einem Anspruch der Gesellschaft ein ihr zurechenbares, durch den Berater verwirklichtes Mitverschulden einwenden kann.[752] Dies würde wiederum dazu führen, dass auch der Anspruch gegen den Geschäftsleiter schon im Außenverhältnis zu kürzen wäre. Doch ist schon zweifelhaft, ob dem Geschäftsleiter überhaupt die Berufung auf § 254 BGB zu gestatten ist. Allgemein wird ihm dies nicht oder nur in engen Grenzen zugestanden.[753] Betont man die Eigenständigkeit des gerade außerhalb der Organisation der Gesellschaft und damit der Haftungsgemeinschaft der Geschäftsleiter stehenden Beraters und bringt mit diesen Argumenten §§ 254 Abs. 2 S. 2, 278 BGB zur Anwendung,[754] so muss eine Berufung auf die genannten Vorschriften gleichwohl ausscheiden, sofern das in Rede stehende Handeln des Beraters seinerseits ursächlich auf dem schuldhaften Handeln des Geschäftsleiters beruht[755]. Führt also beispielsweise die unvollständige Information durch den Geschäftsleiter zu einer fehlerhaften Prüfung des Beraters, scheidet die Berufung des Geschäftsleiters auf ein Mitverschulden insoweit aus.[756]

---

[751] S. *Looschelders*, in: Staudinger, § 421 BGB Rn. 18; *Grüneberg*, in: Palandt, § 421 BGB Rn. 6; *Bydlinski*, in: MünchKomm-BGB, § 421 BGB Rn. 5.

[752] Eine solche Zurechnung bejaht auf Grundlage von §§ 254 Abs. 2 S. 2, 278 BGB *Thole*, ZfPW 2015, 31, 57 f.

[753] S. schon RG JW 1920, 1032, 1033; BGH NJW 1983, 1856, 1856; BGH NZG 2015, 38, 39 f., Rn. 19 ff.; *Paefgen*, in: Ulmer, § 43 GmbHG Rn. 173 ff.; *U. H. Schneider*, in: Scholz, § 43 GmbHG Rn. 245 f.; *Fleischer*, in: MünchKomm-GmbHG, § 43 GmbHG Rn. 260; *Zöllner/Noack*, in: Baumbach/Hueck, § 43 GmbHG Rn. 45; *Hopt/Roth*, in: Großkomm. AktG, § 93 AktG Rn. 404 f.; *Spindler*, in: MünchKomm-AktG, § 93 AktG Rn. 144.

[754] Vgl. *Thole*, ZfPW 2015, 31, 57 mit Fn. 100, der meint, die Rechtsprechung des BGH stehe der Zurechnung des Verschuldens des *externen Beraters* nicht entgegen; allgemein zum „Erfüllungsgehilfen" im Sinne von §§ 254 Abs. 2 S. 2, 278 BGB (und auch zur Einordnung von Rechtsanwälten in diesem Zusammenhang) *Schiemann*, in: Staudinger, § 254 BGB Rn. 104 f. Lässt man die Berufung auf § 254 BGB zu, können sich im Übrigen sehr streitige Fragen im Rahmen der Abwägung bei Beteiligung mehrerer stellen, s. dazu *Looschelders*, Mitverantwortlichkeit, S. 619 ff.; *Schiemann*, in: Staudinger, § 254 BGB Rn. 137 ff.; *Oetker*, in: MünchKomm-BGB, § 254 BGB Rn. 119 ff.; *Grüneberg*, in: Palandt, § 254 BGB Rn. 68 ff.; s. auch *Voß*, Gesamtschuldnerische Organhaftung, S. 155 f., 200 f., 204 ff.

[755] Vgl. allgemein etwa *Schiemann*, in: Staudinger, § 254 BGB Rn. 105.

[756] Zu einer Haftung des Beraters kann es trotz der unvollständigen Information durch den Mandanten kommen, wobei *dem Berater* der Mitverschuldenseinwand eröffnet sein kann, s. schon oben S. 133, 154.

B. Ergebnis zur Haftungsabwicklung

Berater und Geschäftsleiter können demnach gesamtschuldnerisch verbunden sein, sodass die Rechtsfolgen der §§ 421 ff. BGB zur Anwendung kommen. Aus § 426 BGB folgen ggf. Ausgleichsansprüche.

Kapitel 3

Die Haftung gegenüber Dritten

Wurde bislang die Haftung des Beraters im Verhältnis zu seinem Mandanten untersucht, soll nunmehr die Ebene der Haftung gegenüber Dritten in den Blick genommen werden. Es ist zu erörtern, ob eine Haftung des Beraters für insolvenzbezogene Pflichtverletzungen nicht nur gegenüber dem ursprünglichen Mandanten, sondern auch gegenüber anderen Beteiligten in Betracht kommt, die prima facie keine eigene vertragliche Beziehung mit dem Berater eingegangen sind.

Derartige Fragen der Haftung stellen sich nicht nur im insolvenzbezogenen Kontext. Die Relativität des Schuldverhältnisses verhindert, dass rechtlich nicht unmittelbar am Vertrag beteiligte Personen in den Genuss derjenigen Vorteile kommen, die vertragliche Schadensersatzansprüche gegenüber den partiell „schwächeren", etwa nicht auf einen allgemeinen Vermögensschutz ausgerichteten, deliktischen Ansprüchen bieten.[1] Der vielfach unternommene Versuch, die aus der Dichotomie des deutschen Haftungsrechts und den Restriktionen des § 675 Abs. 2 BGB sowie der jeweiligen Ansprüche resultierenden Folgen dort, wo es für notwendig gehalten wird zu überwinden, letztlich aber auch Vertrags- und Deliktsrecht passgenau aufeinander abzustimmen, berührt einen zentralen Problemkreis des bürgerlichen Rechts.[2] Entsprechend vielgestaltig stellen sich die Lösungsansätze für Konstellationen der Haftung gegenüber Dritten dar.[3] Im Folgenden soll zunächst die Entwicklung der

---

[1] Vgl. *Kersting*, Dritthaftung, S. 95 f.; *Hirte*, Berufshaftung, S. 387; *Sutschet*, Der Schutzanspruch zugunsten Dritter, S. 21 f.; *Westermann*, AcP 208 (2008), 141, 153 f.; *Hadding*, in: Soergel, Anh § 328 BGB Rn. 1; *Gottwald*, in: MünchKomm-BGB, § 328 BGB Rn. 164; *Klumpp*, in: Staudinger, § 328 BGB Rn. 90 ff.; vgl. ferner *Adolff*, Third Party Legal Opinions, S. 82; *Honsell*, FS Medicus (1999), S. 211, 212 f.; *Koch*, AcP 204 (2004), 59, 60 f.; *Zugehör*, NJW 2000, 1601, 1602.

[2] Vgl. nur *Lammel*, AcP 179 (1979), 337, 338 ff.; *Kersting*, JR 2008, 312, 313; *Jagmann*, in: Staudinger [2009], § 328 BGB Rn. 84.

[3] Ausführlich etwa *Kersting*, Dritthaftung, S. 20 ff., 76 ff. mit umfassenden Nachweisen; monographisch im Übrigen auch (Auswahl) *Hirte*, Berufshaftung, insbesondere S. 386 ff.; *Jost*, Vertragslose Auskunfts- und Beratungshaftung, S. 41 ff., 79 ff.; *Adolff*, Third Party Legal Opinions, S. 83 ff.; *F. Müller*, Auskunftshaftung, S. 43 ff., 99 ff.; *Ebke*, Wirtschaftsprüfer und Dritthaftung, S. 35 ff.; *Büttner*, Dritthaftung, S. 5 ff., 173 ff.; umfassende Nachweise auch bei *Jagmann*, in: Staudinger [2009], § 328 BGB Rn. 89; beraterspezifisch *Zugehör*, NJW 2000, 1601 ff.

Rechtsprechung zur Lösung derartiger Fragestellungen nachgezeichnet werden. Sodann ist auf abweichende Ansätze aus dem Schrifttum einzugehen. Aufbauend auf diesem Fundament soll schließlich ein eigenständiges Modell einer (insolvenzbezogenen) Haftung gegenüber Dritten entwickelt werden.

Vorab ist jedoch die Struktur der insolvenzbezogenen Fallkonstellationen in Erinnerung zu rufen, um die Zuordnung zu möglichen Haftungstatbeständen zu erleichtern. Es wird sich bei dem Mandanten, also dem Vertragspartner des Beraters, zumeist um eine Gesellschaft handeln. Als „Dritte" sind auf dieser Grundlage insbesondere Geschäftsleiter und Gesellschafter sowie auch Gläubiger des Mandanten angesprochen. Ausgangspunkt der Haftung wird regelmäßig eine unzutreffende Information (über die Insolvenzreife der Gesellschaft) sein. So könnte ein Gesellschafter zu Investitionen verleitet werden, die infolge der tatsächlich eingetretenen Insolvenz der Gesellschaft im Verlust münden. Der Geschäftsleiter mag das Unternehmen auf die unzutreffende Aussage des Beraters hin, dass keine Insolvenzreife vorliege, fortführen, was schließlich seine Inanspruchnahme etwa nach § 64 S. 1 GmbHG bzw. den jeweiligen Parallelnormen (insbesondere §§ 93 Abs. 3 Nr. 6, 92 Abs. 2 S. 1 AktG) zur Folge hat.[4] Ein Gläubiger könnte der Gesellschaft gestützt auf eben jene Aussage des Beraters Waren liefern oder ein Darlehen gewähren, und in der Insolvenz der Gesellschaft mit seiner Forderung ausfallen.

§ 11 Die Entwicklung der Rechtsprechung

A. Eingrenzung und Grundlagen der Entwicklung

Die Rechtsprechung greift für die Lösung der vielgestaltigen Konstellationen der Haftung gegenüber Dritten auf eine Reihe von Haftungskonzepten zurück, die je nach Charakteristik der zu entscheidenden Fallgestaltung zur Anwendung gebracht werden. Eine umfassende Darstellung all jener Lösungsansätze sprengte einerseits den Rahmen, verfehlte andererseits aber auch das Ziel dieser Ausarbeitung. Es soll daher eine Konzentration auf das für diese Erörterung unmittelbar relevante Konzept erfolgen.[5]

Bekanntlich hat die Rechtsprechung eine ungeschriebene Rechtsfigur zur Einbeziehung Dritter in ein für sie fremdes Schuldverhältnis in Form des sog. Vertrags mit Schutzwirkung zugunsten Dritter entwickelt.[6] Danach kann der

---

[4] Aus der Rechtspraxis etwa BGHZ 193, 297 ff.; s. auch schon S. 2, 7 ff., je m. w. N.

[5] Umfassende Darstellung der Rechtsprechung etwa bei *Kersting*, Dritthaftung, S. 20 ff.; s. auch *Jost*, Vertragslose Auskunfts- und Beratungshaftung, S. 41 ff.; *F. Müller*, Auskunftshaftung, S. 43 ff.; *Zugehör*, NJW 2000, 1601, 1602 ff., alle m. w. N.

[6] S. zur Rechtsfigur und ihrer Entwicklung etwa *Kersting*, Dritthaftung, S. 21 ff.; *Adolff*, Third Party Legal Opinions, S. 96 ff.; *Sutschet*, Der Schutzanspruch zugunsten Dritter, S.

Schuldner nicht nur gegenüber dem Vertragsgläubiger, sondern auch gegenüber einem Dritten für die Verletzung einer Vertragspflicht haften, ohne dass dem Dritten aber ein Anspruch auf die vertragliche Hauptleistung zusteht. Ihre dogmatische Basis sieht die Rechtsprechung in einer (teils auch auf das Prinzip von Treu und Glauben gestützten) ergänzenden Vertragsauslegung.[7] Voraussetzung für die Einbeziehung des Dritten ist nach der Rechtsprechung das Vorliegen der Merkmale Leistungsnähe, Schutzinteresse, Erkennbarkeit sowie Schutzwürdigkeit.[8] War die Rechtsfigur in ihrer ursprünglichen Konzeption zur Lösung der in dieser Ausarbeitung interessierenden Fälle ungeeignet, hat die Rechtsprechung sie über verschiedene Entwicklungsstadien immer stärker ausgeweitet und so zur kardinalen Haftungsgrundlage für die sog. Expertenhaftung, also die Haftung beruflicher Sachkenner für Informationen, erhoben.[9]

Erster Meilenstein dieser Entwicklung war die Erstreckung des durch die Rechtsfigur vermittelten Schutzes auf die Verletzung von Leistungspflichten und den Ersatz „primärer" Vermögensschäden.[10] Nach dem BGH seien die

---

21 ff.; *Plötner*, Vertrag mit Schutzwirkung für Dritte und Expertenhaftung, S. 24 ff.; *Jagmann*, in: Staudinger [2009], § 328 BGB Rn. 85 ff.; *Hadding*, in: Soergel, Anh § 328 BGB Rn. 2 ff., alle m. w. N. der Rspr. und Literatur; ferner *Canaris*, ZHR 163 (1999), 206, 208 ff.

[7] S. aus jüngerer Zeit nur BGHZ 193, 297, 301 f., Rn. 14 (insgesamt ist die Darstellung ab Rn. 13 ff. paradigmatisch für die Rechtsprechung des BGH); BGH WM 2016, 1562, 1565, Rn. 26; BGH WM 2016, 1601, 1602, Rn. 17; s. auch *Kersting*, Dritthaftung, S. 23 f. m. w. N.; *Sutschet*, Der Schutzanspruch zugunsten Dritter, S. 26 ff., 96 ff.; vertragliche Anknüpfung grds. auch bei *Mirtschink*, Die Haftung des Wirtschaftsprüfers gegenüber Dritten, S. 100 ff.; *Klumpp*, in: Staudinger, § 328 BGB Rn. 102 m. w. N.; s. aber auch *Westermann*, in: Erman, § 328 BGB Rn. 12.

[8] S. aus der Rspr. nur BGHZ 133, 168, 173 f.; BGHZ 176, 281, 291 ff., Rn. 27 ff.; BGHZ 181, 12, 17, Rn. 19; BGH WM 2016, 1601, 1602, Rn. 17; s. auch *Kersting*, Dritthaftung, S. 26 ff.; *Gottwald*, in: MünchKomm-BGB, § 328 BGB Rn. 181 ff.; *Westermann*, in: Erman, § 328 BGB Rn. 13a ff.; *Klumpp*, in: Staudinger, § 328 BGB Rn. 109 ff.; *Hadding*, in: Soergel, Anh § 328 BGB Rn. 14 ff.; *Stadler*, in: Jauernig, § 328 BGB Rn. 23 ff.; *Stürner*, in: PWW, Vor §§ 328 ff BGB Rn. 5 ff.

[9] Vgl. nur *Mirtschink*, Die Haftung des Wirtschaftsprüfers gegenüber Dritten, S. 103 ff.; *Plötner*, Vertrag mit Schutzwirkung für Dritte und Expertenhaftung, S. 41; *Adolff*, Third Party Legal Opinions, S. 96 f.; *Jagmann*, in: Staudinger [2009], § 328 BGB Rn. 88; *Canaris*, ZHR 163 (1999), 206, 207 ff.; ferner *Büttner*, Dritthaftung, S. 7 f. (s. zur verbreiteten Begrifflichkeit auch S. 1 f.); ferner *Kersting*, Dritthaftung, S. 21; allgemein auch *Klumpp*, in: Staudinger, § 328 BGB Rn. 260.

[10] S. BGH NJW 1965, 1955, 1957; BGH NJW 1977, 2073, 2074; vgl. auch *Plötner*, Vertrag mit Schutzwirkung für Dritte und Expertenhaftung, S. 24 ff., 32 ff.; *Adolff*, Third Party Legal Opinions, S. 96 f.; *Klumpp*, in: Staudinger, § 328 BGB Rn. 115; s. auch *Sutschet*, Der Schutzanspruch zugunsten Dritter, S. 145; *Büttner*, Dritthaftung, S. 200 ff.; *Gottwald*, in: MünchKomm-BGB, § 328 BGB Rn. 178; *Grüneberg*, in: Palandt, § 328 BGB Rn. 15; ferner *Kersting*, Dritthaftung, S. 321 f.; *Zugehör*, NJW 2000, 1601, 1603.

bis dato entschiedenen Fälle typischerweise zwar anders gelagert gewesen. Dies stehe einer derart erweiterten Anwendung der Grundsätze des Vertrags mit Schutzwirkung zugunsten Dritter jedoch nicht entgegen.[11]

Eine weitere Zäsur lag in dem Verzicht auf das Erfordernis eines Fürsorgeverhältnisses zwischen Gläubiger und einbezogenem Drittem (auch: personenrechtlicher Einschlag, sog. „Wohl-und-Wehe-Kriterium“).[12] Mit Rücksicht auf seine bisherige Rechtsprechung führte der BGH im sog. Käufergruppe-Fall aus, dass ein Fürsorgeverhältnis zwar gleichsam Indiz für den Willen der Parteien sei, einen Dritten in den Schutzbereich ihres Vertrags einzubeziehen. Doch handele es sich dabei nicht um eine notwendige Voraussetzung. Vielmehr könne auch aufgrund der besonderen Umstände des Einzelfalls eine Ausdehnung des Schutzbereichs anzunehmen sein. Besonders bei der Beauftragung von Sachverständigen (im entschiedenen Fall: „öffentlich bestellter und vereidigter Sachverständiger für Bauwesen und Schätzung von Grundstücken und Gebäuden“) sei es häufig so, dass deren Gutachten als Entscheidungsgrundlage für Dritte dienen sollten, die mit dem Sachverständigen nicht in einer vertraglichen Beziehung stehen. Der Wille der Vertragsparteien könne daher dahin gehen, auch diese Dritten in den Schutzbereich des Vertrags einzubeziehen.[13]

In einem nächsten Schritt machte der BGH im sog. Konsul-Fall deutlich, dass aus seiner Sicht selbst die Gegenläufigkeit der Interessen von Gläubiger und Drittem die Annahme eines Vertrags mit Schutzwirkung zugunsten des Dritten nicht hindert.[14] Erneut führte der BGH aus, dass gerade öffentlich

---

[11] BGH NJW 1965, 1955, 1957.

[12] S. insbesondere BGH NJW 1984, 355, 356 (Käufergruppe); BGH NJW-RR 1986, 484, 485 f. (dazu auch noch sogleich); BGH NJW 1987, 1758, 1759; s. auch schon BGHZ 69, 82 ff.; dazu und zum Begriff etwa *Kersting*, Dritthaftung, S. 27; *Hirte*, Berufshaftung, S. 388 f. m. w. N.; *Canaris*, JZ 1995, 441, 442 f.; *ders.*, ZHR 163 (1999), 206, 208 f.; s. auch *Büttner*, Dritthaftung, S. 7 f. m. w. N.; *Plötner*, Vertrag mit Schutzwirkung für Dritte und Expertenhaftung, S. 43 ff.; *Sutschet*, Der Schutzanspruch zugunsten Dritter, S. 24; *Adolff*, Third Party Legal Opinions, S. 96 f.; *F. Müller*, Auskunftshaftung, S. 77 f.; *Klumpp*, in: Staudinger, § 328 BGB Rn. 117 f.; *Zugehör*, NJW 2000, 1601, 1603.

[13] Vgl. BGH NJW 1984, 355, 356 – mit Bezug zum entschiedenen Fall (hinter Auftraggeber stehende Käufergruppe) meint der BGH weiter, es sei zu beachten, dass ein Interessent, der ein Gutachten als Grundlage für die Entscheidung einer bestimmten Gruppe in Auftrag gibt, regelmäßig nicht nur sein persönliches Interesse, sondern auch das Interesse der anderen Gruppenmitglieder gewahrt wissen wolle.

[14] S. BGH NJW-RR 1986, 484, 486 (Konsul II – zuvor schon BGH NJW 1982, 2431 f.); BGH NJW-RR 1986, 1307, 1307; BGH NJW 1987, 1758, 1759 f.; BGH NJW-RR 1989, 696, 696; BGHZ 127, 378, 380 ff.; BGHZ 138, 257, 261; *Kersting*, Dritthaftung, S. 27 f.; *Büttner*, Dritthaftung, S. 8; *Plötner*, Vertrag mit Schutzwirkung für Dritte und Expertenhaftung, S. 47 ff.; *Honsell*, FS Medicus (1999), S. 211, 227 f.; *Canaris*, JZ 1995, 441, 443 f.; *ders.*, ZHR 163 (1999), 206, 209 f., 215 f.; *Klumpp*, in: Staudinger, § 328 BGB Rn. 119 f.; *Gottwald*, in: MünchKomm-BGB, § 328 BGB Rn. 185; ferner *Zugehör*, NJW 2000, 1601, 1603.

bestellte Sachverständige in die Lage kommen könnten, bei der Begutachtung Sorgfaltspflichten gegenüber Personen mit unterschiedlicher Interessenrichtung beachten zu müssen. Es komme häufig vor, dass Auftraggeber ein Gutachten nicht nur zu ihrer eigenen Belehrung bestellten, sondern um von ihm gegenüber Dritten Gebrauch zu machen. Müsse der Sachverständige mit einer solchen Verwendung des Gutachtens rechnen, könne er auch dem Dritten für die Richtigkeit des Gutachtens haften, sofern die zu schützende Personengruppe objektiv abgrenzbar sei.[15]

Die wiederholte Befassung des BGH mit Sachverständigen bzw. Gutachtern schlug sich bald in einer Art Formel nieder, auf die er seither regelmäßig zur Begründung der Haftung eines „Sachverständigen" (im weitesten Sinne) gegenüber Dritten zurückgreift. Wer bei einer Person, die über eine besondere, vom Staat anerkannte Sachkunde verfüge (z. B. öffentlich bestellter Sachverständiger, Wirtschaftsprüfer, Steuerberater), ein Gutachten oder eine gutachtliche Äußerung bestelle, um davon gegenüber einem Dritten Gebrauch zu machen, sei in der Regel daran interessiert, dass die Ausarbeitung entsprechende Beweiskraft besitze, was jedoch nur gewährleistet sei, wenn der Verfasser auch gegenüber Dritten für sie einstehe.[16]

Die insgesamt gleichsam exponentielle Ausdehnung der Rechtsfigur des Vertrags mit Schutzwirkung zugunsten Dritter hatte mithin zur Folge, dass nunmehr auch explizit die Haftung von Beratern in ihren Anwendungsbereich fiel.

Nach dem BGH habe sich „auf dieser Entwicklungslinie [...] eine Berufshaftung für Rechtsanwälte, Sachverständige, Steuerberater und Wirtschaftsprüfer herausgebildet". Es handele „sich hier um Berufsgruppen, die über eine besondere, vom Staat anerkannte Sachkunde verfügen und deren Vertragsleistungen von vornherein erkennbar zum Gebrauch gegenüber einem Dritten bestimmt sind und nach dem Willen des Auftraggebers mit einer entsprechenden Beweiskraft ausgestattet sein sollen, so etwa bei einer Bilanz oder einem Sachverständigengutachten, die nicht nur für das Innenverhältnis zwischen Auftraggeber und Sachverständigem oder Steuerberater und Wirtschaftsprüfer bestimmt sind".[17]

---

[15] BGH NJW-RR 1986, 484, 486.

[16] S. BGH NJW 1987, 1758, 1759 f.; im Übrigen etwa BGHZ 127, 378, 380; BGHZ 138, 257, 260 f.; BGH NJW 2001, 3115, 3116; BGHZ 167, 155, 161, Rn. 12; BGHZ 193, 297, 303, Rn. 18; BGH NJW-RR 2013, 983, 986, Rn. 25; vgl. auch BGH NJW 1989, 1029, 1030. Ergänzend sei, zunächst nur als Randnotiz, darauf hingewiesen, dass der BGH in den Gutachtenfällen schließlich annimmt, § 334 BGB, der beim Vertrag mit Schutzwirkung zugunsten Dritter nach h. M. analog anzuwenden ist, werde stillschweigend abbedungen, sodass es zu der Haftung des Sachverständigen gegenüber dem Dritten sogar kommt, wenn die Haftung gegenüber dem Vertragspartner etwa aufgrund dessen Arglist oder Mitverschulden ausgeschlossen ist, s. dazu BGHZ 127, 378, 384 ff. (Dachboden); BGH NJW 1998, 1059, 1061 f.; dazu auch noch S. 203 f.

[17] S. jeweils (teils mit unwesentlichen Abweichungen in der Formulierung) BGHZ 133, 168, 172 (Nitrierofen); BGH NJW 2002, 3625, 3626; BGHZ 193, 297, 302 f., Rn. 16

Das Kriterium der Sachkunde substituiert in den Expertenfällen also gleichsam die Wohl-und-Wehe-Formel und hilft sogar – in Verbindung mit dem angeblichen Willen der Beteiligten aufgrund der angestrebten Beweiskraft der Aussage des Experten – über den Einwand der Gegenläufigkeit der Interessen hinweg.[18] Die dargestellte Rechtsprechung sieht sich dabei heftiger Kritik aus dem Schrifttum ausgesetzt.[19] Indes richtet sich diese zumeist (nur) gegen den dogmatischen Begründungsweg der Rechtsprechung. Hinsichtlich der konkreten Ergebnisse herrscht weitgehender Konsens.[20]

B. Auf Grundstücke bezogene Wertgutachten

Auf Grundlage des Verständnisses der Rechtsprechung kann der Vertrag mit Schutzwirkung zugunsten Dritter die Expertenfälle konstruktiv erfassen,[21] wodurch er sich als wichtiges Instrument zu ihrer Lösung anbietet. Das gilt auch und gerade für Fälle, in denen Dritte aufgrund eines Wertgutachtens über ein Grundstück zu Vermögensdispositionen, etwa dem Erwerb des Grundstücks oder der Vergabe eines Kredits, veranlasst werden.[22] Doch hat die Rechtsprechung schon in diesen Fällen herausgestellt, dass der Gutachter nicht in einer unzumutbaren Weise mit Schadensersatzpflichten gegenüber Dritten belastet werden dürfe.[23] Vordergründig erfolgt eine gewisse Eingren-

---

(Auslassung und Klammerzusatz durch Verfasser); vgl. auch (aus der Perspektive des Beraters formuliert) BGHZ 145, 187, 197; BGH NJW 2004, 3420, 3421; BGHZ 159, 1, 4 f.; BGHZ 181, 12, 16 f., Rn. 17; BGH NJW 2014, 2345, 2345, Rn. 12; s. auch *Jagmann*, in: Staudinger [2009], § 328 BGB Rn. 88; zusammenfassend zu den entscheidenden Kriterien *Mirtschink*, Die Haftung des Wirtschaftsprüfers gegenüber Dritten, S. 110 f.

[18] S. *Kersting*, Dritthaftung, S. 27 f., s. insbesondere auch Fn. 134; *Jagmann*, in: Staudinger [2009], § 328 BGB Rn. 88, 137 ff.; vgl. auch *Hirte*, Berufshaftung, S. 389; *Adolff*, Third Party Legal Opinions, S. 98; *Büttner*, Dritthaftung, S. 8; *F. Müller*, Auskunftshaftung, S. 76 ff.

[19] S. ausführlich noch S. 202 ff.; s. auch *Kersting*, Dritthaftung, S. 30 ff., 98 ff.; *Hirte*, Berufshaftung, S. 389 f. m. w. N.; *Adolff*, Third Party Legal Opinions, S. 96 ff.; *Plötner*, Vertrag mit Schutzwirkung für Dritte und Expertenhaftung, S. 63 ff., 71 ff.; *Honsell*, FS Medicus (1999), S. 211, 225 ff., 233; aus dem umfassenden Werk *Canaris'* etwa JZ 1995, 441, 442 ff. sowie *ders.*, JZ 1998, 603 ff.; *ders.*, ZHR 163 (1999), 206, 215 ff. m. w. N.; *Faust*, AcP 210 (2010), 555, 568 ff.; *Jagmann*, in: Staudinger [2009], § 328 BGB Rn. 89 m. w. N.; verteidigend aber *Sutschet*, Der Schutzanspruch zugunsten Dritter, S. 144 ff.

[20] S. zu dieser Beobachtung (wobei der Konsens letztlich unabhängig von der jeweils befürworteten Haftungsgrundlage besteht) etwa *Hirte*, Berufshaftung, S. 412; *Kersting*, Dritthaftung, S. 33 f., 98 ff., 104; *Jagmann*, in: Staudinger [2009], § 328 BGB Rn. 89; Fundamentalkritik jedoch bei *Faust*, AcP 210 (2010), 555, 573 ff., 578 f.; s. auch *Honsell*, FS Medicus (1999), S. 211, 213 f.

[21] *Kersting*, Dritthaftung, S. 33.

[22] S. beispielhaft etwa BGH NJW 1984, 355 ff.; BGH NJW-RR 1986, 484 ff.; BGHZ 127, 378 ff.; BGH NJW 1998, 1059 ff.; BGHZ 159, 1 ff.

[23] S. insbesondere BGH NJW 1984, 355, 356.

zung dadurch, dass der BGH die Haftung davon abhängig macht, ob der Gebrauch des Gutachtens gegenüber Dritten für den Experten erkennbar war.[24] In die Schutzwirkung eines Vertrags über die Erstattung eines Gutachtens durch einen öffentlich bestellten Sachverständigen zum Wert eines Grundstücks seien alle diejenigen einbezogen, denen das Gutachten nach seinem erkennbaren Zweck für Entscheidungen über Vermögensdispositionen vorgelegt werden solle.[25] Auf die konkrete Person des Dritten komme es dabei nicht an; es reiche aus, dass die einbezogene Personengruppe objektiv abgrenzbar sei.[26] Der BGH bezieht denn auch dem Grunde nach alle Darlehensgeber in den Schutzbereich des „Gutachtenauftrags" ein, wenn das Gutachten vereinbarungsgemäß Finanzierungszwecken dient, denn damit sei für den Gutachter erkennbar, dass es zu diesem Zweck auch Dritten vorgelegt wird.[27]

Als Dritte, die in den Schutzbereich eines Gutachtenauftrags zur Wertermittlung eines Grundstücks einbezogen seien, kämen daher nicht nur ein oder mehrere Kreditinstitute, sondern im Grundsatz auch eine namentlich nicht bekannte Vielzahl privater Kreditgeber in Betracht, wenn der Gutachter nach dem Inhalt des ihm erteilten Gutachtenauftrags habe wissen oder damit habe rechnen müssen, dass der Auftraggeber das Gutachten zur Erlangung von Krediten verwenden würde, für die der Wert des Grundstücks als Sicherheit dienen sollte. Dies gelte auch, wenn der Auftraggeber das Gutachten nicht zur Erlangung eines Darlehens verwende, sondern um eine Anleihe aufzulegen.[28]

C. Abschlusserstellung (Jahresabschluss bzw. Zwischenbilanz)

Auch den Fall der fehlerhaften Erstellung des Jahresabschlusses (bzw. einer Zwischenbilanz) integriert der BGH in bestimmten Konstellationen in sein Konzept der Expertenhaftung, also den Vertrag mit Schutzwirkung zugunsten Dritter. Zunächst hatte der BGH über die Haftung eines Beraters zu entschei-

---

[24] Vgl. BGH NJW-RR 1986, 484, 486; BGHZ 127, 378, 380 f.; BGHZ 159, 1, 4 f. (vgl. dazu auch BGH NJW-RR 2004, 1464 ff.).

[25] S. BGH NJW 1998, 1059, 1060; BGHZ 159, 1, 5.

[26] S. BGH NJW 1984, 355, 355; BGH NJW-RR 1986, 484, 486; vgl. auch BGHZ 127, 378, 380 f.; BGH NJW 1998, 1059, 1062.

[27] S. BGH NJW 1998, 1059, 1060, 1062; BGHZ 159, 1, 9 f., jeweils mit Verweis auf BGH NJW-RR 1993, 944 ff. (dazu noch bei Fn. 34). Im Fall BGH NJW 1998, 1059 ff. bedeutete dies für den BGH konkret allerdings auch die Einbeziehung eines Bürgen, der gegenüber einer Bank, die auf Grundlage des fehlerhaften Gutachtens einen Kredit ausgereicht hatte, die Einstandspflicht für eben diesen Kredit übernommen hatte; insoweit erweiterte der BGH also gleichsam den Schutzbereich des Vertrags. BGH NJW 1998, 1059, 1062 meint, dass damit eine Vervielfältigung des Risikos des Verpflichteten nicht einhergehe. Vgl. zum Ganzen (letzterem wertungsmäßig zustimmend) *Canaris*, JZ 1998, 603, 606; *ders.*, ZHR 163 (1999), 206, 210 f.; *Plötner*, Vertrag mit Schutzwirkung für Dritte und Expertenhaftung, S. 56 f.

[28] BGHZ 159, 1, 10 f. (auch zu Grenzen der Einbeziehung).

den, der im Auftrag einer GmbH eine mutmaßlich fehlerhafte Zwischenbilanz erstellt und eine Ausfertigung auch an den potentiellen Erwerber der Geschäftsanteile der Gesellschaft versendet hatte. Der Erwerber wiederum legte die Zwischenbilanz dann seiner Hausbank vor, die den Erwerb finanzieren sollte. Nach dem Erwerb der Geschäftsanteile kam es zum Konkurs der Gesellschaft. Die Hausbank fiel mit ihrer Forderung aus dem Kreditgeschäft aus.[29] Der BGH bezog nicht nur den Erwerber in die Schutzwirkung des Vertrags über die Bilanzerstellung ein, sondern sogar den Kreditgeber des Erwerbers, d. h. die Hausbank. Es müsse zur Einbeziehung kommen, sofern die Zwischenbilanz als Entscheidungsgrundlage für den Dritten bestimmt war.[30] Die Einbeziehung des Kreditgebers hänge nicht davon ab, ob dem Berater bekannt gewesen sei, dass die Zwischenbilanz (auch) dem Kreditgeber vorgelegt werden sollte. Vielmehr genüge es, wenn erkennbar gewesen war, dass die Zwischenbilanz entweder für einen Käufer oder einen Kreditgeber bestimmt war.[31] Zwar dürfe die Haftung nicht uferlos ausgeweitet werden. Sie müsse auf eine überschaubare, klar abgrenzbare Personengruppe beschränkt bleiben. Doch erscheine es daran gemessen nicht unzulässig, die Schutzwirkung auf diejenigen Personen zu erstrecken, denen die Zwischenbilanz erkennbar als Entscheidungsgrundlage gedient habe.[32]

Dies macht der BGH zum allgemeinen Grundsatz seiner Rechtsprechung im Zusammenhang mit Jahresabschlüssen. Der Berater haftet denjenigen Dritten, denen der Jahresabschluss für den Berater erkennbar als Entscheidungsgrundlage für wirtschaftliche Dispositionen dienen soll (womit insbesondere Kreditgeber angesprochen sind, die ihre Entscheidung über die Vergabe eines Kredits auf den Jahresabschluss stützen).[33] Kämen mehrere Personen als Kreditgeber in Betracht, sei die Schutzwirkung des Beratervertrags auf jede dieser Personen zu erstrecken, sofern diese nach der Vorstellung der Vertragsparteien ihre Entscheidung an der erstellten Bilanz ausrichteten.[34]

---

[29] BGH NJW 1987, 1758 ff.

[30] S. BGH NJW 1987, 1758, 1759 f.; vgl. zur damit verbundenen Ausweitung des Vertrags mit Schutzwirkung zugunsten Dritter (die in dem konkreten Fall eben daraus folgt, dass der BGH sogar die noch hinter dem Erwerber als eigentlichem Empfänger der Zwischenbilanz stehende Bank einbezieht) schon oben bei Fn. 27 sowie *Plötner*, Vertrag mit Schutzwirkung für Dritte und Expertenhaftung, S. 49 ff.; *Canaris*, ZHR 163 (1999), 206, 210 f.

[31] BGH NJW 1987, 1758, 1760; vgl. auch BGHZ 127, 378, 380 f.

[32] Vgl. BGH NJW 1987, 1758, 1760.

[33] Vgl. BGH NJW-RR 1989, 696, 696 mit Verweis auf BGH NJW 1987, 1758, 1759; BGH NJW-RR 1993, 944, 944; BGH NJW 1997, 1235, 1235.

[34] S. BGH NJW-RR 1993, 944, 944 zum Fall der Beauftragung des Beraters mit der Erstellung der Unternehmensbilanz, weil die Hausbank des Auftraggebers die Entscheidung über einen zu gewährenden Kredit von Vorlage und Inhalt der Bilanz abhängig gemacht hat. Der BGH bezieht in diesem Fall die Ehefrau des Auftraggebers in die Schutzwirkung

Demgegenüber lehnt der BGH die Einbeziehung der Konkursgläubiger – gleichsam „als solcher“ – ab. Im entschiedenen Fall fertigte der beklagte steuerliche Berater einer Gesellschaft die Bilanz an. Gemäß dem Klägervortrag war diese fehlerhaft, es habe sich aus ihr nicht die tatsächlich bereits eingetretene Überschuldung ergeben. Der Konkursverwalter verlangte aus abgetretenem Recht einiger Konkursgläubiger Schadensersatz wegen der infolge des verspäteten Konkursantrags eingetretenen „Vertiefung“ der Überschuldung.[35] Nach dem BGH hat der Vertrag über die Bilanzerstellung keine Schutzwirkung zugunsten der Konkursgläubiger. Der Steuerberater nehme keine neutrale Stellung zwischen seinem Auftraggeber und dessen Gläubigern ein, sondern stehe auf der Seite seines Auftraggebers, dessen Interessen er im Rahmen des gesetzlich Zulässigen aufgrund des mit ihm geschlossenen Vertrags wahrzunehmen habe. Den Berater allgemein auch den gegenläufigen Interessen der Gläubiger seines Auftraggebers zu verpflichten, liege nicht im Sinne des Auftraggebers.[36]

D. Jahresabschlussprüfung

Dem Grunde nach ähnlich beurteilt der BGH Fälle aus dem Bereich der Abschlussprüfung. Es bestünden keine Bedenken, die Grundsätze der Expertenhaftung auch in Fällen anzuwenden, in denen ein Abschlussprüfer mit der Pflichtprüfung einer Kapitalgesellschaft betraut sei, wenn sich für ihn nur hinreichend deutlich ergebe, dass von ihm anlässlich dieser Prüfung eine besondere Leistung begehrt werde, von der gegenüber einem Dritten, der auf seine Sachkunde vertraut, Gebrauch gemacht werden solle.[37] Allerdings sei § 323 HGB[38] zu berücksichtigen, in dem die gesetzgeberische Intention zum Ausdruck komme, das Haftungsrisiko des Abschlussprüfers angemessen begrenzen zu wollen. Dem liefe die Einbeziehung einer unbekannten Vielzahl von Gläubigern, Gesellschaftern oder Anteilserwerbern in den Schutzbereich

---

ein, die mit Blick auf die vom Berater erstellte (unzutreffende) Bilanz selbst Darlehen aufgenommen und Sicherheiten für Darlehen ihres Ehemanns gestellt hatte. Vgl. zu diesem Vorgehen schon oben bei Fn. 27.

[35] BGH GmbHR 1987, 463.

[36] BGH GmbHR 1987, 463, 463.

[37] BGHZ 138, 257, 261; vgl. auch BGHZ 167, 155, 161 ff., Rn. 12 ff.; vgl. weiter etwa *Mirtschink*, Die Haftung des Wirtschaftsprüfers gegenüber Dritten, S. 111 ff.

[38] Die grundsätzliche Frage der Sperrwirkung des § 323 HGB gegenüber Ansprüchen Dritter soll an dieser Stelle nicht vertieft werden, s. dazu nur *Kersting*, Dritthaftung, S. 545 mit Fn. 2682 m. w. N.; *Ebke*, in: MünchKomm-HGB, § 323 HGB Rn. 135 ff. m. w. N.; kritisch hinsichtlich BGHZ 138, 257 ff. insoweit auch schon *ders.*, JZ 1998, 991 ff.; ausführlich auch *Mirtschink*, Die Haftung des Wirtschaftsprüfers gegenüber Dritten, S. 55 ff. zur Pflichtprüfung, 210 ff. zu freiwilligen Prüfungen. Soweit es sich um eine freiwillige Prüfung wie insbesondere die reine Prüfung der Insolvenzreife handelt, ist *Mirtschink* im Übrigen darin zu folgen, dass aus § 323 HGB insoweit keine Sperrwirkung resultiert.

des Prüfauftrags zuwider. Es könne regelmäßig nicht angenommen werden, dass der Abschlussprüfer bereit sei, ein so weitgehendes Haftungsrisiko zu übernehmen. Anders liege es, wenn die Vertragsteile übereinstimmend davon ausgingen, dass die Prüfung auch im Interesse eines bestimmten Dritten durchgeführt werde und das Ergebnis diesem Dritten als Entscheidungsgrundlage dienen solle.[39]

An diesem Maßstab verneint der BGH etwa die Haftung des Abschlussprüfers, dessen – nach Auffassung der Kläger fehlerhaftes – Testat mit seinem Einverständnis in einem Genussrechtsprospekt abgedruckt wurde, gegenüber Zeichnern der Genussrechte an der geprüften, später insolvent gewordenen Gesellschaft.[40] Zwar habe anstelle einer Pflichtprüfung eine freiwillige Prüfung stattgefunden. Doch fänden die Grundsätze zur Haftung aufgrund des Vertrags mit Schutzwirkung zugunsten Dritter einschließlich ihrer Einschränkungen auch Anwendung auf eine solche freiwillige Prüfung, da der Dritte „billigerweise" keinen weitergehenden Drittschutz erwarten könne als bei einer Pflichtprüfung.[41] Da nicht angenommen werden könne, dass der Abschlussprüfer bereit sei, ein so weites Haftungsrisiko zu übernehmen wie es sich aus der Einbeziehung einer unbekannten Vielzahl von Gläubigern, Gesellschaftern oder Anteilserwerbern ergäbe, komme auch eine Haftung gegenüber einer von vornherein nicht überschaubaren Anzahl von Erwerbern der Genussscheine nicht in Betracht.[42]

E. Prospektprüfung

Der BGH wendet diese Grundsätze weiterhin auch auf Prospektprüfungsfälle an. Entsprechend ist er der Auffassung, dass ein Wirtschaftsprüfer, der ein Anlageprospekt für eine Kapitalanlage prüft und ihm unter anderem Vollständigkeit und Richtigkeit bescheinigt, wobei ihm bekannt ist, dass sein Prüfbericht den Anlageinteressenten vorgelegt werden soll, um sie zu einer Einlage in die Fondsgesellschaft zu bewegen, den Anlegern aus Vertrag mit

---

[39] Vgl. BGHZ 138, 257, 262; vgl. auch BGHZ 167, 155, 162 ff., Rn. 13, 15; skeptisch hinsichtlich der Art der Haftungseinschränkung *Ebke*, JZ 1998, 991, 995 f.

[40] BGH NJW-RR 2006, 611, 612 f., Rn. 11 ff.

[41] BGH NJW-RR 2006, 611, 613, Rn. 13.

[42] Vgl. BGH NJW-RR 2006, 611, 612 f., Rn. 12 f. Ähnlich verneint BGHZ 167, 155, 164 ff., Rn. 14 f. die Haftung des Abschlussprüfers, der im Rahmen einer Pflichtprüfung – mutmaßlich unrichtig – einen uneingeschränkten Bestätigungsvermerk erteilte, gegenüber sog. „Pre-IPO-Investoren", die Aktien an einer später insolvent gewordenen Gesellschaft erwarben. Im Zeitpunkt der Auftragserteilung habe ein Aktienerwerb durch die späteren Erwerber nicht im Raum gestanden. Vor Abschluss der Prüfung habe es keinen Kontakt mit den Erwerbern gegeben. Erst recht eine stillschweigende Ausdehnung der Haftung komme grundsätzlich nicht in Betracht, wenn nicht deutlich werde, dass vom Abschlussprüfer im Drittinteresse eine besondere Leistung erwartet werde.

Schutzwirkung zugunsten Dritter haften kann.[43] Auch im Rahmen der Prospektprüfung kommt es dem BGH entscheidend darauf an, ob für den Experten erkennbar war, dass seine Äußerung zur Grundlage für Vermögensdispositionen Dritter werden würde.[44]

F. Umsatzsteuermandat

Sodann bezog sich der BGH auch in einem klassischen Bereich steuerlicher Beratung auf die Rechtsfigur des Vertrags mit Schutzwirkung zugunsten Dritter. Er entschied, dass der Geschäftsführer einer GmbH gegen einen Steuerberater, der die GmbH im Zusammenhang mit umsatzsteuerrechtlichen Fragestellungen fehlerhaft beraten hatte, was schließlich zur Haftung des Geschäftsführers nach §§ 34, 69 AO führte, über die Grundsätze des Vertrags mit Schutzwirkung zugunsten Dritter einen (Regress-)Anspruch gegen den Steuerberater haben könne.[45] Die allgemeinen Voraussetzungen zur Einbeziehung des Dritten seien erfüllt, d. h. Leistungsnähe, Schutzinteresse, Erkennbarkeit und Schutzwürdigkeit gegeben.[46]

Zur Begründung der Leistungsnähe, die nach der Rechtsprechung des BGH voraussetzt, dass der Dritte mit der Hauptleistung des Schuldners bestimmungsgemäß in Kontakt kommt,[47] stützt sich der BGH zentral auf §§ 34, 69 AO. Diese Normen weisen dem Geschäftsleiter die Verantwortlichkeit für die Erfüllung der steuerlichen Pflichten der Gesellschaft zu und unterwerfen ihn einer persönlichen Haftung für den Fall der Verletzung dieser Pflichten. Daraus resultiere ein spezifisches steuerliches Haftungsrisiko des Geschäftsleiters.[48] Dieses Haftungsrisiko des Geschäftsleiters sei eine typische Begleiterscheinung der Pflichtverletzung des Beraters einer zahlungs-

---

[43] Vgl. BGH NJW 2004, 3420, 3421; s. auch BGH NJW-RR 2007, 1329, 1332, Rn. 21 – auch hier sei der beklagte Wirtschaftsprüfer darauf hingewiesen gewesen, dass sein Bericht ernsthaften Anlageinteressenten auf Anforderung zur Verfügung gestellt werden würde, um zur Grundlage für deren Anlageentscheidung zu werden (s. dazu auch BGH NJW-RR 2007, 1332, 1335, Rn. 27; BGH NJW-RR 2007, 1479, 1480, Rn. 16); vgl. ferner BGH NJW 2014, 2345, 2345 ff., insbesondere Rn. 14 ff.; vgl. auch BGHZ 167, 155, 164, Rn. 14; s. für die Mittelverwendungskontrolle etwa BGHZ 145, 187, 197 ff.

[44] Vgl. insbesondere BGH NJW-RR 2007, 1329, 1332, Rn. 21; BGH NJW-RR 2007, 1332, 1335, Rn. 27; BGH NJW-RR 2007, 1479, 1480, Rn. 16; BGH NJW 2014, 2345, 2345 f., Rn. 14, 16 ff.; s. auch schon BGH NJW 2004, 3420, 3421.

[45] Vgl. BGH WM 2011, 2334 ff.; vgl. zur Haftung des Geschäftsleiters insoweit etwa *Pallas*, FS Derleder (2015), S. 345, 360 ff.

[46] BGH WM 2011, 2334, 2334 ff., Rn. 6 ff.; vgl. zum Ganzen jetzt auch BGH WM 2016, 1601, 1603, Rn. 22 f. S. zu den Voraussetzungen (und auch zur Herleitung) des Vertrags mit Schutzwirkung zugunsten Dritter schon S. 169 f., insbesondere mit Fn. 8.

[47] S. nur BGHZ 49, 350, 354; BGHZ 61, 227, 233; BGHZ 70, 327, 329; BGHZ 129, 136, 168; BGHZ 133, 168, 173; *Kersting*, Dritthaftung, S. 26; *Gottwald*, in: MünchKomm-BGB, § 328 BGB Rn. 181.

[48] BGH WM 2011, 2334, 2334 f., Rn. 7.

schwachen Gesellschaft.[49] Das Interesse der Gesellschaft als Gläubigerin an der Einbeziehung des Geschäftsleiters[50] gründe darin, dass die Gesellschaft andernfalls ihrerseits einem Regressanspruch des Geschäftsleiters aus dem zwischen ihnen bestehenden Gesamtschuldverhältnis ausgesetzt sei, vgl. § 44 AO i. V. m. § 426 BGB.[51] Der Steuerberater könne die Haftungsausweitung zugunsten des Geschäftsleiters, der dem Berater persönlich bekannt sei, auch erkennen.[52] Schließlich sei der Geschäftsleiter schutzbedürftig, da die Gesellschaft regelmäßig zahlungsschwach und der erfolgreiche Gesamtschuldnerregress daher jedenfalls unsicher sei. Ein auf den Geschäftsleiter übergehender Anspruch der Gesellschaft gegen den Berater könne daran scheitern, dass die Gesellschaft, wenn sie einer nicht vermeidbaren Steuerpflicht unterliegt, keinen Schaden erleidet. Außerdem könne bereits die Verjährung eingetreten sein.[53]

G. Vertrag über die Prüfung der Insolvenzreife

I. Die Rechtsprechung des BGH

Die auf die Insolvenzkonstellation bezogene Rechtsprechung des BGH knüpft an diese Vorarbeiten zur Expertenhaftung wie auch zur „klassischen" Steuerberatung an. In den Schutzbereich eines Prüfvertrags, der zwischen einer Gesellschaft und einem Berater zustande kommt, könnten auch die Gesellschafter einbezogen sein. Die Leistung des Beraters, der die Insolvenzreife der Gesellschaft prüfe, solle auch als Entscheidungsgrundlage für die Gesellschafter dienen, die zu entscheiden hätten, ob sie das Insolvenzverfahren (durch Investitionen) verhindern oder es eben einleiten bzw. die Gesellschaft frei liquidieren wollten. Damit sei die Prüfung Grundlage für Sanierungsmaßnahmen und die Entscheidung über Vermögensdispositionen.[54] Dies sei für den Berater erkennbar.[55] Hinsichtlich der Einbeziehung des Gesellschafters rekurriert der BGH auf seine ständige Rechtsprechung zur Expertenhaf-

---

[49] BGH WM 2011, 2334, 2335 f., Rn. 9, 14 f.; vgl. auch BGH WM 2016, 1601, 1603, Rn. 22 f.

[50] S. allgemein *Gottwald*, in: MünchKomm-BGB, § 328 BGB Rn. 182 ff.; *Klumpp*, in: Staudinger, § 328 BGB Rn. 117 ff.; *Hadding*, in: Soergel, Anh § 328 BGB Rn. 15.

[51] BGH WM 2011, 2334, 2336, Rn. 17.

[52] Vgl. BGH WM 2011, 2334, 2336, Rn. 19.

[53] S. zur Schutzbedürftigkeit konkret BGH WM 2011, 2334, 2336 f., Rn. 21 f.; allgemein BGHZ 70, 327, 329 f.; BGHZ 129, 136, 169; BGHZ 133, 168, 173 f.; *Kersting*, Dritthaftung, S. 29 f.; *Gottwald*, in: MünchKomm-BGB, § 328 BGB Rn. 188.

[54] BGHZ 193, 297, 305 f., Rn. 23 f.; vgl. auch BGH WM 2016, 1601, 1602 f., Rn. 21.

[55] BGHZ 193, 297, 306 f., Rn. 25.

tung und ordnet ihr letztlich auch die Fallgruppe der Haftung des Beraters gegenüber dem Gesellschafter zu.[56]

Darüber hinaus erstreckt der BGH den Schutzbereich des Prüfvertrags auch auf den Geschäftsleiter. Es sei Aufgabe und Verpflichtung des Geschäftsleiters, bei Vorliegen der Insolvenzreife den Insolvenzantrag zu stellen; daher sei die Leistung des Beraters auch für den Gebrauch des Geschäftsleiters bestimmt, sie werde zur Grundlage einer Entscheidung über Vermögensdispositionen gemacht.[57] Des Weiteren bestehe für den Geschäftsleiter das Risiko, im Zusammenhang mit der Insolvenz und der verspäteten Insolvenzantragstellung persönlich zu haften. Dieses Risiko stelle eine typische Begleiterscheinung der fehlerhaften Prüfung durch den Berater dar.[58] Nach dem Willen der Vertragsparteien umfasse der Prüfvertrag auch den Schutz des Geschäftsleiters.[59] Mithin schlägt der BGH auch hinsichtlich der Einbeziehung des Geschäftsleiters die Brücke zu seiner Rechtsprechung zur Expertenhaftung[60] und versucht, diese mit seiner zum Umsatzsteuermandat ergangenen Entscheidung zu vereinen.[61] Der BGH etabliert demnach die insolvenzbezogene Haftung eines Beraters (gegenüber Dritten) insgesamt als Anwendungsgebiet des Vertrags mit Schutzwirkung zugunsten Dritter (im Sinne seiner Rechtsprechung zur Haftung von Experten).[62]

---

[56] S. die paradigmatische Darstellung in BGHZ 193, 297, 301 ff., Rn. 12 ff. und insbesondere Rn. 21 ff.

[57] Vgl. BGHZ 193, 297, 308, Rn. 28; grds. bestätigt durch BGH NJW-RR 2013, 983, 986, Rn. 26; beachte zum Ganzen jetzt aber auch BGH WM 2016, 1601, 1603, Rn. 22 f. und dazu unten S. 199 ff.

[58] Vgl. BGHZ 193, 297, 308 f., Rn. 29 f.

[59] BGHZ 193, 297, 308 f., Rn. 29.

[60] S. BGHZ 193, 297, 302 ff., Rn. 16 ff., Rn. 28 ff.; s. auch BGH NJW-RR 2013, 983, 986, Rn. 25 f.; s. auch *Thole*, ZfPW 2015, 31, 46 f.

[61] S. BGHZ 193, 297, 309, Rn. 30; zur Haftung gegenüber Dritten beim Umsatzsteuermandat schon oben S. 178 f. Weiterführend wäre nach dem Konzept der Rechtsprechung beispielsweise auch die Einbeziehung des Geschäftsleiters bei der Verletzung anderer insolvenz- bzw. sanierungsspezifischer Pflichten folgerichtig (soweit diese Pflichten [des Beraters] gegenüber der Gesellschaft bestünden, vgl. dazu noch sogleich in und bei Fn. 63). Dies könnte etwa die Beratung zur Beseitigung der erkannten Überschuldung, z. B. durch Rangrücktrittserklärungen (s. § 19 Abs. 2 S. 2 InsO), oder die Haftungsvermeidung im Rahmen von § 64 GmbHG betreffen. S. zum in dieser Arbeit vertretenen Konzept insoweit Fn. 237. Zur generellen Kritik an der Einbeziehung des Geschäftsleiters bei Zugrundelegung des Konzepts der Rechtsprechung aber noch unten S. 199 ff. (und insoweit auch zu BGH WM 2016, 1601 ff.).

[62] Die Einbeziehung der Mitglieder eines etwaigen *Aufsichtsrats* war nicht Gegenstand der bisherigen Entscheidungen des BGH. Gleichwohl wäre die jedenfalls grundsätzliche Anknüpfung an den dogmatischen Ausgangspunkt der hier dargestellten Rechtsprechung – aus Sicht des BGH – nur konsequent (etwa im Fall der Führungslosigkeit der Gesellschaft, beachte § 15a Abs. 3 InsO, oder auch wenn die Mitglieder des Aufsichtsrats erkennbar echte, eigene Vermögensdispositionen von der Aussage des Beraters abhängig machen).

Ergänzend weist der BGH darauf hin, dass eine Haftung des Beraters gegenüber dem Gesellschafter bzw. Geschäftsleiter nur in Betracht komme, sofern zwischen Berater und Gesellschaft ein Prüfvertrag geschlossen wurde, nicht aber im Fall eines allgemeinen steuerlichen Mandats. Denn in der zuletzt genannten Konstellation bestehe schon keine insolvenzbezogene Hinweispflicht gegenüber der Gesellschaft, sodass eine solche auch nicht gegenüber dem Dritten bestehen könne.[63]

II. Die Rechtsprechung der Instanzgerichte

Die (überwiegend vor den genannten Entscheidungen des BGH ergangene) Rechtsprechung der Instanzgerichte zur Haftung gegenüber Dritten für insolvenzbezogene Pflichtverletzungen, die an dieser Stelle kurz ergänzend aufgegriffen werden soll, stellt sich als uneinheitlich dar. Vereinzelt wurde eine Haftung des Beraters gegenüber dem Geschäftsführer einer beratenen Gesellschaft auf die Grundsätze des Vertrags mit Schutzwirkung zugunsten Dritter gestützt.[64] Mehrheitlich wurde eine drittschützende Wirkung des Beratervertrags jedoch abgelehnt.[65] Das Steuerberatungsmandat diene den Belangen der Gesellschaft, grundsätzlich jedoch nicht der Entlastung des Geschäftsleiters.[66] Im Zusammenhang mit einem umsatzsteuerlichen Mandat sei auch kein Inte-

---

OLG Dresden ZInsO 2015, 1507, 1508 f. lässt die Frage der Einbeziehung mit dem Argument offen, dass der Berater schon keine Pflicht gegenüber der Gesellschaft verletzt habe, vgl. insoweit auch noch sogleich in und bei Fn. 63. Ablehnend hinsichtlich der Einbeziehung des Aufsichtsrats, allerdings nur im Ergebnis, *Fölsing*, ZInsO 2015, 1478, 1480 f.

[63] BGH NJW-RR 2013, 983, 986, Rn. 27; s. zur Rspr. des BGH bezüglich der Pflichten des Beraters gegenüber seinem Mandanten schon S. 29 f., 90 m. w. N.; beachte auch BGH NJW-RR 2014, 827 f. (und dazu ausführlich oben S. 112 ff.) zu einer insolvenzbezogenen Nebenpflicht; zum Drittschutz insoweit OLG Schleswig BeckRS 2014, 06690, II., 2; vgl. zur Abhängigkeit des Drittschutzes vom Vertrag mit dem Mandanten auch OLG Dresden ZInsO 2015, 1507, 1508 f.

[64] LG Wuppertal ZInsO 2011, 1997, 1998; im Anschluss an BGH WM 2011, 2334 ff. und BGHZ 193, 297 ff. hinsichtlich einer insolvenzbezogenen Nebenpflichtverletzung OLG Schleswig BeckRS 2014, 06690, II., 2., a.; zum stillschweigenden Auskunftsvertrag noch unten bei Fn. 73.

[65] OLG Celle ZInsO 2011, 1004, 1008; OLG Köln DStRE 2012, 970, 971 f.; OLG Schleswig ZInsO 2011, 2280, 2283; LG Aachen BeckRS 2011, 23926; LG Kiel BeckRS 2012, 14847; OLG Köln DStRE 2011, 785, 787 ff. (Umsatzsteuermandat); LG Bonn BeckRS 2011, 26836 (Umsatzsteuermandat).

[66] OLG Schleswig ZInsO 2011, 2280, 2283 (anderes könne danach allerdings etwa gelten, wenn der Berater eine Überschuldungsprüfung vornehmen solle, da deren Ergebnis auch für den Geschäftsleiter maßgeblich sei – insoweit nähert das OLG sich BGHZ 193, 297 ff. an); vgl. auch LG Kiel BeckRS 2012, 14847; vgl. auch OLG Köln DStRE 2011, 785, 787 (keine Leistungsnähe beim Umsatzsteuermandat, da sich die Folgen der Tätigkeit des Beraters nicht zwangsläufig auf den Geschäftsleiter auswirkten); vgl. insoweit auch LG Bonn BeckRS 2011, 26836.

resse der Gesellschaft an der Einbeziehung des nur reflexhaft betroffenen Geschäftsleiters zu erkennen.[67]

H. Fazit

Es hat sich gezeigt, dass der BGH die Fälle der sog. Expertenhaftung typischerweise über die Rechtsfigur des Vertrags mit Schutzwirkung zugunsten Dritter löst. Dies erforderte die immer stärkere Ausdehnung der Rechtsfigur und führte zur Einbeziehung immer weiterer Konstellationen in das Konzept, das der BGH schließlich auch auf die für diese Ausarbeitung zentralen insolvenzbezogenen Fälle erstreckte. Im Rahmen seines Konzepts der Expertenhaftung bezieht der BGH fallgruppenübergreifend insbesondere diejenigen Dritten in den Schutzbereich des Beratervertrags ein, denen die Leistung des Beraters (in der Diktion des BGH) erkennbar als Grundlage einer Entscheidung (über Vermögensdispositionen) dienen sollte.

§ 12 Alternative Konstruktionsmöglichkeiten einer Haftung gegenüber Dritten

Bereits erörtert wurde, dass die Problematik der Haftung gegenüber Dritten ganz grundlegende Fragen des Bürgerlichen Rechts betrifft.[68] Dies hat nicht nur zu einer Fülle an Entscheidungen des BGH geführt, sondern auch eine Vielzahl von Lösungsvorschlägen im Schrifttum provoziert. Einige dieser Ansätze sollen im Folgenden ihrer allgemeinen Konzeption nach – angesichts der ohnehin unüberschaubaren Anzahl diesbezüglicher Beiträge[69] in der gebotenen Kürze – aufgegriffen werden. Dies wird den Boden für die daran anschließende Entwicklung eines auf die Insolvenzkonstellation bezogenen Haftungskonzepts bereiten.

A. Erneut: Der sog. stillschweigende Auskunftsvertrag

Zunächst ist auf einen Ansatz einzugehen, der den Konflikt von durch die Relativität beschränkter vertraglicher und inhaltlich als unzulänglich empfundener deliktischer (Jedermann-)Haftung zugunsten der vertraglichen Haftung

---

[67] S. OLG Köln DStRE 2011, 785, 788.

[68] Vgl. schon oben S. 168.

[69] Umfassende Darstellung (Auswahl) etwa bei *Kersting*, Dritthaftung, S. 76 ff. mit umfassenden Nachweisen; *Hirte*, Berufshaftung, insbesondere S. 386 ff.; *Jost*, Vertragslose Auskunfts- und Beratungshaftung, S. 79 ff.; *Adolff*, Third Party Legal Opinions, S. 83 ff.; *F. Müller*, Auskunftshaftung, S. 99 ff.; *Ebke*, Wirtschaftsprüfer und Dritthaftung, S. 35 ff.; *Büttner*, Dritthaftung, S. 5 ff., 173 ff.; *Jagmann*, in: Staudinger [2009], § 328 BGB Rn. 89 m. w. N.

auflöst. Dazu müssten Geschäftsleiter, Gesellschafter oder sonstige Dritte ihrerseits als Vertragspartner des Beraters anzusehen sein. Das wirft die Frage nach der Existenz und Herleitung eines Vertragsverhältnisses zwischen Berater und jeweiligem Dritten auf. Selbstverständlich kann der Berater mit jedem der genannten Akteure ausdrücklich einen Vertrag schließen. Meist wird dies jedoch Theorie bleiben. Der ursprüngliche Beratervertrag wird regelmäßig mit der Gesellschaft geschlossen.

Daneben könnte es allerdings zu einer unmittelbaren vertraglichen Verbindung zwischen Berater und Drittem auf Grundlage der schon angesprochenen, vorwiegend in der Rechtsprechung anzutreffenden Rechtsfigur des sog. stillschweigenden Auskunftsvertrags kommen. Demnach kann auf Basis einer Auskunft ein Vertrag zwischen dem Auskunftgeber und dem Empfänger der Auskunft entstehen, vermöge dessen der Auskunftgeber für die Richtigkeit seiner Aussagen einzustehen hat.[70] Dies könnte konkret zur Folge haben, dass aufgrund einer dem Dritten, also etwa dem Geschäftsleiter, Gesellschafter oder Gläubiger, durch den Berater erteilten Auskunft, beispielsweise zur Frage der Insolvenzreife einer Gesellschaft, ein vertragliches Band zustande kommt und der Berater dem Dritten für die Richtigkeit der Aussage zur Insolvenzreife haftet. Anleihen an diesen, in der gesamten zivilrechtlichen Rechtsprechung[71] verbreiteten Begründungsweg finden sich ansatzweise auch in der Rechtsprechung des BGH zur Insolvenzkonstellation[72]. Unter diesen Vorzeichen überraschte es nicht, würde in der Insolvenzsituation im Einzelfall bei entsprechenden Anhaltspunkten ein stillschweigender Auskunftsvertrag zwischen Berater und Drittem angenommen. Dem Grunde nach wird dieser Argumentationsstrang denn auch in der instanzgerichtlichen Rechtsprechung sowie im Schrifttum aufgegriffen.[73]

---

[70] S. schon S. 26 f. m. w. N.

[71] S. schon S. 26 f. m. w. N.; s. aus dem Bereich der Beraterhaftung nur BGH NJW 2009, 1141, 1142 f., Rn. 7 ff.; s. insbesondere auch *Kersting*, Dritthaftung, S. 65 ff.; *Wiegand*, Sachwalterhaftung, S. 73 ff.; *F. Müller*, Auskunftshaftung, S. 44 ff.; *D. Fischer*, in: Hdb. d. Anwaltshaftung, § 11, Rn. 4 ff.; *Jungk*, in: Borgmann/Jungk/Schwaiger, Anwaltshaftung, S. 282 ff., Rn. 2 ff.; *Gehrlein*, Anwalts- und Steuerberaterhaftung, S. 4 ff., Rn. 6 ff.; *Meixner/Schröder*, Wirtschaftsprüferhaftung, S. 51 ff., Rn. 125 ff.

[72] S. schon S. 27 ff.; zu beachten ist indes, dass der *BGH* die Problematik der Haftung *gegenüber Dritten* in der Insolvenzkonstellation wie dargelegt unter Rückgriff auf den Vertrag mit Schutzwirkung zugunsten Dritter löst, s. oben S. 179 ff.

[73] S. aus der instanzgerichtlichen Rspr. OLG Schleswig ZInsO 2011, 2280, 2283 f. (im Ergebnis verneinend); OLG Köln DStRE 2012, 970, 970 f. (im Ergebnis ebenfalls ablehnend); aus der Literatur *Schwarz*, NZI 2012, 869, 872; *Gräfe*, DStR 2010, 669, 669; ansatzweise auch *Plathner*, DStR 2013, 1349, 1354; vgl. ferner *Kayser*, ZIP 2014, 597, 603; für den Regelfall ablehnend *Zugehör*, FS G. Fischer (2008), S. 617, 634; eher restriktiv auch *Meixner/Schröder*, Wirtschaftsprüferhaftung, S. 320 f., Rn. 881 f.; vgl. ferner *Hüttinger*, Instrumente zur vorinsolvenzlichen Sanierung des Unternehmensträgers, S. 558.

Die Rechtsprechung zum stillschweigenden Auskunftsvertrag ist bereits kritisiert worden.[74] Die theoretischen Einwände gegen sie sollen an dieser Stelle nicht im Einzelnen wiederholt werden. Es ist jedoch insbesondere die Erkenntnis aufzugreifen, dass das Instrument des stillschweigenden Auskunftsvertrags in der Regel auf einer Fiktion gründet, wenn Rechtsbindungswille des Auskunftgebers angenommen wird. Die Konstruktion ist, angesichts der mit ihr einhergehenden Missachtung des Parteiwillens und damit der Privatautonomie, schon grundsätzlich erheblich restriktiver anzuwenden, als dies bisweilen in der Rechtsprechung der Fall ist.[75]

Aufgrund der Unzulänglichkeiten, mit denen die Rechtsfigur des stillschweigenden Auskunftsvertrags behaftet ist, soll dem Versuch, sie zugunsten einer grundsätzlichen Lösung auch der Insolvenzkonstellation fruchtbar zu machen, daher schon an dieser Stelle entgegengetreten werden. Der stillschweigende Auskunftsvertrag stellt keinen umfassenden, dogmatisch konsistenten Ansatz zur Bewältigung der Fallkonstellation dar. Dafür kann speziell im Verhältnis des Beraters zum Geschäftsleiter über die grundlegenden Einwände hinaus mit Recht geltend gemacht werden, dass der Berater eine Auskunft regelmäßig mit Blick auf das bereits bestehende Mandatsverhältnis zur Gesellschaft erteilen wird, nicht aber mit dem Willen, sich mittels eines weiteren Vertragsverhältnisses gegenüber dem Geschäftsleiter zu verpflichten.[76] Davon muss auch der Geschäftsleiter ausgehen. Er ist zwar Adressat der Auskunft, dies jedoch nur aufgrund seiner Funktion als Organ des Vertragspartners, einer nicht selbst handlungsfähigen Gesellschaft mit eigener Rechtspersönlichkeit.[77] Insofern die Auskunftserteilung gegenüber dem Geschäftsleiter bei einem Vertrag mit der Gesellschaft also den Normalfall darstellt, kann ein ohnedies restriktiv zu handhabender stillschweigender Auskunftsvertrag nur in seltensten Fällen angenommen werden, in denen ganz deutlich erkennbar ist, dass die erteilte Information gerade für den Geschäftsleiter selbst bestimmt ist und der Berater ihm gegenüber für sie einstehen will.[78]

Aus dogmatischer Perspektive ist mithin festzuhalten, dass der stillschweigende Auskunftsvertrag ein untaugliches Mittel zu einer *umfassenden* Lösung

---

[74] S. insbesondere S. 33 ff. m. w. N.

[75] Vgl. auch schon S. 34 f. m. w. N., insbesondere Kapitel 2, Fn. 128 f.

[76] OLG Schleswig ZInsO 2011, 2280, 2284 (das darüber hinaus auf die normative Erwägung abstellt, ein Bedürfnis zur „Lückenfüllung" bestehe wegen des Vertrags mit der Gesellschaft nicht); *Meixner/Schröder*, Wirtschaftsprüferhaftung, S. 321, Rn. 882; s. auch *Commandeur/Utsch*, NZG 2012, 1376, 1377; s. aber auch *Schwarz*, NZI 2012, 869, 872.

[77] Vgl. auch OLG Schleswig ZInsO 2011, 2280, 2284; OLG Köln DStRE 2012, 970, 971.

[78] Vgl. auch OLG Schleswig ZInsO 2011, 2280, 2284 (persönliche Beratung); *Meixner/Schröder*, Wirtschaftsprüferhaftung, S. 321, Rn. 882 (Privatinteressen statt Geschäftsinteressen).

der Grundproblematik ist. Für die weitere Erörterung ist dieser Lösungsweg daher auszublenden.

B. Vertrag zugunsten Dritter

Gesetzlich vorgesehen ist die Einbeziehung Dritter in den Vorschriften des BGB über den Vertrag zugunsten Dritter, §§ 328 ff. BGB. Bewegt man sich insoweit auf dogmatisch gesichertem Boden, ist eine grundsätzliche Lösung der Insolvenzkonstellation auf Grundlage dieser Vorschriften jedoch ebenso umgehend zurückzuweisen wie die Lösung über den stillschweigenden Auskunftsvertrag. So ist ein Vertrag etwa zugunsten des Geschäftsleiters zwar theoretisch denkbar. In der Insolvenzsituation wird ein solcher gleichwohl einen Ausnahmefall darstellen.

Die Parteien des tatsächlich bestehenden Vertrags, d. h. Berater und Gesellschaft, werden in der Praxis regelmäßig weder ein Forderungsrecht zugunsten des Geschäftsleiters, noch zugunsten der Gesellschafter oder Gläubiger, ausbedingen.[79] Für eine solche Auslegung des Vertrags zwischen Gesellschaft und Berater bedürfte es eines Anhaltspunkts, an dem es zumeist fehlen wird.[80] Die Frage der Insolvenzreife der Gesellschaft betrifft zuvorderst die Gesellschaft selbst. Zwar hat der Geschäftsleiter aufgrund der ihn treffenden Verpflichtung aus § 15a InsO ebenfalls ein Interesse an der Feststellung der Insolvenzreife. Ein solches Interesse haben jedoch auch die Gesellschafter. Dass der Geschäftsleiter ihnen gegenüber durch Zuerkennung eines eigenen Forderungsrechts „bevorzugt“ werden soll, überzeugt nicht.[81] Dazu besteht aus Sicht des Geschäftsleiters auch kein Bedürfnis, da er die Information des Beraters, auf die es ihm letztlich ankommt, aufgrund seiner Eigenschaft als Organ der Gesellschaft – und damit in der Regel als tatsächlicher Empfänger der vertraglichen Leistung des Beraters – ohnehin erhalten wird.[82]

---

[79] Vorsichtig in Richtung eines Vertrags zugunsten des Geschäftsleiters aber *Zetzsche*, JR 2013, 435, 439; s. allgemein *Klumpp*, in: Staudinger, § 328 BGB Rn. 260.

[80] Zur Auslegung der Vertragsvereinbarungen im Rahmen der §§ 328 ff. BGB *Klumpp*, in: Staudinger, § 328 BGB Rn. 84 ff.; *Gottwald*, in: MünchKomm-BGB, § 328 BGB Rn. 32 ff.; *Hadding*, in: Soergel, § 328 BGB Rn. 8, 70 f.

[81] Es stellte sich außerdem die Frage, ob der Geschäftsführer (sofern es sich um eine GmbH handelte) angesichts seiner Weisungsgebundenheit überhaupt berechtigt wäre, einen Vertrag zu seinen Gunsten abzuschließen, vgl. § 37 Abs. 1 GmbHG; dazu etwa *U. H. Schneider/S. H. Schneider*, in: Scholz, § 37 GmbHG Rn. 37 ff.; *Raiser/Veil*, Recht der Kapitalgesellschaften, S. 534 f., Rn. 1 ff.

[82] Allerdings entgeht dem Geschäftsleiter dann die mit dem Vertrag zugunsten Dritter einhergehende haftungsrechtliche Absicherung – zur Berechtigung des Dritten hinsichtlich etwaiger Leistungsstörungen, gerade auch bei Schlechtleistung, s. *Klumpp*, in: Staudinger, § 328 BGB Rn. 79 ff.; *Gottwald*, in: MünchKomm-BGB, § 335 BGB Rn. 14 ff., 19 ff.; *Hadding*, in: Soergel, § 328 BGB Rn. 57 ff.

Die Trennung zwischen der juristischen Person und der als ihr Organ fungierenden Person ist demnach grundsätzlich und mangels deutlicher Anhaltspunkte in den Erklärungen der Parteien, die auf einen Vertrag zugunsten Dritter schließen lassen, hinzunehmen. Agiert das Organ, in der Praxis dürfte dies vorwiegend bei einer GmbH bzw. UG eine Rolle spielen, als Alleingesellschafter-Geschäftsführer, erscheint diese Deutung zwar zunächst weniger klar. Im Rechtssinne ändert sich die Bewertung gleichwohl nicht. Die Trennung zwischen der Gesellschaft und der als Organ fungierenden Person ist auch in einer solchen Konstellation aufrechtzuerhalten. Der Alleingesellschafter-Geschäftsführer nutzt die Gesellschaft, um im Rechtsverkehr ohne persönliche Haftung agieren zu können. Dazu muss er die Gesellschaft verpflichten. Die Annahme, dass er sich gleichzeitig selbst (in seiner Eigenschaft als natürliche Person) berechtigen will, bedürfte besonderer Anhaltspunkte, die über den bloßen Vertragsschluss durch den Geschäftsleiter als Vertreter der Gesellschaft hinausgehen. Das gilt umso mehr in Fällen, in denen der langjährige Berater beauftragt wird, der bislang – was wiederum den Regelfall darstellen wird – ausschließlich gegenüber der Gesellschaft verpflichtet wurde. Demzufolge bleibt auch der Rekurs auf den Vertrag zugunsten Dritter, wenngleich theoretisch denkbar und dem Grunde nach dogmatisch abgesichert, mangels dahingehenden Parteiwillens in der Praxis regelmäßig fruchtlos.

C. Drittschadensliquidation

Kurz angesprochen sei an dieser Stelle sodann die Rechtsfigur der Drittschadensliquidation.[83] Mit ihr tragen Rechtsprechung und Schrifttum Situationen Rechnung, in denen es durch besondere Umstände zu einer Verlagerung des Schadens auf einen Dritten kommt. Da die Verlagerung des Schadens fort vom Rechtsinhaber dem Schädiger nicht zugutekommen soll, wird es dem Rechtsinhaber gestattet, einen für ihn fremden Schaden geltend zu machen. Dieser fallgruppenspezifische Lösungsansatz ist zur Begründung einer „allgemeinen“ Expertenhaftung gegenüber Dritten aber eher ungeeignet, da eine eindeutige Zuordnung zu den tradierten Fallgruppen schwer fällt und es sich in den Expertenfällen beispielsweise häufig um individuelle Schäden handeln wird, die in dieser Form nur den geschädigten Dritten treffen können.[84] Auch die Insolvenzkonstellation lässt sich kaum in die Rechtsfigur in ihrer bisheri-

---

[83] S. zu ihr nur *Oetker*, in: MünchKomm-BGB, § 249 BGB Rn. 289 ff. m. w. N.; *Ekkenga/Kuntz*, in: Soergel, Vor § 249 BGB Rn. 330 ff.; *Ebert*, in: Erman, Vor §§ 249–253 BGB Rn. 124 ff.; s. auch *Sutschet*, Der Schutzanspruch zugunsten Dritter, S. 30 ff.

[84] Vgl. *Kersting*, Dritthaftung, S. 76; *Ebke*, Wirtschaftsprüfer und Dritthaftung, S. 65 f.; vgl. auch *Büttner*, Dritthaftung, S. 9 f.; *F. Müller*, Auskunftshaftung, S. 185 ff.; s. zu den anerkannten Fallgruppen nur *Oetker*, in: MünchKomm-BGB, § 249 BGB Rn. 296 ff. m. w. N.

gen Ausprägung integrieren. Für das Verhältnis zwischen Gesellschaft und Gesellschafter bzw. Geschäftsleiter ist festzuhalten, dass sich der Gesellschafter bzw. Geschäftsleiter letztlich selbst schädigt. Der jeweils denkbare Schaden ist auch ein eigener Schaden von Gesellschafter bzw. Geschäftsleiter, der unabhängig von dem der Gesellschaft ist.[85] Eine Liquidation des Schadens des Gläubigers durch den Geschäftsleiter scheidet aus, da es an der Zufälligkeit der Schadensverlagerung im Sinne der anerkannten Fallgruppen der Drittschadensliquidation fehlt. Selbst wenn man davon ausginge, dass der Geschäftsleiter – ungeachtet der dogmatischen Herleitung – einen Anspruch gegen den Berater hätte, wäre eine unmittelbare Vergleichbarkeit insoweit nicht gegeben.

D. Culpa in contrahendo (Sachwalterhaftung)

Eine weitere, zunächst ungeschriebene Rechtsfigur hat sich in der Rechtsprechung auf Grundlage der vor der Schuldrechtsmodernisierung ebenfalls ungeschriebenen culpa in contrahendo (nunmehr bekanntlich § 311 Abs. 2 BGB) herausgebildet. Es entwickelten sich zwei wesentliche Fallgruppen einer Eigenhaftung von Vertretern und Verhandlungsgehilfen: einerseits die Haftung wegen wirtschaftlichen Eigeninteresses („procurator in rem suam"), andererseits die sog. Sachwalterhaftung.[86] Fälle eines wirtschaftlichen Eigeninteresses bei dem Berater dürften in der Insolvenzsituation höchstens Ausnahmekonstellationen bilden und sollen daher nicht weiter erörtert werden. Darüber hinaus haftet ein Verhandlungsgehilfe nach der Rechtsprechung, sofern er gegenüber dem Geschädigten „in besonderem Maße persönliches Vertrauen in Anspruch genommen und dadurch die Vertragsverhandlungen beeinflußt hat", was der BGH als gegeben ansieht, wenn der Gehilfe über das normale Verhandlungsvertrauen hinausgegangen ist und eine zusätzliche, persönliche Gewähr für das beabsichtigte Rechtsgeschäft bot, die für den Willensentschluss des Geschädigten bedeutsam war.[87]

---

[85] Vgl. auch BGHZ 133, 36, 41 f.; *Sutschet*, Der Schutzanspruch zugunsten Dritter, S. 143.

[86] Zur Haftung wegen wirtschaftlichen Eigeninteresses etwa BGHZ 14, 313, 318; BGHZ 56, 81, 83 f.; BGHZ 79, 281, 286; BGH NJW-RR 1991, 1241, 1242; BGHZ 126, 181, 184 ff.; BGH NJW-RR 2006, 109, 110, Rn. 23 ff.; aus der Rspr. des Reichsgerichts etwa RGZ 120, 249, 252 f.; zur Sachwalterhaftung etwa BGHZ 56, 81, 84 ff.; BGHZ 63, 382, 384 ff.; BGHZ 70, 337b, 341; BGHZ 77, 172, 175; BGHZ 87, 302, 304; BGH NJW-RR 1991, 1241, 1242; s. zum Ganzen auch *Kersting*, Dritthaftung, S. 34 ff.; *Bohrer*, Die Haftung des Dispositionsgaranten, S. 31 ff.; *Wiegand*, Sachwalterhaftung, S. 191 ff., 230 ff.; *Adolff*, Third Party Legal Opinions, S. 118 ff.; *Koch*, AcP 204 (2004), 59, 63 ff.; *Emmerich*, in: MünchKomm-BGB, § 311 BGB Rn. 175 ff.; *Löwisch/Feldmann*, in: Staudinger, § 311 BGB Rn. 173 ff., 195 ff.; *Grüneberg*, in: Palandt, § 311 BGB Rn. 61 ff.

[87] BGHZ 56, 81, 84 f.

Diese gefestigte Rechtsprechung zur sog. Sachwalterhaftung wurde im Zuge der Schuldrechtsmodernisierung in § 311 Abs. 3 S. 2 BGB – teilweise wörtlich – kodifiziert. Die Rechtsprechungsgrundsätze zur Sachwalterhaftung, wie auch zum procurator in rem suam, sollen nach h. M. weitergelten.[88] Diesbezüglich ist festzustellen, dass die Rechtsprechung sich zwischenzeitlich wieder auf eine zurückhaltende, fallgruppenspezifische Anwendung dieser Grundsätze besonnen hat.[89] Eine Anwendung auf die Insolvenzkonstellation wird daher zumeist ausscheiden. Als Grundlage der nachfolgend erörterten Konzepte ist insbesondere die Sachwalterhaftung jedoch gleichwohl von Relevanz.

E. Vertrauenshaftung

Einen eigenständigen Ansatz zur Lösung der Expertenfälle stellt die maßgeblich von *Canaris* entwickelte Lehre der Vertrauenshaftung dar.[90] In sie sei zunächst die soeben erörterte Haftung aus culpa in contrahendo einzubeziehen.[91] Sodann seien auch die Expertenfälle in die Vertrauenshaftung einzuordnen und angelehnt an die culpa in contrahendo zu lösen.[92] Das bedinge – aus der Sicht des von der Rechtsprechung favorisierten Vertrags mit Schutzwirkung zugunsten Dritter – einen Perspektivwechsel: als Anknüpfungspunkt für die Haftung des Experten sei der Vertrag zwischen dem Auftraggeber des Experten und dem Vertragspartner des Auftraggebers anzusehen; in diesem

---

[88] Vgl. Begr. RegE SMG, BT-Drs. 14/6040, S. 163 und Bericht des Rechtsausschusses zum RegE SMG, BT-Drs. 14/7052, S. 190; *Kersting*, Dritthaftung, S. 317 f. (vgl. auch S. 153, 160 ff.); *Büttner*, Dritthaftung, S. 12; *Emmerich*, in: MünchKomm-BGB, § 311 BGB Rn. 173; *Grüneberg*, in: Palandt, § 311 BGB Rn. 60; *Löwisch/Feldmann*, in: Staudinger, § 311 BGB Rn. 167; *Kindl*, in: Erman, § 311 BGB Rn. 89; *Becker*, in: NK-BGB, § 311 BGB Rn. 120; *Stadler*, in: Jauernig, § 311 BGB Rn. 49; *Rieble*, in: Dauner-Lieb/Konzen/Schmidt, Das neue Schuldrecht in der Praxis, S. 143 f.; *Faust*, in: Huber/Faust, Schuldrechtsmodernisierung, S. 71 f.; zu § 311 Abs. 3 BGB im Übrigen sogleich S. 189 ff.

[89] S. speziell für die (entgegen der Wertung des § 13 Abs. 2 GmbHG) ehemals sehr weitgehende Haftung des GmbH-Geschäftsführers BGHZ 126, 181, 183 ff.; vgl. auch *Kersting*, Dritthaftung, S. 40 ff.; *Emmerich*, in: MünchKomm-BGB, § 311 BGB Rn. 177.

[90] S. zu ihr *Canaris*, Die Vertrauenshaftung im deutschen Privatrecht (zur hier einschlägigen Variante des „negativen Vertrauensschutzes" S. 532 ff.); *ders.*, FS Larenz (1983), S. 27 ff.; *ders.*, FS Giger (1989), S. 91 ff.; *ders.*, JZ 1995, 441 ff.; *ders.*, JZ 1998, 603 ff.; *ders.*, ZHR 163 (1999), 206 ff.; *ders.*, FS Schimansky (1999), S. 43 ff.; *ders.*, FG 50 Jahre BGH Bd. I (2000), S. 129 ff. (weitere Nachweise bei *Kersting*, Dritthaftung, S. 77 mit Fn. 408); s. auch schon *Ballerstedt*, AcP 151 (1950/51), 501 ff.

[91] S. etwa *Canaris*, FS Schimansky (1999), S. 43, 51 f.; *ders.*, FG 50 Jahre BGH Bd. I (2000), S. 129, 172 f.; zur Einordnung der Vertrauenshaftung als „dritte Spur" zwischen Vertrags- und Deliktsrecht *ders.*, FS Larenz (1983), S. 27, 84 ff.; *ders.*, ZHR 163 (1999), 206, 220 ff.

[92] S. etwa *Canaris*, FS Larenz (1983), S. 27, 93 ff.; vgl. auch *dens.*, JZ 1995, 441, 444 f.; *dens.*, JZ 1998, 603, 605 ff.; *dens.*, ZHR 163 (1999), 206, 222 ff.

Sinne sei als Dritter der Einfluss nehmende Experte (als dann *haftender* Dritter) zu verstehen, nicht der geschädigte Vertragspartner (als *geschützter* Dritter).[93] In der Sache seien die grundlegenden Wertungen der Rechtsprechung zur Sachwalterhaftung auf die so verstandene Haftung des Experten zu übertragen respektive mit ihr zu vereinen.[94] Demnach setze der originäre Anspruch des Geschädigten im Grundsatz voraus, dass der Dritte (der Experte) in besonderem Maße persönliches Vertrauen in Anspruch genommen habe.[95] Zur Abgrenzung der geschützten Personen und damit der Eingrenzung der Haftung sei das Kriterium der „Anbahnung" heranzuziehen.[96]

Canaris' Lehre hat sich, trotz teilweisen Zuspruchs aus dem Schrifttum, nicht durchsetzen können.[97] Aufgrund der weiteren Entwicklung bis hin zur Schaffung des § 311 Abs. 3 BGB bleibt sie jedoch von Bedeutung.

F. § 311 Abs. 3 BGB (i. V. m. §§ 241 Abs. 2, 280 Abs. 1 BGB)

Neue Dynamik hat die Diskussion um die Expertenhaftung im Zuge der Einführung eben jenes § 311 Abs. 3 BGB durch das Schuldrechtsmodernisierungsgesetz[98] erfahren. Nach S. 1 dieser Vorschrift kann „ein Schuldverhältnis mit Pflichten nach § 241 Abs. 2 [BGB] auch zu Personen entstehen, die nicht selbst Vertragspartei werden sollen." Nach S. 2 „[entsteht] ein solches Schuldverhältnis […] insbesondere, wenn der Dritte in besonderem Maße Vertrauen für sich in Anspruch nimmt und dadurch die Vertragsverhandlungen oder den Vertragsschluss erheblich beeinflusst."

---

[93] *Canaris*, JZ 1995, 441, 444 f.; *ders.*, ZHR 163 (1999), 206, 224 f.

[94] Vgl. *Canaris*, ZHR 163 (1999), 206, 223 ff.; s. auch schon *dens.*, JZ 1995, 441, 445.

[95] Im Einzelnen *Canaris*, ZHR 163 (1999), 206, 222 ff., 232 f.; vgl. auch *dens.*, JZ 1995, 441, 445; *dens.*, FS Schimansky (1999), S. 43, 59 ff.; s. zum Kriterium der „Tatherrschaft" *dens.*, FS Giger (1989), S. 91, 103 ff., 117 f.; *dens.*, FG 50 Jahre BGH Bd. I (2000), 129, 185 ff.

[96] *Canaris*, ZHR 163 (1999), 206, 235 ff.; zum Kriterium der „Gerichtetheit" *ders.*, FS Larenz (1983), S. 27, 95 ff.

[97] Zustimmend etwa *Adolff*, Third Party Legal Opinions, S. 118 ff., 151 ff., 166 ff.; *Bohrer*, Die Haftung des Dispositionsgaranten, S. 267 ff., 303 ff.; vgl. auch *Lang*, AcP 201 (2001), 451, 537 ff.; s. auch *Kersting*, Dritthaftung, S. 98, 104 f., s. zu *Kerstings* eigenem Ansatz, der auch auf *Canaris'* Lehre aufbaut, noch sogleich; ablehnend *Plötner*, Vertrag mit Schutzwirkung für Dritte und Expertenhaftung, S. 137 ff.; kritisch etwa auch schon *Jost*, Vertragslose Auskunfts- und Beratungshaftung, S. 122 ff.; *Köndgen*, Selbstbindung ohne Vertrag, S. 99 ff., 114 ff., 356; *Ebke*, Wirtschaftsprüfer und Dritthaftung, S. 70 ff.; *Wiegand*, Sachwalterhaftung, S. 237 ff.; *Keller*, Schuldverhältnis und Rechtskreisöffnung, S. 88 ff.; *Katzenstein*, Haftungsbeschränkungen zugunsten und zulasten Dritter, S. 91 ff.; *Picker*, FS Medicus (1999), S. 397, 413 ff.; *Hopt*, AcP 183 (1983), 608, 641 ff.; s. auch *Flume*, Das Rechtsgeschäft, S. 132 f.; s. auch *Koch*, AcP 204 (2004), 59, 69 m. w. N.; die Rspr. lehnt *Canaris'* Lehre in Bezug auf die Expertenhaftung ohne genauere Auseinandersetzung mit ihr ab, vgl. nur BGH NJW 1998, 1059, 1061.

[98] Gesetz v. 26.11.2001, BGBl. I, S. 3138.

Wie dargelegt besteht Einigkeit dahingehend, dass die Vorschrift die Rechtsprechungsgrundsätze zur Dritthaftung aus culpa in contrahendo aufgreift, die dementsprechend fortgelten sollen.[99] Jenseits dessen ist die Reichweite der Regelung des § 311 Abs. 3 BGB indes umstritten. So ist insbesondere streitig, ob die Fälle der Expertenhaftung auf Grundlage dieser Norm gelöst werden können.[100] Gegen eine Einbeziehung der Expertenfälle wird häufig eingewandt, aus der Gesetzgebungshistorie ergebe sich, dass mit der Einführung des § 311 Abs. 3 BGB insoweit keine Änderung des bis dato bestehenden Rechtszustandes beabsichtigt gewesen sei.[101] Auch werden solche Kritikpunkte aufgegriffen, die letztlich schon der Vertrauenshaftung in *Canaris'* Sinne entgegen gehalten wurden.[102]

Ein umfassendes Konzept einer gerade auf § 311 Abs. 3 *S. 2* BGB gestützten Haftung Dritter – einschließlich der „Experten" – hat *Kersting* entwickelt. Unter der Prämisse, dass eine einheitliche und im objektiven Recht veranker-

---

[99] S. oben S. 187 f. mit Fn. 88.

[100] Dafür etwa *Kersting*, Dritthaftung, insbesondere S. 105 ff., 318 ff. m. w. N. und passim; *Ackermann*, Der Schutz des negativen Interesses, S. 535 ff.; *Koch*, AcP 204 (2004), 59, 69 ff.; vgl. auch *Canaris*, JZ 2001, 499, 520; *Plötner*, Vertrag mit Schutzwirkung für Dritte und Expertenhaftung, S. 285 ff.; *Medicus*, FS Schlechtriem (2003), S. 613, 622 f.; *Schwab*, JuS 2002, 872, 876 ff.; *Rieble*, in: Dauner-Lieb/Konzen/Schmidt, Das neue Schuldrecht in der Praxis, S. 144; *Habersack/Schürnbrand*, in: Großkomm. HGB, § 323 HGB Rn. 57 (Wirtschaftsprüfer); im Übrigen auch *Krebs*, in: NK-BGB^2, § 311 BGB Rn. 122 ff. (§ 311 Abs. 3 S. 1 BGB – s. zu seinem Konzept aber noch unten Fn. 202); jetzt auch *Becker*, in: NK-BGB, § 311 BGB Rn. 122 ff.; *Keller*, Schuldverhältnis und Rechtskreisöffnung, S. 152 ff., 236 f. stützt ein sog. „Schuldverhältnis der Rechtskreisöffnung" auf § 311 Abs. 2, 3 BGB und bezieht in sein Konzept „die klassischen Fälle des Vertrags mit Schutzwirkung zugunsten Dritter ebenso wie Fälle der Gutachterhaftung" ein; gegen eine Anknüpfung an § 311 Abs. 3 BGB etwa *Brors*, ZGS 2005, 142, 144 ff.; *Deipenbrock*, BB 2003, 1849, 1852 f.; *Faust*, AcP 210 (2010), 555 ff.; *Löwisch/Feldmann*, in: Staudinger, § 311 BGB Rn. 199; *Grüneberg*, in: Palandt, § 311 BGB Rn. 60; *Harke*, in: Soergel, § 311 BGB Rn. 119; *Gehrlein/Sutschet*, in: Bamberger/Roth, § 311 BGB Rn. 121 („kein Anlass"); s. auch *Jagmann*, in: Staudinger [2009], § 328 BGB Rn. 92; *Klumpp*, in: Staudinger, § 328 BGB Rn. 100; vgl. schließlich *Mirtschink*, Die Haftung des Wirtschaftsprüfers gegenüber Dritten, S. 146 ff. sowie S. 163 ff. (Wirtschaftsprüfer).

[101] S. etwa *Grüneberg*, in: Palandt, § 311 BGB Rn. 60; umfassende Nachweise bei *Kersting*, Dritthaftung, S. 153 ff. (zur Überbetonung des historischen Arguments auch S. 156 ff.).

[102] Vgl. etwa *Brors*, ZGS 2005, 142, 144 ff., nach der Vertrauen als allgemeines Phänomen nicht zur Haftungsbegründung tauge (die im Hinblick auf das historische Argument aber immerhin konzediert, dass eine eindeutige gesetzgeberische Aussage fehle); zum Einwand der Ubiquität des Vertrauensbegriffs schon auf Grundlage von *Canaris'* Lehre und zum Vorwurf der Konturlosigkeit etwa *Jost*, Vertragslose Auskunfts- und Beratungshaftung, S. 122 ff.; *Plötner*, Vertrag mit Schutzwirkung für Dritte und Expertenhaftung, S. 137 ff.; zur fehlenden Rechtsgrundlage etwa *Ebke*, Wirtschaftsprüfer und Dritthaftung, S. 72; s. auch *Picker*, FS Medicus (1999), S. 397, 416 ff.; die Kritik insgesamt zusammenfassend *Hopt*, AcP 183 (1983), 608, 641 ff.; vgl. auch schon Fn. 97.

te, nicht vertragliche Lösung für alle Fälle der Haftung gegenüber Dritten erstrebenswert sei, identifiziert er § 311 Abs. 3 S. 2 BGB (i. V. m. §§ 241 Abs. 2, 280 Abs. 1 BGB) als vorzugswürdige Anspruchsgrundlage.[103] Mit der Schuldrechtsreform sei es im Bereich der Haftung gegenüber Dritten sehr wohl zu einer Änderung des bisherigen Rechtszustands gekommen. Entscheidend für die Begründung der Sonderverbindung sei die informationelle Einflussnahme eines Dritten auf einen für ihn fremden Vertrag bei gleichzeitiger Vertrauensinanspruchnahme.[104] Dabei integriert er wesentliche Wertungskriterien anderer Haftungskonzeptionen in sein Haftungsmodell.[105] Bezogen auf die Expertenfälle hat diese Anbindung an § 311 Abs. 3 S. 2 BGB den auch nach *Canaris'* Konzept eintretenden Perspektivwechsel zur Folge. Als Anknüpfungspunkt ist statt des Vertrags zwischen dem Experten und dessen Auftraggeber (dem in der Diktion der Rechtsprechung Schutzwirkung zukäme) der (abzuschließende) Vertrag zwischen dem Auftraggeber und dessen (potentiellen) Vertragspartner (dem Geschädigten) anzusehen. Folglich ist als „Dritter" nicht dieser zuletzt genannte Vertragspartner (als *geschützter* Dritter) zu verstehen, sondern der Experte (und zwar als dann ggf. *haftender* „Dritter" i. S. v. § 311 Abs. 3 S. 2 BGB, der informationellen Einfluss auf einen für ihn fremden Vertrag nimmt).[106]

Der Gefahr einer uferlosen Ausdehnung der Haftung möchte *Kersting* durch eine differenzierte und einschränkende Bestimmung der Pflichten, die aus der (ex lege entstandenen) Sonderverbindung folgen, begegnen. Die Möglichkeit dazu ergebe sich daraus, dass schon konstruktiv streng zwischen dem Entstehen der Sonderverbindung (§ 311 Abs. 3 S. 2 BGB), den daraus folgenden Pflichten (§ 241 Abs. 2 BGB) und schließlich der Haftung (§ 280 Abs. 1 BGB) zu trennen sei. Im Zusammenhang mit der Pflichtenbestimmung plädiert *Kersting* sodann für eine Emanzipation des Drittverhält-

---

[103] Überblicksartig zum Konzept *Kersting*, Dritthaftung, S. 105 ff., s. auch S. 121 ff., 167 ff., 471 ff.; vgl. auch *dens.*, JR 2008, 312 ff.

[104] *Kersting*, Dritthaftung, S. 108, 208 ff. S. weiter unten S. 209 ff.

[105] S. *Kersting*, Dritthaftung, S. 111 und passim.

[106] S. zu diesem (durch die Anbindung gerade an § 311 Abs. 3 S. 2 BGB und den Abschied vom Vertrag mit Schutzwirkung zugunsten Dritter bedingten) Perspektivwechsel *Kersting*, Dritthaftung, S. 21 mit Fn. 100, S. 170, 318, 328 f. und passim sowie S. 83 (zu *Canaris'* Konzept der Vertrauenshaftung); vgl. auch *Faust*, AcP 210 (2010), 555, 570; vgl. ferner *Canaris*, JZ 2001, 499, 520; zu *Canaris'* Konzept insoweit auch schon oben S. 188 f. m. w. N. Zu den Auswirkungen dieses Perspektivwechsels auf das Verständnis und die Behandlung der in dieser Ausarbeitung im Mittelpunkt stehenden Fälle noch S. 216 f. Anderes wäre denkbar, wenn man (beachte zur in dieser Ausarbeitung vertretenen Ansicht aber noch S. 206 ff., 216 f.) eine Anbindung an § 311 Abs. 3 S. 1 BGB wählte; dann wäre auch eine Aktivlegitimation des Dritten konstruierbar, es bliebe also letztlich bei der Perspektive des Vertrags mit Schutzwirkung zugunsten Dritter, vgl. insoweit nur *Kersting*, Dritthaftung, S. 323 mit Fn. 1732; *Brors*, ZGS 2005, 142, 142 mit Fn. 3; *Harke*, in: Soergel, § 311 BGB Rn. 118; *Hadding*, in: Soergel, Anh § 328 BGB Rn. 5.

nisses vom Zweipersonenverhältnis. Dies ermögliche eine Flexibilisierung des Haftungstatbestands im Ganzen und gewährleiste angemessene Ergebnisse im Einzelfall.[107] Insgesamt ergebe sich so ein dogmatisch stimmiges Konzept einer Dritthaftung für Informationen, das konstruktiv eben auch die Expertenfälle erfasse.[108]

G. Eigenständige Berufshaftung

Im Schrifttum wird weiterhin eine eigenständige Berufshaftung befürwortet, die sich im Wesentlichen aus der beruflichen Stellung des Handelnden rechtfertigen und ergeben soll.[109] In der Tat liegt in der beruflichen Stellung eines Akteurs ein wichtiger Wertungsgesichtspunkt, der letztlich von einer Vielzahl der im Zusammenhang mit der Haftung gegenüber Dritten vertretenen Ansichten aufgegriffen und berücksichtigt wird.[110] Eine hinreichende Bedingung der Haftungsbegründung kann in ihr jedoch nicht gesehen werden. Die Kategorie „Beruf" ist dazu allein nicht geeignet und eine originär auf ihr beruhende Haftung dogmatisch – auch mit Blick auf das geschriebene Recht – nicht ausreichend abgesichert.[111] Auf die hinter einer eigenständigen Berufshaftung stehenden Wertungen wird jedoch zurückzukommen sein.

H. Selbstbindung ohne Vertrag

An den Beruf knüpft auch *Köndgens* Lehre von der Selbstbindung an.[112] Als entscheidende Elemente einer auf „Selbstbindung" gegründeten, zwischen Vertrag und Delikt stehenden, Haftung sieht er ein kommunikatives Handeln

---

[107] Zum Ganzen *Kersting*, Dritthaftung, S. 106 f., 114 ff., ausführlich S. 337 ff., 347 ff.

[108] *Kersting*, Dritthaftung, S. 318 ff.

[109] *Hirte*, Berufshaftung, insbesondere S. 412 ff.; *Hopt*, AcP 183 (1983), 608, 634 ff.; *Lammel*, AcP 179 (1979), 337, 345 ff.; *Lang*, AcP 201 (2001), 451 ff.; vgl. auch *Jost*, Vertragslose Auskunfts- und Beratungshaftung, S. 236 ff.

[110] Die *Rechtsprechung* berücksichtigt das berufliche Tätigwerden insbesondere im Rahmen des Vertrags mit Schutzwirkung zugunsten Dritter, s. dazu schon oben S. 169 ff., insbesondere S. 172 f., aber auch beim stillschweigenden Auskunftsvertrag, s. dazu schon oben S. 26 f., 182 ff.; zum Ganzen auch *Kersting*, Dritthaftung, S. 86 ff.; vgl. zur Übereinstimmung hinsichtlich des Wertungskriteriums „Beruf" auch schon *Hopt*, AcP 183 (1983), 608, 634 ff.

[111] Vgl. etwa schon *F. Müller*, Auskunftshaftung, S. 146 ff.; *Adolff*, Third Party Legal Opinions, S. 134 ff.; *Plötner*, Vertrag mit Schutzwirkung für Dritte und Expertenhaftung, S. 153 ff.; ferner *Kersting*, Dritthaftung, S. 97 f.; *Sutschet*, Der Schutzanspruch zugunsten Dritter, S. 141; kritisch auch *Picker*, JZ 1987, 1041, 1046 f.

[112] *Köndgen*, Selbstbindung ohne Vertrag, insbesondere S. 352 ff., zur „rollentheoretischen Perspektive" S. 354; kritisch mit Rücksicht auf die mangelnde dogmatische Fundierung und die Schwierigkeit dieser Lehre, Verhaltensanforderungen abzuleiten etwa *F. Müller*, Auskunftshaftung, S. 138 ff. m. w. N.; vgl. auch *Canaris*, FS Larenz (1983), S. 27, 93 f.

mit Geltungsanspruch (als Selbstbindungsgrund), eine konsensuale Beziehung zwischen Auskunftgeber und Anfragendem sowie schließlich die Markt- und Rollenbezogenheit der Auskunft an.[113] In dieser soziologisch abgestützten Betonung der Rollenspezifik tauchen wiederum Wertungsgesichtspunkte auf, die für die weitere Untersuchung von Bedeutung sind.

J. Schadenshaftung aufgrund konkreter faktischer Leistungsbeziehung

Picker wiederum geht von dem – von ihm als Leitidee identifizierten – Prinzip des neminem laedere aus und fragt auf dieser Basis, wann ein sozial unerwünschtes Verhalten, das zu einem Schaden führt, eine Haftung ausnahmsweise nicht begründen solle.[114] Der Konflikt zwischen der demnach grundsätzlich gebotenen Restitutionspflicht und der durch sie tangierten Handlungsfreiheit werde durch die deliktsrechtliche Fixierung auf die Verletzung absoluter Rechtsgüter und die grundsätzliche Versagung des Ersatzes reiner Vermögensschäden aufgelöst, indem dieser „Filter" den Kreis potentieller Gläubiger beschränke.[115] Der bei reinen Vermögensverletzungen potentiell unbeschränkte Gläubigerkreis werde indes auch durch die Existenz einer Sonderverbindung beschränkt, denn durch sie komme es zu einer Vereinzelung der Beziehung der Parteien. Damit komme auch der Sonderverbindung eine Haftungsbeschränkungsfunktion zu. Folgerichtig sei eine „Sonderhaftung bei Sonderverbindung" gerechtfertigt.[116] Letztere resultiere etwa aus einer konkreten faktischen Leistungsbeziehung.[117] Dieses Konzept beziehe im Grundsatz auch die Auskunftshaftung und die Gutachterfälle ein.[118]

---

[113] *Köndgen*, Selbstbindung ohne Vertrag, S. 356 ff.

[114] *Picker*, AcP 183 (1983), 369, 461 ff. (speziell zur Umkehrung der Begründungslast S. 465 f.); *ders.*, JZ 1987, 1041, 1047 ff.; *ders.*, FS Medicus (1999), S. 397, 433 ff.; das Gesamtkonzept entwickelt *Plötner*, Vertrag mit Schutzwirkung für Dritte und Expertenhaftung, S. 161 f., 166 ff., insbesondere S. 173 ff. fort; vgl. auch *Katzenstein*, Haftungsbeschränkungen zugunsten und zulasten Dritter, S. 161 ff., 211 ff.

[115] *Picker*, AcP 183 (1983), 369, 470 ff., 473 ff., insbesondere S. 476 f.; *ders.*, JZ 1987, 1041, 1052 f.

[116] *Picker*, AcP 183 (1983), 369, 476 ff., insbesondere S. 478 f.; *ders.*, JZ 1987, 1041, 1053 ff.; *ders.*, FS Medicus (1999), S. 397, 437 f.

[117] Zur „konkreten faktischen Leistungsbeziehung" *Picker*, JZ 1987, 1041, 1058; zur schwierigen und auch von *Picker* nur grob vorgenommenen Konkretisierung auch schon *ders.*, AcP 183 (1983), 369, 493 f.; im Übrigen *ders.*, FS Medicus (1999), S. 397, 438 ff.; vgl. zur Kritik an *Pickers* Konzept die Darstellung bei *Plötner*, Vertrag mit Schutzwirkung für Dritte und Expertenhaftung, S. 162 ff. m. w. N., der (S. 169 ff.) seinerseits gerade die Konkretisierungsversuche *Pickers* in Zweifel zieht.

[118] S. insbesondere *Picker*, FS Medicus (1999), S. 397, 440 ff.; *ders.*, JZ 1987, 1041, 1057 f.; andeutungsweise *ders.*, AcP 183 (1983), 369, 490.

K. Extensive Auslegung des § 826 BGB

Einen im geschriebenen Recht fixierten Anknüpfungspunkt für die insolvenzbezogene Haftung gegenüber Dritten könnte § 826 BGB als genuin deliktsrechtliche Norm bieten. Dem steht intuitiv zwar der enge Tatbestand der Norm entgegen, der Vorsatz des Schädigers sowie Sittenwidrigkeit verlangt. Das Vorliegen dieser Voraussetzungen wird prima facie auch häufig zweifelhaft sein. Die Rechtsprechung behilft sich bei der Anwendung der Norm allerdings mit einem weiten Verständnis der Tatbestandsmerkmale, sodass letztlich schon leichtfertiges Handeln des Schädigers zur Verwirklichung des Tatbestands führen kann.[119] Doch selbst derart weit verstanden – und ungeachtet der Bedenken gegen eine solch weite Auslegung – bleibt die Norm ein spezieller deliktischer Haftungstatbestand, der keinen tauglichen Ansatzpunkt für eine allgemeine und umfassende Lösung der Problematik der (insolvenzbezogenen) Haftung gegenüber Dritten bieten kann.[120]

L. Sonstige deliktsrechtliche Ansätze

Nicht durchsetzen konnte sich schließlich auch die Entwicklung vermögensbezogener, § 823 Abs. 2 BGB zuzuordnender, Verkehrspflichten auf der Grundlage von Berufspflichten. Gleiches gilt für die Fortentwicklung und generalklauselartige Ausweitung des § 823 BGB als solchem.[121]

M. Fazit

Diese Darstellung hat die konzeptionelle Heterogenität der verschiedenen Ansätze zur Begründung einer Haftung gegenüber Dritten aufgezeigt. Die Bedenken, denen sich die dargestellten Institute ausgesetzt sehen, klangen

---

[119] Nach der Rechtsprechung kann die Leichtfertigkeit des Handelns als bedenken- und gewissenloses Verhalten die Sittenwidrigkeit begründen, während die Sittenwidrigkeit wiederum den Schluss auf den Vorsatz ermöglichen könne, vgl. BGHZ 176, 281, 296, Rn. 46; s. auch schon BGHZ 129, 136, 177; s. dazu etwa auch *Wagner*, in: MünchKomm-BGB, § 826 BGB Rn. 30; *Spindler*, in: Bamberger/Roth, § 826 BGB Rn. 11; *Canaris*, ZHR 163 (1999), 206, 214; vgl. auch *Adolff*, Third Party Legal Opinions, S. 110 ff.; *F. Müller*, Auskunftshaftung, S. 70 ff.; *Plötner*, Vertrag mit Schutzwirkung für Dritte und Expertenhaftung, S. 113 ff.

[120] Überzeugend *Kersting*, Dritthaftung, S. 75; *Canaris*, ZHR 163 (1999), 206, 214 f.

[121] S. zu den deliktischen Modellen insbesondere *von Bar*, Verkehrspflichten, vor allem S. 204 ff.; *Huber*, FS v. Caemmerer (1978), S. 359 ff.; *Mertens*, AcP 178 (1978), 227 ff.; weitere Nachweise etwa bei *Hirte*, Berufshaftung, S. 406 ff.; *Kersting*, Dritthaftung, S. 94; *Plötner*, Vertrag mit Schutzwirkung für Dritte und Expertenhaftung, S. 144 ff. Im Fall einer unberechtigten Schutzrechtsverwarnung hat jüngst allerdings BGH NJW 2016, 2110, 2112, Rn. 17 ff. (X. Zivilsenat) den Rechtsanwalt des (vermeintlichen) Schutzrechtsinhabers einer Haftung aus § 823 Abs. 1 BGB gegenüber dem unberechtigt Verwarnten auf Grundlage einer Garantenpflicht unterworfen; kritisch zu der Entscheidung und möglichen Weiterungen *H. F. Müller*, ZIP 2016, 1368 ff.

zum Teil schon an. Auf sie ist zurückzukommen. Hinsichtlich der praktischen Ergebnisse besteht im Bereich der Expertenhaftung weitgehender Konsens.[122] Die in diesem Zusammenhang kaum diskutierte insolvenzbezogene Haftung ist im Weiteren in den Kontext der Haftung von Experten gegenüber Dritten einzuordnen.

§ 13 Konzeption einer insolvenzbezogenen Dritthaftung des Beraters

Sind nunmehr die Einordnungsbemühungen der Rechtsprechung wie auch alternative Konstruktionsmöglichkeiten einer Haftung gegenüber Dritten erörtert worden, soll auf Grundlage dieses Fundaments im Folgenden ein eigenständiges Konzept einer Haftung des Beraters gegenüber Dritten in der Insolvenzkonstellation entwickelt werden. Dazu ist zunächst der Stand der Diskussion im insolvenzrechtlichen Schrifttum zu skizzieren. Daran anschließend soll erneut Bezug auf die Rechtsprechung des BGH zur Insolvenzkonstellation genommen und diese dahingehend gewürdigt werden, ob und inwieweit sie sich bruchlos in die bisherige Rechtsprechung des BGH zur Expertenhaftung einfügt. Im Anschluss soll das Konzept der Rechtsprechung zur Expertenhaftung einer grundsätzlichen Überprüfung unterzogen werden, um sodann die alternativen Ansätze des Schrifttums aufzugreifen und schließlich zu einer Synthese der gewonnenen Erkenntnisse in Form eines konkreten Haftungsmodells zu gelangen.

A. Die Rezeption der insolvenzbezogenen Rechtsprechung des BGH im insolvenzrechtlichen Schrifttum

Die bisherigen Ausführungen haben gezeigt, dass der BGH in der Insolvenzkonstellation auf die tradierten Grundsätze zur Expertenhaftung zurückgreift und den Vertrag mit Schutzwirkung zugunsten Dritter zur Anwendung bringt.[123] Der überwiegende Teil des insolvenzrechtlichen Schrifttums folgt dem BGH in seinem dogmatischen Ausgangspunkt, zur Haftungsbegründung auf diese Rechtsfigur zu rekurrieren.[124] Die Anwendung anderer zur Exper-

---

[122] S. aber *Faust*, AcP 210 (2010), 555, 573 ff., 578 f.; vgl. auch schon bei Fn. 20.

[123] S. oben S. 179 ff. (auch zur instanzgerichtlichen Rechtsprechung) sowie noch sogleich S. 197 ff.

[124] *Thole*, ZfPW 2015, 31, 48 ff.; *Plathner*, DStR 2013, 1349, 1350 ff.; *Kayser*, ZIP 2014, 597, 599 ff.; *Schwarz*, NZI 2012, 869, 872; *Commandeur/Utsch*, NZG 2012, 1376, 1377 f.; *Werner*, StBW 2013, 571, 573 ff.; *Gehrlein*, Anwalts- und Steuerberaterhaftung, S. 11 ff., Rn. 23 ff.; *Spliedt*, in: K. Schmidt/Uhlenbruck, S. 98 ff., Rn. 1.281 ff.; s. auch *Hüttinger*, Instrumente zur vorinsolvenzlichen Sanierung des Unternehmensträgers, S.

tenhaftung vertretener Konzepte wird hingegen nur ganz vereinzelt erwogen.[125] Uneinigkeit besteht indes hinsichtlich der Frage, ob der Vertrag mit Schutzwirkung zugunsten Dritter in der konkreten Insolvenzkonstellation eingreift, ob also seine tatbestandlichen Voraussetzungen tatsächlich erfüllt sind.[126]

Zugunsten einer Einbeziehung des Gesellschafters in den Beratervertrag wird im Anschluss an den BGH entscheidend auf die Tatsache abgestellt, dass die Sanierung einer angeschlagenen Gesellschaft nur unter Mitwirkung der Gesellschafter gelingen kann. Als Entscheidungsgrundlage für die Gesellschafter, die Sanierung einzuleiten oder die Gesellschaft zu liquidieren, diene gerade die Leistung des Beraters, also etwa seine Aussage über die Insolvenzreife der Gesellschaft.[127]

Zur Begründung der Einbeziehung auch des Geschäftsleiters wird im Wesentlichen auf dessen Insolvenzantragspflicht und die ihm drohende persönliche Haftung für den Fall der nicht rechtzeitigen Insolvenzantragstellung verwiesen.[128] An der damit verbundenen Ausweitung der Haftung des Beraters

---

555 f.; schon vor den Entscheidungen des BGH *Wagner/Zabel*, NZI 2008, 660, 663 ff.; *Büchler*, InsVZ 2010, 68, 71.

[125] S. *H. F. Müller*, ZInsO 2013, 2181, 2185 (§ 311 Abs. 3 BGB); *Zetzsche*, JR 2013, 435, 439 (§ 311 Abs. 3 BGB, bzgl. des Geschäftsführers auch vorsichtig in Richtung eines Vertrags zugunsten Dritter).

[126] Die Einbeziehung bejahen *Wagner/Zabel*, NZI 2008, 660, 664 f.; *Kayser*, ZIP 2014, 597, 599 ff.; s. auch *Schwarz*, NZI 2012, 869, 872; *Plathner*, DStR 2013, 1349, 1350 ff.; *Büchler*, InsVZ 2010, 68, 71; *Werner*, StBW 2013, 571, 573 ff.; *D. Fischer*, DB 2015, 1703, 1704 f.; *Gehrlein*, Anwalts- und Steuerberaterhaftung, S. 14 ff., Rn. 27 f.; *Hüttinger*, Instrumente zur vorinsolvenzlichen Sanierung des Unternehmensträgers, S. 556; grds. bejahend auch *Commandeur/Utsch*, NZG 2012, 1376, 1377 f.; eine Einbeziehung des Geschäftsführers bejaht auch *Thole*, ZfPW 2015, 31, 50 ff., der indes Modifikationen auf Rechtsfolgenseite vornimmt; *Fölsing*, ZInsO 2015, 1478, 1480 bejaht den Schutz des Vorstands (nicht aber des Aufsichtsrats) bei einem zugrunde liegenden Prüfvertrag; *Cymutta*, BB 2012, 3151, 3156 nimmt weitergehend eine Schutzwirkung zugunsten der antragspflichtigen Organe bezogen auf die vertragliche Abrede zur Stellung des Insolvenzantrags an; gegen eine Einbeziehung *Gräfe*, DStR 2010, 669, 670 f.; *Kaiser/Oetjen*, DStR 2011, 2488, 2490; kritisch auch *Römermann*, GmbHR 2013, 513, 518; kritisch hinsichtlich der Einbeziehung des Geschäftsleiters *H. F. Müller*, ZInsO 2013, 2181, 2187 f.; s. auch *dens.*, in: MünchKomm-GmbHG, § 64 GmbHG Rn. 166.

[127] *Plathner*, DStR 2013, 1349, 1351; s. auch *Schwarz*, NZI 2012, 869, 872; naturgemäß auch *Kayser*, ZIP 2014, 597, 601; *D. Fischer*, DB 2015, 1703, 1704 f.; *Gehrlein*, Anwalts- und Steuerberaterhaftung, S. 14 f., Rn. 27.

[128] *Wagner/Zabel*, NZI 2008, 660, 664; *Kayser*, ZIP 2014, 597, 601; *Plathner*, DStR 2013, 1349, 1351; *D. Fischer*, DB 2015, 1703, 1704; vgl. auch *Commandeur/Utsch*, NZG 2012, 1376, 1377; *Schwarz*, NZI 2012, 869, 872; *Gehrlein*, Anwalts- und Steuerberaterhaftung, S. 15 f., Rn. 28; differenzierter und dogmatisch fundierter *Thole*, ZfPW 2015, 31, 50 ff.; hinsichtlich der Merkmale der Leistungsnähe und des Schutzinteresses noch zustimmend auch *H. F. Müller*, ZInsO 2013, 2181, 2187.

hat sich Kritik entzündet.[129] Der Vertrag mit Schutzwirkung zugunsten Dritter werde durch die Einbeziehung des Geschäftsleiters überdehnt; eine solche Erweiterung der Haftung sei nur schwer zu rechtfertigen. Es fehle an der Erkennbarkeit der Haftungsausweitung, da für den Berater nicht absehbar sei, in welchem Umfang der Geschäftsleiter nach Insolvenzreife noch Zahlungen vornehme oder Verpflichtungen begründe. Sodann disponiere der Geschäftsleiter nicht über eigenes Vermögen, sondern über solches der GmbH.[130] Darüber hinaus sei der Geschäftsleiter nicht schutzwürdig. Denn gerade ihn treffe die Verantwortung für die Feststellung der Insolvenzreife der Gesellschaft. Nach dem II. Zivilsenat des BGH könne sich der Geschäftsleiter bei einem Verstoß gegen die Insolvenzantragspflicht nur entlasten, wenn er einen unabhängigen, fachlich qualifizierten Berater unverzüglich nach Auftreten der Krise unter umfassender Darstellung der Verhältnisse der Gesellschaft und Offenlegung der erforderlichen Unterlagen mit der Prüfung der Insolvenzreife beauftragt und das Prüfergebnis, auf dessen unverzügliche Vorlage er hinzuwirken hat, einer Plausibilitätskontrolle unterzieht. Halte der Geschäftsleiter sich nicht an diese einfachen Verhaltensmaßstäbe, sei es nicht gerechtfertigt, ihn durch Zuerkennung eines eigenen Anspruchs gegen den Berater letztlich doch zu entlasten.[131]

B. Konsistenz und dogmatischer Gehalt der insolvenzbezogenen Rechtsprechung des BGH

Es kann mithin festgehalten werden, dass sowohl die höchstrichterliche (und teils auch instanzgerichtliche) Rechtsprechung als auch, dem folgend, der überwiegende Teil des Schrifttums von der Anwendbarkeit der Grundsätze des Vertrags mit Schutzwirkung zugunsten Dritter auf die Konstellation der insolvenzbezogenen Haftung des Beraters ausgehen. Eine Auseinandersetzung mit alternativen Lösungsansätzen bleibt aus. Der BGH verfestigt erneut seine Rechtsprechung zur Expertenhaftung und beurteilt auch die insolvenzbezogenen Fälle nach diesen Grundsätzen. Dies führt ihn zur Einbeziehung des Gesellschafters wie auch des Geschäftsleiters in den Schutzbereich des Beratervertrags.[132] Zu untersuchen ist nunmehr, ob diese Einbeziehung im

---

[129] S. zum Folgenden *H. F. Müller*, ZInsO 2013, 2181, 2187; *ders.*, in: MünchKomm-GmbHG, § 64 GmbHG Rn. 166.

[130] S. zu dieser Argumentation jedoch BGHZ 193, 297, 308, Rn. 28.

[131] Vgl. *H. F. Müller*, ZInsO 2013, 2181, 2187 f.; *ders.*, in: MünchKomm-GmbHG, § 64 GmbHG Rn. 166; zur Rechtsprechung des II. Zivilsenats des BGH im Zusammenhang mit der Entlastung aufgrund fachkundiger Beratung schon oben S. 8 f. m. w. N.; vgl. ansatzweise auch *Gräfe*, DStR 2010, 669, 671 (der darüber hinaus allerdings auch – methodisch wenig überzeugend – auf die fehlende Schutzbedürftigkeit der *GmbH* abstellt); umgekehrt argumentieren offenbar *Commandeur/Utsch*, NZG 2012, 1376, 1377 f.; vgl. insoweit auch BGHZ 193, 297, 309, Rn. 30.

[132] S. schon oben S. 179 ff.

konkreten Fall als aus Sicht des von der Rechtsprechung vertretenen Konzepts folgerichtig erscheint.[133]

I. Die Einbeziehung des Gesellschafters

Mit Blick auf den Gesellschafter ist zu konstatieren, dass seine Einbeziehung unter der Prämisse der Rechtsprechung nur konsequent ist. Vor dem Hintergrund der von ihr zur Expertenhaftung vertretenen Grundsätze kommt es für eine Einbeziehung ganz entscheidend darauf an, ob die Aussage des Beraters erkennbar (auch) für einen Dritten bestimmt war, dem die Leistung als Entscheidungsgrundlage für Vermögensdispositionen dienen sollte.[134] Hinsichtlich des Gesellschafters rechtfertigt der BGH die dementsprechende Einordnung mit der besonderen Bedeutung, die dem Gesellschafter bei der Sanierung der Gesellschaft zukommt sowie der damit verknüpften Tatsache, dass sich der Gesellschafter über Sanierungsmöglichkeiten informieren muss.[135] In der Tat ist die Situation des Gesellschafters insofern etwa mit der eines Anteilserwerbers vergleichbar.[136] Dabei steht der Gesellschafter der Gesellschaft, also der Vertragspartnerin des Beraters, sogar noch näher. Macht der Gesellschafter die Zuführung neuen Kapitals von der Aussage des Beraters abhängig, so liegt darin die „Entscheidung über Vermögensdispositionen". Im konkreten Fall sprach für die Annahme, die Leistung des Beraters sei auch an den Gesellschafter adressiert, besonders, dass der Berater mit dem einzigen Gesellschafter (der zugleich alleiniger Geschäftsführer war) ausdrücklich die Sanierungsmöglichkeiten erörterte.[137]

Die Einbeziehung des Gesellschafters ist daher als aus Sicht der Rechtsprechung folgerichtig anzusehen. Nach den gleichen Maßstäben wäre beispielsweise auch ein außenstehender Kreditgeber wie ein Bankinstitut in die Schutzwirkung des Beratervertrags einzubeziehen, sofern diesem die Leis-

[133] Der grundsätzlichen Frage, welche Rechtsgrundlage einer Haftung als vorzugswürdig anzusehen ist, wird in einem weiteren, darauf aufbauenden, Schritt nachzugehen sein, s. dazu S. 202 ff.; zur Angemessenheit der Einbeziehung speziell des Geschäftsleiters unter wertenden Gesichtspunkten noch S. 223 ff.

[134] S. im Einzelnen schon oben S. 169 ff.

[135] BGHZ 193, 297, 30 ff., Rn. 23 ff. und oben S. 179 f.

[136] So BGHZ 193, 297, 307 f., Rn. 26; BGH WM 2016, 1601, 1602 f., Rn. 21; vgl. auch schon oben S. 174 ff. m. w. N.; im Einzelnen etwa BGHZ 138, 257, 260 f.; BGHZ 167, 155, 161 ff., Rn. 12 ff.; vgl. ferner etwa BGH NJW 1987, 1758, 1759 f.; BGHZ 127, 378, 380 f.; BGH NJW 2002, 3625, 3626; BGHZ 159, 1, 4 f.; vgl. auch *H. F. Müller*, ZInsO 2013, 2181, 2186.

[137] S. auch BGHZ 193, 297, 307, Rn. 25; dass diese Entscheidung ganz auf der Linie der bisherigen Rechtsprechung liegt, zeigt sich auch daran, dass BGHZ 193, 297, 308, Rn. 26 als Grenze der Einbeziehung – andeutungsweise – auf den Fall einer Publikumsgesellschaft abstellt; vgl. auch *Kayser*, ZIP 2014, 597, 601.

tung des Beraters zur Entscheidung über die Vergabe eines Kredits hätte dienen sollen.[138]

II. Die Einbeziehung des Geschäftsleiters

Die Einbeziehung des Geschäftsleiters erscheint demgegenüber weniger zwingend. Die Leistung des Beraters müsste wie erörtert auch für den Geschäftsleiter bestimmt sein und von diesem zur Grundlage einer Entscheidung über Vermögensdispositionen gemacht werden. Dieser „Tatbestand" führt den BGH in den bisher der Expertenhaftung zugeordneten Fallgruppen zu dem gewünschten Ergebnis einer grundsätzlichen Einbeziehung des Dritten, sofern es sich nicht um eine unbekannte Vielzahl Dritter handelt. So entscheidet der Hauskäufer auf Grundlage des Wertgutachtens, ob und zu welchem Preis er das Haus bzw. Grundstück vom Verkäufer erwerben will. Der Anleger entscheidet auf Grundlage der Aussage des Wirtschaftsprüfers über sein Investment, der Kreditgeber über die Bewilligung des Kredits.[139] Das lässt sich wie erörtert auf den Gesellschafter übertragen, der ähnlich dem Anleger über die weitere Zuführung von (eigenem) Kapital entscheidet.

Der Geschäftsleiter macht indes die Stellung des Insolvenzantrags und die Fortführung des Geschäftsbetriebs in der bisherigen Form von der Aussage des Beraters abhängig. Damit verfügt der Geschäftsleiter aber nicht über eigenes Vermögen im engeren, unmittelbaren Sinne, denn die Fortführung und das damit etwa verbundene Eingehen neuer Verbindlichkeiten betrifft zunächst nur das Vermögen der Gesellschaft.[140] Er ist höchstens mittelbar betroffen, wenn und soweit die gegen § 15a InsO verstoßende Fortführung zu seiner persönlichen Haftung führt. Eine unmittelbare Vergleichbarkeit mit den beispielhaft genannten Fällen des Anteilserwerbers, Kreditgebers oder auch Hauskäufers, die in der Tat über den Einsatz eigenen Vermögens entscheiden, ist insoweit nicht gegeben. Eine bruchlose Integration der Entscheidung zur Einbeziehung des Geschäftsleiters in die bisherige Rechtsprechung zur Expertenhaftung ist daher nicht möglich. Um die Einbeziehung des Geschäftsleiters wenigstens ansatzweise an der bisherigen Rechtsprechung orientieren zu können, müsste der BGH letztlich damit argumentieren, dass der Geschäftsleiter auf Grundlage der Leistung des Beraters über seine eigene Haftung entscheidet. Doch handelte es sich auch dann nicht mehr um eine mit

---

[138] Richtig *H. F. Müller*, ZInsO 2013, 2181, 2186; vgl. auch *Werner*, StBW 2013, 571, 575.

[139] Beachte auch die – wie nunmehr nachzuweisen ist nicht unmittelbar mit dem Fall des Geschäftsleiters vergleichbaren – Beispiele des BGH in BGHZ 193, 297, 304 f., Rn. 19.

[140] Richtig *H. F. Müller*, ZInsO 2013, 2181, 2187 (vgl. auch schon oben S. 197); das berücksichtigt *Thole*, ZfPW 2015, 31, 56 ff. auf Rechtsfolgenseite; s. aber BGHZ 193, 297, 308, Rn. 28 zur „Entscheidung über Vermögensdispositionen".

den „klassischen" Fällen der bisherigen Rechtsprechung unmittelbar vergleichbare Konstellation. Demnach kann die Entscheidung des BGH, auch den Geschäftsleiter in die Schutzwirkung des Beratervertrags einzubeziehen, aus dem Blickwinkel seiner bisherigen Rechtsprechung nicht überzeugen.[141] Die Argumentation des BGH erscheint letztlich vom gewollten Ergebnis her bestimmt. Der Rekurs auf die angebliche Vermögensdisposition, die von der Leistung des Beraters abhängig gemacht werde, ist nach allem dem Versuch geschuldet, die Haftung des Beraters gegenüber dem Geschäftsleiter vordergründig in die tradierte Rechtsprechung zur Expertenhaftung einzugliedern, weist in der Sache aber keine Überzeugungskraft auf.[142] Der BGH schwenkt denn auch auf seinen aus der Umsatzsteuer-Entscheidung[143] bekannten Begründungsweg um, die Leistungsnähe nachzuweisen, indem das Risiko der persönlichen Inanspruchnahme des Geschäftsleiters infolge der gegen § 15a InsO verstoßenden Fortführung als „typische Begleiterscheinung" der fehlerhaften Leistung des Beraters deklariert wird.[144] Damit verlässt der BGH allerdings die der Rechtsprechung zur Expertenhaftung immanente Doktrin.[145]

Noch deutlicher wird dies am jüngst unternommenen Versuch des BGH, seine Rechtsprechung zur Insolvenzkonstellation (wie auch zum Umsatzsteuermandat) zu präzisieren. In einer Entscheidung zur – im Ergebnis verneinten – Einbeziehung des Ministerpräsidenten in den Anwaltsvertrag mit dem beratenen Bundesland unterscheidet der BGH zwei Fallgruppen, in denen dem Beratungsvertrag ausnahmsweise Schutzwirkung zugunsten Dritter zukomme.[146] Zunächst betreffe dies Fälle, in denen der Dritte die Leistung des Beraters als Grundlage für (eigene) Vermögensdispositionen verwende (oder dem Dritten auf Grundlage der Beratung ein Vermögensvorteil zugewendet wer-

---

[141] S. zur Überzeugungskraft der Einbeziehung des Geschäftsleiters unter wertenden Gesichtspunkten noch S. 223 ff.

[142] Im Gegenteil könnte sogar die Gefahr bestehen, dass die Rechtsprechung zur Expertenhaftung durch die unscharfe Entscheidung des BGH verwässert. Letztlich dient der Rückgriff auf die erkennbar von der Leistung des Experten abhängig gemachte Vermögensdisposition auch der Eingrenzung der Haftung, vgl. dazu schon oben S. 173 ff. sowie etwa *Kersting*, Dritthaftung, S. 28 f. Nunmehr bezieht der BGH mit dem Geschäftsleiter jedoch auch einen Dritten ein, der keine unmittelbar eigene Vermögensdisposition auf die Leistung des Experten stützt. Mittelbar mag dies wiederum eine Ausdehnung der Haftung bewirken (was durch BGH WM 2016, 1601, 1603, Rn. 22 f. – dazu sogleich – nicht weniger wahrscheinlich geworden ist).

[143] BGH WM 2011, 2334, 2335, Rn. 9.

[144] BGHZ 193, 297, 309, Rn. 30.

[145] Zu den weiteren Voraussetzungen der Einbeziehung aufgrund des Vertrags mit Schutzwirkung zugunsten Dritter (insbesondere zum Schutzinteresse) bezogen auf den Geschäftsleiter *Thole*, ZfPW 2015, 31, 51 ff.

[146] BGH WM 2016, 1601 ff. (Fall Mappus).

den solle).[147] Die zweite Fallgruppe, der die Insolvenz- und Umsatzsteuerfälle zuzuordnen seien, charakterisiert der BGH nunmehr dahingehend, dass dort die Leistung des Beraters dazu bestimmt sei, dem Dritten die Einhaltung konkret feststehender, diesen persönlich treffender Handlungsgebote sowie die Vermeidung einer persönlichen Haftung, zu ermöglichen.[148] Den Handlungsgeboten (und der damit korrespondierenden Haftung) sei jeweils gemein, dass sie im Fremdinteresse, nicht im Interesse des Mandanten bestünden.[149]

Für die Annahme der Schutzwirkung soll es danach auf das Bestehen von Handlungspflichten und einer in ihnen wurzelnden Haftung etwa des Geschäftsleiters im Fremdinteresse ankommen. Inwieweit sich dieser Ansatz tatsächlich zu einem weiteren Begründungsmuster für die Schutzwirkung von Beraterverträgen verdichtet bleibt zunächst abzuwarten. Dass dem Kriterium der „Handlungspflichten und Haftung im Fremdinteresse" jedoch eine Eignung als trennscharfes (und wertungsmäßig überzeugendes) Differenzierungsmerkmal zukommt, ist nicht ohne Zweifel.[150]

Zu beachten ist hinsichtlich der Anwendung des Vertrags mit Schutzwirkung zugunsten Dritter im Sinne der Rechtsprechung schließlich, dass im Zusammenhang mit der Insolvenzkonstellation regelmäßig die Verletzung vertraglicher Hauptleistungspflichten durch den Berater in Rede stehen wird.[151] Dem Grunde nach ist dies insoweit problematisch, als die Rechtsfigur des Vertrags mit Schutzwirkung zugunsten Dritter in ihrer ursprünglichen Konzeption auf die Verletzung von Nebenpflichten zugeschnitten war. Indessen hat sich die Rechtsprechung wieder von dieser ursprünglichen Beschrän-

---

147 BGH WM 2016, 1601, 1602 f., Rn. 21; in der Tat stand der Aspekt der „Entscheidung über Vermögensdispositionen" bislang nicht nur in den bereits erörterten Fällen (oben S. 169 ff., 198 ff. m. w. N.), sondern letztlich auch in sonstigen Fällen der Haftung etwa des Rechtsanwalts im Zentrum der Argumentation, vgl. auch *Gottwald*, in: MünchKomm-BGB, § 328 BGB Rn. 210; *D. Fischer*, in: Hdb. d. Anwaltshaftung, § 10, Rn. 16 ff.

148 BGH WM 2016, 1601, 1603, Rn. 22 f.

149 BGH WM 2016, 1601, 1603, Rn. 23.

150 Beachte schon Fn. 142 zur Gefahr der Haftungsausweitung, wenn auf das Kriterium der „Entscheidung über Vermögensdispositionen" verzichtet wird. BGH WM 2016, 1601, 1603 ff., Rn. 24 ff. zeigt i. Ü., dass auch die weitere Abgrenzung des entschiedenen Falls (Mappus) von den insolvenzbezogenen Fällen nicht ohne Schwierigkeiten möglich ist. Letztlich dürften die Fälle näher beieinander liegen (und die insolvenzbezogene Konstellation weniger Besonderheiten gegenüber dem entschiedenen Fall aufweisen), als es nach den Ausführungen des BGH den Anschein hat; vgl. dazu auch noch S. 223 ff. m. w. N. Endlich ist (mit Blick auf das „Fremdinteresse") etwa in den Insolvenzfällen festzuhalten, dass der Mandant bei Lichte betrachtet gerade auch ein eigenes Interesse an der Leistung des Beraters hat.

151 Vgl. BGH NJW-RR 2013, 983, 986, Rn. 27 und oben bei Fn. 63.

kung gelöst, was ihr die Einbeziehung Dritter schließlich auch bei der Verletzung von Hauptleistungspflichten ermöglichte.[152]

III. Zwischenfazit

Festzustellen ist mithin, dass die Annahme, der Berater hafte in der Insolvenzkonstellation gegenüber dem Geschäftsleiter, schon unter Zugrundelegung der von der Rechtsprechung zur Anwendung gebrachten „klassischen" Grundsätze der Expertenhaftung nicht zu überzeugen vermag. Die Einbeziehung des Geschäftsleiters in den Schutzbereich des Beratervertrags fügt sich nicht bruchlos in die Dogmatik der Rechtsprechung ein. Demgegenüber ist die Einbeziehung des Gesellschafters als zumindest folgerichtig zu bezeichnen.

C. Die dogmatische Grundsatzfrage

Auf dem Boden dieser Erkenntnisse soll nunmehr der zentralen dogmatischen Frage nachgegangen werden, auf welche Rechtsgrundlage die Haftung gegenüber Dritten – zunächst ungeachtet ihrer konkreten Reichweite – zu stützen ist. Das Konzept der Rechtsprechung, die in den Expertenfällen den Vertrag mit Schutzwirkung zugunsten Dritter zur Anwendung bringt, zeigt insoweit bereits praktische Schwächen, als die (offensichtlich gewollte) Einbeziehung des Geschäftsleiters nicht widerspruchsfrei gelingt. Das insolvenzrechtliche Schrifttum wiederum leistet keinen eigenständigen Beitrag zur Entwicklung eines Haftungskonzepts. In einem nächsten Schritt ist das auf den Vertrag mit Schutzwirkung zugunsten Dritter gestützte Konzept hinsichtlich seiner grundsätzlichen Überzeugungskraft zu hinterfragen. Ebenso sind die im Schrifttum zur Expertenhaftung vertretenen alternativen Lösungsansätze zu überprüfen.

I. Die grundsätzliche Kritik an der Rechtsfigur des Vertrags mit Schutzwirkung zugunsten Dritter

Während die Kritik an der Fruchtbarmachung der Rechtsfigur des Vertrags mit Schutzwirkung zugunsten Dritter in der Insolvenzkonstellation nur vereinzelt blieb, vervielfältigt sich diese im allgemeinen Kontext der Expertenhaftung[153]. So wird der Rechtsprechung vorgeworfen, dass es sich bei der

---

[152] S. schon oben S. 170 f.; vgl. auch *Plötner*, Vertrag mit Schutzwirkung für Dritte und Expertenhaftung, S. 24 ff., 32 ff.; *Adolff*, Third Party Legal Opinions, S. 96 f.; *Klumpp*, in: Staudinger, § 328 BGB Rn. 115; vgl. auch *Sutschet*, Der Schutzanspruch zugunsten Dritter, S. 144 f.; *Büttner*, Dritthaftung, S. 200 ff.; *Gottwald*, in: MünchKomm-BGB, § 328 BGB Rn. 178; *Grüneberg*, in: Palandt, § 328 BGB Rn. 15; ferner *Kersting*, Dritthaftung, S. 321 f.

[153] S. schon Fn. 19.

Feststellung des Willens der Parteien zur Einbeziehung des Dritten oftmals um eine Fiktion handele.[154] Dem ist zuzustimmen. Die Rechtsprechung sieht ihre dogmatische Basis gerade in einer (ergänzenden) Vertragsauslegung und damit im Ausgangspunkt in dem Willen der Parteien.[155] In vielen Fällen, insbesondere auch den typischen Gutachtenfällen, liegt die Annahme, die Parteien wollten einen Dritten in den Vertrag einbeziehen, jedoch fern. So wird der Vertragspartner des Experten andere Interessen verfolgen als der Dritte, vielfach sogar gegenläufige. Um den Schutz des Dritten geht es ihm zumeist nicht. Es ist auch nicht ersichtlich, weshalb der Wille des Experten dahin gehen sollte, sich – unentgeltlich – zusätzlich gegenüber dem Dritten zu verpflichten.[156] Sofern es um die Einbeziehung des Geschäftsleiters einer Kapitalgesellschaft geht, mag die Verbindung zwischen dem Drittem und dem Vertragspartner des Experten zwar enger sein als in den üblichen Gutachtenfällen. Die Position des Experten (d. h. des Beraters) bleibt hingegen identisch. Diese Erwägungen verbieten es regelmäßig, einen Einbeziehungswillen der Vertragsparteien anzunehmen. Gleichwohl geht der BGH von einem solchen Willen aus, letztlich unterstellt er ihn. Der Vorwurf der Fiktion bestätigt sich.[157]

Der BGH geht allerdings noch einen Schritt weiter und schafft eine zusätzliche Dimension der Fiktion. So kann es in den Gutachtenfällen zu Komplikationen kommen, da sich der Dritte in Anwendung des Rechtsgedankens von § 334 BGB nach h. M. Einwendungen, die sich zugunsten des Experten aus dem Verhältnis des Experten zu dessen Vertragspartner ergeben, entgegenhalten lassen muss.[158] Dies liefe offenkundig dem gewünschten Ergebnis,

---

[154] S. *Kersting*, Dritthaftung, S. 101; *Hirte*, Berufshaftung, S. 390; *Plötner*, Vertrag mit Schutzwirkung für Dritte und Expertenhaftung, S. 71 ff.; *Adolff*, Third Party Legal Opinions, S. 97 ff.; *Büttner*, Dritthaftung, S. 8 f.; vgl. auch *Wiegand*, Sachwalterhaftung, S. 111 ff.; *Honsell*, FS Medicus (1999), S. 211, 225 ff.; *Picker*, FS Medicus (1999), S. 397, 400 ff.; *Canaris*, ZHR 163 (1999), 206, 215; s. auch *dens.*, JZ 1995, 441, 443; *Faust*, AcP 210 (2010), 555, 569; dagegen etwa *Jagmann*, in: Staudinger [2009], § 328 BGB Rn. 93 f.; anders jetzt aber *Klumpp*, in: Staudinger, § 328 BGB Rn. 102; vgl. auch *Sutschet*, Der Schutzanspruch zugunsten Dritter, S. 144 ff.

[155] S. schon S. 170; konsequent demgegenüber *Gottwald*, in: MünchKomm-BGB, § 328 BGB Rn. 170.

[156] S. zum fehlenden Willen der Parteien nur *Kersting*, Dritthaftung, S. 101; *Ackermann*, Der Schutz des negativen Interesses, S. 539; *Plötner*, Vertrag mit Schutzwirkung für Dritte und Expertenhaftung, S. 72 ff.; *Adolff*, Third Party Legal Opinions, S. 98 ff.; *Picker*, FS Medicus (1999), S. 397, 402 ff.; *Honsell*, FS Medicus (1999), S. 211, 225 f.; *Canaris*, ZHR 163 (1999), 206, 215 f.; *ders.*, JZ 1995, 441, 443.

[157] Auffällig ist die Parallele zum sog. stillschweigenden Auskunftsvertrag, s. zu diesem schon oben S. 33 ff.; zum Argument der Unentgeltlichkeit schon oben S. 33.

[158] Dazu BGHZ 127, 378, 384 f.; *Kersting*, Dritthaftung, S. 31 m. w. N.; *Gottwald*, in: MünchKomm-BGB, § 328 BGB Rn. 194; *Grüneberg*, in: Palandt, § 328 BGB Rn. 20; *Jagmann*, in: Staudinger, § 334 BGB Rn. 16.

nämlich dem Schutz des Dritten, zuwider, weshalb der BGH vorgibt, den Willen der Vertragsparteien zu erkennen, die Erstreckung von Einwendungen auf den Dritten abzubedingen.[159] Auch diese „Fiktion in der Fiktion" wurde mit Blick auf ihre dogmatische Haltlosigkeit zu Recht massiv kritisiert. Der hinsichtlich einer (stillschweigenden) Abbedingung des Rechtsgedankens von § 334 BGB erforderliche Parteiwille ist in der Regel nicht ansatzweise erkennbar, weder auf Seiten des Experten, noch auf Seiten seines Vertragspartners. Schließlich müsste der Vertragspartner des Experten sogar für den Fall, dass ihm selbst kein Anspruch zusteht, den Schutz des Dritten bezwecken, der aber häufig gerade allgemein gegensätzliche Interessen verfolgt. Umgekehrt müsste der Experte den Willen haben, auch in dem Fall, dass im Verhältnis zu seinem Vertragspartner haftungsbefreiende Einwendungen begründet werden, gegenüber dem Dritten zu haften.[160]

Über den Vorwurf der Fiktion hinaus wird der Lösung der Expertenfälle auf Grundlage des Vertrags mit Schutzwirkung zugunsten Dritter entgegengehalten, dass die damit einhergehende Erweiterung seines Anwendungsbereichs die Grenzen des Instituts verwischt bzw. zu seiner Konturlosigkeit führt.[161] Weiter wird geltend gemacht, dass eine vertragliche Anknüpfung zur Lösung eines allgemeinen Rechtsproblems, um welches es sich bei der Expertenhaftung handele, ungeeignet sei.[162]

Die Richtigkeit des zuletzt genannten Aspekts spiegelt sich auch in der mangelnden Stringenz der Lösung des BGH wider, die aus seinem vertraglichen Ansatz resultiert. Denn der BGH geht in seinen Entscheidungen zwar stets von der Prämisse einer vertraglichen Lösung aus. Doch findet er schnell zu der letzten Endes objektiven „Regel", dass Schutzwirkung anzunehmen sei, wenn von einem Experten eine gutachtliche Äußerung zur Verwendung gegenüber einem Dritten verlangt wird.[163] Damit schafft sich der BGH letztlich selbst einen objektiven, zur Haftung führenden „Rechtssatz", fundiert ihn

---

[159] S. insbesondere BGHZ 127, 378, 384 ff.; BGH NJW 1998, 1059, 1061.

[160] Vgl. zum Ganzen *Kersting*, Dritthaftung, S. 30 ff., 101; *Ackermann*, Der Schutz des negativen Interesses, S. 539 f.; *Plötner*, Vertrag mit Schutzwirkung für Dritte und Expertenhaftung, S. 77 ff.; *Adolff*, Third Party Legal Opinions, S. 107 ff.; *Honsell*, FS Medicus (1999), S. 211, 231; *Picker*, FS Medicus (1999), S. 397, 406 ff.; *Canaris*, JZ 1995, 441, 444; *ders.*, JZ 1998, 603, 604 f.; *ders.*, ZHR 163 (1999), 206, 216 f.; *Faust*, AcP 210 (2010), 555, 568 f.; vgl. ferner *Klumpp*, in: Staudinger, § 328 BGB Rn. 137 (stattdessen: venire contra factum proprium).

[161] *Canaris*, JZ 1995, 441, 443; *ders.*, ZHR 163 (1999), 206, 215; vgl. auch *Plötner*, Vertrag mit Schutzwirkung für Dritte und Expertenhaftung, S. 97; *Grunewald*, AcP 187 (1987), 285, 294.

[162] *Canaris*, ZHR 163 (1999), 206, 215; vgl. auch schon *dens.*, JZ 1995, 441, 443; vgl. auch *Picker*, FS Medicus (1999), S. 397, 411 f.; *Büttner*, Dritthaftung, S. 8 f.

[163] S. die Formulierung im Einzelnen schon bei Fn. 16 f.; paradigmatisch insoweit wiederum BGHZ 193, 297, 301 ff., Rn. 13 ff.

jedoch – trotz der formalen Berufung auf § 157 BGB im Ergebnis inkonsequent – im Willen der Parteien.

Nach alldem ist eine Lösung der Expertenfälle auf Grundlage des Vertrags mit Schutzwirkung zugunsten Dritter angesichts ihrer dogmatischen Unstimmigkeiten und Brüche zurückzuweisen. Die Rechtsfigur ist, achtet man die Privatautonomie der Vertragsparteien, schon konstruktiv nicht dazu geeignet, das allgemeine Rechtsproblem der Expertenhaftung zu lösen.

II. Die Tragfähigkeit der alternativen Lösungsansätze

Die Analyse der alternativen Haftungskonzepte hat zunächst gezeigt, dass eine auf den sog. stillschweigenden Auskunftsvertrag, wie auch den Vertrag zugunsten Dritter, gestützte grundsätzliche Lösung der Expertenfälle (und auch der Insolvenzkonstellation) gleichermaßen als untauglich zu verwerfen ist. So dürfte die Annahme eines stillschweigenden Auskunftsvertrags in vielen Fällen wiederum auf einer Fiktion gründen. Auskünfte werden regelmäßig mit Blick auf das bereits bestehende Vertragsverhältnis zur Gesellschaft erteilt werden.[164] Aus ähnlichen Erwägungen liegt es fern, einen Vertrag zugunsten etwa des Geschäftsleiters und damit verbunden die Ausbedingung eines Forderungsrechts anzunehmen.[165] Auch der Rekurs auf die Rechtsfigur der Drittschadensliquidation kann mangels Vergleichbarkeit der Fallkonstellationen und der Tatsache, dass häufig individuelle Schäden der Beteiligten vorliegen werden, nicht überzeugen.[166] Der Ansatz einer eigenständigen Berufshaftung bleibt dogmatisch und gesetzesrechtlich nicht hinreichend abgesichert.[167] Es mangelt ihm insbesondere an einem klaren gesetzlichen Anknüpfungspunkt. Die Argumentation im „rechtsfreien Raum"[168] stellt seine entscheidende Schwäche dar. Die – gleichwohl umfassend fundierte und ihren Wertungen nach nicht völlig abzulehnende – Lehre von der Selbstbindung ohne Vertrag unterliegt dogmatischen und praktischen Bedenken.[169] *Pickers* Konzept ringt mit der Konkretisierung des Entstehungstatbestands der Sonderverbindung und kann mit der Einführung von § 311 Abs. 3 S. 2 BGB nicht unbesehen fortgeführt werden.[170] Die delikts-

---

[164] S. oben S. 182 ff.

[165] S. oben S. 185 f.

[166] S. im Einzelnen oben S. 186 f.

[167] S. schon bei Fn. 111; vgl. auch *Canaris*, ZHR 163 (1999), 206, 218 f.; *Keller*, Schuldverhältnis und Rechtskreisöffnung, S. 124 f.; *Wiegand*, Sachwalterhaftung, S. 330.

[168] *Honsell*, FS Medicus (1999), S. 211, 221.

[169] Kritisch hinsichtlich der dogmatischen Einordnung *Canaris*, FS Larenz (1983), S. 27, 93 f.; *F. Müller*, Auskunftshaftung, S. 138 ff. (auch zum Vorwurf, dass diese Lehre es nicht gewährleiste, unmittelbar Verhaltenspflichten ableiten zu können).

[170] S. zu einem Versuch der „Versöhnung" der Lehre *Pickers* mit § 311 Abs. 3 S. 2 BGB *Plötner*, Vertrag mit Schutzwirkung für Dritte und Expertenhaftung, S. 290 (vgl. zum Problem der Konkretisierung auch S. 169 ff., s. aber auch S. 165); *Katzenstein*, Haftungs-

rechtlichen Lehren leiden an einer mangelnden dogmatischen Fundierung und sind de lege lata nach wie vor in weiten Teilen nicht umsetzbar – das geltende Recht steht ihnen gerade entgegen.[171] § 826 BGB vermag nur einen Teilbereich der Problematik zu erfassen, eine erschöpfende Lösung der Expertenfälle kann die Vorschrift in ihrer gegenwärtigen Form nicht gewährleisten.

III. Plädoyer für eine Lösung auf Grundlage von § 311 Abs. 3 S. 2 BGB (i. V. m. §§ 241 Abs. 2, 280 Abs. 1 BGB)

Unter diesen Vorzeichen ist eine Lösung der Problematik auf Grundlage von § 311 Abs. 3 S. 2 BGB (i. V. m. §§ 241 Abs. 2, 280 Abs. 1 BGB) in den Blick zu nehmen. Dargelegt wurde bereits, dass die Reichweite der Norm gerade mit Blick auf die Expertenhaftung kontrovers diskutiert wird.[172] Gegner wie Befürworter einer Anknüpfung an § 311 Abs. 3 S. 2 BGB stützen sich zur Begründung ihrer These vielfach – bisweilen exklusiv – auf die Gesetzgebungshistorie und den vermeintlichen gesetzgeberischen Willen, der im Zusammenhang mit der Schaffung der Vorschrift zum Ausdruck gekommen sei.[173] Ungeachtet der Frage, ob die Norm die Expertenfälle tatbestandlich erfassen kann, ist indes festzustellen, dass die historische Auslegung bei Lichte betrachtet keinen eindeutigen Befund hinsichtlich des gesetzgeberischen Willens zur Zuordnung der Expertenfälle zu § 311 Abs. 3 S. 2 BGB ermöglicht. Ein klarer Wille zur „Neugestaltung" der Haftung gegenüber Dritten ist nicht erkennbar, ebenso wenig wie eine ausdrückliche, kategorische Ablehnung von Änderungen in diesem Bereich.[174] Danach steht die

---

beschränkungen zugunsten und zulasten Dritter, S. 214 ff. hält an dem Konzept fest (vage hinsichtlich einer Konkretisierung S. 212).

[171] S. etwa *Canaris*, FS Larenz (1983), S. 27, 77 ff.; *Adolff*, Third Party Legal Opinions, S. 115 ff.; *Plötner*, Vertrag mit Schutzwirkung für Dritte und Expertenhaftung, S. 148 ff.; *Honsell*, FS Medicus (1999), S. 211, 221; vgl. auch *Hirte*, Berufshaftung, S. 414; *Kersting*, Dritthaftung, S. 97; *Jost*, Vertragslose Auskunfts- und Beratungshaftung, S. 186 ff.; *F. Müller*, Auskunftshaftung, S. 155 ff.; *Grunewald*, AcP 187 (1987), 285, 297 f.; kritisch auch *Picker*, JZ 1987, 1041, 1047. Abzulehnen ist auch der jüngst von BGH NJW 2016, 2110, 2112, Rn. 17 ff. (X. Zivilsenat) für den Bereich der unberechtigten Schutzrechtsverwarnung gewählte Ansatz, den Rechtsanwalt des (vermeintlichen) Schutzrechtsinhabers einer Haftung aus § 823 Abs. 1 BGB gegenüber dem unberechtigt Verwarnten auf Grundlage einer *Garantenstellung* zu unterwerfen. Eine etwaige Übertragung auf andere Bereiche, z. B. die Insolvenzfälle, ist gleichermaßen zurückzuweisen (kritisch zu der Entscheidung auch *H. F. Müller*, ZIP 2016, 1368 ff.).

[172] S. schon S. 189 ff., insbesondere bei Fn. 100.

[173] Vgl. schon Fn. 101.

[174] Vertreter beider Lager stützen sich ganz wesentlich auf Begr. RegE SMG, BT-Drs. 14/6040, S. 163, ohne damit eine eindeutige und zweifelsfreie Aussage auf ihrer Seite zu haben – zumindest scheint der Gesetzgeber aber wohl offen für eine Neukonzeption; ausführlich zum Ganzen und mit genauerer Analyse der Gesetzgebungshistorie *Kersting*, Dritthaftung, S. 153 ff. mit umfassenden Nachweisen.

Gesetzgebungshistorie einer Neukonzeption der Expertenhaftung sowie einer Anknüpfung an § 311 Abs. 3 S. 2 BGB aber jedenfalls nicht dezidiert entgegen.[175]

Der Lösung auf Grundlage der neuen Vorschrift wird nicht nur – wie sich gezeigt hat wenig überzeugend – eine Unvereinbarkeit mit deren Entstehungsgeschichte, sondern darüber hinaus auch Konturlosigkeit vorgeworfen. Das geht einher mit dem Verweis auf die Ubiquität des Vertrauensbegriffs und dem Einwand, das Vertrauen allein sei zur Haftungsbegründung nicht geeignet.[176] Damit zusammen hängt außerdem die Warnung vor einer Haftungsausweitung.[177] Schließlich sei die Norm strukturell auf die Verletzung von Nebenpflichten, nicht aber die Verletzung von Hauptleistungspflichten, um die es in den Expertenfällen gehe, ausgerichtet, sodass sie als Ansatzpunkt für diese Fälle untauglich sei.[178]

Dieser Kritik stehen die Vorteile einer Anknüpfung an § 311 Abs. 3 S. 2 BGB (i. V. m. §§ 241 Abs. 2, 280 Abs. 1 BGB) gegenüber. Fiktionen hinsichtlich des Parteiwillens zur Einbeziehung des Dritten und zur Abbedingung des § 334 BGB, wie sie die Rechtsprechung wenig überzeugend und dogmatisch verfehlt bemühen muss, werden durch die Anknüpfung an das objektive Recht entbehrlich.[179] Weiterhin bereinigte ein Ausscheiden der Expertenfälle aus seinem Anwendungsbereich das Institut des Vertrags mit Schutzwirkung zugunsten Dritter, welches, indem es wieder vorrangig die ursprünglich erfassten Fälle eines Näheverhältnisses adressierte, an Schärfe und Konturen gewönne, nachdem seine Grenzen durch die Entwicklung der Rechtsprechung in der Vergangenheit mehr und mehr verwischt wurden.[180] Dass über § 311 Abs. 3 S. 2 BGB nur Nebenpflichtverletzungen sanktioniert

---

175 Vgl. *Kersting*, Dritthaftung, S. 156 f., 160 ff., der darüber hinaus meint, im Ergebnis sei es mit der Schaffung der Norm in der Tat zu einer Änderung des früheren Rechtszustands gekommen, s. S. 153 ff., besonders S. 157 ff., 165.

176 Vgl. schon Fn. 102; vgl. auch *Brors*, ZGS 2005, 142, 144 f.; *Plötner*, Vertrag mit Schutzwirkung für Dritte und Expertenhaftung, S. 289 f.; *Keller*, Schuldverhältnis und Rechtskreisöffnung, S. 212; *Koch*, AcP 204 (2004), 59, 70 m. w. N.; *Deipenbrock*, BB 2003, 1849, 1853; *Jagmann*, in: Staudinger [2009], § 328 BGB Rn. 94.

177 *Faust*, AcP 210 (2010), 555, 577 ff. (letztlich allerdings unabhängig von der Haftungsgrundlage); unabhängig von der Haftungsgrundlage auch *Honsell*, FS Medicus (1999), S. 211, 233; vgl. auch *Canaris*, JZ 2001, 499, 520; ferner *Kersting*, Dritthaftung, S. 112 ff.; *Koch*, AcP 204 (2004), 59, 69, 72; eine solche Befürchtung hegt *Keller*, Schuldverhältnis und Rechtskreisöffnung, S. 237 f. demgegenüber nicht.

178 *Deipenbrock*, BB 2003, 1849, 1852 f.; *Harke*, in: Soergel, § 311 BGB Rn. 119; vgl. auch *Thole*, ZfPW 2015, 31, 48 f.

179 *Kersting*, Dritthaftung, S. 320; *Plötner*, Vertrag mit Schutzwirkung für Dritte und Expertenhaftung, S. 288; *Koch*, AcP 204 (2004), 59, 71; vgl. auch *Canaris*, JZ 1998, 603, 605; *ders.*, ZHR 163 (1999), 206, 229; vgl. aber auch *Thole*, ZfPW 2015, 31, 49 f.

180 Vgl. *Kersting*, Dritthaftung, S. 321; *Plötner*, Vertrag mit Schutzwirkung für Dritte und Expertenhaftung, S. 288; *Canaris*, ZHR 163 (1999), 206, 241 f.

werden können, steht einer Zuordnung der Expertenfälle zu der Norm, je nach Ausgestaltung der aus dem Schuldverhältnis folgenden Pflichten, nicht zwingend entgegen.[181] Endlich wird mit der Verankerung der Vorschrift im BGB der Vorwurf der mangelnden dogmatischen Tragfähigkeit des vertrauensbasierten Konzepts ganz erheblich geschwächt.[182]

Die dargestellten Vorteile einer Anknüpfung an § 311 Abs. 3 S. 2 BGB überwiegen ihre Nachteile, sodass eine Lösung der Expertenfälle über diese Norm (i. V. m. §§ 241 Abs. 2, 280 Abs. 1 BGB) zu suchen ist. Gerade die nunmehr mögliche Anbindung an das objektive Recht sollte genutzt, die „neue" Norm mithin ernst genommen und im Sinne einer Neuorientierung herangezogen werden.[183] Besonderes Augenmerk ist dabei jedoch in der Tat der Gefahr einer Haftungsausweitung zu schenken. Zu bemerken ist allerdings, dass die Haftung gegenüber Dritten schon in ihrer bisherigen Gestalt, insbesondere auf Grundlage des Vertrags mit Schutzwirkung zugunsten Dritter, eine immer weitere Ausdehnung erfahren hat.[184] Diese Gefahr liegt also nicht spezifisch im Konzept des § 311 Abs. 3 S. 2 BGB begründet. In diesem Zusammenhang ist sodann zwar zuzugeben, dass die recht unbestimmte Norm der Konkretisierung bedarf. Doch hat wie schon angedeutet auch der Vertrag mit Schutzwirkung zugunsten Dritter im Zuge seiner Ausweitung Konturenschärfe eingebüßt. Die Einführung von § 311 Abs. 3 S. 2 BGB sollte daher als Chance verstanden werden, verloren gegangene Präzision im Bereich der Expertenhaftung wiederherzustellen.[185] Die Vorschrift ist demzufolge als „sonstige gesetzliche Bestimmung" im Sinne des § 675 Abs. 2 BGB einzuordnen und in einer Weise auszulegen, die nicht den Verzicht des BGB auf eine deliktische Generalklausel unterläuft.[186]

IV. Ergebnis

Die Expertenhaftung ist nach alldem in § 311 Abs. 3 S. 2 BGB anzusiedeln. Die alternativen Lösungswege, insbesondere der Vertrag mit Schutzwirkung zugunsten Dritter, können angesichts ihrer Schwächen nicht überzeugen.

---

[181] S. *Kersting*, Dritthaftung, S. 321 f.; kritisch aber *Thole*, ZfPW 2015, 31, 48 f.

[182] Vgl. *Kersting*, Dritthaftung, S. 168 f., 319 f.; *Plötner*, Vertrag mit Schutzwirkung für Dritte und Expertenhaftung, S. 289; *Koch*, AcP 204 (2004), 59, 70.

[183] *Kersting*, Dritthaftung, S. 106 ff. und passim; *ders.*, JR 2008, 312, 314; *Plötner*, Vertrag mit Schutzwirkung für Dritte und Expertenhaftung, S. 288; *Koch*, AcP 204 (2004), 59, 69 ff., 73, 80; *Canaris*, JZ 2001, 499, 520 f.; vgl. im Übrigen schon Fn. 100.

[184] Vgl. zur Gefahr der Haftungsausweitung schon Fn. 177; s. insbesondere auch *Faust*, AcP 210 (2010), 555, 578 f.

[185] Anders *Deipenbrock*, BB 2003, 1849, 1853; vgl. auch *Jagmann*, in: Staudinger [2009], § 328 BGB Rn. 94.

[186] Vgl. *Koch*, AcP 204 (2004), 59, 71; zum „Grundsatz der informationellen Eigenverantwortung", der sich aus dem Verzicht auf eine deliktische Generalklausel und der Vorschrift des § 675 Abs. 2 BGB ergibt, s. *Kersting*, Dritthaftung, S. 109.

Demzufolge ist auch für die Lösung der Insolvenzkonstellation im Grundsatz von der Vorschrift des § 311 Abs. 3 S. 2 BGB (i. V. m. §§ 241 Abs. 2, 280 Abs. 1 BGB) auszugehen.

Damit kommt es zu dem angesprochenen Perspektivwechsel und einer Loslösung vom Vertrag zwischen dem Experten und dessen Auftraggeber. Anzuknüpfen ist folglich an den (abzuschließenden) Vertrag zwischen dem Auftraggeber und dessen (potentiellen) Vertragspartner, nicht aber an den Vertrag zwischen Auftraggeber und Experten. Mithin ist als Dritter anstelle des potentiellen Vertragspartners des Auftraggebers der Experte anzusehen, der informationellen Einfluss auf einen für ihn fremden Vertrag nimmt.[187]

D. Die Erfassung der insolvenzbezogenen Fälle durch § 311 Abs. 3 S. 2 BGB (i. V. m. §§ 241 Abs. 2, 280 Abs. 1 BGB)

Es stellt sich folglich die Frage, ob der Berater im konkreten Fall auf Grundlage des § 311 Abs. 3 S. 2 BGB (i. V. m. §§ 241 Abs. 2, 280 Abs. 1 BGB) für insolvenzbezogene Pflichtverletzungen etwa gegenüber Gesellschaftern, Geschäftsleitern oder Gläubigern haftet. Zur Beantwortung dieser Frage ist zunächst der Haftungstatbestand, insbesondere der weite Tatbestand des § 311 Abs. 3 S. 2 BGB, zu konkretisieren und sodann fallspezifisch anzuwenden.

I. Konkretisierung des Haftungstatbestands

Beiträge zu einer Konkretisierung des Tatbestands (wie auch der spezifischen Rechtsfolgen) bleiben nach wie vor vereinzelt. Zumeist wird lediglich der Stand der Rechtsprechung zur Dritthaftung aus culpa in contrahendo wiedergegeben. Heraus sticht indes die Monografie *Kerstings*,[188] die besondere Beachtung verdient.

1. Konkretisierung des Tatbestands von § 311 Abs. 3 S. 2 BGB

a) Inanspruchnahme von Vertrauen

Das Tatbestandsmerkmal des Vertrauens meint nach *Kersting* die subjektive Vertrauenserwartung des Vertrauensgebers (des späteren Geschädigten). Der Vertrauensgeber müsse erwarten, dass die Angaben des Vertrauensnehmers

---

[187] S. zu diesem durch den Abschied vom Vertrag mit Schutzwirkung zugunsten Dritter und der Hinwendung zu § 311 Abs. 3 S. 2 BGB bedingten Perspektivwechsel *Kersting*, Dritthaftung, S. 21 mit Fn. 100, S. 170, 318, 328 f. und passim sowie schon oben S. 191 m. w. N.; terminologisch gilt gleiches für *Canaris'* Vertrauenshaftung, s. dazu schon oben S. 188 f. m. w. N. S. zu den Auswirkungen auf die in dieser Arbeit im Vordergrund stehenden Fälle S. 216 f.

[188] *Kersting*, Dritthaftung, S. 208 ff.; s. im Übrigen etwa *Koch*, AcP 204 (2004), 59 ff.; *Faust*, AcP 210 (2010), 555, 561 ff.

(des i. S. v. § 311 Abs. 3 S. 2 BGB „Dritten", in den Expertenfällen der Experte)[189] sowohl im Hinblick auf dessen vergangenes Verhalten, nämlich den Besitz und Einsatz der angegebenen Fähigkeiten und Kenntnisse, als auch dessen zukünftiges Verhalten (entsprechend seiner Ankündigung) zutreffen und er (d. h. der Vertrauensgeber) daher bei seinen Dispositionen auf eigene Sicherungsmaßnahmen verzichten kann.[190] Diese Vertrauenserwartung sei eine innere Tatsache die vorliege, wenn der Vertrauensgeber mit einer Wahrscheinlichkeit von mehr als 50 % von einer Vertrauensentsprechung ausgehe.[191] Auf die Berechtigung der Vertrauenserwartung des Vertrauensgebers komme es – jedenfalls zur Begründung des Schuldverhältnisses – nicht an, es sei ein rein subjektives Verständnis der Vertrauenserwartung angezeigt.[192] Für den Vertrauensnehmer müsse die Vertrauenserwartung in Form eines sog. Vertrauenserweises erkennbar sein. Darin manifestiert sich nach *Kersting* die Nähe des Schuldverhältnisses aus § 311 Abs. 3 S. 2 BGB zum Vertrag.[193] Die nach dem Wortlaut der Norm außerdem erforderliche Inanspruchnahme der Vertrauenserwartung setze voraus, dass der Vertrauensnehmer eine solche tatsächlich hervorrufe oder sich auf eine vorhandene berufe, sowie dass er diese Vertrauenserwartung dem Vertrauensgeber als Grundlage für eine Vertrauenshandlung des Vertrauensgebers (die hinter den „Vertragsverhandlungen oder de[m] Vertragsschluss" i. S. v. § 311 Abs. 3 S. 2 BGB steht) anbiete, was einen kommunikativen Kontakt erfordere.[194] Dabei könne jener kom-

---

[189] S. zu diesem Perspektivwechsel soeben bei Fn. 187 sowie schon oben S. 188 f., 191 m. w. N. und noch S. 216 f.

[190] *Kersting*, Dritthaftung, S. 209 ff., insbesondere S. 212 f.; vgl. auch *Ackermann*, Der Schutz des negativen Interesses, S. 541 f.; vgl. zum alten Recht *Adolff*, Third Party Legal Opinions, S. 122 f.; vgl. zum Aspekt des Verzichts auf Sicherungsmaßnahmen – mit anderer terminologisch-tatbestandlicher Zuordnung – auch *Canaris*, ZHR 163 (1999), 206, 233; *Koch*, AcP 204 (2004), 59, 77.

[191] *Kersting*, Dritthaftung, S. 222 ff., besonders S. 224 f.; für den Beweis dieser inneren Tatsache will *Kersting* auf die Grundsätze des Anscheinsbeweises zurückgreifen, vgl. insoweit S. 225 ff.

[192] *Kersting*, Dritthaftung, S. 230 ff., besonders S. 234 ff.; so auch *Faust*, AcP 210 (2010), 555, 563; a. A. *Plötner*, Vertrag mit Schutzwirkung für Dritte und Expertenhaftung, S. 289 f.; *Koch*, AcP 204 (2004), 59, 75; zum alten Recht *Adolff*, Third Party Legal Opinions, S. 123 f.

[193] *Kersting*, Dritthaftung, S. 227 ff.; zur Nähe zum Vertrag auch S. 208, 215 (bezogen auf die Notwendigkeit des tatsächlichen Vertrauens des Vertrauensgebers), 258; vgl. zur Zweiseitigkeit des Tatbestands grds. auch *Koch*, AcP 204 (2004), 59, 75; vgl. zum alten Recht etwa *Bohrer*, Die Haftung des Dispositionsgaranten, S. 91.

[194] *Kersting*, Dritthaftung, S. 214 (*Kersting* spricht auf S. 214 allerdings davon, dass die Vertrauenserwartung dem Vertrauensnehmer angeboten werden müsse, gemeint ist aber wohl ein an den Vertrauens*geber* gerichtetes Anbieten, s. auch S. 221). Nach *Kersting*, Dritthaftung, S. 218 f. soll der kommunikative Kontakt ein persönlicher sein und einen geschäftlichen Bezug aufweisen müssen, dazu S. 219 ff. Der geschäftliche Bezug ergebe sich allerdings schon, wenn die mit der Vertrauensinanspruchnahme erstrebte Vertrauens-

munikative Kontakt etwa auch im Zusammenhang mit der Erstattung eines Gutachtens gegeben sein.[195] Die Vertrauensinanspruchnahme durch den Vertrauensnehmer weise ihrerseits eine subjektive Komponente auf, die *Kersting* in Anlehnung an die Lehre zur Willenserklärung in die Elemente Handlungswillen, Inanspruchnahmebewusstsein und Inanspruchnahmewillen unterteilt, wobei dem Kriterium des Inanspruchnahmewillens die wichtige Funktion zukommen soll, den relevanten Bezugsvertrag (in dem sich letztlich die Vertrauenshandlung niederschlägt) zu bestimmen.[196]

b) In besonderem Maße für sich

Anhand des Tatbestandsmerkmals „für sich" ist nach *Kersting* zu bestimmen, für wen der Handelnde Vertrauen in Anspruch nimmt. Es sei danach zu fragen, ob etwa ein Vertreter für sich oder den Vertretenen bzw. ein sonstiger Sachwalter für sich selbst oder einen anderen Vertrauen in Anspruch genommen hat. Dabei sei von der Grundregel des § 164 BGB auszugehen, nach der jeder für sich selbst handelt, der keine Abweichung offenlegt, und ein Handeln „für sich" anzunehmen, wenn Vertrauen (auch) für die eigene Person (des Handelnden) in Anspruch genommen wurde.[197]

Das Tatbestandsmerkmal der Inanspruchnahme „in besonderem Maße" sollte nach *Kersting* nicht zur – in der Sache erforderlichen – Einschränkung der Haftung aus § 311 Abs. 3 S. 2 BGB instrumentalisiert werden, sondern solle lediglich solche Fälle aus dem Anwendungsbereich der Norm ausscheiden, in denen nur Vertrauen in Anspruch genommen wurde, das nicht über jenes Vertrauen hinausgeht, welches jedermann entgegengebracht wird.[198]

---

handlung auf ein Rechtsgeschäft bezogen ist. Er müsse sich nicht aus der Erteilung der Information durch den Vertrauensnehmer (im Rahmen dessen Teilnahme am geschäftlichen Verkehr) ergeben; a. A. insoweit *Koch*, AcP 204 (2004), 59, 77.

[195] S. *Kersting*, Dritthaftung, S. 215, 218, vgl. auch S. 318, 548 f.; die *konkrete* Erfüllung des Tatbestands von § 311 Abs. 3 S. 2 BGB in den Gutachtenfällen verneint im Ergebnis (für den Regelfall) *Faust*, AcP 210 (2010), 555, 572 f.

[196] *Kersting*, Dritthaftung, S. 239 ff. (s. zum Vergleich mit dem Kriterium der Gerichtetheit nach *Canaris* S. 247 ff.). Über §§ 133, 157 BGB kommt *Kersting* zu einer Auslegung der Inanspruchnahmehandlung nach dem Empfängerhorizont, s. S. 250, 295 f. (dabei qualifiziert er die Vertrauensinanspruchnahme als geschäftsähnliche Handlung, s. S. 291 ff.). Einen weitergehenden Schutz des Vertrauensgebers bei Willensmängeln des Vertrauensnehmers stellt *Kersting* dabei über eine analoge Anwendung der Regeln über die Anfechtung von Willenserklärungen insgesamt, insbesondere aber § 122 BGB, sicher. Danach kann ein Schuldverhältnis also auch beim Fehlen einer der subjektiven Voraussetzungen zustande kommen, wobei dann die Möglichkeit der Anfechtung durch den Vertrauensnehmer besteht, der damit verbunden jedoch zum Schadensersatz verpflichtet wird, vgl. zum Ganzen *Kersting*, Dritthaftung, S. 250 ff.; vgl. auch *Faust*, AcP 210 (2010), 555, 565.

[197] *Kersting*, Dritthaftung, S. 258 ff., insbesondere S. 261 f.; vgl. auch *Koch*, AcP 204 (2004), 59, 72 f.; *Schulze*, in: Hk-BGB, § 311 BGB Rn. 19.

[198] *Kersting*, Dritthaftung, S. 263 f.; vgl. auch *Faust*, AcP 210 (2010), 555, 563.

Das Entstehen des Schuldverhältnisses sei nicht davon abhängig, dass dem Handeln des Experten ein Garantieelement anhafte, der Experte sich gleichsam für den Vertragspartner verbürge oder dem Experten eine parteigleiche Vertrauenswürdigkeit zukomme.[199] Eine historische Betrachtung zeige, dass ein solches Erfordernis einer persönlichen Gewähr an die Grundsätze der bisherigen Rechtsprechung anknüpfte, die dadurch jedoch letztlich nur das Eigenhandeln des Vertreters vom Handeln für den Vertretenen schied.[200] Es sei „nur" erforderlich, dass der Vertrauensnehmer ein gegenüber dem gewöhnlichen Verhandlungsvertrauen gesteigertes Vertrauen aufbaue, etwa indem er einen Wissensvorsprung darlegt bzw. auf seine Zugehörigkeit zu einer bestimmten Berufsgruppe verweist.[201] In diesem zuletzt genannten Aspekt der Berufsgruppenzugehörigkeit liegt in der Tat auch eine vielfach in den Mittelpunkt gerückte Voraussetzung der Haftung.[202]

c) Erhebliche Beeinflussung der Vertragsverhandlungen oder des Vertragsschlusses

Das Beeinflussungsmerkmal bezieht sich nach *Kersting* auf die Kausalität der Vertrauensinanspruchnahme für den Ablauf oder das Ergebnis der zwischen den Parteien des Bezugsvertrags stattfindenden Verhandlungen.[203] Dieses

---

[199] *Kersting*, Dritthaftung, S. 264; anders Begr. RegE SMG, BT-Drs. 14/6040, S. 163; anders auch *Koch*, AcP 204 (2004), 59, 78.

[200] S. *Kersting*, Dritthaftung, S. 264, der diese Abgrenzung wie dargelegt schon anhand des Merkmals „für sich" vornimmt.

[201] *Kersting*, Dritthaftung, S. 265 ff., s. zu dem damit in Verbindung stehenden Aspekt der Vernachlässigung von Maßnahmen zum Selbstschutz durch den Vertrauensgeber S. 266 f.; dieser Aspekt wird von anderen Autoren im Zusammenhang mit dem Merkmal „in besonderem Maße" aufgegriffen, s. etwa *Koch*, AcP 204 (2004), 59, 76 f.

[202] S. zu § 311 Abs. 3 BGB *Koch*, AcP 204 (2004), 59, 78; *Faust*, AcP 210 (2010), 555, 562; *Krebs*, in: NK-BGB², § 311 BGB Rn. 114 f., 127, nach dem allerdings ein Vertrauen in die bzw. aufgrund der beruflichen Stellung (hier: des Beraters) zu einer Haftung nach § 311 Abs. 3 S. 1 BGB führe, während § 311 Abs. 3 S. 2 BGB ein persönliches Vertrauen erfordere – generell ist *Krebs'* Konzept entgegenzuhalten, dass nicht einzusehen ist, weshalb eine Anknüpfung an den gegenüber § 311 Abs. 3 S. 2 BGB noch unbestimmteren § 311 Abs. 3 S. 1 BGB (hierauf baut *Krebs* sein „Generalkonzept" der Dritthaftung auf) von Vorteil sein sollte, zumal *Krebs* in Rn. 151 ff. ein sehr grobes Raster einer Dritthaftung wählt und dabei den zu beachtenden (gleichzeitig der Konkretisierung zugänglichen) Wortlaut von § 311 Abs. 3 S. 2 BGB nicht hinreichend berücksichtigt; s. jetzt auch *Becker*, in: NK-BGB, § 311 BGB Rn. 109 ff.; *Schulze*, in: Hk-BGB, § 311 BGB Rn. 19; ferner *Ackermann*, Der Schutz des negativen Interesses, S. 543; s. auch schon *Canaris*, ZHR 163 (1999), 206, 219; *Bohrer*, Die Haftung des Dispositionsgaranten, S. 14 f.; vgl. auch schon oben S. 192.

[203] *Kersting*, Dritthaftung, S. 267 f., zur Abgrenzungsfunktion des Beeinflussungskriteriums S. 269; vgl. auch *Koch*, AcP 204 (2004), 59, 79; *Becker*, in: NK-BGB, § 311 BGB Rn. 118; zur Begrifflichkeit schon oben S. 209 f.

Kausalitätserfordernis führt jedoch zu einem Problem, da es als Teil des Tatbestands des Schuldverhältnisses zunächst erfüllt sein muss, bevor die spezifischen Pflichten des Vertrauensnehmers entstehen und eine Pflichtverletzung über §§ 311 Abs. 3 S. 2, 241 Abs. 2, 280 Abs. 1 BGB sanktioniert werden kann. Dies bedeutet etwa, dass erst eine solche Falschinformation des Vertrauensnehmers zu seiner Haftung führen könnte, die ab dem Zeitpunkt des Abschlusses des Bezugsvertrags (durch den das Beeinflussungserfordernis erfüllt würde) erteilt wird. In den typischen Expertenfällen soll aber gerade eine Falschinformation als Pflichtverletzung sanktioniert werden, die vor dem Abschluss des Bezugsvertrags erteilt wurde. Bei dem dargestellten Verständnis des Beeinflussungserfordernisses unterläge der Berater zum Zeitpunkt seines Fehlverhaltens also noch gar keiner entsprechenden Pflicht.[204] Das zwingt zu einer besonderen Auslegung des Tatbestands des Schuldverhältnisses und der aus ihm folgenden Pflichten. Nach *Kersting* weiß der Vertrauensnehmer schon bei der Vertrauensinanspruchnahme, mit welchen daraus folgenden Pflichten er rechnen muss. Dies rechtfertige es, die „Pflichtenbegründungshandlung" bereits den später entstehenden Pflichten zu unterwerfen, die zunächst latent bestünden und sich mit der erfolgten Beeinflussung aktualisierten.[205]

Die Erheblichkeit (im Sinne der Intensität) der Beeinflussung sei sodann zu bejahen, wenn sie sich auf das „ob" von Vertragsschluss oder Vertragsverhandlungen ausgewirkt hat bzw. die wirtschaftliche Bewertung des Vertrags beeinflusst wurde.[206]

2. Konkretisierung der Rechtsfolgen

Ist ein Schuldverhältnis auf Grundlage von § 311 Abs. 3 S. 2 BGB entstanden, sind in einem nächsten Schritt die aus ihm folgenden Pflichten zu ermitteln. § 311 Abs. 3 S. 2 BGB verweist auf § 241 Abs. 2 BGB, der sich im Ausgangspunkt ausschließlich auf Nebenpflichten bezieht, nicht aber auf Leistungspflichten.[207] Inhaltlich erfolgt auf Pflichtenebene eine Emanzipation von dem Bezugsvertrag zwischen dem Vertrauensgeber und dem Vertragspartner des Vertrauensnehmers sowie dem Vertrag zwischen dem Vertrauensnehmer und dessen Vertragspartner. Schon als Konsequenz aus der Eigen-

---

[204] S. zu dieser sog. „Hysteron-Proteron"-Problematik *Kersting*, Dritthaftung, S. 118 f., 271 ff.

[205] Hierzu und zum Vergleich mit der Rechtslage bei der aufschiebenden Bedingung (insbesondere § 160 BGB) *Kersting*, Dritthaftung, S. 272 f., s. auch S. 143 ff. zur ähnlichen Rechtslage bei § 311 Abs. 2 BGB.

[206] *Kersting*, Dritthaftung, S. 273 ff., s. zur Beweislast hinsichtlich der Kausalität der Inanspruchnahme für die Beeinflussung und die Annahme eines Anscheinsbeweises zugunsten des Vertrauensgebers S. 275 ff.; s. zu letzterem aber auch *Koch*, AcP 204 (2004), 59, 79; *Becker*, in: NK-BGB, § 311 BGB Rn. 118 (Vermutung).

[207] *Kersting*, Dritthaftung, S. 341 ff. m. w. N.

ständigkeit des Schuldverhältnisses insgesamt ist somit auch das Pflichtenprogramm des Beraters eigenständig zu bestimmen.[208]

Namentlich von *Kersting* wird insoweit die Auffassung vertreten, dass aus dem Schuldverhältnis jedenfalls nicht ohne Weiteres eine absolute Wahrheitspflicht folge. Vorzugswürdig sei es, stattdessen grundsätzlich auf eine konkrete Verhaltenspflicht insbesondere in Form einer Verlässlichkeitspflicht abzustellen, womit eine Wahrheitspflicht hinsichtlich der Verlässlichkeit der erteilten Informationen gemeint sei. Eine erteilte Information müsste demnach nicht in jedem Fall zutreffen; entscheidend kommt es darauf an, dass sie die versprochene Verlässlichkeit erreicht, also etwa bestimmte Standards bei der Informationsermittlung eingehalten wurden.[209] Für die Ermittlung der geschuldeten Verlässlichkeit sei an die Vertrauensinanspruchnahme anzuknüpfen und zu fragen, welches Verhalten der Vertrauensnehmer versprochen habe. Dies sei allerdings insoweit zu normativieren, als es darauf ankomme, wie objektive Dritte in der Person der Parteien die Pflichten anknüpfend an die Vertrauensinanspruchnahme bestimmt hätten.[210]

Die konkrete Bestimmung der geschuldeten Verlässlichkeit dürfte sich indes häufig als schwierig darstellen, da die Parteien diesbezüglich oft keine ausdrücklichen Festlegungen treffen werden. Insoweit liegt es nahe, an berufsständische Regelungen oder aber Konkretisierungen aus der Rechtsprechung anzuknüpfen. Es steht daher in der Tat zu vermuten, dass es im Bereich der Beraterhaftung im Ergebnis kaum zu Abweichungen gegenüber bisherigen Lösungen kommen wird.[211]

3. Bewertung

Kerstings Konzept überzeugt weitgehend. Es nimmt die durch das Schuldrechtsmodernisierungsgesetz in das BGB eingefügte Vorschrift des § 311 Abs. 3 S. 2 BGB ernst und wird den Anforderungen an ein darauf aufbauendes Konzept gerecht. Auf Ebene des Entstehungstatbestands des Schuldverhältnisses berücksichtigt es die schon strukturell im Gesetz angelegte Nähe zum Vertrag über die Auslegung des Tatbestandsmerkmals der Inanspruchnahme von Vertrauen als auf einem kommunikativen Kontakt beruhendes Verhalten. Dies spinnt sich auf Rechtsfolgenebene fort, indem für

---

[208] Zum Ganzen *Kersting*, Dritthaftung, S. 347 ff. (vgl. auch S. 320).

[209] Ausführlich *Kersting*, Dritthaftung, S. 360 ff., 371 ff., die Unrichtigkeit der Information bleibt für ihn dabei insofern von Bedeutung, als eine „Verlässlichkeitspflichtverletzung" im Ergebnis nur dann die Haftung zur Folge haben könne, wenn sie auch zur Unrichtigkeit der Information geführt habe, s. S. 373 (als weitere Pflicht formuliert *Kersting* schließlich eine Informationspflicht für den Fall, dass die mitgeteilte Absicht eines bestimmten zukünftigen Verhaltens aufgegeben wird, sog. „Verhaltensinformationspflicht", s. nur S. 389 f.).

[210] *Kersting*, Dritthaftung, S. 383 ff., 386 ff., s. auch S. 391 f.

[211] S. zum Ganzen *Kersting*, Dritthaftung, S. 393, 552 f. sowie noch unten S. 232.

die konkrete Spezifizierung der Pflichten an die Vertrauensinanspruchnahme angeknüpft wird.

Die Verschiebung des Schwerpunkts der Haftungsproblematik vom Entstehen des Schuldverhältnisses hin zu einer differenzierten Bestimmung der aus ihm folgenden Pflichten ist aus dogmatischer Perspektive zu begrüßen. Dies bietet die Möglichkeit und Flexibilität, im Einzelfall angemessene Lösungen erzielen zu können. Die differenzierte Pflichtenbestimmung ermöglicht darüber hinaus die Berücksichtigung des Ziels, die Haftung nicht ausufern zu lassen respektive wieder einzugrenzen und verlorene Präzision im Bereich der Haftung gegenüber Dritten zurückzugewinnen.[212] Die Einbeziehung des Entstehungstatbestands des Schuldverhältnisses durch Anknüpfung an die konkrete Vertrauensinanspruchnahme gewährt den Parteien Gestaltungsfreiheit. Schließlich integriert das Konzept zentrale Wertungsgesichtspunkte, insbesondere das Tätigwerden des Beraters im beruflichen Kontext.

Indes darf nicht verkannt werden, dass das Konzept hohe Anforderungen an den Rechtsanwender stellt, da ein – schon im Gesetz angelegter – weiter Tatbestand formuliert wird. Die ohnedies erforderliche Haftungseingrenzung kann, muss aber eben auch, gewährleistet werden. Hierzu ist der Rechtsanwender im Einzelfall berufen. Dogmatischer Ansatzpunkt ist die Ebene der Pflichten des Vertrauensnehmers. Auf den Gesamtzusammenhang der Haftung bezogen läge in dieser Konkretisierung (und damit ggf. verbunden: Eingrenzung) die Hauptaufgabe der Rechtsprechung, wenn sie, was nach allem wünschenswert wäre, in Zukunft diese Konstruktion zur Anwendung brächte.

II. Grundsätzliches Verhältnis zum Vertrag mit Schutzwirkung zugunsten Dritter

Ist der dargestellte Tatbestand erfüllt, so entsteht das Schuldverhältnis nach § 311 Abs. 3 S. 2 BGB. *Kersting* hat nachgewiesen, dass die Norm die Expertenfälle, die ihr nach dem oben Erörterten schon aus dogmatischen Gründen

---

212 S. schon oben S. 206 ff.; beachte auch die Kritik von *Faust*, AcP 210 (2010), 555, 578 f. Insoweit *Faust* die Dritthaftung im Ergebnis ablehnt, ist seinen Ausführungen in AcP 210 (2010), 555, 558 ff. – ausschließlich auf den von ihm nicht explizit berücksichtigten insolvenzspezifischen Zusammenhang bezogen – allerdings entgegenzuhalten, dass der Berater gerade beruflich tätig wird. Es ist dabei erwünscht, dass er sorgfältig arbeitet, wobei es nicht ganz allgemein um ein jederzeit mögliches Augenblicksversagen im alltäglichen Bereich, etwa im Straßenverkehr, geht, sondern eben um den beruflichen Kontext, für den der Berater ohnehin regelmäßig eine Berufshaftpflichtversicherung abgeschlossen haben muss. Außerdem werden Schädigungen im Einzelfall auch vorhersehbar sein, was schon durch die Auslegung des Tatbestands von § 311 Abs. 3 S. 2 BGB (etwa über das Merkmal des Inanspruchnahmewillens) sichergestellt wird.

zugeordnet werden sollten, auch tatbestandlich erfasst.[213] Bereits angedeutet wurde, dass eine Facette der damit einhergehenden Neujustierung der Haftung gegenüber Dritten auch die – erstrebenswerte – Bereinigung des Vertrags mit Schutzwirkung zugunsten Dritter darstellt. Die in den Expertenfällen häufigen Konstellationen eines Interessengegensatzes zwischen den Parteien des Bezugsvertrags sind aus dem Anwendungsbereich des Instituts auszuscheiden.[214] Bei ihm verbleiben insbesondere solche Fälle, in denen ein Näheverhältnis besteht.[215] Umgekehrt gilt allerdings, dass ein Eingreifen des Vertrags mit Schutzwirkung zugunsten Dritter das Entstehen des Schuldverhältnisses aus § 311 Abs. 3 S. 2 BGB nicht hindert, sofern denn zugleich dessen Tatbestand erfüllt wird.[216]

III. Anwendung auf die insolvenzbezogenen Fälle

Eine Synthese der erzielten Erkenntnisse führt zu dem weiteren Prüfungsprogramm. Zunächst sollen die konkretisierten Tatbestandsmerkmale des § 311 Abs. 3 S. 2 BGB auf die Insolvenzkonstellation angewendet werden, wobei ergänzend jeweils noch einmal auf das Institut des Vertrags mit Schutzwirkung zugunsten Dritter einzugehen ist. Schließlich sind die aus dem spezifischen Schuldverhältnis folgenden Pflichten sowie die Rechtsfolgen ihrer Verletzung zu erörtern.

1. Das Zustandekommen des gesetzlichen Schuldverhältnisses

Will man die Vorschrift des § 311 Abs. 3 *S. 2* BGB auf die dieser Ausarbeitung zugrunde liegenden Fallkonstellationen beziehen, so bedarf es zunächst des erneuten Hinweises auf den mit dem Übergang zu der Norm für die Fälle der Expertenhaftung verbundenen Perspektivwechsel. Indem anstelle einer Anknüpfung an den Vertrag zwischen dem Experten und dessen Auftraggeber nunmehr eine Anknüpfung an den Vertrag zwischen dem Auftraggeber und dessen (zunächst potentiellen) Vertragspartner erfolgt, ist (insoweit in Übereinstimmung mit dem Wortlaut von § 311 Abs. 3 S. 2 BGB) folgerichtig der Experte als „Dritter" anzusehen, der ggf. haftet.[217] Dies ist auf die in dieser Ausarbeitung zu erörternden Fälle zu übertragen. Der Berater (somit z. B. der Steuerberater, Wirtschaftsprüfer oder Rechtsanwalt) ist Dritter i. S. der Norm und also potentieller Vertrauensnehmer. Potentieller Vertrauensgeber ist der Gesellschafter, Geschäftsleiter bzw. Gläubiger, der eine Vertrauenshandlung

---

[213] *Kersting*, Dritthaftung, S. 318 ff. und passim; a. A. *Faust*, AcP 210 (2010), 555, 567 ff.; zum damit einhergehenden Perspektivwechsel insbesondere schon oben S. 191 m. w. N. sowie bei Fn. 187 m. w. N. und noch sogleich.

[214] Vgl. schon S. 202 ff., 206 ff.

[215] Vgl. schon bei Fn. 180.

[216] S. *Kersting*, Dritthaftung, S. 329.

[217] S. dazu schon oben S. 188 f., 191 sowie in und bei Fn. 187, je m. w. N.

(i. S. v. § 311 Abs. 3 S. 2 BGB – regelmäßig – einen „Vertragsschluss") auf eine Information (etwa im Rahmen einer Aussage oder Expertise) des Beraters stützt. Die Vertrauenshandlung liegt in dem Geschäft mit dem Auftraggeber des Beraters (d. h. der Gesellschaft), beispielsweise in Form des Nachschießens von Kapital oder der Gewährung eines Darlehens.

a) Die Position des Gesellschafters

aa) Der Tatbestand von § 311 Abs. 3 S. 2 BGB

Wendet man sich nunmehr dem Verhältnis von Berater und Gesellschafter zu, so ist im Rahmen von § 311 Abs. 3 S. 2 BGB zunächst dem Tatbestandsmerkmal der Vertrauensinanspruchnahme nachzugehen. Der Berater müsste eine Vertrauenserwartung des Gesellschafters hervorrufen oder sich auf eine vorhandene berufen und diese als Grundlage einer Vertrauenshandlung anbieten.[218] Der Gesellschafter muss erwarten, dass die Angaben des Beraters hinsichtlich seiner Fähigkeiten zutreffen und dieser sich ankündigungsgemäß verhalten wird. Eine Vertrauenserwartung kann etwa im Auftreten des Beraters als Angehörigem seines Berufskreises und damit fachkundigem Experten, der die Prüfung der Insolvenzreife übernimmt, gründen. Es liegt nahe, dass der Gesellschafter erwarten wird, der Berater werde die Tätigkeit unter Einsatz seiner ganzen Kompetenz und Erfahrung erbringen, sodass der Gesellschafter die Prüfung der Insolvenzreife in dessen Hände legen, also auf eigene bzw. anderweitig veranlasste Untersuchungen verzichten kann.[219] Da der Berater aber bereits auf vertraglicher Grundlage zugunsten der Gesellschaft tätig wird, muss die Berücksichtigung der Belange des Gesellschafters dabei als zusätzliche Dimension des Beraterhandelns hinzukommen und entsprechend in die Vertrauenserwartung einfließen sowie vom Berater als Grundlage einer Vertrauenshandlung angeboten werden.

Als angestrebte Vertrauenshandlung kommt etwa die Zuführung „frischen" Kapitals durch den Gesellschafter in Betracht. Der geschäftliche Bezug wird regelmäßig sogar nach der engeren Auffassung vorliegen, die ein Handeln des Vertrauensnehmers im geschäftlichen Verkehr verlangt[220]. Der Inanspruchnahme müssen auf subjektiver Seite Handlungswille, Inanspruchnahmebewusstsein und -wille zugrunde liegen. Handlungswille und Inanspruchnahmebewusstsein dürften zumeist unproblematisch bleiben. Hinsichtlich des Inanspruchnahmewillens ist es erforderlich, dass der Berater den Bezugsvertrag, d. h. den der möglichen Investition durch den Gesellschafter zugrunde

[218] Zur Anwendung der Auslegungsregeln (§§ 133, 157 BGB) auf die Erklärungen von Vertrauensnehmer (Vertrauensinanspruchnahme) und Vertrauensgeber (Vertrauenserweis) *Kersting*, Dritthaftung, S. 295 f.

[219] Vgl. zu dieser Form des Vertrauens („character trust") auch *Kersting*, Dritthaftung, S. 215.

[220] Vgl. dazu Fn. 194 a. E.

liegenden Vertrag, bestimmt, die Vertrauensinanspruchnahme also gerade Relevanz für den vom Gesellschafter angestrebten Vertrag haben soll.[221] Wird der Berater vom Gesellschafter um Rat hinsichtlich der Möglichkeit einer Sanierung durch Zuführung neuer Mittel angegangen, wird auch dies gegeben sein. Zugleich wurzelt in einer solchen Anfrage der Vertrauenserweis des Gesellschafters.[222] Ähnlich mag es liegen können, wenn der Berater (etwa mit Blick auf eine Sanierungsmaßnahme) ein Gutachten erstellt, das auch zur Vorlage bei dem Gesellschafter bestimmt ist.[223] Eine tatbestandsmäßige Inanspruchnahme von Vertrauen wird auch in dem Fall vorliegen, in dem der Alleingesellschafter-Geschäftsführer um Rat hinsichtlich entsprechender „zusätzlicher" (weil auch bezogen auf seine Eigenschaft als Gesellschafter) Handlungsoptionen nachsucht.[224] Problematischer dürften Fälle sein, in denen der Gesellschafter nicht selbst in Erscheinung tritt. In solchen Konstellationen wird eine Inanspruchnahme ausscheiden und auch kein Vertrauenserweis vorliegen.[225]

Verlangt man im Zusammenhang mit dem Merkmal „in besonderem Maße" keine parteiähnliche Vertrauenswürdigkeit, sondern beruft sich lediglich auf ein über das normale Verhandlungsvertrauen hinausgehendes Vertrauen, das sich aus der Berufsgruppenzugehörigkeit des Vertrauensnehmers ergeben kann, so wird das Tatbestandsmerkmal beim Auftreten des Beraters erfüllt sein.[226] Doch auch solche Vertreter des Schrifttums, die formal ein Garantieelement oder eine Parteiähnlichkeit fordern, geben sich letztendlich mit der Berufsgruppenzugehörigkeit des Vertrauensnehmers zufrieden, sodass diese zum identischen Ergebnis kommen.[227]

---

[221] Vgl. oben S. 209 ff. sowie *Kersting*, Dritthaftung, S. 239 ff.

[222] Vgl. *Kersting*, Dritthaftung, S. 228 f.; zum alten Recht *Bohrer*, Die Haftung des Dispositionsgaranten, S. 88.

[223] Vgl. insoweit auch *Kersting*, Dritthaftung, S. 318 ff., 548 f., ferner S. 229 (zum Vertrauenserweis), S. 215, 218 (zum kommunikativen Kontakt); vgl. auch oben bei Fn. 195.

[224] S. dazu die Konstellation in BGHZ 193, 297 ff.; vgl. zu direkten Anfragen auch *Kersting*, Dritthaftung, S. 329 f.

[225] Schließlich dürfte in solchen Fällen mangels eines für den Berater erkennbaren Bezugsvertrags auch dessen Inanspruchnahmewille fehlen, was nach der Konzeption *Kerstings* zunächst allerdings nur die Anfechtbarkeit zur Folge hat, verbunden mit der Schadensersatzpflicht des Beraters, vgl. insoweit jedoch § 122 Abs. 2 Var. 2 BGB; s. zum Ganzen schon Fn. 196. Vgl. aber auch bei Fn. 223 und noch S. 229 f. für die Konstellation, dass die konkrete Person des Vertrauensgebers unbekannt ist.

[226] S. insoweit auch noch *Faust*, AcP 210 (2010), 555, 571.

[227] S. *Koch*, AcP 204 (2004), 59, 78 (allerdings sei diese Einordnung nicht zwingend oder abschließend, es handele sich um ein bewegliches System); über § 311 Abs. 3 S. 1 BGB im Ergebnis auch *Krebs*, in: NK-BGB^2, § 311 BGB Rn. 114, 127, vgl. dazu auch schon oben Fn. 202; s. jetzt auch *Becker*, in: NK-BGB, § 311 BGB Rn. 114, 123a, 127; was die maßgeblichen Kriterien anbelangt ähnlich letztlich auch die Rspr., s. nur BGHZ 193, 297, 302 ff., Rn. 16, 18.

Endlich wird auch das Vorliegen des Merkmals der erheblichen Beeinflussung des Vertragsschlusses oder der Vertragsverhandlungen zu bejahen sein. Die Vertrauenshandlung, also etwa die Zuführung von Kapital, nimmt der Gesellschafter in dieser Form nur vor, wenn und weil er von der Richtigkeit der Aussage des Beraters ausgeht. Eine abweichende Bewertung hinsichtlich der Insolvenzreife wird auch zu einem abweichenden Bezugsvertrag führen. Diese Beeinflussung ist als erheblich zu qualifizieren, da der Vertrag ansonsten vermutlich überhaupt nicht, jedenfalls aber mit völlig anderem Inhalt, geschlossen worden wäre.[228]

bb) Ergebnis

Als Konsequenz kann in der Insolvenzsituation ein Schuldverhältnis zwischen Berater und Gesellschafter auf Grundlage von § 311 Abs. 3 S. 2 BGB zustande kommen. Regelmäßig setzt das insbesondere einen kommunikativen Kontakt[229] voraus, der sich inhaltlich auch auf die Position gerade des Gesellschafters, nicht nur der Gesellschaft, erstreckt und zu einer Vertrauenserwartung des Gesellschafters führt, die der Berater in Anspruch nimmt.

Ergänzend ist darauf hinzuweisen, dass das Institut des Vertrags mit Schutzwirkung zugunsten Dritter wie dargelegt neben § 311 Abs. 3 S. 2 BGB Anwendung finden kann.[230] Erörtert wurde auch, dass die Einbeziehung des Gesellschafters in die Schutzwirkung des Beratervertrags als aus Sicht der Rechtsprechung folgerichtig zu bezeichnen ist.[231] In der Konstellation der Haftung des Beraters gegenüber dem Gesellschafter mag im Einzelfall – obschon auch gegenteilige Beispiele denkbar erscheinen – sogar ein Interessengleichlauf zwischen Gesellschaft und Gesellschafter vorliegen können oder jedenfalls anzunehmen sein, dass deren Interessen nicht, wie in den typischen Gutachterfällen, diametral gegensätzlich liegen.[232] Zusammenfassend dürfte gelten, dass es sich bei der Haftung gegenüber dem Gesellschafter um einen im Ergebnis allgemein konsentierten Bereich handelt.

---

[228] Vgl. schon oben S. 212 f.

[229] Beachte insoweit aber oben S. 210 f. mit Fn. 195 sowie bei Fn. 223.

[230] S. zu dieser Möglichkeit schon oben S. 215 f.

[231] S. oben S. 198 f.

[232] Vgl. etwa BGH NJW 2000, 725, 727; umgekehrte Konstellation in BGH NJW 1986, 581, 582; s. gerade auch BGHZ 193, 297, 306 f., Rn. 25; vgl. allgemein auch BGH NJW 1983, 1053, 1054; *Jagmann*, in: Staudinger [2009], § 328 BGB Rn. 103; vgl. auch *Hadding*, in: Soergel, Anh § 328 BGB Rn. 28 mit Fn. 162; vgl. aber auch OLG Celle NJOZ 2008, 527, 531. In dieser Erkenntnis spiegelt sich auch die insoweit schon angeklungene Kongruenz der jeweiligen Lösungswege – zumindest in Anbetracht des Ergebnisses – wider, vgl. zur Rechtsprechung insofern etwa schon bei Fn. 211.

b) Die Position des Geschäftsleiters

aa) Der unmittelbare Tatbestand des Schuldverhältnisses aus § 311 Abs. 3 S. 2 BGB

Der Geschäftsleiter müsste die Erwartung hegen, dass der Berater die Insolvenzreife oder genauer die Insolvenzantragspflicht und die damit verbundene Berechtigung zur Fortführung des Unternehmens – also die den Geschäftsleiter selbst betreffenden Aspekte – prüft, sodass der Geschäftsleiter auf eigene bzw. anderweitig veranlasste Überprüfungen verzichten und das Unternehmen mangels gegenteiliger Äußerungen fortführen kann. Der Berater muss, was nach dem oben Erörterten in seinem beruflich bedingten Auftreten wurzeln kann, eine solche Erwartung hervorrufen oder sich auf die vorhandene Erwartung berufen und diese dem Geschäftsleiter als Grundlage der Unternehmensfortführung anbieten. Besonders zu berücksichtigen ist dabei wiederum, dass der Berater bereits für die Gesellschaft tätig sein wird, sodass die Dimension des Tätigwerdens für den Geschäftsleiter, der meist ohnehin erster Ansprechpartner des Beraters ist, zusätzlich hinzukommen muss. Auf subjektiver Seite der Inanspruchnahme stellt sich die Frage nach dem Inanspruchnahmewillen und dem Bezugsvertrag, den der Berater im Zuge der Inanspruchnahme bestimmen muss. Der Identifikation des Bezugsvertrags kommt darüber hinaus Bedeutung für das Merkmal der Beeinflussung des Vertragsschlusses bzw. der Vertragsverhandlungen zu.

Bei Lichte betrachtet stellt sich die Bestimmung des Bezugsvertrags als problematisch heraus. Von der Frage der Insolvenzreife und der damit verbundenen Insolvenzantragspflicht hängt es ab, ob der Geschäftsleiter das Unternehmen fortführt. In der bloßen Fortführung als solcher liegt indes kein vertragliches, sondern im Grunde ein tatsächliches Handeln. Doch kann ein solches das Schuldverhältnis aus § 311 Abs. 3 S. 2 BGB nicht zum Entstehen bringen, da die Vertrauensinanspruchnahme dann nicht auf „die Vertragsverhandlungen oder den Vertragsschluss" abzielt.[233] Mit dem Wortlaut der Norm wäre es daher nur schwer vereinbar, als „Bezugsvertrag" die Fortführung als solche zu verstehen. Mit der Fortführung geht sodann zwar einher, dass sich der Geschäftsleiter der Haftung etwa aus § 64 GmbHG bzw. dessen Parallelvorschriften oder aus § 823 Abs. 2 BGB i. V. m. § 15a InsO aussetzt. Die Fortführung mag insoweit also einen rechtlichen Zusammenhang berühren. Es fehlt aber die vom Wortlaut der Vorschrift des § 311 Abs. 3 S. 2 BGB vorausgesetzte Vertragsnähe.

Andererseits sind mit der Fortführung des Unternehmens sehr wohl Rechtsgeschäfte verbunden, sofern der Geschäftsleiter beispielsweise neue

---

[233] S. *Kersting*, Dritthaftung, S. 219 f., 269.

Verträge eingeht oder bestehende Verträge erfüllt.[234] Es liegt nahe, an diese Geschäfte anzuknüpfen. Allerdings handelt es sich dabei um Geschäfte der Gesellschaft, die der Geschäftsleiter als ihr Organ und Vertreter mit Wirkung für und gegen die Gesellschaft abschließt, nicht um eigene Geschäfte des Geschäftsleiters. Das Entstehen des Schuldverhältnisses erscheint konstruktiv aber nur möglich, wenn es sich bei der durch die Vertrauensinanspruchnahme veranlassten Vertrauenshandlung auch um ein eigenes Geschäft des Vertrauensgebers handelt. Der Abschluss von Verträgen der Gesellschaft könnte demnach nur dann zum Entstehen des Schuldverhältnisses führen und schließlich zur Haftungsbegründung herangezogen werden, wenn der Berater das Vertrauen der Gesellschaft, lediglich vermittelt durch den Geschäftsleiter, in Anspruch nähme. Dann ginge es jedoch um eine Haftung gegenüber der *Gesellschaft*, nicht gegenüber dem Geschäftsleiter. Geht es gerade um das originär „eigene" Vertrauen des Geschäftsleiters und die Haftung gegenüber diesem, steht also zunächst das Zustandekommen des Schuldverhältnisses aus § 311 Abs. 3 S. 2 BGB zwischen Berater und Geschäftsleiter in Rede, so ist Voraussetzung dafür im Grundsatz, dass auch die übrigen Tatbestandsvoraussetzungen bezogen auf den Geschäftsleiter selbst vorliegen.

Darüber hinaus ist das Vorliegen des Inanspruchnahmewillens des Beraters selbst bei einer Anknüpfung an die im Zuge der Fortführung abgeschlossenen Geschäfte zu bezweifeln. Schließlich müsste der Berater die konkreten Bezugsverträge bestimmen. Welche Geschäfte der Geschäftsleiter noch eingehen wird, ist für den Berater zumeist aber nicht vorauszusehen.[235] Es bliebe also nur, anzunehmen, dass es dem Berater nicht auf das konkrete Geschäft ankommt, sondern er auf eine Konkretisierung seines Inanspruchnahmewillens verzichtet und jegliche im Zuge der Fortführung abgeschlossenen Geschäfte in seinen Willen aufnimmt.[236] Dies liegt aufgrund des damit verbundenen Haftungsrisikos allerdings fern.[237]

---

[234] Vgl. auch *Kersting*, Dritthaftung, S. 289 f., 269 f., u. U. erforderte eine Anknüpfung an solche Vorgänge konstruktiv allerdings, auch einseitige Rechtsgeschäfte als Bezugs„vertrag" im Sinne der Norm anzuerkennen.

[235] Ähnlich zum Merkmal der Erkennbarkeit im Zusammenhang mit dem Vertrag mit Schutzwirkung zugunsten Dritter *H. F. Müller*, ZInsO 2013, 2181, 2187 (dies solle im Ergebnis gleichermaßen für § 311 Abs. 3 S. 2 BGB gelten); vgl. allgemein auch *Kersting*, Dritthaftung, S. 244 f.

[236] Vgl. dazu *Kersting*, Dritthaftung, S. 245.

[237] Die dargestellte Problematik der Identifizierung eines Bezugsvertrags stellte sich insgesamt in ganz ähnlicher Weise, soweit die Vertrauenserwartung etwa auf die Beratung über die Beseitigung der erkannten Insolvenzreife (z. B. durch Rangrücktritte, s. dazu § 19 Abs. 2 S. 2 InsO) oder, wiederum bei erkannter Insolvenzreife, die Möglichkeit der Haftungsvermeidung im Rahmen von § 64 GmbHG (vgl. dazu nur *H. F. Müller*, in: MünchKomm-GmbHG, § 64 GmbHG Rn. 144 ff., 153 ff.) bezogen wäre. In beiden Varianten, in denen es in der Sache letztlich wieder um die Fortführung des Unternehmens gehen wird, fehlte es an einem Bezugsvertrag (auch in Form eines einseitigen Rechtsgeschäfts), aus

Endlich könnte eine Anknüpfung unmittelbar an den (unterlassenen) Insolvenzantrag in Betracht kommen und die (unterlassene) Antragstellung gegenüber dem Insolvenzgericht als Vertrauenshandlung des Vertrauensgebers, also des Geschäftsleiters, anzusehen sein. Dass der Inanspruchnahmewille des Beraters sich auf den Insolvenzantrag bezieht, der gerade auch von der Aussage des Beraters abhängen kann, ist jedenfalls nicht völlig ausgeschlossen. Indes handelt es sich bei dem Insolvenzantrag offenkundig nicht um „Vertragsverhandlungen“ oder einen „Vertragsschluss“, wie § 311 Abs. 3 S. 2 BGB formuliert. Es wird allerdings vertreten, dass § 311 Abs. 3 S. 2 BGB zu eng gefasst sei und auch einseitige Rechtsgeschäfte sowie darüber hinaus sogar prozessuale Maßnahmen in den Anwendungsbereich der Norm einzubeziehen seien.[238] Der Insolvenzantrag wiederum stellt im formalen Sinne eine Prozesshandlung dar.[239] Eine weite Interpretation der Norm in dieser Hinsicht könnte es also ermöglichen, auch den (unterlassenen) Insolvenzantrag als Vertrauenshandlung anzusehen[240] und das Beeinflussungsmerkmal mit dem Argument zu bejahen, dass der Insolvenzantrag ohne die Vertrauensinanspruchnahme gestellt worden wäre[241]. Ob eine solche Auslegung der Norm allerdings der mit der Kodifikation verfolgten gesetzgeberischen Intention entspricht, erscheint zweifelhaft, zumal auch die ökonomische Funktion der auf dieser Norm und dem Schuldverhältnis beruhenden Haftung schwerpunktmäßig einen anderen Fokus hat[242]. Zusammenfassend ist damit festzuhalten, dass die Subsumtion des Verhältnisses zwischen Berater und Ge-

---

dem der Geschäftsleiter selbst verpflichtet bzw. betroffen wäre. So mag der Geschäftsleiter im Glauben, ein erfolgter Rangrücktritt habe die eingetretene Überschuldung beseitigt, obwohl dieser den Anforderungen des § 19 Abs. 2 S. 2 InsO in Wahrheit nicht genügt (zu den Anforderungen nur *Mock*, in: Uhlenbruck, § 19 InsO Rn. 226 ff.), das Unternehmen fortführen und dabei Geschäfte eingehen. Ähnlich mag der Geschäftsleiter im Zuge der Fortführung Zahlungen auf ein debitorisches Konto hinnehmen oder im Gegenzug für eine Zahlung eine nicht adäquate Gegenleistung akzeptieren (s. dazu *H. F. Müller*, in: MünchKomm-GmbHG, § 64 GmbHG Rn. 146, 149). Insoweit wird regelmäßig wiederum nur tatsächliches Handeln oder aber ein Rechtsgeschäft der Gesellschaft, das der Geschäftsleiter als Vertreter schließt, in Rede stehen. Dann fehlte es jedoch an der von § 311 Abs. 3 S. 2 BGB vorausgesetzten Vertragsbezogenheit oder zumindest Vertragsnähe sowie an einer eigenen Vertrauensinvestition des Vertrauensnehmers „Geschäftsleiter“, die auf ein eigenes Rechtsgeschäft bezogen wäre. Endlich würde gelten, dass die konkreten Handlungen für den Vertrauensnehmer nicht vorauszusehen wären. Vgl. zur Behandlung solcher Fälle nach dem Konzept der Rechtsprechung schon oben Fn. 61.

[238] *Kersting*, Dritthaftung, S. 269 f.

[239] *Schmahl/Vuia*, in: MünchKomm-InsO, § 13 InsO Rn. 70 ff.; *Wegener*, in: Uhlenbruck, § 13 InsO Rn. 55 ff.

[240] Zur Insolvenzantragspflicht, die jedes einzelne Mitglied des Vertretungsorgans trifft, s. etwa BGH NJW 1994, 2149, 2150; *Klöhn*, in: MünchKomm-InsO, § 15a InsO Rn. 70; *H. F. Müller*, in: MünchKomm-GmbHG, § 64 GmbHG Rn. 60.

[241] Vgl. zu dieser Variante der Beeinflussung *Kersting*, Dritthaftung, S. 268.

[242] S. dazu *Kersting*, Dritthaftung, S. 202 ff.

schäftsleiter in der Insolvenzsituation unter § 311 Abs. 3 S. 2 BGB schon ausgehend von dem unmittelbaren Tatbestand der Norm erheblichen Schwierigkeiten unterliegt.[243]

bb) Wertungsfragen

Die im Raum stehende Haftung des Beraters gegenüber dem Geschäftsleiter ist zudem mit Rücksicht auf den rechtlichen Gesamtkontext zu würdigen. Das Entstehen des Schuldverhältnisses (genauer die auf ihm ggf. aufbauende Haftung des Beraters) aus § 311 Abs. 3 S. 2 BGB – wie auch dessen Haftung aufgrund des Vertrags mit Schutzwirkung zugunsten Dritter im Sinne der Rechtsprechung – könnte zunächst mit dem gesellschaftsrechtlichen Pflichtenprogramm des Geschäftsleiters kollidieren. Diesen trifft seinerseits die originäre Verpflichtung, sich stets über die wirtschaftliche Lage sowie die Insolvenzreife der Gesellschaft zu vergewissern und rechtzeitig i. S. d. § 15a InsO Insolvenzantrag zu stellen. Außerdem unterliegt er nach Eintritt der Insolvenzreife einem Zahlungsverbot.[244] Der darauf beruhenden Haftung entgeht der Geschäftsleiter nach der Rechtsprechung des BGH, sofern er einen geeigneten Berater rechtzeitig mit der Prüfung der Insolvenzreife beauftragt, diesen vollumfänglich informiert und das Prüfergebnis einer Plausibilitätsprüfung unterzieht.[245] Vor diesem Hintergrund wird geltend gemacht, dass ein Geschäftsleiter, der sich nicht an den genannten Maßstäben orientiert und folglich in die Haftung gerät, nicht schutzwürdig und eine Haftung des Beraters daher abzulehnen sei.[246]

In der Tat ist anzuzweifeln, ob die Eröffnung einer Regressmöglichkeit zugunsten des Geschäftsleiters, unabhängig von dem dogmatischen Begründungsweg, insoweit angemessen ist. Auch wird ein dahingehendes Bedürfnis nicht ersichtlich. Es steht dem Geschäftsleiter offen, die von der gesellschaftsrechtlichen Rechtsprechung entwickelten Regeln zum Vertrauen auf fachkundige Beratung zu befolgen und seine eigene Haftung so zu vermei-

---

[243] Vergleichbare Probleme treten auf, sofern es um das – dem Grunde nach selbstverständlich denkbare – Zustandekommen des Schuldverhältnisses aus § 311 Abs. 3 S. 2 BGB (bzw. die darauf beruhende Haftung) zwischen Berater und *Aufsichtsrat* geht. Insbesondere erscheint dann wiederum die Bestimmung des Bezugsvertrags als sehr problematisch.

[244] S. zum Pflichtenprogramm des Geschäftsleiters insbesondere schon S. 7 ff. m. w. N.

[245] S. im Einzelnen schon S. 8 f. m. w. N.

[246] *H. F. Müller*, ZInsO 2013, 2181, 2187 f.; *ders.*, in: MünchKomm-GmbHG, § 64 GmbHG Rn. 166 – das Argument bezieht sich unmittelbar auf die Haftung aus Vertrag mit Schutzwirkung zugunsten Dritter, ist wertungsmäßig aber verallgemeinerbar; vgl. ferner OLG Köln DStRE 2012, 970, 972; auf Grundlage von § 311 Abs. 3 S. 2 BGB ließen sich solche Kriterien dogmatisch etwa auf der Ebene der (im Ergebnis ggf. gerade nicht) aus dem Schuldverhältnis folgenden Pflichten verorten, s. *Kersting*, Dritthaftung, S. 236 f.

den.[247] Diese Regeln wurden gerade zu seiner Entlastung geschaffen.[248] In diesem Zusammenhang stellt sich darüber hinaus die Frage nach der Vereinbarkeit der insolvenzbezogenen Haftung des Beraters mit der genannten Rechtsprechung des II. Zivilsenats des BGH zur Geschäftsleiterhaftung. Nach dem Verständnis der Rechtsprechung, aber auch der Wissenschaft, haftet der Geschäftsleiter strikt für schuldhafte Verstöße gegen die Insolvenzantragspflicht und das Zahlungsverbot. An seine Entlastung etwa aufgrund eines Rechtsirrtums werden strenge Anforderungen gestellt.[249] Das Vertrauen auf fachkundigen Rat wird nur in engen Grenzen – beim Vorliegen der dargestellten spezifischen, vom BGH im Einzelnen erarbeiteten Voraussetzungen – geschützt. Die Zuerkennung einer „neuen" Regressmöglichkeit zugunsten des Geschäftsleiters bedeutet für diesen im wirtschaftlichen Ergebnis eine über die bewusst restriktiv ausgestaltete, originär gesellschaftsrechtliche, Rechtsprechung des BGH hinausgehende Entlastungsmöglichkeit. Denn der Geschäftsleiter könnte in Fällen, in denen er gerade nicht der Rechtsprechung zum Vertrauen auf fachkundigen Rat entsprochen hat, den Berater in Anspruch nehmen und so ein Ergebnis herbeiführen, das wirtschaftlich – wenigstens im Grundsatz – demjenigen bei Befolgung der gesellschaftsrechtlichen Regeln entspricht. Zumindest trüge der Geschäftsleiter zwar das Insolvenzrisiko des Beraters. Gleichwohl besteht die Gefahr, dass die strenge gesellschaftsrechtliche Rechtsprechung im Ergebnis unterminiert wird. Der Konflikt mit dieser Rechtsprechung spricht gegen die Eröffnung einer Regressmöglichkeit insgesamt.

Den damit verbundenen Schutz der strengen gesellschaftsrechtlichen Rechtsprechung erzielt, *im Ergebnis* weitgehend identisch, *Thole*, der die Haftung des Beraters gegenüber dem Geschäftsleiter auf Rechtsfolgenseite beschränkt.[250] Er folgert eine solche Beschränkung der – dem Grunde nach befürworteten – Haftung gegenüber dem Geschäftsleiter aus ihrem ökonomischen Zweck. In erster Linie solle die haftungsrechtliche Absicherung des

[247] Vgl. insoweit auch BGH WM 2016, 1601, 1604, Rn. 32 – indes will der BGH gerade für die Insolvenzkonstellation nicht die entsprechende, hier vertretene Konsequenz ziehen.

[248] S. nur BGH NJW 2007, 2118, 2120, Rn. 18; *H. F. Müller*, DB 2014, 1301, 1301; *Fleischer*, ZIP 2009, 1397, 1400; vgl. auch *B. Müller*, Haftungsprivilegierung der Geschäftsleitung, S. 109 ff.

[249] S. schon S. 8 f. m. w. N.; vgl. im Übrigen BGH NJW 2007, 2118, 2120, Rn. 15 ff.; BGH NJW-RR 2012, 1122, 1122 f., Rn. 9 ff.; BGH WM 2012, 1124, 1125 f., Rn. 13 ff.; vgl. auch BGH NJW-RR 2011, 1670, 1671 f., Rn. 16 ff.; BGH NJW-RR 2015, 988, 991, Rn. 28 ff.; *Strohn*, ZHR 176 (2012), 137, 139; *H. F. Müller*, DB 2014, 1301, 1302 ff.; *ders.*, in: MünchKomm-GmbHG, § 64 GmbHG Rn. 158 ff.; *Fleischer*, in: MünchKomm-GmbHG, § 43 GmbHG Rn. 42 ff., 259; *Paefgen*, in: Ulmer, § 43 GmbHG Rn. 171; *Hopt/Roth*, in: Großkomm. AktG, § 93 AktG Rn. 139 f.; *Koch*, in: Hüffer/Koch, § 93 AktG Rn. 43 f.; *Spindler*, in: MünchKomm-AktG, § 93 AktG Rn. 177.

[250] S. *Thole*, ZfPW 2015, 31, 51 f., 56 ff., speziell zur Beschränkung auf Rechtsfolgenseite S. 56 f.

Geschäftsleiters dafür sorgen, die Schadensvermeidungsanreize für den Berater richtig zu setzen. Es komme für die Gesellschaft darauf an, dass der Berater die Insolvenzreife möglichst sorgfältig prüfe, sodass eine Verminderung des Gesellschaftsvermögens verhindert werde. Um ihn dazu anzuhalten, seien über die bei der Gesellschaft eintretenden Insolvenzverschleppungsschäden hinaus (die haftungsrechtlich bereits durch den Mandatsvertrag abgesichert sind) auch Schäden, die nur beim Geschäftsleiter eintreten könnten, in die Haftung einzubeziehen. Flössen solche Schäden in das Schadenskalkül ein, verhindere dies zu geringe Präventionsanreize zur sorgfältigen Prüfung der Insolvenzreife.[251] Darin liege letztlich die Rechtfertigung einer Haftung des Beraters auch gegenüber dem Geschäftsleiter, die somit gleichsam als Annex zur Haftung gegenüber der Gesellschaft erscheine. Folgerichtig sei es aber überhaupt nicht erforderlich, dass der Berater gegenüber dem Geschäftsleiter für Insolvenzverschleppungsschäden einzustehen habe, wenn und weil der Berater für solche bereits gegenüber der Gesellschaft hafte. Es sei demnach ökonomisch vorgezeichnet, dass die Insolvenzverschleppungsschäden nicht doppelt anzusetzen seien und also der Berater nicht auch gegenüber dem Geschäftsleiter für solche Schäden hafte.[252]

Der Eröffnung einer Regressmöglichkeit wird schließlich entgegengehalten, dass dem Berater dadurch eine bürgenähnliche Einstandspflicht für die Folgen insolvenzbezogener Pflichtverletzungen des Geschäftsleiters auferlegt werde, von der, über das Vorgehen nach §§ 829, 835 ZPO, schlussendlich Gesellschaft und Gläubiger profitierten. Es sei kaum zu rechtfertigen, dass der Berater, der nicht als Geschäftsleiter tätig wird, wie ein solcher haften und gleichsam die Befriedigung der Gesamt- bzw. Individualinteressen der Gläubiger sicherstellen solle.[253] Auf Grundlage des Vertrags mit Schutzwirkung zugunsten Dritter ist zwar Voraussetzung der Haftung, dass ein Prüfvertrag geschlossen wurde; insoweit erfolgt keine „allgemeine" Überleitung der Haftung auf den Berater[254]. Im Rahmen eines Prüfvertrags erfolgte diese Überleitung jedoch generell, zumal es nach der Rechtsprechung des BGH wie erörtert schnell zum konkludenten Abschluss eines solchen Vertrags kommen kann. Bejaht man das Eingreifen der Haftung gegenüber dem Geschäftsleiter und schafft eine Regressmöglichkeit, bedeutet dies daher letztlich auch, dass dem Geschäftsleiter ermöglicht wird, sich seiner (haftungsrechtlichen) Letztverantwortlichkeit für die finanzielle Situation der Gesellschaft auf Grundla-

---

[251] *Thole*, ZfPW 2015, 31, 51 f.

[252] *Thole*, ZfPW 2015, 31, 56 f.

[253] Wiederum bezogen auf die Haftung aus Vertrag mit Schutzwirkung zugunsten Dritter, wiederum aber verallgemeinerbar, *H. F. Müller*, ZInsO 2013, 2181, 2187.

[254] Derart argumentiert *Thole*, ZfPW 2015, 31, 50; s. zur Rechtsprechung schon S. 181 mit Fn. 63.

ge eines Prüfvertrags zu entziehen.[255] Das wiederum – und hier schließt sich der Kreis – steht im schon angesprochenen Widerspruch zur strengen Rechtsprechung des II. Zivilsenats des BGH, der den Geschäftsleiter nur unter weiteren, spezielleren Voraussetzungen aus der Haftung entlässt. Der bloße Abschluss eines Prüfvertrags reicht dazu gerade nicht aus.[256] Sodann ist in der Tat der Gefahr zu begegnen, dass der Berater im wirtschaftlichen Ergebnis zum „Versicherer" der Gesellschafts- bzw. in der Insolvenzsituation in erster Linie der Gläubigerinteressen wird.[257]

Endlich gilt es zu berücksichtigen, dass die Schaffung einer eigenständigen Regressmöglichkeit zugunsten des Geschäftsleiters – über § 311 Abs. 3 S. 2 BGB wie auch den Vertrag mit Schutzwirkung zugunsten Dritter – nur eingeschränkt erforderlich ist. So wurde bereits ausgeführt, dass es in der Insolvenzkonstellation zum Entstehen eines Gesamtschuldverhältnisses zwischen Geschäftsleiter und Berater kommen kann.[258] Entscheidend wird dafür sein, dass Einzelverbindlichkeiten beider Beteiligter gegenüber der Gesellschaft bestehen. Insoweit kann von Bedeutung sein, aus welchem Rechtsgrund die (vermeintliche) Verpflichtung des Geschäftsleiters herrührt. Schließlich verlangt etwa der Anspruch aus § 64 S. 1 GmbHG lediglich das Vorliegen einer „Zahlung", nicht aber eines Schadens i. S. d. § 280 BGB[259]. Demgegenüber erfordert beispielsweise der Anspruch aus § 43 Abs. 2 GmbHG zwar wie § 280 BGB das Entstehen eines Schadens, doch scheidet die Haftung bei einem Handeln aufgrund von Weisungen der Gesellschafter in weitem Umfang aus, was besonders für Alleingesellschafter-Geschäftsführer von Rele-

[255] *Thole*, ZfPW 2015, 31, 50 ff., 56 ff., kann sich zwar darauf berufen, dieses Ergebnis durch die Beschränkung des Anspruchs auf Rechtsfolgenseite zu vermeiden. Indes bleibt offen, ob der Zweck seiner Konstruktion, nämlich die Präventionswirkung einer Haftung gegenüber dem Geschäftsleiter für dessen „sonstige Nachteile", angesichts der drohenden, potentiell enormen Insolvenzverschleppungsschäden bei der Gesellschaft, die der Berater dieser ohnehin zu ersetzen haben kann, eine solche zusätzliche Haftung gegenüber dem Geschäftsleiter überhaupt erforderlich macht.

[256] Differenzierter könnte sich die Situation darstellen, wenn die Haftung auf § 311 Abs. 3 S. 2 BGB gestützt würde. Denn wie schon angesprochen folgte daraus im Grundsatz eine völlige Emanzipation vom Rechtsverhältnis zwischen Berater und Gesellschaft. Für die Begründung der Haftung kommt es zunächst einzig auf den Tatbestand des Schuldverhältnisses an. Die daraus folgenden Pflichten sind individuell zu bestimmen, vgl. *Kersting*, Dritthaftung, S. 338 f., 348, im Einzelnen zu den Pflichten S. 360 ff., 381 ff. (speziell zu den Expertenfällen etwa S. 393). Die Pflichten des Beraters hängen demnach im Wesentlichen von der (ggf. normativ auszufüllenden) Vertrauensinanspruchnahme ab. In gewisser Weise liegt die Reichweite der Haftung des Beraters – und damit ihre Angemessenheit – folglich in der Hand des Rechtsanwenders; s. allgemein zu den aus dem Schuldverhältnis folgenden Pflichten auch schon oben S. 213 f. sowie noch S. 232.

[257] Differenzierend (bezogen auf den Vertrag mit Schutzwirkung zugunsten Dritter) *Thole*, ZfPW 2015, 31, 52.

[258] S. oben S. 163 ff.

[259] Vgl. schon oben S. 165 m. w. N.

vanz ist[260]. Aufgrund der Heterogenität der jeweiligen Ansprüche kann es demnach etwa dazu kommen, dass nur einer der Beteiligten haftet. Gleichwohl dürfte häufig eine gleichzeitige Verantwortlichkeit von Geschäftsleiter und Berater zu verzeichnen sein. Kommt es folglich zum Entstehen der Gesamtschuld, so bestimmen sich etwaige interne Ausgleichsansprüche zwischen den Gesamtschuldnern nach § 426 Abs. 1, 2 BGB.[261] Der Gesamtschuldregress ist dann als vorrangiges Instrument des Ausgleichs zwischen den Beteiligten heranzuziehen, eine eigenständige Haftungsgrundlage zugunsten des Geschäftsleiters insoweit im Grunde nicht erforderlich.[262]

Zusammenfassend zeigt sich also, dass eine (eigenständige) Haftung des Beraters gegenüber dem Geschäftsleiter – letztlich ungeachtet der rechtlichen Grundlage – aus Wertungsgesichtspunkten abzulehnen ist und darüber hinaus in vielen Fällen auch nicht erforderlich sein wird.[263]

---

[260] Das Entfallen der Haftung aus § 43 Abs. 2 GmbHG wird in solchen Fällen z. B. mit der grundsätzlichen Verpflichtung des Geschäftsführers zur Befolgung von Weisungen begründet und als Umkehrschluss aus § 43 Abs. 3 S. 3 GmbHG hergeleitet, s. nur *Paefgen*, in: Ulmer, § 43 GmbHG Rn. 213 ff.; *U. H. Schneider*, in: Scholz, § 43 GmbHG Rn. 119 ff.; vgl. ferner *Bitter*, ZInsO 2010, 1505, 1507 f.; *Raiser/Veil*, Recht der Kapitalgesellschaften, S. 534 f., Rn. 1 ff., S. 558 f., Rn. 90 ff. Eben jener § 43 Abs. 3 S. 3 GmbHG zieht für die Haftungsbefreiung durch Weisung zugleich eine Grenze. Indes ist seine Reichweite über den unmittelbar geregelten Fall hinaus (der in der insolvenzbezogenen Situation selbstverständlich nahe liegt, aber eben etwa eine Auszahlung an Gesellschafter verlangt) umstritten. Das gilt auch mit Rücksicht auf die Dispositionsbefugnis über den Anspruch aus § 43 Abs. 2 GmbHG bei einem Verstoß gegen die Insolvenzantragspflicht, vgl. einerseits BGH NJW 1974, 1088, 1089; andererseits BGH NJW 1994, 2149, 2152; BGH NJW 2010, 64, 64, Rn. 10; vgl. auch *H. F. Müller*, in: MünchKomm-GmbHG, § 64 GmbHG Rn. 220; *Klöhn*, in: MünchKomm-InsO, § 15a InsO Rn. 317; *Haas*, in: Baumbach/Hueck, § 64 GmbHG Rn. 160; anders *Zöllner/Noack*, in: Baumbach/Hueck, § 43 GmbHG Rn. 34; vgl. ferner *Bitter*, ZInsO 2010, 1505, 1510 f.

[261] Vgl. für die Insolvenzkonstellation auch *Thole*, ZfPW 2015, 31, 57 f. (der die Bedeutung des Gesamtschuldnerausgleichs indes durch eine beiderseitige Berücksichtigung des Mitverschuldens – zulasten der Gesellschaft – schmälert); zu den aus § 426 BGB folgenden Ansprüchen nur *Bydlinski*, in: MünchKomm-BGB, § 426 BGB Rn. 12 ff., 38 ff.

[262] Vgl. im Ansatz jetzt auch (indes gerade ohne Übertragung auf die Insolvenzkonstellation) BGH WM 2016, 1601, 1604, Rn. 31.

[263] Anders als nach *Thole*, ZfPW 2015, 31, 50 ff. wird es dem Geschäftsleiter demnach zwar nicht ermöglicht, sonstige, also über die – auch nach *Thole* nicht erfassten – Insolvenzverschleppungsschäden hinausgehende, Schäden wie etwa „persönliche Rechtsverteidigungsaufwendungen“ geltend zu machen. Doch besteht dazu auch kein Anlass, da der Geschäftsleiter das Eintreten solcher Schäden verhindern kann, indem er sich der Rechtsprechung des II. Zivilsenats des BGH zum Vertrauen auf fachkundige Beratung entsprechend verhält. Seine eigene Haftung scheidet dann aus. In der Folge dürften ihm nach den allgemeinen Regeln des Prozessrechts auch keine Prozesskosten verbleiben, vgl. insbesondere § 91 ZPO und dazu nur *Schulz*, in: MünchKomm-ZPO, § 91 ZPO Rn. 15 ff. Weiter ist es auch denkbar, dass die sog. „D&O-Versicherung“ (genauer beispielsweise „Vermögensschaden-Haftpflichtversicherung von Aufsichtsräten, Vorständen und Geschäftsführern“),

cc) Ergebnis

Zwischen Berater und Geschäftsleiter entsteht in der Insolvenzsituation kein Schuldverhältnis aus § 311 Abs. 3 S. 2 BGB. Die Begründung seines Zustandekommens fällt schon angesichts des Tatbestands der Norm schwer. Ungeachtet der rechtlichen Grundlage ist dem Ergebnis einer Haftung des Beraters gegenüber dem Geschäftsleiter (die ihren Ausgangspunkt bei einer Anknüpfung an § 311 Abs. 3 S. 2 BGB im Entstehen des Schuldverhältnisses hätte) darüber hinaus auch wertungsmäßig[264] entgegenzutreten.

Daneben kommt auch eine Haftung auf Grundlage des Vertrags mit Schutzwirkung zugunsten Dritter nicht in Betracht.[265] Die Bedenken gegen eine derartige Konstruktion der Haftung des Beraters gegenüber dem Geschäftsleiter wurden bereits aufgezeigt. Zwar mag bei unbefangener Betrachtung im Einzelfall ein Näheverhältnis zwischen Geschäftsleiter und Gesellschaft anzunehmen sein können, sodass die Anwendung des Instituts nicht schon im Ausgangspunkt ausgeschlossen erscheint.[266] Indes zeigen sich darüber hinausgehende konstruktive Schwierigkeiten bei der Begründung der Haftung.[267] Auch ist das Vorliegen der Einbeziehungsvoraussetzungen der Erkennbarkeit und der Schutzbedürftigkeit zweifelhaft.[268] Insbesondere aber

---

sofern eine solche denn im Einzelfall besteht, die (Kosten der) Abwehr von Ansprüchen gegen das Leitungsorgan abdeckt, s. z. B. Ziffer 4.1 S. 1 AVB-AVG 2013 des Gesamtverbands der Deutschen Versicherungswirtschaft e.V. (GDV) und § 100 VVG. Im Zusammenhang mit der D&O-Versicherung ist im Übrigen zu bedenken, dass der über die Einführung von § 108 Abs. 2 VVG n. F. ermöglichte, mittels Abtretung des Anspruchs des Geschäftsleiters an die Gesellschaft herbeizuführende, „faktische Direktanspruch" der Gesellschaft gegen den Versicherer im Einzelfall dazu führen mag, dass Rechtsverteidigungsaufwendungen des Geschäftsleiters ohnehin nicht entstehen oder vermindert werden, soweit die Gesellschaft infolge der Abtretung ohne Umwege nur gegen den Versicherer vorgeht (zu den Nachteilen der Abtretung indes nur *Hopt/Roth*, in: Großkomm. AktG, § 93 AktG Rn. 452 m. w. N.).

[264] Die genannten Einwände lassen sich auch dann nicht entkräften, wenn man – wie jüngst BGH WM 2016, 1601, 1603, Rn. 22 f. (dazu bereits oben S. 200 f.) – darauf abstellt, dass die den Geschäftsleiter treffenden Handlungspflichten und die darauf beruhende Haftung im „Fremdinteresse" bestünden. Eine Haftung des Beraters gegenüber dem Geschäftsleiter bleibt mit den dargestellten Argumenten abzulehnen. Trennschärfe und wertungsmäßige Überzeugungskraft der jüngsten Differenzierung des BGH erscheinen i. Ü. gerade auch mit Blick auf die insolvenzbezogene Konstellation als zweifelhaft, s. schon oben Fn. 150.

[265] Zum Verhältnis von § 311 Abs. 3 S. 2 BGB und dem Vertrag mit Schutzwirkung zugunsten Dritter schon oben S. 215 f.

[266] So etwa OLG Nürnberg NZG 2005, 851, 852; *Wagner/Zabel*, NZI 2008, 660, 664 f.; andeutungsweise *Thole*, ZfPW 2015, 31, 51 f.; anders OLG Celle NJOZ 2008, 527, 531; gegen BGH WM 2016, 1601 ff. schon oben S. 200 f. mit Fn. 150.

[267] S. oben S. 199 ff.

[268] Vgl. oben S. 196 f.; vgl. auch *H. F. Müller*, ZInsO 2013, 2181, 2187 f.

gelten die angesprochenen Wertungskriterien[269] wie erörtert auch für den Vertrag mit Schutzwirkung zugunsten Dritter.

c) Die Position des Gläubigers

aa) Der Tatbestand von § 311 Abs. 3 S. 2 BGB

Schließlich ist das Verhältnis des Beraters zu den Gläubigern der Gesellschaft auszuleuchten.[270] Die Vertrauenserwartung des Gläubigers könnte sich etwa auf die Prüfung der Insolvenzreife bzw. die davon abhängige Möglichkeit respektive Gefahr des Kontrahierens mit der Gesellschaft beziehen. Am Erfordernis der Inanspruchnahme einschließlich deren subjektiver Komponente wird deutlich, dass es zwischen Berater und Gläubiger im Grundsatz zu einem kommunikativen Kontakt[271] kommen muss, der wiederum die Brücke zur bisherigen Rechtsprechung des BGH schlägt. Diese fragt im Zusammenhang mit dem Vertrag mit Schutzwirkung zugunsten Dritter im Ausgangspunkt gerade danach, ob von einer vertraglichen Leistung erkennbar auch gegenüber einem bestimmten Dritten Gebrauch gemacht werden soll (dem die Leistung als Grundlage einer Entscheidung über Vermögensdispositionen dient).[272] Allerdings hindert dies den BGH nicht daran, auch persönlich nicht bekannte Dritte, teils als Mitglieder einer ganzen Gruppe von dritten Personen, oder sogar hinter dem „eigentlichen" Dritten stehende Personen einzubeziehen.[273]

Im Einzelnen erfordert das im Rahmen von § 311 Abs. 3 S. 2 BGB zu prüfende Merkmal der Inanspruchnahme wie dargelegt, dass der Berater die Vertrauenserwartung des Gläubigers hervorruft oder sich auf sie beruft, diese als Grundlage einer Vertrauenshandlung anbietet und dabei insbesondere mit Inanspruchnahmewillen handelt, was der Bestimmung des Bezugsvertrags dienen soll.[274] Dabei erscheint das Tatbestandsmerkmal der Inanspruchnahme gleichsam als „Stellschraube", die es ermöglichen kann, schon das Entstehen

---

[269] S. soeben S. 223 ff.

[270] Beachte zur deliktischen Verantwortlichkeit des Beraters schon oben S. 157 ff.

[271] Beachte dazu aber schon in und bei Fn. 195, 223 sowie sogleich in und bei Fn. 275.

[272] S. schon oben S. 173 ff.; vgl. im Einzelnen etwa BGH NJW-RR 1986, 484, 486; BGH NJW 1987, 1758, 1759 f.; BGHZ 127, 378, 380 f.; BGH NJW 1998, 1059, 1060, 1062; BGHZ 138, 257, 260 f.; BGHZ 159, 1, 4 ff., 8 ff.; BGH NJW-RR 2006, 611, 612 f., Rn. 12 f.; BGHZ 167, 155, 161 ff., Rn. 12 ff.; BGHZ 193, 297, 304, Rn. 19; vgl. auch *H. F. Müller*, ZInsO 2013, 2181, 2186; *Klumpp*, in: Staudinger, § 328 BGB Rn. 260 ff.; *Jagmann*, in: Staudinger [2009], § 328 BGB Rn. 105.

[273] Vgl. insbesondere BGH NJW 1984, 355, 355 f.; BGH NJW 1987, 1758, 1760; BGH NJW-RR 1993, 944, 944; BGHZ 127, 378, 380 f.; BGH NJW 1998, 1059, 1062; BGHZ 159, 1, 9 ff.; vgl. auch schon oben Fn. 27, 30, 34 sowie *Plötner*, Vertrag mit Schutzwirkung für Dritte und Expertenhaftung, S. 49 ff., 56 f.; *Canaris*, JZ 1998, 603, 606; *ders.*, ZHR 163 (1999), 206, 210 f.

[274] S. schon oben S. 209 ff.

des Schuldverhältnisses zu erleichtern oder zu erschweren und damit zugleich über die Reichweite der Haftung zu entscheiden. So mag es zwar in solchen Fällen, in denen die Aussage bzw. Expertise des Beraters unmittelbar (auch) an den konkreten Gläubiger gerichtet ist, relativ eindeutig zum Entstehen des Schuldverhältnisses kommen.[275]

Als problematischer und mittelbar der Steuerung über das Merkmal der Inanspruchnahme zugänglich erscheinen demgegenüber Fälle, in denen ein (unmittelbarer) Kontakt mit dem konkreten Gläubiger fehlt, etwa weil der Mandant die Expertise des Beraters „weiterreicht" (z. B. an einen anderen als den vorgestellten Gläubiger).[276] In solchen Fällen mangelte es insbesondere an der Bestimmung eines konkreten Bezugsvertrags (mit einem konkreten Gläubiger).[277] Anders wäre es nur, soweit sich der Experte – was in der Insolvenzkonstellation praktisch, nicht aber theoretisch zwingend, zumeist ausscheiden dürfte – gerade an eine unbestimmte Personengruppe richtete.[278] Der BGH stellt in vergleichbaren Konstellationen wie bereits angedeutet auf die Erwägung ab, ob es infolge der Einbeziehung der nicht persönlich bekannten (oder auch einer anderen als der ursprünglich vorgestellten) Person zu einer Erhöhung des Haftungsrisikos kommt.[279] Will man dieser wertungsbezogenen Erwägung folgen, stellt sich weiter die Frage nach der konstruktiven Begründung der Haftung für Fälle, in denen es gerade nicht zu einer Erhöhung des Haftungsrisikos kommt.[280] Im Ergebnis ließe sich dann jedoch in bestimmten Situationen auch das Entstehen des Schuldverhältnisses respektive die Haftung gegenüber einem nicht persönlich bekannten Dritten begründen.

---

[275] Vgl. mit Blick auf das Inanspruchnahmebewusstsein (gleichermaßen gölte dies aber auch für den Inanspruchnahmewillen) *Kersting*, Dritthaftung, S. 243 (Erstellung der Bilanz des Klienten durch den Berater zur Vorlage bei einem potentiellen Kreditgeber), sowie (mit Blick auf den kommunikativen Kontakt) S. 215, 218, im Übrigen S. 318, 548 f.; vgl. insoweit auch schon oben in und bei Fn. 195, 223; vgl. etwa auch *Canaris*, ZHR 163 (1999), 206, 235.

[276] Vgl. zu diesen Fällen *Kersting*, Dritthaftung, S. 244 f.

[277] Vgl. im Grundsatz *Kersting*, Dritthaftung, S. 245.

[278] S. auch *Kersting*, Dritthaftung, S. 244 f.; vgl. auch *Canaris*, ZHR 163 (1999), 206, 233, 238 (zur Abschlussprüfung).

[279] S. insbesondere BGH NJW 1998, 1059, 1062; insoweit wertungsmäßig zustimmend *Canaris*, JZ 1998, 603, 606; s. auch BGH NJW 1984, 355, 356; BGHZ 159, 1, 9 f.; vgl. auch schon oben Fn. 273 sowie S. 173 ff.

[280] *Kersting*, Dritthaftung, S. 245 ff. lehnt das Entstehen der Sonderverbindung aus § 311 Abs. 3 S. 2 BGB streng am Tatbestand orientiert ab, da es an der Identität des Bezugsvertrags fehle, und bringt stattdessen in bestimmten Konstellationen den Vertrag mit Schutzwirkung zugunsten Dritter zur Anwendung. *Canaris*, ZHR 163 (1999), 206, 235 ff. will die Haftung demgegenüber nicht auf ein konkretes Rechtsgeschäft, sondern das dahinter stehende angebahnte Projekt beziehen. Daher könne das betreffende, haftungsrechtlich abgesicherte Geschäft auch ein ergänzendes sein, welches zur Durchführung des Projekts vorgenommen werde, sofern das Haftungsrisiko des Experten nicht vergrößert werde – zu den Unterschieden dieser Konzepte *Kersting*, Dritthaftung, S. 247 ff.

Das Entstehen des Schuldverhältnisses und die darauf aufbauende Haftung gegenüber den Gläubigern „als solchen" indes werden daraus in der Insolvenzkonstellation regelmäßig nicht folgen. Rechtlich wie tatsächlich dürfte die Fallgestaltung zumeist nicht mit den angesprochenen vergleichbar sein. Es wird schon an der Vertrauenserwartung „der Gläubiger" fehlen. Auch würde es zu einer Erhöhung des Haftungsrisikos kommen.[281] Ohne besonderes Zutun der Beteiligten wird das Entstehen des Schuldverhältnisses zu (und in der Folge die Haftung gegenüber) den Gläubigern „als solchen" auf Basis von § 311 Abs. 3 S. 2 BGB demnach in der Regel ausscheiden.

Über die angesprochenen Merkmale hinaus setzt das Entstehen des Schuldverhältnisses nach § 311 Abs. 3 S. 2 BGB sodann tatbestandlich voraus, dass der Berater Vertrauen in besonderem Maße für sich in Anspruch genommen und dadurch den Vertragsschluss erheblich beeinflusst hat. Diese Merkmale weisen bezogen auf das Verhältnis zum Gläubiger keine spezifischen Probleme auf. So liegt im beruflichen Auftreten wiederum der Anknüpfungspunkt für ein über das normale Verhandlungsvertrauen hinausgehendes „besonderes" Vertrauen. Der Bezugsvertrag in Gestalt des beabsichtigten Geschäfts des Gläubigers mit der Gesellschaft, etwa ein Warenkauf oder die Gewährung eines Darlehens, wird von der Aussage des Beraters auch erheblich beeinflusst werden.

bb) Ergebnis

Auf Grundlage des § 311 Abs. 3 S. 2 BGB kann ein Schuldverhältnis zwischen dem Berater und einem Gläubiger zustande kommen. Mit Blick auf das Ergebnis dürfte es sich bei der Haftung gegenüber Gläubigern, wie bei der Haftung gegenüber Gesellschaftern, um einen allgemein konsentierten Bereich handeln.

Hinsichtlich des Vertrags mit Schutzwirkung zugunsten Dritter gilt, dass der Anwendbarkeit[282] dieses Instituts neben § 311 Abs. 3 S. 2 BGB für den Regelfall entgegenzutreten ist. Es wird kein klassisches Näheverhältnis zwischen Vertragspartner (Gesellschaft) und Drittem (Gläubiger) vorliegen, sodass die Haftung allein nach § 311 Abs. 3 S. 2 BGB zu bestimmen ist.[283]

---

[281] Vgl. aber *Canaris*, ZHR 163 (1999), 206, 238 (vgl. dazu wiederum *Kersting*, Dritthaftung, S. 249 f.). Allerdings liegt es anders als in dem von *Canaris* gebildeten Beispiel nicht ohne Weiteres auf der Hand, zu welchem Zweck die Prüfung der Insolvenzreife erfolgt. Im Übrigen würde bei Lichte betrachtet auch das Vorliegen der Vertrauensinanspruchnahme als solcher problematisch sein.

[282] Zur grundsätzlichen Möglichkeit der parallelen Anwendbarkeit oben S. 215 f.

[283] Vgl. lediglich für (konstruktionsabhängige) Sonderfälle Fn. 280.

2. Das spezifische Pflichtenprogramm des Beraters

Es hat sich gezeigt, dass in der Insolvenzsituation ein auf § 311 Abs. 3 S. 2 BGB basierendes Schuldverhältnis zwischen Berater und Gesellschafter oder Gläubiger zustande kommen kann. Zur Spezifizierung des daraus folgenden Pflichtenprogramms ist nach dem oben Erörterten in Anknüpfung an die konkrete Vertrauensinanspruchnahme zu ermitteln, welches Maß an Verlässlichkeit der erteilten Information zukommt.[284] Allgemeine Aussagen fallen insoweit angesichts der Abhängigkeit von der individuellen Situation schwer. Wie schon angesprochen dürften ausdrückliche Festlegungen der Parteien zur geschuldeten Verlässlichkeit auch häufig fehlen. Äußert sich der Berater in dieser professionellen Eigenschaft etwa im Rahmen eines geschäftlichen Zusammentreffens jedoch konkret zum Vorliegen der Insolvenzreife, nicht aber zur Verlässlichkeit, die dieser Information zukommt, dürfte dies aus objektiver Sicht[285] nun so zu verstehen sein, dass er jedenfalls die aktuelle Rechtslage sowie die höchstrichterliche Rechtsprechung in seine Bewertung einbezogen hat. Denn andernfalls hätte die Aussage für den Vertrauensgeber (d. h. den Gesellschafter oder den Gläubiger) keinen Wert. Angesichts der Bedeutung der Verlautbarungen des IDW[286] für die Praxis ist anzunehmen, dass sich das geschuldete Maß an Verlässlichkeit darüber hinaus auch auf die Beachtung des sachlich einschlägigen IDW S 11[287] (der in Teilen ohnehin das Gesetz bzw. die Rechtsprechung des BGH wiedergibt) erstreckt.[288] Dies gilt für Wirtschaftsprüfer, aber auch für andere Berater wie Rechtsanwälte und Steuerberater.

Jenseits dessen hat es der Berater aufgrund der Anknüpfung an die konkrete Vertrauensinanspruchnahme in der Hand, das spezifische Pflichtenprogramm und damit seine Verantwortlichkeit zu steuern, indem er die Verlässlichkeit der mitgeteilten Information spezifiziert und ggf. einschränkt.[289] Anders als nach der Lösung der Rechtsprechung ist damit durch die Struktur des Haftungstatbestands auf Pflichtenebene gerade kein zwingender Gleichlauf der Haftung des Beraters gegenüber dem Mandanten und dem Vertrauensgeber vorgezeichnet.

---

[284] S. zum Ganzen oben S. 213 f. m. w. N.

[285] S. zur Objektivierung der Auslegung *Kersting*, Dritthaftung, S. 387 sowie S. 400 ff. zur ökonomischen Analyse und speziell S. 401 zum Gedanken der Vertrauensprämie in Gestalt des Entgelts, das der Berater erhält.

[286] Vgl. allgemein schon S. 65 f., 16.

[287] IDW S 11, WPg Supplement 2/2015, 108 ff.

[288] S. allgemein *Kersting*, Dritthaftung, S. 393, 552 f.

[289] Vgl. schon oben S. 213 f. und im Einzelnen S. 237 ff.

3. Rechtsfolgen der Pflichtverletzung

Infolge der Verletzung einer Pflicht nach §§ 311 Abs. 3 S. 2, 241 Abs. 2 BGB kann ein Schadensersatzanspruch auf Grundlage von § 280 Abs. 1 BGB entstehen.[290] Als Schaden des Vertrauensgebers wird zumeist ein Vermögensschaden in Betracht kommen. Handelt es sich bei dem Vertrauensgeber um einen Gesellschafter, kann der Schaden etwa in der mit einer Investitionsentscheidung verbundenen Einbuße liegen. Bei einem Gläubiger kommen beispielsweise Einbußen im Zusammenhang mit einem nach Eintritt der Insolvenzreife eingegangenen Vertrag in Frage.

4. Ergebnis zur Anwendung von § 311 Abs. 3 S. 2 BGB (i. V. m. §§ 241 Abs. 2, 280 Abs. 1 BGB) auf die insolvenzbezogenen Fälle

In diesem Abschnitt wurde dargelegt, dass auf Grundlage von § 311 Abs. 3 S. 2 BGB ein Schuldverhältnis zwischen dem Berater und Gesellschaftern respektive Gläubigern der primär beratenen Gesellschaft zustande kommen und darauf ein Anspruch gegen den Berater nach §§ 311 Abs. 3 S. 2, 241 Abs. 2, 280 Abs. 1 BGB beruhen kann. Gegenüber dem Geschäftsleiter entsteht ein solcher Anspruch indes nicht. Die Struktur des Haftungstatbestands ermöglicht es dem Berater, die Reichweite seiner Verantwortlichkeit mittelbar über die Vertrauensinanspruchnahme, die zugleich Bestandteil des Entstehungstatbestands und Anknüpfungspunkt für den konkreten Pflichteninhalt des Schuldverhältnisses ist, zu steuern.

E. Ergebnis

Nach alldem ist zusammenfassend festzuhalten, dass eine Lösung der insolvenzbezogenen Fälle der Haftung gegenüber Dritten auf Grundlage von §§ 311 Abs. 3 S. 2, 241 Abs. 2, 280 Abs. 1 BGB gegenüber anderen Konstruktionen vorzugswürdig ist. Dies führt zu einer dogmatisch sauberen Lösung, die nicht auf die aus der Rechtsprechung bekannten Fiktionen angewiesen ist. § 311 Abs. 3 S. 2 BGB ist in der Lage, die insolvenzbezogenen Fälle, mit Ausnahme der Situation unter Beteiligung des Geschäftsleiters, in der es auch den gesellschaftsrechtlichen Wertungen nach nicht zu einer Haftung des Beraters kommen sollte, zu erfassen. Die daraus folgenden haftungsrelevanten Pflichten sind unter Rekurs auf die konkrete Vertrauensinanspruchnahme zu konkretisieren.

---

[290] Allgemein zu den Voraussetzungen des Anspruchs aus §§ 280 Abs. 1, 241 Abs. 2, 311 Abs. 3 S. 2 BGB *Kersting*, Dritthaftung, S. 441 ff.

§ 14 Haftungsfreizeichnung und -beschränkung im Drittverhältnis

Steht nunmehr fest, unter welchen Voraussetzungen es zu einer Haftung des Beraters gegenüber anderen Personen als dem ursprünglichen Vertragspartner kommen kann, ist weiterhin zu erörtern, welche Möglichkeiten zum Ausschluss oder zur Beschränkung dieser Haftung bestehen. Dabei soll auf das – hier verworfene, nach wie vor jedoch praxisrelevante – Konzept der Rechtsprechung sowie das favorisierte, auf § 311 Abs. 3 S. 2 BGB aufbauende, Konzept eingegangen werden.

A. Haftungsfreizeichnung und -beschränkung auf Grundlage des Konzepts der Rechtsprechung

Ausgehend von der Rechtsprechung des BGH stellt sich die Frage, inwieweit Haftungsfreizeichnung und -beschränkung im Wirkbereich des Vertrags mit Schutzwirkung zugunsten Dritter möglich sind. Im insolvenzrechtlichen Schrifttum findet sich teils die an Berater gerichtete Empfehlung, die Haftung (im Vertrag mit dem Mandanten) ausdrücklich auszuschließen bzw. zu beschränken.[291] Dies leuchtet unter der Prämisse einer vertraglichen Fundierung der Haftung intuitiv ein, denn folgerichtig müssten die Parteien Herren des Schuldverhältnisses und seiner Wirkungen sein.[292] Bei Lichte betrachtet stellt sich die Situation indes als weniger eindeutig dar. Tatsächlich bleibt offen, ob eine solche Klausel die Haftung gegenüber Dritten rechtssicher auszuschließen vermochte. So schwankt schon die dogmatische Begründung der Haftung aus Vertrag mit Schutzwirkung zugunsten Dritter in der Rechtsprechung.[293]

Darüber hinaus finden sich in Rechtsprechung und Schrifttum durchaus differenzierte Erwägungen hinsichtlich der Möglichkeit einer Haftungsfreizeichnung und -beschränkung. Einerseits wird der Haftungsbeschränkung im Verhältnis der Parteien des „Hauptvertrags" (dies wären Berater und Gesellschaft) überwiegend Wirkung auch gegenüber dem in deren Vertrag einbezo-

---

[291] *H. F. Müller*, ZInsO 2013, 2181, 2188; *Römermann*, GmbHR 2013, 513, 518; *Westermann*, EWiR 2012, 509, 510 (der die Problematik der Inhaltskontrolle andeutet); vorsichtig *Zetzsche*, JR 2013, 435, 440 f.; differenzierend *Spliedt*, in: K. Schmidt/Uhlenbruck, S. 101, Rn. 1.287; BGHZ 193, 297, 302, Rn. 15 könnte allerdings in der Tat als Anknüpfungspunkt für diese Vorgehensweise verstanden werden; daran anknüpfend OLG Koblenz NZG 2014, 102, 103.

[292] Insoweit konsequent *Mirtschink*, Die Haftung des Wirtschaftsprüfers gegenüber Dritten, S. 226 f.; vgl. auch *Klumpp*, in: Staudinger, § 328 BGB Rn. 144; s. eben auch BGHZ 193, 297, 302, Rn. 15.

[293] S. nur *Kersting*, Dritthaftung, S. 23 ff. m. w. N.; für den vertraglichen Ansatz etwa BGHZ 159, 1, 4; BGHZ 181, 12, 17, Rn. 18; BGHZ 193, 297, 301 f., Rn. 14; BGH NJW 2014, 2345, 2345, Rn. 9; s. aber auch BGHZ 56, 269, 273 f. (ein Ausschluss der Haftung sei unabhängig von der dogmatischen Begründung dieser Haftung möglich).

genen und damit geschützten Dritten zuerkannt, was beispielsweise auf eine analoge Anwendung von § 334 BGB gestützt werden kann.[294] Andererseits sollen Ausschluss bzw. Beschränkung der Haftung ausschließlich zum Nachteil des Dritten unzulässig sein.[295] Auch wird eine individuelle Kontrolle der die Haftung begrenzenden oder ausschließenden Klausel, etwa in Anlehnung an §§ 138, 242, 307, 309 Nr. 7 BGB, befürwortet.[296] Der BGH zeigt sich in den typischen Gutachterfällen darüber hinaus – was die grundsätzliche Reichweite des Drittschutzes anbelangt – reserviert hinsichtlich etwaiger einschränkender Zweckbestimmungen im Gutachten[297] und nimmt endlich eine stillschweigende Abbedingung des § 334 BGB an[298].

Ungeachtet der Tatsache, dass das dogmatische Vorverständnis der Rechtsprechung zumindest im Grundsatz auch die Behandlung von vertraglichen Freizeichnungs- und Beschränkungsklauseln determinieren sollte, können jedenfalls einige Wertungskriterien ausgemacht werden, die in bestimmtem Umfang für die Zulässigkeit solcher Klauseln streiten. Dies gilt zunächst bezogen auf den Fall der Haftung des Beraters gegenüber dem Geschäftsleiter. Kommt es zur Aufnahme einer Freizeichnungs- bzw. Beschränkungsklausel in den Beratervertrag mit der Gesellschaft, so wird dies, gerade wenn es sich um einen Alleingesellschafter-Geschäftsführer handelt, in der Regel

---

[294] S. insbesondere BGHZ 56, 269, 272 ff.; s. auch *Katzenstein*, Haftungsbeschränkungen zugunsten und zulasten Dritter, S. 68 ff.; *Sutschet*, Der Schutzanspruch zugunsten Dritter, S. 180 f.; *Gottwald*, in: MünchKomm-BGB, § 328 BGB Rn. 194; *Jagmann*, in: Staudinger [2009], § 328 BGB Rn. 112; *Hadding*, in: Soergel, Anh § 328 BGB Rn. 21; *Grüneberg*, in: Palandt, § 328 BGB Rn. 20; *Janoschek*, in: Bamberger/Roth, § 328 BGB Rn. 56; etwas andere Begründung bei *Klumpp*, in: Staudinger, § 328 BGB Rn. 144 f.; gänzlich anders *Mirtschink*, Die Haftung des Wirtschaftsprüfers gegenüber Dritten, S. 223 f., 227, je mit S. 199 ff. Vgl. zum Mechanismus schon oben S. 203 f. mit Fn. 158 m. w. N.

[295] S. insbesondere BGHZ 69, 82, 88 f.; s. auch *Kersting*, Dritthaftung, S. 31 mit Fn. 157 m. w. N.; *Sutschet*, Der Schutzanspruch zugunsten Dritter, S. 105 mit Fn. 53; *Hadding*, in: Soergel, Anh § 328 BGB Rn. 20; *Janoschek*, in: Bamberger/Roth, § 328 BGB Rn. 56; *Gottwald*, in: MünchKomm-BGB, § 328 BGB Rn. 192, differenzierend Rn. 194; differenzierend auch *Jagmann*, in: Staudinger [2009], § 328 BGB Rn. 112; daran anschließend *Klumpp*, in: Staudinger, § 328 BGB Rn. 146; bemerkenswert insoweit OLG Hamm NJW-RR 2013, 1522, 1522 f.; OLG Karlsruhe BeckRS 2013, 14476; anders auch *Mirtschink*, Die Haftung des Wirtschaftsprüfers gegenüber Dritten, S. 226 f.

[296] Vgl. *Gottwald*, in: MünchKomm-BGB, § 328 BGB Rn. 194 m. w. N.; vgl. auch *Klumpp*, in: Staudinger, § 328 BGB Rn. 146; vgl. auch *Büttner*, Dritthaftung, S. 164 ff.

[297] S. etwa BGH NJW 2004, 3035, 3039 (insoweit in BGHZ 159, 1 ff. nicht abgedruckt) und allgemeiner BGHZ 159, 1, 6 ff.; BGH NJW 2014, 2345, 2346, Rn. 16 ff., insbesondere Rn. 19; s. auch *Büttner*, Dritthaftung, S. 150 ff.; vgl. aber auch *Klumpp*, in: Staudinger, § 328 BGB Rn. 261, 263.

[298] S. nur BGHZ 127, 378, 384 ff.; BGH NJW 1998, 1059, 1061; *Kersting*, Dritthaftung, S. 30 ff.; *Katzenstein*, Haftungsbeschränkungen zugunsten und zulasten Dritter, S. 70 f., 327 ff.; vgl. auch schon oben S. 203 f.

unter dessen Beteiligung geschehen. Die Klausel wird für ihn offen zu Tage liegen oder aber doch in erheblich stärkerem Maße als für außenstehende Dritte ersichtlich sein. Es erscheint nicht unangemessen, die Klausel in einem solchen Fall zu akzeptieren, wenn sie nicht ausschließlich Ansprüche des Geschäftsleiters ausschließt.[299] Dass diese spezielle Erwägung nicht in gleicher Weise für die Haftung gegenüber Gläubigern maßgebend sein kann, liegt dabei auf der Hand.

Besondere Berücksichtigung gilt es sodann der Wertung von § 52 BRAO, § 67a StBerG und § 54a WPO zu schenken. Die Vorschriften gestatten – in einem bestimmten Rahmen – die Beschränkung vertraglicher Schadensersatzansprüche des Mandanten orientiert an der vorgeschriebenen Mindesthöhe der Deckungssumme der obligatorischen Berufshaftpflichtversicherung (s. § 51 BRAO, § 67 StBerG, § 54 WPO). Nach dem Gesetzgeber soll dies zum einen dem Berater ermöglichen, sein im Grundsatz immenses Haftungsrisiko vertretbar zu halten und zum anderen den Mandanten schützen, dem der jedenfalls mittelbare Zugriff auf eine obligatorische Berufshaftpflichtversicherung eröffnet wird[300]. Eine leistungsfähige Haftpflichtversicherung gewährleiste den Ausgleich von durch den Berater verursachten Schäden zuverlässiger als die Anordnung einer unbeschränkten persönlichen Haftung des Beraters.[301] Es liegt nahe, die Wirkung der danach zulässigen Haftungsbeschränkung im Vertragsverhältnis mit diesen Überlegungen auch auf das Verhältnis zum Dritten durchschlagen zu lassen, dem dann mittelbar immer noch – und durch das Bestehen der Berufshaftpflichtversicherung gerade – garantiert wird, den Berater (mindestens) in Höhe der Mindestdeckungssumme in Anspruch nehmen zu können.[302] Somit sollte der nach Maßgabe von § 52

[299] Vgl. auch OLG Koblenz NZG 2014, 102, 103; *Hadding*, in: Soergel, Anh § 328 BGB Rn. 22 meint, auf die Erkennbarkeit der Freizeichnung könne es nicht ankommen. Kommt es im konkreten Fall zu einer Regelung durch Allgemeine Geschäftsbedingungen, sind darüber hinaus die dafür einschlägigen Sondervorschriften zu beachten.

[300] Ein Direktanspruch des Geschädigten gegen den Versicherer besteht jenseits des § 115 VVG – und damit in der Regel – nicht (es handelt sich um eine Haftpflichtversicherung i. S. d. §§ 100 ff. VVG), s. nur *Diller*, in: Henssler/Prütting, § 51 BRAO Rn. 13, 236 ff.

[301] S. etwa den Regelungszweck von § 52 BRAO n. F. nach Begr. RegE des Gesetzes zur Neuordnung des Berufsrechts der Rechtsanwälte und der Patentanwälte, BT-Drs. 12/4993, S. 32; vgl. auch *Diller*, in: Henssler/Prütting, § 52 BRAO Rn. 18; ganz ähnlich Begr. RegE des Dritten Gesetzes zur Änderung der Wirtschaftsprüferordnung, BT-Drs. 12/5685, S. 29 sowie (ausdrücklich in Anlehnung an § 51a BRAO a. F. = § 52 BRAO n. F.) Begr. RegE des Sechsten Gesetzes zur Änderung des Steuerberatungsgesetzes, BT-Drs. 12/6753, S. 18 f.

[302] Vgl. auch *Büttner*, Dritthaftung, S. 166 f.; *Gottwald*, in: MünchKomm-BGB, § 328 BGB Rn. 194; *Klumpp*, in: Staudinger, § 328 BGB Rn. 145; recht weit *Diller*, in: Henssler/Prütting, § 52 BRAO Rn. 23; *Rinkler*, in: Hdb. d. Anwaltshaftung, § 1, Rn. 482; vgl. auch *Meixner/Schröder*, Wirtschaftsprüferhaftung, S. 124 f., Rn. 338; vgl. ferner *Jungk*, in:

BRAO, § 67a StBerG, § 54a WPO zulässigen Haftungsbeschränkung gegenüber dem Mandanten auch Wirkung gegenüber dem Dritten zuerkannt werden.

B. Haftungsfreizeichnung und -beschränkung im Rahmen von § 311 Abs. 3 S. 2 BGB (i. V. m. §§ 241 Abs. 2, 280 Abs. 1 BGB)

I. Entstehungstatbestand des Schuldverhältnisses

Mit dem Übergang zu dem auf § 311 Abs. 3 S. 2 BGB (i. V. m. §§ 241 Abs. 2, 280 Abs. 1 BGB) fußenden Konzept ging eine Emanzipation von dem Vertrag zwischen Experte und Auftraggeber, genauer Berater und Mandant, einher.[303] Die Eigenständigkeit der Beziehung des Beraters (des Vertrauensnehmers) zu dem Vertrauensgeber verhindert ein gleichsam automatisches Durchschlagen im weitesten Sinne haftungsbeschränkender Klauseln aus dem Verhältnis zwischen Berater und Mandant.[304] Doch bietet auch die Anknüpfung an § 311 Abs. 3 S. 2 BGB (i. V. m. §§ 241 Abs. 2, 280 Abs. 1 BGB) mehrere Ansatzpunkte, um eine Haftungseinschränkung zu erreichen.

Zu unterscheiden ist dabei zwischen dem Entstehungstatbestand des Schuldverhältnisses als solchen und, dem nachgelagert, der Pflichtenebene. So lässt sich über das der Vertrauensinanspruchnahme und damit zunächst dem Entstehungstatbestand des Schuldverhältnisses zugeordnete subjektive Merkmal des Inanspruchnahmewillens der Adressatenkreis einer Information steuern. Denn mittels dieses Merkmals erfolgt die Bestimmung der relevanten Bezugsverträge. Dies bedeutet, dass schon das auf § 311 Abs. 3 S. 2 BGB basierende Schuldverhältnis nur zu solchen Personen entsteht, auf die – bzw. auf deren (Bezugs-)Verträge – sich der Wille des Vertrauensnehmers erstreckt.[305] Dem Grunde nach wird dem Vertrauensnehmer durch dieses Verständnis des Tatbestands der Norm mithin ermöglicht, die Haftung einseitig „einzuschränken", indem bestimmte Personen aus dem Adressatenkreis der Vertrauensinanspruchnahme insgesamt ausgeschlossen werden.[306] Insoweit entstünde schon das Schuldverhältnis nicht. Zu beachten ist indes, dass nach *Kersting* das Merkmal der – von ihm als geschäftsähnliche Handlung verstandenen – Vertrauensinanspruchnahme, insbesondere der Inanspruchnah-

---

Borgmann/Jungk/Schwaiger, Anwaltshaftung, S. 351, Rn. 43; beachte aber auch *Mirtschink*, Die Haftung des Wirtschaftsprüfers gegenüber Dritten, S. 222 ff.

[303] Vgl. schon oben S. 188 f., 191, 216 f. und bei Fn. 187, je m. w. N., sowie *Kersting*, Dritthaftung, S. 348.

[304] S. *Kersting*, Dritthaftung, S. 347 ff., 426 f.; *Canaris*, JZ 1995, 441, 445 f.; *ders.*, JZ 1998, 603, 605; *ders.*, ZHR 163 (1999), 206, 229; grds. sehr kritisch *Katzenstein*, Haftungsbeschränkungen zugunsten und zulasten Dritter, S. 91 ff.

[305] Zum Tatbestand von § 311 Abs. 3 S. 2 BGB insoweit schon oben S. 209 ff. m. w. N.

[306] S. *Kersting*, Dritthaftung, S. 312 ff. (s. insbesondere auch Fn. 1677) sowie S. 550; vgl. etwa auch *Canaris*, ZHR 163 (1999), 206, 230, 232.

mewille, über §§ 133, 157 BGB nach dem (objektiven) Empfängerhorizont auszulegen sein soll.[307] Der verborgene Wille des Vertrauensnehmers ist danach im Grundsatz irrelevant.[308] Der Vergleich mit der Willenserklärung und die Anwendung von §§ 133, 157 BGB überzeugt. Zum einen besteht in der Tat eine Nähe zum Vertrag und zur Willenserklärung, und zwar ungeachtet der Einordnung als geschäftsähnliche Handlung. Zum anderen befähigt die Auslegung nach dem Empfängerhorizont zu einer Berücksichtigung der schutzwürdigen Belange des Vertrauensgebers. Weitergehend überzeugt auch die dann konsequente Anwendung der Regeln über die Anfechtung, die den Vertrauensnehmer schützt, ihn jedoch ggf. entsprechend § 122 BGB zum Schadensersatz verpflichtet.[309]

II. Rechtsfolgenebene

Die Struktur des Haftungstatbestands ermöglicht darüber hinaus eine davon unabhängige „Haftungseinschränkung", indem die aus dem entstandenen Schuldverhältnis konkret folgenden Pflichten durch den Vertrauensnehmer spezifiziert werden können. Wie erörtert determiniert die Vertrauensinanspruchnahme im Einzelfall auch die Ausformung der aus dem Schuldverhältnis folgenden abstrakten Pflichten, insbesondere der Verlässlichkeitspflicht, denn der mitgeteilte Verlässlichkeitsgrad einer Information, auf den sich wiederum die Verlässlichkeitspflicht bezieht, ist auf Grundlage der Vertrau-

---

[307] S. *Kersting*, Dritthaftung, S. 250, 295 f. (zur Qualifikation als geschäftsähnliche Handlung S. 291 ff.); vgl. auch *Faust*, AcP 210 (2010), 555, 565; s. auch schon oben in und bei Fn. 196, 218; vgl. ferner *Canaris*, ZHR 163 (1999), 206, 232. Naturgemäß eröffnet die Anknüpfung an die Auslegung dabei durchaus Spielräume hinsichtlich der konkreten Beurteilung des Einzelfalls. So geht *Kersting*, Dritthaftung, S. 550, 313 f. mit Fn. 1677 davon aus, dass etwa Wirtschaftsprüfer die Haftung ausschließen können, indem sie ihrer Expertise ihre AGB beilegen, nach denen die Weitergabe an Dritte von ihrer schriftlichen Zustimmung abhängig gemacht wird; vgl. insoweit auch *Canaris*, ZHR 163 (1999), 206, 230; tendenziell anders aber BGH NJW 2004, 3035, 3039 (insoweit in BGHZ 159, 1 ff. nicht abgedruckt); vgl. ferner BGH NJW 2014, 2345, 2346, Rn. 19; wiederum anders für einen Spezialfall BGHZ 167, 155, 165, Rn. 15. *Kersting*, Dritthaftung, S. 312 f. nimmt darüber hinaus sogar (mit normativen Erwägungen) an, dass der Experte auch in solchen Fällen nicht hafte, in denen er eine Expertise aus der Hand gibt, ohne einen Verwendungszweck aufzunehmen, da schon kein Schuldverhältnis zustande komme; insoweit anders *Canaris*, ZHR 163 (1999), 206, 238.

[308] Vgl. aber auch schon soeben Fn. 307 a. E. zum durch die Auslegung eröffneten Spielraum und Folgen für die Bewertung konkreter Einzelfälle.

[309] *Kersting*, Dritthaftung, S. 250 ff. gesteht dem Vertrauensnehmer über eine entsprechende Anwendung der Anfechtungsregeln die Möglichkeit der Anfechtung zu, verbindet dies aber wiederum konsequent mit einer Schadensersatzpflicht entsprechend § 122 BGB; s. auch *Faust*, AcP 210 (2010), 555, 565; vgl. auch schon Fn. 196.

ensinanspruchnahme zu ermitteln.[310] Damit hat es der Vertrauensnehmer in der Hand, seine Verantwortlichkeit durch konkretisierende Hinweise zum Verlässlichkeitsgrad der mitgeteilten Information inhaltlich zu steuern.[311] In der Praxis werden solche Aussagen indes häufig fehlen, sodass eine Anknüpfung an berufsständische Konkretisierungen und insbesondere von der Rechtsprechung herausgearbeitete Grundsätze notwendig werden dürfte.[312] Theoretisch denkbar wäre demnach gleichwohl eine inhaltliche Beschränkung, indem der Berater beispielsweise deutlich macht, welche Maßnahmen er im Zusammenhang mit der Informationsgewinnung gerade nicht vorgenommen hat.[313] Ergänzend ist hinzuzufügen, dass auch dies partiell relativiert wird, soweit man auch zur Bestimmung der Pflichten die Vertrauensinanspruchnahme auslegt und dabei auf die Eigenart der Vertrauensinanspruchnahme als zweiseitigem Tatbestand abstellt. Denn mit diesem Verständnis ist auch die Perspektive des Vertrauensgebers einzubeziehen und im Zweifel eine Schnittmenge der Erwartungen von Vertrauensnehmer und Vertrauensgeber zu bilden, aus der sich das konkrete Pflichtenniveau bestimmt.[314]

Noch nicht angesprochen wurde bislang die Möglichkeit der Haftungsbeschränkung etwa durch die Begrenzung von Ersatzansprüchen auf bestimmte Höchstbeträge (oder auch die Erklärung, nur für einen bestimmten Grad der Fahrlässigkeit haften zu wollen). Das praktische Bedürfnis nach solchen Gestaltungen – gerade im Bereich der Beraterhaftung – zeigt sich schon an der Existenz von § 52 BRAO, § 67a StBerG und § 54a WPO[315]. Verbreitet herrscht jedoch die Einsicht, dass derartige Klauseln nur schwer mit der Dogmatik der Haftung nach § 311 Abs. 3 S. 2 BGB (i. V. m. §§ 241 Abs. 2, 280 Abs. 1 BGB) zu vereinen sind. So wird zu Recht angenommen, dass eine entsprechende Klausel weder den Adressatenkreis einer Expertise einschränkt noch ihren Richtigkeitsgehalt relativiert bzw. den Pflichtenmaßstab in inhaltlicher Hinsicht beschränkend konkretisiert, was besonders an der Beschrän-

---

[310] S. *Kersting*, Dritthaftung, S. 383 ff., 424 (allgemein zu den Pflichten S. 360 ff.); s. auch schon oben S. 213 f.

[311] Vgl. *Kersting*, Dritthaftung, S. 423 ff.

[312] S. *Kersting*, Dritthaftung, S. 393, 552 f. und oben S. 213 f., 232.

[313] Vgl. etwa auch IDW S 11, Rn. 9, WPg Supplement 2/2015, 108 ff., zur Möglichkeit, vergangenheitsorientierte Ausgangsdaten unter bestimmten Umständen (Plausibilitätsbeurteilung) zugrunde legen zu können; vgl. auch *Kersting*, Dritthaftung, S. 424 f.

[314] S. *Kersting*, Dritthaftung, S. 391 f. mit S. 383 ff., zu normativen Aspekten S. 395 ff.

[315] Für Wirtschaftsprüfer folgt aus § 323 Abs. 2, 4 HGB hinsichtlich des Haftungsumfangs insoweit regelmäßig nichts, da die hier bedeutsamen insolvenzbezogenen Fälle freiwillige Prüfungen betreffen werden, vgl. *Hopt/Merkt*, in: Baumbach/Hopt, § 323 HGB Rn. 9; *Habersack/Schürnbrand*, in: Großkomm. HGB, § 323 HGB Rn. 71; *S. Schmidt/Feldmüller*, in: Beck Bil-Komm., § 323 HGB Rn. 160, 165; *Meixner/Schröder*, Wirtschaftsprüferhaftung, S. 114, Rn. 321; vgl. allgemein auch *Ebke*, in: MünchKomm-HGB, § 323 HGB Rn. 15; vgl. ferner *Kersting*, Dritthaftung, S. 550.

kung auf einen Höchstbetrag ganz offenbar wird.[316] Zur Lösung der Problematik wurden vertraglich fundierte Modelle der Haftungsbeschränkung vorgeschlagen, die sich auf eine gesonderte, typischerweise stillschweigend geschlossene, vertragliche Abrede über die Haftungsbeschränkung stützen.[317] Solche Konzepte können allerdings ihrerseits nicht vollends überzeugen. Die Verschränkung originär vertraglicher Konstruktionen mit § 311 Abs. 3 S. 2 BGB erscheint als dogmatisch fragwürdig. Auch liegt das tatsächliche Zustandekommen einer entsprechenden Einigung bei Lichte betrachtet eher fern, womit diese Lösung, trotz widersprechender Bekundungen, ihrerseits in die Nähe einer Fiktion rückt.[318]

Kersting bietet stattdessen eine auf § 241 Abs. 2 BGB gestützte Lösung an. Er geht von der Prämisse aus, dass aus § 311 Abs. 3 S. 2 BGB wechselseitige Pflichten folgen können und unterwirft den Vertrauensgeber einer Rücksichtnahmepflicht nach § 241 Abs. 2 BGB, die darauf gerichtet sein soll, den Vertrauensnehmer nicht über dessen Beschränkungserklärung hinaus in Anspruch zu nehmen. Bei Verletzung dieser Pflicht könne der Vertrauensnehmer die Pflicht (bzw. genauer den aus der Pflichtverletzung folgenden Schadensersatzanspruch nach § 280 BGB) dann dem über die Beschränkung hinausgehenden Schadensersatzanspruch des Vertrauensgebers über § 242 BGB (dolo facit qui petit quod statim redditurus est) entgegenhalten.[319] Will man der Prämisse einer zumindest beschränkten Wechselseitigkeit der aus §§ 311 Abs. 3 S. 2, 241 Abs. 2 BGB resultierenden Pflichten folgen, hat dieses Konzept für sich, zu einer bruchlosen und eleganten Lösung ohne Fiktionen zu führen.

Festzuhalten ist an dieser Stelle im Übrigen, dass das grundsätzliche Interesse an der Möglichkeit von insbesondere betragsmäßigen Haftungsbeschränkungen wertungsmäßig durchaus anerkennenswert erscheint. Speziell der hinter § 52 BRAO, § 67a StBerG und § 54a WPO stehende Zweck wurde bereits aufgezeigt. Diese Überlegungen lassen sich auf das Verhältnis zu dem Vertrauensgeber übertragen.[320] Darüber hinaus sprechen auch (weitere) öko-

---

[316] S. schon *Canaris*, ZHR 163 (1999), 206, 230 f.; s. auch *Kersting*, Dritthaftung, S. 425 f.; im Ergebnis auch *Koch*, WM 2005, 1208, 1212, je m. w. N. der Gegenauffassung.

[317] S. zu derartigen Vorschlägen nur *Canaris*, ZHR 163 (1999), 206, 231 f. (Haftungsbeschränkungsvertrag); *Koch*, WM 2005, 1208, 1213 ff. (auf die Annahme eines Haftungsbeschränkungsvertrags bedingte Vertrauenswerbung).

[318] S. *Kersting*, Dritthaftung, S. 315 ff., 428 f. m. w. N.; *Büttner*, Dritthaftung, S. 156; *Katzenstein*, Haftungsbeschränkungen zugunsten und zulasten Dritter, S. 331; vgl. auch *Koch*, WM 2005, 1208, 1212 f. m. w. N.

[319] *Kersting*, Dritthaftung, S. 317, 429 f. mit Fn. 2175; zur Wechselseitigkeit der Pflichten S. 420 ff.

[320] Vgl. schon oben S. 236 f.; vgl. insoweit auch *Adolff*, Third Party Legal Opinions, S. 183 f.; vgl. auch (trotz des vertraglichen Lösungswegs) *Koch*, WM 2005, 1208, 1214.

nomische Gesichtspunkte für die Zulässigkeit solcher Haftungsbeschränkungen.[321] Im Ergebnis ist die Beschränkung von Ersatzansprüchen auf bestimmte Höchstbeträge mit Wirkung gegenüber dem Vertrauensgeber daher jedenfalls zuzulassen. Zu Recht wird dabei die Notwendigkeit des Schutzes des anderen Teils, im Rahmen des in dieser Arbeit vertretenen Konzepts also des Vertrauensgebers, hervorgehoben.[322] So mag man zum einen verlangen, dass die Haftungsbeschränkung erkennbar ist, was etwa durch deren Aufnahme in die Expertise gewährleistet sein wird.[323] Weiterhin erscheint eine inhaltliche Kontrolle solcher Klauseln gerechtfertigt, was die zumindest sinngemäße Heranziehung des Rechts der allgemeinen Geschäftsbedingungen nahelegt.[324] Wertungsmäßig ist speziell bei Beratern wiederum eine Anlehnung an § 52 BRAO, § 67a StBerG, § 54a WPO geboten. Eine in deren Rahmen zulässige betragsmäßige Beschränkung sollte daher auch der inhaltlichen Kontrolle bezogen auf das Verhältnis zu dem Vertrauensnehmer standhalten.[325]

---

[321] S. *Kersting*, Dritthaftung, S. 427; *Katzenstein*, Haftungsbeschränkungen zugunsten und zulasten Dritter, S. 262 ff., 341 ff. (für Haftungsbeschränkungen durch AGB); vgl. auch *Büttner*, Dritthaftung, S. 153.

[322] S. *Kersting*, Dritthaftung, S. 430 ff.; *Büttner*, Dritthaftung, S. 158 ff.; *Katzenstein*, Haftungsbeschränkungen zugunsten und zulasten Dritter, S. 279, 343 für Haftungsbeschränkungen durch AGB (individualvertraglichen Haftungsbeschränkungen erkennt *Katzenstein* ohnehin nur in engen Grenzen Drittwirkung zu, s. S. 281 ff., 346 f.).

[323] Vgl. *Kersting*, Dritthaftung, S. 430; *Katzenstein*, Haftungsbeschränkungen zugunsten und zulasten Dritter, S. 343.

[324] Vgl. *Kersting*, Dritthaftung, S. 430 ff.; *Büttner*, Dritthaftung, S. 160, 163 ff.; *Katzenstein*, Haftungsbeschränkungen zugunsten und zulasten Dritter, S. 279, 343 (für Haftungsbeschränkungen durch AGB); für die vertragliche Lösung *Canaris*, ZHR 163 (1999), 206, 231 f.

[325] Vgl. auch *Kersting*, Dritthaftung, S. 431 (der darüber hinaus meint, eine Beschränkung sei generell nur im strengeren Rahmen von § 52 Abs. 1 S. 1 Nr. 2 BRAO, § 54a Abs. 1 Nr. 2 WPO, § 67a Abs. 1 S. 1 Nr. 2 StBerG zulässig, da die einseitige Haftungsbeschränkung der formularmäßigen gleich zu achten sei); *Büttner*, Dritthaftung, S. 166; vgl. ferner *Koch*, WM 2005, 1208, 1214 f.; vgl. auch *Adolff*, Third Party Legal Opinions, S. 183 f. (beachte aber auch dort Fn. 773).

Kapitel 4

Schlussbetrachtung

§ 15 Zusammenfassung in Thesen

A. Die Haftung im Mandatsverhältnis

I. Ansprüche des in Insolvenz gefallenen Mandanten werden in § 280 BGB wurzeln. Zum Anknüpfungspunkt für die Haftung kann insbesondere das praktisch sehr bedeutsame allgemeine steuerliche Mandat werden. Berater erscheinen in dessen Rahmen oftmals als erster Ansprechpartner, mit *Karsten Schmidt* gleichsam als „Hausarzt", des Mandanten. Für die Erörterung sind darüber hinaus besonders Verträge zur Jahresabschlusserstellung und zur Prüfung der Insolvenzreife („Prüfverträge") von Interesse.

II. Erteilt ein Berater im Rahmen eines anderen, beispielsweise allgemeinen steuerlichen, Mandats Auskünfte mit Bezug etwa zur Insolvenzreife (oder zur wirtschaftlichen Situation) der Gesellschaft, so liegt darin in der Regel kein konkludentes Angebot zum Abschluss eines Prüfvertrags. Die gegenteilige Rechtsprechung des BGH ist angesichts ihrer dogmatischen wie praktischen Schwächen zurückzuweisen.

Bei Lichte betrachtet wird es am Rechtsbindungswillen des Beraters fehlen; die Rechtsprechung stützt sich auf eine Fiktion. Der Prüfvertrag degeneriert so zu einem bloßen Mittel zum Zweck der Haftungsbegründung. Die Praxis kann ex ante auch nicht verlässlich einschätzen, welche Äußerungen des Beraters noch unter der Schwelle zum Prüfvertrag liegen. Die Lösung der Problematik ist in dem ursprünglich geschlossenen Vertrag – also z. B. dem allgemeinen steuerlichen Mandat – zu suchen (§ 241 Abs. 2 BGB).

III. Berufsrechtlich ist die Prüfung der Insolvenzreife durch Steuerberater gem. § 5 Abs. 1 RDG zulässig; derartige Verträge scheitern nicht an § 134 BGB i. V. m. § 3 RDG. Die Insolvenzreifeprüfung ist, nicht zuletzt mit Blick auf Art. 12 GG, als „Nebenleistung" anzusehen. Es ist indes erforderlich, dass auch eine von ihr zu unterscheidende Haupttätigkeit besteht (oder bestanden hat und zumindest eine enge zeitliche wie sachliche Verbindung zu der beendeten Haupttätigkeit gegeben ist). Diese Leitlinien gelten im Grundsatz auch für Wirtschaftsprüfer. Es erscheint gleichwohl als vertretbar, Wirtschaftsprüfern auch die isolierte Prüfung der Insolvenzreife zu gestatten. Rechtsanwälte sind ohnehin zur umfassenden rechtlichen Beratung des Mandanten befugt (§ 3 BRAO).

IV. Soweit die Parteien keine expliziten Festlegungen hinsichtlich insolvenzbezogener Pflichten getroffen haben (und auch keine gesetzlichen Vorschriften mit einem solchen Bezug existieren), ist zur Bestimmung derartiger Pflichten auf die von der Rechtsprechung entwickelten allgemeinen Grundsätze zurückzugreifen. Im Fokus steht die an den Grenzen des jeweiligen Mandats orientierte sog. allgemeine Beratungs- und Schadensverhütungspflicht. Über die Grenzen des (beschränkten) Mandats hinausgehende Warnpflichten werden nur unter engen Voraussetzungen anerkannt.

V. Zweck des Prüfvertrags ist gerade die Prüfung der Insolvenzreife; mithin schuldet der Berater auch die Mitteilung des Prüfergebnisses. Eine Pflicht zum Hinweis auf die Insolvenzreife ergibt sich sodann aus dem Vertrag zur Sanierungsberatung. Je nach Mandatszuschnitt kann dies auch für die Unternehmensberatung gelten. Endlich muss auch bei der Jahresabschlussprüfung (§§ 316 ff. HGB) auf die (drohende) Insolvenzreife hingewiesen werden (s. insbesondere § 321 Abs. 1 S. 3 HGB).

VI. Im Rahmen der Verpflichtung zur Erstellung des Jahresabschlusses ist zu differenzieren. Orientiert an den einschlägigen Verlautbarungen von IDW und Bundessteuerberaterkammer (deren Maßgaben überhaupt erst Vertragsinhalt werden müssen) geht weder mit der Erstellung ohne Beurteilungen noch der Erstellung mit Plausibilitätsbeurteilungen ohne Weiteres eine „echte" insolvenzbezogene Hinweispflicht einher. Eine solche kann auch nicht unreflektiert auf § 252 Abs. 1 Nr. 2 HGB (ggf. vermittelt über die allgemeine Beratungs- und Schadensverhütungspflicht) gestützt werden. Demgegenüber besteht eine Hinweispflicht bei der Erstellung mit umfassenden Beurteilungen.

Der Tatbestand der Warnpflicht, die sich auf außerhalb des beschränkten Mandatsgegenstands liegende Gefahren bezieht, wird indes nicht erfüllt sein. Selbst bei einer sog. Unterdeckung in der Handelsbilanz kann dem Berater nicht unbesehen Kenntnis der Insolvenzreife unterstellt werden. Auch muss der Berater regelmäßig nicht annehmen, dass dem Mandanten (bzw. dessen Geschäftsleiter) die drohende Insolvenzreife unbekannt sei. Eine noch über die im Ergebnis nicht einschlägige Warnpflicht hinausgehende Nebenpflicht ist nicht anzuerkennen.

Davon abzugrenzen ist die Verpflichtung zur korrekten Erstellung des Jahresabschlusses, für deren Verletzung der Berater haftet.

VII. Dem allgemeinen steuerlichen Mandat ist eine Pflicht zum Hinweis auf die (drohende) Insolvenzreife bzw. die Notwendigkeit ihrer Prüfung und die ggf. bestehende Insolvenzantragspflicht fremd.

Die Beratungs- und Schadensverhütungspflicht ist zur Begründung einer solchen Verpflichtung unergiebig, da sich der Mandatsgegenstand nicht auf die Insolvenzreife erstreckt.

Eine weitergehende, auf § 241 Abs. 2 BGB gestützte Nebenpflicht ist nicht anzuerkennen. Ein überlegenes Wissen wird der Berater auch im allgemeinen steuerlichen Mandat nicht erlangen. Umgekehrt ist der Mandant – durch den Geschäftsleiter, der an seinen Pflichten als Organwalter festzuhalten ist – selbst in der Lage und dafür verantwortlich, die wirtschaftliche Situation und die Insolvenzreife zu überwachen. Eine Übertragung dieser Aufgaben kann nur der Abschluss eines Prüfvertrags, nicht aber eines allgemeinen steuerlichen Mandats, bewirken.

Gleichwohl haftet der Berater für überobligatorische unzutreffende Auskünfte (§ 241 Abs. 2 BGB). Im Zusammenspiel mit einer restriktiven Handhabung des (konkludenten) Prüfvertrags wird so der Schutz des Mandanten sichergestellt, ohne dass es aber im Ergebnis doch zur mittelbaren Einführung einer Pflicht zum Hinweis auf die (drohende) Insolvenzreife kommt.

Die vom BGH angenommene Pflicht, beim Eintritt in „konkrete Erörterungen“ über die Insolvenzreife auf den Weg zur Feststellung der Insolvenzreife hinzuweisen, ist bedachtsam zu handhaben. Sie ist dergestalt zu verstehen, dass der Berater auf die konkrete Frage nach dem Vorliegen der Insolvenzreife hin erteilte, letztlich unvollständige Auskünfte zu unterlassen hat, die im Ergebnis als Unterfall falscher Auskünfte einzuordnen sind.

VIII. Besteht eine insolvenzbezogene Hinweispflicht, kann sich im Rahmen ihrer Erfüllung in Ausnahmefällen die zusätzliche Verpflichtung ergeben, neben dem primär zu unterrichtenden Geschäftsleiter auch weitere Gesellschaftsorgane einzubinden, wenn der zunächst adressierte Geschäftsleiter ganz offensichtlich nicht die erforderlichen Konsequenzen ziehen will.

IX. Auf der Ebene des Vertretenmüssens gelten die allgemeinen Grundsätze. Eine Haftungsbeschränkung für „Stegreifauskünfte“ ist nicht anzuerkennen. Fehlinformationen des Mandanten sind im Rahmen des Verschuldens zu berücksichtigen, das in der Folge ausnahmsweise entfallen kann.

X. In der sog. Vertiefung der Überschuldung ist im Rahmen des anzustellenden Gesamtvermögensvergleichs dem Grunde nach ein Schaden des Mandanten zu sehen.

Gerade im Fall der „gewöhnlichen“ Fortführung des Unternehmens wird auch das Erfordernis der Zurechenbarkeit des Schadens erfüllt sein; insofern liegt die Anknüpfung an § 93 Abs. 1 S. 2 AktG nahe.

Der BGH bleibt hinsichtlich der Anwendbarkeit der sog. Vermutung beratungsrichtigen Verhaltens bei mehreren Handlungsalternativen eine überzeugende Begründung für die Differenzierung zwischen Fällen der Rechtsberatung und der Anlageberatung schuldig. Zugunsten des Mandanten sollte regelmäßig angenommen werden, dass der Geschäftsleiter sich jedenfalls rechtmäßig verhalten hätte.

XI. Zulasten des Mandanten kann ausnahmsweise ein zurechenbares, durch den Geschäftsleiter verwirklichtes Mitverschulden (§ 254 BGB) zu berücksichtigen sein. In der einheitlich zu beurteilenden Insolvenzkonstellation kommt dies insbesondere bei der unzureichenden Information des Beraters in Betracht. Im Ausgangspunkt erscheint insoweit die Bildung einer Mitverschuldensquote in Höhe von 30–40 % zulasten des Mandanten als angemessen. Kennt der Geschäftsleiter die Insolvenzreife, kann die Haftung sogar gänzlich entfallen. Ein Mitverschulden kann auch in Fällen anzurechnen sein, in denen den Berater eine Pflicht zur Einschaltung weiterer Gesellschaftsorgane trifft.

XII. Der Berater kann theoretisch nach § 823 Abs. 2 BGB i. V. m. § 15a InsO, § 830 Abs. 2 BGB haften. Doch wird der (doppelte) Vorsatz des Beraters im Fall der bloßen Fortführung weiterhin erforderlicher Beratung richtigerweise nur selten vorliegen und nachweisbar sein.

XIII. Wird der Berater zwecks der Sanierung zum Geschäftsleiter bestellt, haftet er entsprechend. Dies gilt auch in den wohl seltenen Sonderkonstellationen, in denen er als sog. faktischer Geschäftsführer anzusehen ist.

XIV. Kommt es (trotz der Eigenart der jeweiligen Ansprüche) zur gleichzeitigen Haftung des Beraters neben der des Geschäftsleiters, so sind die Beteiligten als Gesamtschuldner anzusehen. Die Haftungsabwicklung richtet sich dann nach § 426 BGB.

B. Die Haftung gegenüber Dritten

I. Der BGH greift zur Begründung der Haftung gegenüber Dritten vielfach auf die Rechtsfigur des Vertrags mit Schutzwirkung zugunsten Dritter zurück. In mehreren Entwicklungsschritten hat er diese Rechtsfigur ausgeweitet und so zur kardinalen Haftungsgrundlage für die sog. Expertenfälle gemacht. Als entscheidend stellte sich dabei die Anwendung auch auf Leistungspflichtverletzungen selbst in Fällen heraus, in denen es nicht nur an einem Fürsorgeverhältnis fehlt, sondern die Parteien sogar gegenläufige Interessen verfolgen. In ständiger Rechtsprechung rekurriert der BGH nunmehr darauf, ob der Experte eine besondere Sachkunde aufweise und eine Leistung erbringe, die erkennbar auch zum Gebrauch gegenüber einem Dritten bestimmt sei, der von ihr Vermögensdispositionen abhängig mache.

II. Diese Grundsätze erstreckte der BGH nach und nach auf immer weitere Fallgruppen. In einem vorläufig letzten Evolutionsschritt bezog er zunächst auch Fälle der klassischen Steuerberatung in Form umsatzsteuerrechtlicher Beratung und sodann Fälle insolvenzrechtlicher Beratung (Prüfvertrag) ein. Diesem dogmatischen Ansatz folgen in der Insolvenzkonstellation die Instanzgerichte und das überwiegende insolvenzrechtliche Schrifttum.

III. Hinsichtlich der grundsätzlichen Lösung der Expertenfälle verweigert ein großer Teil des Schrifttums dem BGH indes die Gefolgschaft. Es wurden zahlreiche abweichende dogmatische Konstruktionen entwickelt, die den BGH jedoch nicht veranlassten, von seiner Lösung abzurücken. Auch bringen diese Konzepte in vielen Fällen ähnliche praktische Ergebnisse hervor.

IV. Wollte man dem grundsätzlichen Konzept des BGH in der Insolvenzkonstellation folgen, so erschiene die Einbeziehung des Gesellschafters des Mandanten als folgerichtig. Gegenteiliges gilt für die Einbeziehung des Geschäftsleiters. Insbesondere macht dieser in der Regel keine (eigene) Vermögensdisposition von der Aussage des Beraters abhängig. Im Schrifttum wird dies nur vereinzelt erkannt.

V. Die auf den Vertrag mit Schutzwirkung zugunsten Dritter gestützte Rechtsprechung des BGH zur Expertenhaftung ist allerdings schon dem Grunde nach verfehlt. Der Wille der Parteien zur Einbeziehung des Dritten wie auch zur Abbedingung von § 334 BGB wird fingiert. Die Rechtsfigur sollte auf ihren klassischen Anwendungsbereich zurückgeführt werden. Eine vertragliche Anknüpfung ist zur Lösung des allgemeinen Problems der Expertenhaftung ungeeignet.

VI. Die Lösung der Expertenfälle ist stattdessen in §§ 311 Abs. 3 S. 2, 241 Abs. 2, 280 Abs. 1 BGB zu suchen. Konstruktiv kann dieser – gegenüber den Alternativkonzepten der Rechtsprechung und des Schrifttums vorzugswürdige – Ansatz die Expertenfälle erfassen.

Als Teil geltenden Rechts darf die Vorschrift des § 311 Abs. 3 S. 2 BGB nicht unbesehen übergangen werden. Ihre Einführung sollte als Chance verstanden werden. Sie bietet eine objektive Anknüpfung, wodurch Fiktionen entbehrlich werden, und ermöglicht eine Präzisierung und ggf. Einschränkung der Haftung. Die Norm bedarf zwar der Konkretisierung, doch können Wissenschaft und Rechtsprechung eine solche leisten.

VII. Mit der Anbindung an § 311 Abs. 3 *S. 2* BGB geht ein Perspektivwechsel einher. Im Ergebnis ist nunmehr der „Experte“, d. h. der Berater, als Dritter i. S. der Norm (und damit ggf. Haftender) anzusehen. Zum Anknüpfungspunkt für seine Haftung wird der für ihn fremde Vertrag zwischen seinem Auftraggeber und dem Geschädigten, also etwa der Vertrag zwischen der Gesellschaft und dem Gesellschafter bzw. Gläubiger, auf den der Berater informationellen Einfluss nimmt.

VIII. Das häufig wohl entscheidende Tatbestandsmerkmal des § 311 Abs. 3 S. 2 BGB liegt in der Inanspruchnahme von Vertrauen. In Anknüpfung an *Kersting* ist darunter ein zweiseitiger Tatbestand zu verstehen. Der Vertrauensgeber muss eine Vertrauenserwartung bilden, die für den Vertrauensnehmer (Berater) in Form eines Vertrauenserweises erkennbar wird. Ihre Inanspruchnahme erfordert, dass der Vertrauensnehmer eine solche hervorruft oder sich auf eine bereits vorhandene beruft und diese als Grundlage einer Vertrauenshandlung anbietet. Erforderlich ist demnach ein kommunikativer Kontakt. Die Inanspruchnahme weist eine subjektive Komponente auf, die in Anlehnung an die Lehre der Willenserklärung zu konkretisieren ist.

IX. Wendet man das Konzept auf die Insolvenzkonstellation an, so zeigt sich, dass eine Haftung des Beraters gegenüber dem Gesellschafter etwa in Betracht kommt, wenn der Gesellschafter im Vertrauen auf die Prüfung der Insolvenzreife durch den Berater Kapital nachschießt. Allerdings muss sich die auf dem kommunikativen Kontakt beruhende Inanspruchnahme von Vertrauen gerade auf die Position und Person des Gesellschafters beziehen.

Hingegen scheidet eine Haftung gegenüber dem Geschäftsleiter aus. Insbesondere im Fall der unterbliebenen Insolvenzantragstellung und der Fortführung der Unternehmenstätigkeit wird es an einem Bezugsvertrag fehlen. Fortführung und Insolvenzantrag fallen nicht unter den Begriff der „Vertragsverhandlungen“ oder des „Vertragsschlusses“. Im Zuge der Fortführung abgeschlossene Geschäfte sind solche der Gesellschaft. Auch stünde die Schaffung einer Regressmöglichkeit zugunsten des Geschäftsleiters im Widerspruch zu dessen Organpflichten. Die Eröffnung einer mittelbaren, über die betont restriktive Rechtsprechung des BGH (insbesondere zum Vertrauen auf fachkundigen Rat) hinausgehenden, Entlastungsmöglichkeit erscheint nicht gerechtfertigt. Außerdem können sich bereits Ausgleichsansprüche aus § 426 BGB ergeben.

Gläubigern gegenüber kann der Berater haften. In Betracht kommt dies etwa, wenn der Gläubiger im Vertrauen auf die (auch an ihn gerichtete) Information des Beraters ein Geschäft mit der Gesellschaft abschließt, beispielsweise ein Darlehen gewährt. Eine Haftung gegenüber den Gläubigern „als solchen“ scheidet aus.

X. Auf der Ebene der aus dem Schuldverhältnis folgenden Pflichten liegt es nahe, an die Konkretisierungen der Rechtsprechung anzuknüpfen. Präzisierungen durch die Parteien, etwa den Vertrauensnehmer, sind grundsätzlich möglich.

XI. Inwieweit Haftungsfreizeichnung und -beschränkung auf Grundlage des Konzepts der Rechtsprechung möglich sind, ist im Einzelnen umstritten. Verbreitet wird zumindest angenommen, dass eine Haftungsbeschränkung aus dem Vertrag mit dem Mandanten (und gegenüber diesem) in das Drittverhältnis „durchschlägt". Wertungsmäßig ist dem mit Blick auf § 52 BRAO, § 67a StBerG und § 54a WPO zuzustimmen, sodass jedenfalls das Durchschlagen einer deren Maßgaben entsprechenden Haftungsbeschränkung anzuerkennen ist.

Im Rahmen von §§ 311 Abs. 3 S. 2, 241 Abs. 2, 280 Abs. 1 BGB sollte nicht auf vertragliche Konzepte der Haftungsbegrenzung zurückgegriffen werden. *Kerstings* auf einer Nebenpflicht basierende Lösung fügt sich bruchlos und ohne Fiktionen in das Gesamtkonzept der Haftung ein. Im Ergebnis sollte – wiederum orientiert an § 52 BRAO, § 67a StBerG und § 54a WPO – der im Rahmen dieser Normen zulässigen Haftungsbeschränkung Wirkung auch gegenüber dem Vertrauensgeber zuerkannt werden.

Literaturverzeichnis

Ackermann, Thomas: Der Schutz des negativen Interesses. Zur Verknüpfung von Selbstbindung und Sanktion im Privatrecht, Tübingen 2007.

Adler, Hans/Düring, Walther/Schmaltz, Kurt: Rechnungslegung und Prüfung der Unternehmen. Kommentar zum HGB, AktG, GmbHG, PublG nach den Vorschriften des Bilanzrichtlinien-Gesetzes, 6. Aufl., Stuttgart, zit.: A/D/S.
Teilband 1: §§ 252–263 HGB (1995)

Adolff, Johannes: Die zivilrechtliche Verantwortlichkeit deutscher Anwälte bei der Abgabe von Third Party Legal Opinions, München 1997, zit.: Third Party Legal Opinions.

Bales, Klaus: Zivil- und strafrechtliche Haftungsgefahren für Berater und Insolvenzverwalter in der Krise und der Insolvenz, ZInsO 2010, S. 2073 ff.

Ballerstedt, Kurt: Zur Haftung für culpa in contrahendo bei Geschäftsabschluss durch Stellvertreter, AcP 151 (1950/51), S. 501 ff.

Bamberger, Heinz Georg/Roth, Herbert: Kommentar zum Bürgerlichen Gesetzbuch, 3. Aufl., München 2012, zit.: *Bearbeiter*, in: Bamberger/Roth.
Band 1: §§ 1–610; CISG
Band 2: §§ 611–1296; AGG; ErbbauRG; WEG

Bar, Christian von: Verkehrspflichten, Köln 1980.

Baumbach, Adolf/Hopt, Klaus J.: Handelsgesetzbuch, 37. Aufl., München 2016, zit.: *Bearbeiter*, in: Baumbach/Hopt.

Baumbach, Adolf/Hueck, Alfred: Gesetz betreffend die Gesellschaften mit beschränkter Haftung, 20. Aufl., München 2013, zit.: *Bearbeiter*, in: Baumbach/Hueck.

Baumert, Andreas J.: Insolvenzreife – Pflichtenkreis von Steuerberatern und Wirtschaftsprüfern im Lichte des RDG, ZIP 2013, S. 1851 ff.

Bayer, Walter/Hommelhoff, Peter/Kleindiek, Detlef/Lutter, Marcus: GmbH-Gesetz, 19. Aufl., Köln 2016, zit.: *Bearbeiter*, in: Lutter/Hommelhoff.

Bergmann, Andreas: Die Geschäftsführung ohne Auftrag als Subordinationsverhältnis, Tübingen 2012, zit.: Die GoA als Subordinationsverhältnis.

Bertram, Klaus/Brinkmann, Ralph/Kessler, Harald/Müller, Stefan: HGB Bilanz Kommentar, 6. Aufl., Freiburg 2015, zit.: *Bearbeiter*, in: Haufe HGB.

Biletzki, Gregor C.: Die deliktische Haftung des GmbH-Geschäftsführers für fehlerhafte Buchführung, ZIP 1997, S. 9 ff.

Bitter, Georg: Haftung von Gesellschaftern und Geschäftsführern in der Insolvenz ihrer GmbH – Teil 1, ZInsO 2010, S. 1505 ff.

Bitter, Georg: Haftung von Gesellschaftern und Geschäftsführern in der Insolvenz ihrer GmbH – Teil 2, ZInsO 2010, S. 1561 ff.

Bitter, Georg/Hommerich, Christoph: Die Zukunft des Überschuldungsbegriffs, Köln 2012.

Bitter, Georg/Röder, Sebastian: Insolvenz und Sanierung in Zeiten der Finanz- und Wirtschaftskrise – Ergebnisse einer Befragung von Unternehmensinsolvenzverwaltern, ZInsO 2009, S. 1283 ff.

Blank, Michael J. W./Blank, Dennis B.: (Keine) Haftung des steuerlichen Beraters für Insolvenzverschleppungsschäden, ZInsO 2016, S. 840 ff.

Böcker, Philipp/Poertzgen, Christoph: Der insolvenzrechtliche Überschuldungsbegriff ab 2014, GmbHR 2013, S. 17 ff.

Bohrer, Michael: Die Haftung des Dispositionsgaranten, Ebelsbach 1980.

Boll, Simon: Rechtsrat und Haftung in der Kapitalgesellschaft, Hamburg 2015.

Borgmann, Brigitte/Jungk, Antje/Schwaiger, Michael: Anwaltshaftung, 5. Aufl., München 2014, zit.: *Bearbeiter*, in: Borgmann/Jungk/Schwaiger, Anwaltshaftung.

Bork, Reinhard: Pflichten der Geschäftsführung in Krise und Sanierung, ZIP 2011, S. 101 ff.

Bork, Reinhard: Wie erstellt man eine Fortbestehensprognose?, ZIP 2000, S. 1709 ff.

Brandner, Hans Erich: Berufshaftung und Vertragsgestaltung der Wirtschaftsprüfer, ZIP 1984, S. 1186 ff.

Breidenbach, Stephan: Die Voraussetzungen von Informationspflichten beim Vertragsschluß, München 1989, zit.: Informationspflichten.

Brors, Christiane: Vertrauen oder Vertrag – gibt es eine Haftung für Wertgutachten nach § 311 Abs. 3 BGB?, ZGS 2005, S. 142 ff.

Büchler, Olaf: Beraterhaftung in der GmbH-Insolvenz, InsVZ 2010, S. 68 ff.

Buth, Andrea K./Hermanns, Michael: Restrukturierung, Sanierung, Insolvenz, 4. Aufl., München 2014, zit.: *Bearbeiter*, in: Buth/Hermanns, RSI.

Büttner, Benjamin: Umfang und Grenzen der Dritthaftung von Experten, Tübingen 2006, zit.: Dritthaftung.

Bydlinski, Franz: Juristische Methodenlehre und Rechtsbegriff, 2. Aufl., Wien u.a. 1991 (Nachdruck 2011), zit.: Methodenlehre.

Canaris, Claus-Wilhelm: Die Haftung des Sachverständigen zwischen Schutzwirkungen für Dritte und Dritthaftung aus culpa in contrahendo, JZ 1998, S. 603 ff.

Canaris, Claus-Wilhelm: Die Reform des Rechts der Leistungsstörungen, JZ 2001, S. 499 ff.

Canaris, Claus-Wilhelm: Die Reichweite der Expertenhaftung gegenüber Dritten, ZHR 163 (1999), S. 206 ff.

Canaris, Claus-Wilhelm: Die Schadensersatzpflicht der Kreditinstitute für eine unrichtige Finanzierungsbestätigung als Fall der Vertrauenshaftung, in: Bankrecht – Schwerpunkte und Perspektiven: Festschrift für Herbert Schimansky, Köln 1999, S. 43 ff.

Canaris, Claus-Wilhelm: Die Vermutung „aufklärungsrichtigen Verhaltens" und ihre Grundlagen, in: Festschrift für Walther Hadding zum 70. Geburtstag am 8. Mai 2004, Berlin 2004, S. 3 ff.

Canaris, Claus-Wilhelm: Die Vertrauenshaftung im Lichte der Rechtsprechung des Bundesgerichtshofs, in: 50 Jahre Bundesgerichtshof – Festgabe aus der Wissenschaft, Band I, München 2000, S. 129 ff.

Canaris, Claus-Wilhelm: Schutzgesetze – Verkehrspflichten – Schutzpflichten, in: Festschrift für Karl Larenz zum 80. Geburtstag am 23. April 1983, München 1983, S. 27 ff.

Canaris, Claus-Wilhelm: Schutzwirkungen zugunsten Dritter bei „Gegenläufigkeit" der Interessen, JZ 1995, S. 441 ff.

Chemnitz, Jürgen/Johnigk, Frank: Rechtsberatungsgesetz, 11. Aufl., Münster 2003.

Claussen, Carsten Peter/Scherrer, Gerhard: Kölner Kommentar zum Rechnungslegungsrecht, §§ 238–342e HGB, Köln 2010, zit.: *Bearbeiter*, in: KK-RLR.

Commandeur, Anja/Utsch, Guido: Aktuelle Entwicklungen im Insolvenzrecht, NZG 2012, S. 1376 ff.

Crezelius, Georg: Überschuldung und Bilanzierung, in: Festschrift für Volker Röhricht zum 65. Geburtstag, Köln 2005, S. 787 ff.

Cymutta, Claudia R.: Neue Regeln für Insolvenzanträge – Haftungsrisiken der antragspflichtigen Organe und deren Berater, BB 2012, S. 3151 ff.

Dauner-Lieb, Barbara/Konzen, Horst/Schmidt, Karsten: Das neue Schuldrecht in der Praxis, Köln u.a. 2003, zit.: *Bearbeiter*, in: Dauner-Lieb/Konzen/Schmidt, Das neue Schuldrecht in der Praxis.

Dauner-Lieb, Barbara/Heidel, Thomas/Ring, Gerhard: Bürgerliches Gesetzbuch, Baden-Baden, zit.: *Bearbeiter*, in: NK-BGB (wenn nicht anders angegeben, wird die 3. Auflage zitiert).
3. Auflage
Band 2/1: §§ 241–610 (2016), herausgegeben von *Dauner-Lieb, Barbara* und *Langen, Werner*
Band 2/2: §§ 611–853 (2016), herausgegeben von *Dauner-Lieb, Barbara* und *Langen, Werner*
2. Auflage
Band 2/1: §§ 241–610 (2012), herausgegeben von *Dauner-Lieb, Barbara* und *Langen, Werner*

Deckenbrock, Christian/Henssler, Martin: Rechtsdienstleistungsgesetz, 4. Aufl., München 2015, zit.: *Bearbeiter*, in: Deckenbrock/Henssler.

Dehler, Manfred/Kalina-Kerschbaum, Claudia: Überarbeitete Grundsätze für die Erstellung von Jahresabschlüssen – Anmerkungen zur Verlautbarung der Bundessteuerberaterkammer, DStR 2010, S. 942 ff.

Deipenbrock, Gudula: Externes Rating – ‚Heilsversprechen für internationale Finanzmärkte'?, BB 2003, S. 1849 ff.

Dittmer, Jana: Die Feststellung der Zahlungsunfähigkeit von Gesellschaften mit beschränkter Haftung, Tübingen 2013, zit.: Die Feststellung der Zahlungsunfähigkeit.

Drenckhan, Helke: Gläubigerschutz in der Krise der GmbH, Baden-Baden 2006.

Ebke, Werner F.: Abschlußprüfer, Bestätigungsvermerk und Drittschutz, JZ 1998, S. 991 ff.

Ebke, Werner F.: Wirtschaftsprüfer und Dritthaftung, Bielefeld 1983.

Ehlers, Harald: Die Risiken der Sanierungsberatung, ZInsO 2013, S. 105 ff.

Ehlers, Harald: Krisenberater unter Druck, BB 2014, S. 131 ff.

Eichborn, Julia von: Anmerkung zu OLG Köln, Beschluss vom 03.12.2010 – III–1 Ws 146/10 (128), DStR 2011, S. 1195 ff.

Enneccerus, Ludwig/Nipperdey, Hans Carl: Allgemeiner Teil des Bürgerlichen Rechts, Zweiter Halbband, Entstehung, Untergang und Veränderung der Rechte; Ansprüche und Einreden, Ausübung und Sicherung der Rechte, 15. Aufl. 1960, zit.: Allgemeiner Teil des Bürgerlichen Rechts.

Erman, Walter: Erman Bürgerliches Gesetzbuch, Handkommentar, hrsg. von *Harm-Peter Westermann, Barbara Grunewald* und *Georg Maier-Reimer*, 14. Aufl., Köln 2014, zit.: *Bearbeiter*, in: Erman.

Exner, Stefan: Der Unternehmensberatungsvertrag, Köln 1992.

Farr, Wolf-Michael/Niemann, Walter: Neue Grundsätze für die Erstellung von Jahresabschlüssen durch Wirtschaftsprüfer und Steuerberater – IDW S7 und Verlautbarung der Bundessteuerberaterkammer – Gemeinsamkeiten und Unterschiede, DStR 2010, S. 1095 ff.

Faust, Florian: Der Schutz vor reinen Vermögensschäden – illustriert am Beispiel der Expertenhaftung, AcP 210 (2010), S. 555 ff.

Fikentscher, Wolfgang/Heinemann, Andreas: Schuldrecht, 10. Aufl., Berlin 2006.

Fischer, Detlev: Der Einwand des Mitverschuldens in der Anwaltshaftung, in: Sanierung, Insolvenz, Berufsrecht der Rechtsanwälte und Notare: Festschrift für Hans Gerhard Ganter zum 65. Geburtstag, München 2010, S. 471 ff.

Fischer, Detlev: Die höchstrichterliche Rechtsprechung zur Haftung des steuerlichen Beraters in den Jahren 2011–2013 (Teil 1), DB 2013, S. 2010 ff.

Fischer, Detlev: Haftung des Steuerberaters in Insolvenzverschleppungsfällen (Teil 1), DB 2015, S. 1643 ff.

Fischer, Detlev: Haftung des Steuerberaters in Insolvenzverschleppungsfällen (Teil 2), DB 2015, S. 1703 ff.

Fischer, Gero/Vill, Gerhard/Fischer, Detlev/Rinkler, Axel/Chab, Bertin: Handbuch der Anwaltshaftung, 4. Aufl., Bonn 2015, zit.: *Bearbeiter*, in: Hdb. d. Anwaltshaftung.

Fleischer, Holger: Vertrauen von Geschäftsleitern und Aufsichtsratsmitgliedern auf Informationen Dritter, ZIP 2009, S. 1397 ff.

Fleischer, Holger/Goette, Wulf: Münchener Kommentar zum Gesetz betreffend die Gesellschaften mit beschränkter Haftung, 2. Aufl., München, zit.: *Bearbeiter*, in: MünchKomm-GmbHG.
Band 2: §§ 35–52 (2016)
Band 3: §§ 53–85 (2016)

Flume, Werner: Das Rechtsgeschäft, 4. Aufl., Berlin 1992.

Fölsing, Philipp: Kein Steuerberater- oder Abschlussprüferregress für Aufsichtsräte, ZInsO 2015, S. 1478 ff.

Frege, Michael C.: Grundlagen und Grenzen der Sanierungsberatung, NZI 2006, S. 545 ff.

Froehner, Jan: Deliktische Haftung für die Beihilfe zur Insolvenzverschleppung gegenüber dem Neugläubiger, ZInsO 2011, S. 1617 ff.

Gehrlein, Markus: Anwalts- und Steuerberaterhaftung, 4. Aufl., Frankfurt am Main 2016.

Gehrlein, Markus: Mitverschulden bei fehlerhafter Insolvenzprüfung, ZInsO 2013, S. 2296 ff.

Goerdeler, Reinhard: Die freiwillige Prüfung von Jahresabschlüssen, in: Festschrift für Robert Fischer, Berlin u.a. 1979, S. 149 ff.

Goette, Wulf/Habersack, Mathias/Kalss, Susanne: Münchener Kommentar zum Aktiengesetz, 4. Aufl., München, zit.: *Bearbeiter*, in: MünchKomm-AktG.
Band 2: §§ 76–117; MitbestG; DrittelbG (2014)

Gräfe, Jürgen: Haftungsgefahren des Steuerberaters/Wirtschaftsprüfers in der Unternehmenskrise des Mandanten (Teil I), DStR 2010, S. 618 ff.

Gräfe, Jürgen: Haftungsgefahren des Steuerberaters/Wirtschaftsprüfers in der Unternehmenskrise des Mandanten (Teil II), DStR 2010, S. 669 ff.

Grottel, Bernd/Schmidt, Stefan/Schubert, Wolfgang J./Winkeljohann, Norbert: Beck'scher Bilanz-Kommentar, 10. Aufl., München 2016, zit.: *Bearbeiter*, in: Beck Bil-Komm.

Grunewald, Barbara: Die Haftung des Experten für seine Expertise gegenüber Dritten, AcP 187 (1987), S. 285 ff.

Grunewald, Barbara/Römermann, Volker: Rechtsdienstleistungsgesetz, Köln 2008, zit.: *Bearbeiter*, in: Grunewald/Römermann.

Haas, Ulrich: Gutachten E für den 66. Deutschen Juristentag: Reform des gesellschaftsrechtlichen Gläubigerschutzes. Verhandlungen des 66. Deutschen Juristentages, Band I, München 2006, zit.: Gutachten E für den 66. DJT.

Hager, Johannes: Anmerkung zu BGH, Urteil vom 06.06.2013 – IX ZR 204/12, KTS 2014, S. 313 ff.

Harnos, Rafael: Geschäftsleiterhaftung bei unklarer Rechtslage, Berlin 2013.

Hartmann, Ulrich: Das neue Bilanzrecht und der Gesellschaftsvertrag der GmbH, Köln 1986, zit.: Bilanzrecht.

Hater, André: Insolvenzrechtliche Fortbestehensprognose und handelsrechtliche Fortführungsprognose, Düsseldorf 2013, zit.: Fortbestehensprognose und Fortführungsprognose.

Haußer, Jochen/Heeg, Volker: Überschuldungsprüfung und Patronatserklärung, ZIP 2010, S. 1427 ff.

Heese, Michael: Beratungspflichten, Tübingen 2015.

Henkenborg, Uwe A./Poll, Jens: Anmerkung zu BGH, Urteil vom 26.01.1995 – IX ZR 10/94, BGHZ 128, 358, JZ 1996, S. 312 ff.

Hennrichs, Joachim/Kleindiek, Detlef/Watrin, Christoph: Münchener Kommentar zum Bilanzrecht, München 2013, zit.: *Bearbeiter*, in: MünchKomm-BilR.

Hense, Burkhard/Ulrich, Dieter: WPO-Kommentar, 2. Aufl., Düsseldorf 2013, zit.: *Bearbeiter*, in: Hense/Ulrich.

Henssler, Martin/Prütting, Hanns: Bundesrechtsanwaltsordnung, München, zit.: *Bearbeiter*, in: Henssler/Prütting (wenn nicht anders angegeben, wird die 4. Auflage zitiert).
4. Auflage (2014)
2. Auflage (2004)

Herrmann, Harald: Der ungedeckte Fehlbetrag nach § 268 Abs. 3 HGB und die Folgepflichten für Abschlußprüfer und Gesellschaftsorgane in AG und GmbH, ZGR 1989, S. 273 ff.

Heuermann, Bernd/ Brandis, Peter: Blümich, EStG, KStG, GewStG, Kommentar, Stand: Mai 2016 (132. Ergänzungslieferung), München, zit.: *Bearbeiter*, in: Blümich.

Hirte, Heribert: Berufshaftung, München 1996.

Hirte, Heribert/Mülbert, Peter O./Roth, Markus: Aktiengesetz, Großkommentar, 5. Aufl., Berlin u.a., zit.: *Bearbeiter*, in: Großkomm. AktG.
Band 4/1: §§ 76–91 (2015)
Band 4/2: §§ 92–94 (2015)

Hölzle, Gerrit: Das Steuerberatungsmandat in der Insolvenz des Mandanten. Mandatsfragen im Vorfeld der Insolvenz, im vorläufigen und im eröffneten Insolvenzverfahren, DStR 2003, S. 2075 ff.

Hommelhoff, Peter/Mattheus, Daniela: Qualitätssicherung in der Wirtschaftsprüfung: Fachliche Verlautbarungen und ihre Steuerungswirkung, in: Festschrift für Volker Röhricht zum 65. Geburtstag, Köln 2005, S. 897 ff.

Honsell, Heinrich: Die Haftung für Gutachten und Auskunft unter besonderer Berücksichtigung von Drittinteressen, in: Festschrift für Dieter Medicus: Zum 70. Geburtstag, Köln u.a. 1999, S. 211 ff.

Hopt, Klaus J.: Berufshaftung und Berufsrecht der Börsendienste, Anlageberater und Vermögensverwalter, in: Festschrift für Robert Fischer, Berlin u.a. 1979, S. 237 ff.

Hopt, Klaus J.: Der Kapitalanlegerschutz im Recht der Banken, München 1975, zit.: Kapitalanlegerschutz.

Hopt, Klaus J.: Die Haftung des Wirtschaftsprüfers. Rechtsprobleme zu § 323 HGB (§ 168 AktG a.F.) und zur Prospekt- und Auskunftshaftung, in: Festschrift für Klemens Pleyer zum 65. Geburtstag, Köln u.a. 1986, S. 341 ff.

Hopt, Klaus J.: Nichtvertragliche Haftung außerhalb von Schadens- und Bereicherungsausgleich, AcP 183 (1983), S. 608 ff.

Huber, Konrad: Verkehrspflichten zum Schutz fremden Vermögens, in: Festschrift für Ernst von Caemmerer zum 70. Geburtstag, Tübingen 1978, S. 359 ff.

Huber, Peter/Faust, Florian: Schuldrechtsmodernisierung, München 2002, zit.: *Bearbeiter*, in: Huber/Faust, Schuldrechtsmodernisierung.

Hüffer, Uwe/Koch, Jens: Aktiengesetz, Kommentar, 12. Aufl., München 2016, zit.: *Bearbeiter*, in: Hüffer/Koch.

Hüffer, Uwe: Bewertungsprobleme in der Überschuldungsbilanz, in: Festschrift für Herbert Wiedemann zum 70. Geburtstag, München 2002, S. 1047 ff.

Hüttinger, Johannes: Instrumente zur vorinsolvenzlichen Sanierung des Unternehmensträgers, Baden-Baden 2015.

Jaeger, Ernst: Insolvenzordnung, Großkommentar, hrsg. von *Wolfram Henckel* und *Walter Gerhardt*, Berlin, zit.: *Bearbeiter*, in: Jaeger.
Erster Band: §§ 1–55 (2004)
Zweiter Band: §§ 56–102 (2007)
Fünfter Band – Teil 1: §§ 148–155; Insolvenzsteuerrecht (2016)

Jauernig: Bürgerliches Gesetzbuch, Kommentar, hrsg. von *Rolf Stürner*, 16. Aufl., München 2015, zit.: *Bearbeiter*, in: Jauernig.

Joecks, Wolfgang/Miebach, Klaus: Münchener Kommentar zum Strafgesetzbuch, 2. Aufl., München, zit.: *Bearbeiter*, in: MünchKomm-StGB.
Band 1: §§ 1–37 (2011)

Joost, Detlev/Strohn, Lutz: Ebenroth/Boujong/Joost/Strohn, Handelsgesetzbuch, 3. Aufl., München, zit.: *Bearbeiter*, in: E/B/J/S.
Band 1: §§ 1–342e (2014)

Jost, Fritz: Vertragslose Auskunfts- und Beratungshaftung, Baden-Baden 1991.

Jungk, Antje: Das anwaltliche „Dauermandat“, AnwBl 2009, S. 221 ff.

Kaiser, Tomas/Oetjen, Kerstin: Die Pflicht des Beraters zur Mandatskündigung in der Krise des Mandanten, DStR 2011, S. 2488 ff.

Katzenstein, Matthias: Haftungsbeschränkungen zugunsten und zulasten Dritter, Berlin 2004.

Kayser, Godehard: Beraterhaftung für falsche oder unterlassene Auskünfte zur Insolvenzreife, ZIP 2014, S. 597 ff.

Kayser, Godehard/Thole, Christoph: Insolvenzordnung, Kommentar, 8. Aufl., Heidelberg 2016, zit.: *Bearbeiter*, in: HK-InsO.

Keller, Christoph: Anmerkung zu BGH, Urteil vom 14. 06. 2012 – IX ZR 145/11, BGHZ 193, 297, NJW 2012, S. 3171 ff.

Keller, Moritz: Schuldverhältnis und Rechtskreisöffnung, Berlin 2007.

Kersting, Christian: Die Dritthaftung für Informationen im Bürgerlichen Recht, München 2007, zit.: Dritthaftung.

Kersting, Christian: Informationshaftung Dritter: Vertrauen auf Verlässlichkeit, JR 2008, S. 312 ff.

Kilian, Matthias/Sabel, Oliver/vom Stein, Jürgen: Das neue Rechtsdienstleistungsrecht, Bonn 2008, zit.: *Bearbeiter*, in: Kilian/Sabel/vom Stein, Rechtsdienstleistung.

Kirchhof, Hans-Peter/Eidenmüller, Horst/Stürner, Rolf: Münchener Kommentar zur Insolvenzordnung, 3. Aufl., München, zit.: *Bearbeiter*, in: MünchKomm-InsO.
Band 1: §§ 1–79 InsO; InsVV (2013)

Kleindiek, Detlef: Geschäftsführerhaftung in der Krise, in: Festschrift für Uwe H. Schneider zum 70. Geburtstag, Köln 2011, S. 617 ff.

Kleine-Cosack, Michael: Rechtsdienstleistungsgesetz, 3. Aufl., Heidelberg u.a. 2014.

Klusmeier, Stefan: Die insolvenzrechtliche Belehrungspflicht des Steuerberaters – ein Grundsatzurteil des BGH, ZInsO 2013, S. 1347 ff.

Koch, Jens: § 311 Abs. 3 BGB als Grundlage einer vertrauensrechtlichen Auskunftshaftung, AcP 204 (2004), S. 59 ff.

Koch, Jens: Haftungsbeschränkungen bei der Abgabe von Third Party Legal Opinions, WM 2005, S. 1208 ff.

Koller, Ingo/Kindler, Peter/Roth, Wulf-Henning/Morck, Winfried: Handelsgesetzbuch, 8. Aufl., München 2015, zit.: *Bearbeiter*, in: Koller/Kindler/Roth/Morck.

Köndgen, Johannes: Selbstbindung ohne Vertrag, Tübingen 1981.

Koslowski, Günter: Steuerberatungsgesetz, 7. Aufl., München 2015.

Krebs, Peter: Sonderverbindung und außerdeliktische Schutzpflichten, München 2000.

Kröger, Sebastian: Die Haftung des Unternehmensberaters, Baden-Baden 2012.

Krüger, Wolfgang/Rauscher, Thomas: Münchener Kommentar zur Zivilprozessordnung, 5. Aufl., München, zit.: *Bearbeiter*, in: MünchKomm-ZPO.
Band 1: §§ 1–354 ZPO (2016)

Kruth, Claus-Peter: Die Auswahl und Bestellung des Insolvenzverwalters, Köln 2006.

Laband, P.: Das neueste Heft der Entscheidungen des Reichsgerichts in Civilsachen, DJZ 1903, S. 259 ff.

Lammel, Siegbert: Zur Auskunftshaftung, AcP 179 (1979), S. 337 ff.

Lang, Volker: Einmal mehr: Berufsrecht, Berufspflichten und Berufshaftung, AcP 201 (2001), S. 451 ff.

Lange, Carsten: Schadensersatzpflicht des Steuerberaters wegen Beihilfe zur Insolvenzverschleppung eines GmbH-Geschäftsführers, DStR 2007, S. 954 ff.

Lange, Hermann/Schiemann, Gottfried: Schadensersatz, 3. Aufl., Tübingen 2003, zit.: *Bearbeiter*, in: Lange/Schiemann, Schadensersatz.

Linse, Thomas/Glaubitz, Anne: „Insolvenzverwalter-Listing" – Chancen für den Steuerberater oder „Closed Shop"?, DStR 2010, S. 1497 ff.

Looschelders, Dirk: Die Mitverantwortlichkeit des Geschädigten im Privatrecht, Tübingen 1999, zit.: Mitverantwortlichkeit.

Lorenz, Stephan: Der Schutz vor dem unerwünschten Vertrag. Eine Untersuchung von Möglichkeiten und Grenzen der Abschlußkontrolle im geltenden Recht, München 1997, zit.: Der Schutz vor dem unerwünschten Vertrag.

Lorenz, Werner: Das Problem der Haftung für primäre Vermögensschäden bei der Erteilung einer unrichtigen Auskunft, in: Festschrift für Karl Larenz zum 70. Geburtstag 1973, S. 575 ff.

Lück, Wolfgang: Das Going-Concern-Prinzip in Rechnungslegung und Jahresabschlussprüfung, DB 2001, S. 1945 ff.

Luik, Hans: Das Going-Concern Prinzip im deutschen Bilanzrecht, in: Der Wirtschaftsprüfer im Schnittpunkt nationaler und internationaler Entwicklungen: Festschrift zum 60. Geburtstag von Prof. Dr. Klaus v. Wysocki, Düsseldorf 1985, S. 61 ff.

Luttmann, Maik: Regressansprüche des in der Insolvenz haftenden Geschäftsführers gegen den GmbH-Steuerberater und Abschlussprüfer als Haftungspotenzial für die Insolvenzmasse?, ZInsO 2013, S. 1777 ff.

Mai, Thomas R.: Rechtsverhältnis zwischen Abschlußprüfer und prüfungspflichtiger Kapitalgesellschaft, Düsseldorf 1993, zit.: Abschlussprüfer.

Medicus, Dieter/Petersen, Jens: Allgemeiner Teil des BGB, 11. Aufl., Heidelberg u.a. 2016, zit.: AT.

Medicus, Dieter/Petersen, Jens: Bürgerliches Recht, 25. Aufl., München 2015, zit.: BR.

Medicus, Dieter: Die „Identität des Schadens" als Argument für den Ersatz von Drittschäden, in: Festschrift für Peter Schlechtriem zum 70. Geburtstag, Tübingen 2003, S. 613 ff.

Meixner, Rafael/Schröder, Uwe: Wirtschaftsprüferhaftung, München 2013.

Menkel, Andreas: Haftung des Steuerberaters für Rat und Auskunft außerhalb des Mandats, DStR 2010, S. 2477 ff.

Mertens, Hans-Joachim: Deliktsrecht und Sonderprivatrecht – Zur Rechtsfortbildung des deliktischen Schutzes von Vermögensinteressen, AcP 178 (1978), S. 227 ff.

Mertes, Jürgen/Griesel, Carmen: Der rechtzeitige Insolvenzantrag in der anwaltlichen Beratung – Erläuterungen und Tipps auf der Grundlage des IDW-Standard S 11 vom 27. März 2015, AnwBl 2015, S. 854 ff.

Michalski, Lutz: Kommentar zum Gesetz betreffend die Gesellschaften mit beschränkter Haftung (GmbH-Gesetz), 2. Aufl., München 2010, zit.: *Bearbeiter*, in: Michalski.
Band II: §§ 35–85; §§ 1–4 EGGmbHG

Mock, Sebastian: Finanzverfassung der Kapitalgesellschaften und internationale Rechnungslegung, Köln 2008, zit.: Finanzverfassung.

Mugdan, Benno: Die gesamten Materialien zum Bürgerlichen Gesetzbuch für das Deutsche Reich, Neudruck der Ausgabe Berlin 1899, Aalen 1979.
Band 1: Einführungsgesetz und Allgemeiner Teil
Band 2: Recht der Schuldverhältnisse

Müller, Björn: Haftungsprivilegierung der Geschäftsleitung durch fachkundige Beratung. Entwicklung eines gesellschaftsrechtlichen Vertrauensgrundsatzes unter Berücksichtigung anglo-amerikanischen Rechts, Frankurt am Main u. a. 2016, zit.: Haftungsprivilegierung der Geschäftsleitung.

Müller, Fredy: Auskunftshaftung nach deutschem und englischem Recht, Berlin 1995, zit.: Auskunftshaftung.

Müller, Hans-Friedrich: Anwaltshaftung wegen unberechtigter Schutzrechtsverwarnung, ZIP 2016, S. 1368 ff.

Müller, Hans-Friedrich: Beraterhaftung für Insolvenzverschleppungsschäden, ZInsO 2013, S. 2181 ff.

Müller, Hans-Friedrich: Geschäftsleiterhaftung und Vertrauen auf fachkundigen Rat, DB 2014, S. 1301 ff.

Müller-Feldhammer, Ralf: Vertragserfüllung und Haftung des Unternehmensberaters, NJW 2008, S. 1777 ff.

Mutschler, Helge: Anmerkung zu OLG Celle, Urteil vom 06. 04. 2011 – 3 U 190/10, DStR 2012, S. 539 ff.

Mutschler, Helge: Die zivilrechtliche Einordnung des Steuerberatungsvertrags als Dienst- oder Werkvertrag, DStR 2007, S. 550 ff.

Nann, Werner: Wirtschaftsprüferhaftung, Frankfurt am Main 1985.

Nerlich, Jörg/Kreplin, Georg: Münchener Anwaltshandbuch Insolvenz und Sanierung, 2. Aufl., München 2012, zit.: *Bearbeiter*, in: MAH-InsO.

Palandt, Otto: Bürgerliches Gesetzbuch, Kommentar, 75. Aufl., München 2016, zit.: *Bearbeiter*, in: Palandt.

Pallas, Alexander: Die Unternehmenskrise als Haftungsfalle für Geschäftsführer, Vorstand und Berater, in: Zivilrecht im Wandel: Festschrift für Peter Derleder zum 75. Geburtstag, Berlin u.a. 2015, S. 345 ff.

Pape, Gerhard: Zahlungsunfähigkeit in der Gerichtspraxis, WM 2008, S. 1949 ff.

Philippsen, Gunther: Zur Dritthaftung des privat beauftragten Gutachters für fahrlässig verursachte Vermögensschäden, Karlsruhe 1998, zit.: Dritthaftung des privat beauftragten Gutachters.

Picker, Eduard: Gutachterhaftung – Außervertragliche Einstandspflichten als innergesetzliche Rechtsfortbildung, in: Festschrift für Dieter Medicus: Zum 70. Geburtstag, Köln u.a. 1999, S. 397 ff.

Picker, Eduard: Positive Forderungsverletzung und culpa in contrahendo – Zur Problematik der Haftungen „zwischen" Vertrag und Delikt, AcP 183 (1983), S. 369 ff.

Picker, Eduard: Vertragliche und deliktische Schadenshaftung, JZ 1987, S. 1041 ff.

Plander, Harro: Lottospielgemeinschaft und Rechtsbindungswille, AcP 176 (1976), S. 425 ff.

Plathner, Jan Markus: Risiken des steuerlichen Beraters bei insolvenzgefährdeten Mandanten, DStR 2013, S. 1349 ff.

Plötner, Michael: Die Rechtsfigur des Vertrags mit Schutzwirkung für Dritte und die sogenannte Expertenhaftung, Berlin 2003, zit.: Vertrag mit Schutzwirkung für Dritte und Expertenhaftung.

Poertzgen, Christoph: Organhaftung wegen Insolvenzverschleppung, Baden-Baden 2006.

Pohlmann, André: Die Haftung wegen Verletzung von Aufklärungspflichten, Berlin 2002.

Pollanz, Manfred: Jahresabschlussbezogene Praxisfragen und Verhaltensweisen im Lichte der jüngsten BGH-Rechtsprechung zur Steuerberaterhaftung – Entwarnung oder Verwarnung?, DStR 2014, S. 818 ff.

Prütting, Hanns/Wegen, Gerhard/Weinreich, Gerd: BGB Kommentar, 11. Aufl., Köln 2016, zit.: *Bearbeiter*, in: PWW.

Raiser, Thomas/Veil, Rüdiger: Recht der Kapitalgesellschaften, 6. Aufl., München 2015.

Reck, Reinhard: Der Berater und die Insolvenzverschleppung, ZInsO 2000, S. 121 ff.

Rehm, Gebhard M.: Aufklärungspflichten im Vertragsrecht, München 2003.

Rennen, Günter/Caliebe, Gabriele: Rechtsberatungsgesetz, 3. Auflage, München 2001.

Röck, Sarah: Die Rechtsfolgen der Existenzvernichtungshaftung, Tübingen 2011.

Röhm, Peter M./Seichter, Dirk/Lennartz, Dirk S.: Anmerkung zu BGH, Beschluss v. 15.05.2014 – IX ZR 267/12, DStR 2014, S. 1735 ff.

Römermann, Volker: Steuerberater: Geborene Mittäter bei Insolvenzverschleppung?, GmbHR 2013, S. 513 ff.

Römermann, Volker/Praß, Jan-Philipp: Anmerkung zu BGH, Urteil vom 06.06.2013 – IX ZR 204/12, GmbHR 2013, S. 938 ff.

Säcker, Franz Jürgen/Rixecker, Roland/Oetker, Hartmut/Limperg, Bettina: Münchener Kommentar zum Bürgerlichen Gesetzbuch, München, zit.: *Bearbeiter*, in: MünchKomm-BGB (wenn nicht anders angegeben, wird die 7. Auflage zitiert).
7. Auflage
Band 2: Schuldrecht – Allgemeiner Teil, §§ 241–432 (2016)
6. Auflage
Band 2: §§ 241–432 (2012)
Band 4: §§ 611–704; EFZG; TzBfG; KSchG (2012)
Band 5: §§ 705–853; Partnerschaftsgesellschaftsgesetz; Produkthaftungsgesetz (2013)

Schaaf, Rainer/Mushardt, Anne: Zur Hinweispflicht des Steuerberaters bezüglich einer insolvenzrechtlichen Überschuldung, DB 2013, S. 1890 ff.

Schäfer, Harald J.: Unternehmensberatung durch Steuerberater, DStR 1997, S. 794 ff.

Schäfer, Thiemo: Der Eröffnungsgrund der Überschuldung, Baden-Baden 2012.

Scheffler, Wolfram/Beigel, Peter-Christian: Der Steuerberater als Insolvenzberater, DStR 2000, S. 1277 ff.

Schmidt, Andreas: Hamburger Kommentar zum Insolvenzrecht, 5. Aufl., Köln 2015, zit.: *Bearbeiter*, in: HambKomm.

Schmidt, Karsten: Insolvenzordnung, 19. Aufl., München 2016, zit.: *Bearbeiter*, in: K. Schmidt.

Schmidt, Karsten: Münchener Kommentar zum Handelsgesetzbuch, 3. Aufl., München, zit.: *Bearbeiter*, in: MünchKomm-HGB.
Band 4: §§ 238–342e (2013), herausgegeben mit *Werner F. Ebke*
Band 6: Bankvertragsrecht (2014)

Schmidt, Karsten: Überschuldung und Unternehmensfortführung oder: per aspera ad astra, ZIP 2013, S. 485 ff.

Schmidt, Karsten: Verbotene Zahlungen in der Krise von Handelsgesellschaften und die daraus resultierenden Ersatzpflichten, ZHR 168 (2004), S. 637 ff.

Schmidt, Karsten/Uhlenbruck, Wilhelm: Die GmbH in Krise, Sanierung und Insolvenz, Köln, zit.: *Bearbeiter*, in: K. Schmidt/Uhlenbruck (wenn nicht anders angegeben, wird die 5. Auflage zitiert).
5. Auflage (2016)
4. Auflage (2009)

Schmitt, Michael Franz: Sanierungsberatung als Rechtsberatung und Rechtsdienstleistung, Chemnitz 2010.

Scholz, Franz: Kommentar zum GmbH-Gesetz, 11. Aufl., Köln, zit.: *Bearbeiter*, in: Scholz.
Band II: §§ 35–52 (2014)
Band III: §§ 53–85 (2015)

Schönke, Adolf/Schröder, Horst: Strafgesetzbuch, Kommentar, 29. Aufl., München 2014, zit.: *Bearbeiter*, in: Schönke/Schröder.

Schülke, Thilo: IDW-Standards und Unternehmensrecht, Berlin 2014.

Schulze, Reiner: Bürgerliches Gesetzbuch, Handkommentar, 9. Aufl., Baden-Baden 2016, zit.: *Bearbeiter*, in: Hk-BGB.

Schulze-Osterloh, Joachim: Fortführungsprinzip und Stichtagsprinzip, DStR 2007, S. 1006 ff.

Schwab, Martin: Die Vermutung aufklärungsrichtigen Verhaltens bei mehreren hypothetischen Entscheidungsmöglichkeiten, NJW 2012, S. 3274 ff.

Schwab, Martin: Grundfälle zu culpa in contrahendo, Sachwalterhaftung und Vertrag mit Schutzwirkung für Dritte nach neuem Schuldrecht, JuS 2002, S. 872 ff.

Schwarz, Helmut: Steuerberaterhaftung bei unterlassener Aufklärung über die Insolvenzantragspflicht bei Insolvenzreife einer GmbH/AG, NZI 2012, S. 869 ff.

Schwarz, Helmut/Schwarz, Volker: Steuerberaterhaftung wegen unterlassener Aufklärung über Antragspflicht gem. § 15a InsO bei einem allgemeinen steuerrechtlichen Mandat, ZInsO 2013, S. 1344 ff.

Seyfarth, Sebastian/Rößler, Christina: Zur Vermutung aufklärungsrichtigen Verhaltens bei Aufklärungspflichtverletzungen durch Anlageberater und durch Rechtsanwälte und Steuerberater, VersR 2013, S. 837 ff.

Soergel, Hans Theodor: Bürgerliches Gesetzbuch mit Einführungsgesetz und Nebengesetzen, 13. Aufl., Stuttgart, zit.: *Bearbeiter*, in: Soergel.
Band 3/2: §§ 243–304 (2014)
Band 5/1a: §§ 311, 311a–c, 313, 314 (2014)
Band 5/3: §§ 328–432 (2010)
Band 10: §§ 652–704 (2012)

Soffner, Kristina: Die Haftung des Rechtsanwalts für Rechtsfehler, Baden-Baden 2011.

Spindler, Gerald/Stilz, Eberhard: Kommentar zum Aktiengesetz, 3. Aufl., München, zit.: *Bearbeiter*, in: Spindler/Stilz.
Band 1: §§ 1–149 (2015)

Stahlschmidt, Michael: Die Begriffe Zahlungsunfähigkeit, drohende Zahlungsunfähigkeit und Überschuldung und die Methoden ihrer Feststellung, JR 2002, S. 89 ff.

Staub, Hermann: Handelsgesetzbuch, Großkommentar, hrsg. von *Claus-Wilhelm Canaris, Mathias Habersack* und *Carsten Schäfer*, Berlin, zit.: *Bearbeiter*, in: Großkomm. HGB (wenn nicht anders angegeben, wird die 5. Auflage zitiert).
5. Auflage
Band 5: §§ 238–289a (2014)
Band 7/1: §§ 316–330 (2010)
4. Auflage
Band 5 – Bankvertragsrecht, Erster Teil (1988/2005)

Staudinger, Julius von: Kommentar zum Bürgerlichen Gesetzbuch mit Einführungsgesetz und Nebengesetzen, Berlin, zit.: *Bearbeiter*, in: Staudinger (wenn nicht anders angegeben, wird die je aktuellste Neubearbeitung zitiert).
§§ 134–138; Anh zu § 138: ProstG (Neubearbeitung 2011)
Einleitung zum Schuldrecht; §§ 241–243 (Neubearbeitung 2015)
§§ 249–254 (Neubearbeitung 2005)
§§ 255–304 (Neubearbeitung 2014)
§§ 311, 311a, 312, 312a–i (Neubearbeitung 2013)
§§ 328–345 (Neubearbeitung 2009)
§§ 328–345 (Neubearbeitung 2015)
§§ 397–432 (Neubearbeitung 2012)
§§ 657–704 (Neubearbeitung 2006)
§§ 677–704 (Neubearbeitung 2015)
§§ 840–853 (Neubearbeitung 2015)

Stein, Friedrich/Jonas, Martin: Kommentar zur Zivilprozessordnung, 22. Aufl., Tübingen, zit.: *Bearbeiter*, in: Stein/Jonas.
Band 4: §§ 253–327 (2008)

Strohn, Lutz: Beratung der Geschäftsleitung durch Spezialisten als Ausweg aus der Haftung?, ZHR 176 (2012), S. 137 ff.

Sundermeier, Bernd/Gruber, Claudia: Die Haftung des Steuerberaters in der wirtschaftlichen Krise des Mandanten, DStR 2000, S. 929 ff.

Sutschet, Holger: Der Schutzanspruch zugunsten Dritter, Berlin 1999.

Thiele, Frank: Die Rechtsfigur des Sanierungsgeschäftsführers – Teil 2, ZInsO 2015, S. 977 ff.

Thole, Christoph: Die Vertragshaftung des Steuerberaters gegenüber der Gesellschaft und ihrem Geschäftsführer für Insolvenzschäden – ein Prüfstein für die Grundsätze der Expertenhaftung, ZfPW 2015, S. 31 ff.

Thole, Christoph: Managerhaftung für Gesetzesverstöße, ZHR 173 (2009), S. 504 ff.

„Uhlenbruck-Kommission": Zusammenfassung der Empfehlungen der Uhlenbruck-Kommission, NZI 2007, S. 507 ff.

Uhlenbruck, Wilhelm/Hirte, Heribert/Vallender, Heinz: Insolvenzordnung, Kommentar, 14. Aufl., München 2015, zit.: *Bearbeiter*, in: Uhlenbruck.

Ulmer, Peter/Habersack, Mathias/Löbbe, Marc: Gesetz betreffend die Gesellschaften mit beschränkter Haftung (GmbHG), Großkommentar, 2. Aufl., Tübingen, zit.: *Bearbeiter*, in: Ulmer.
Band II: §§ 29–52 (2014)

Verband Insolvenzverwalter Deutschlands e.V. (VID): Berufsgrundsätze der Insolvenzverwalter, DZWIR 2007, S. 16 ff. (aktuelle Fassung vom 03.05.2013, abrufbar unter http://www.vid.de/images/stories/pdf_fuer_einzelseiten/berufsgrundstze%20%20e%20n%20d%20f%20a%20s%20s%20u%20n%20g%20%2003%2005%202013.pdf, zuletzt abgerufen am 24.10.2016).

Voß, Michael: Gesamtschuldnerische Organhaftung, Köln 2008.

Wackerbarth, Ulrich: Überschuldung und Fortführungsprognose, NZI 2009, S. 145 ff.

Wagner, Magnus/Zabel, Karsten: Insolvenzverschleppungshaftung nach § 64 Absatz II GmbHG a.F. wegen Überschuldung – Anreicherung der Masse durch Haftungsverlagerung auf den Steuerberater?, NZI 2008, S. 660 ff.

Wagner, Magnus: Der Steuerberater in der Zwickmühle – Die Wahl zwischen Mandatsniederlegung oder Beihilfe zur Insolvenzverschleppung, ZInsO 2009, S. 449 ff.

Walter, Alexander: Spezialisierung und Sorgfaltsstandard im Arzt- und Anwaltshaftungsrecht, Bielefeld 2004.

Werner, Rüdiger: Haftungsrisiken des Steuerberaters bei Verschleppung der Insolvenz einer von ihm betreuten GmbH, StBW 2013, S. 571 ff.

Westermann, Harm Peter: Drittinteressen und öffentliches Wohl als Elemente der Bewertung privater Rechtsverhältnisse, AcP 208 (2008), S. 141 ff.

Westermann, Harm Peter: Kurzkommentar zu BGH, Urteil v. 14.06.2012 – IX ZR 145/11, BGHZ 193, 297, EWiR 2012, S. 509 ff.

Weyand, Raimund: Strafrechtliche Risiken für den externen Berater in der Unternehmenskrise – Erläuterungen anhand von praktischen Beispielen, ZInsO 2016, S. 1969 ff.

Wieczorek, Bernhard/Schütze, Rolf A.: Zivilprozessordnung und Nebengesetze, Großkommentar, 4. Aufl., Berlin, zit.: *Bearbeiter*, in: Wieczorek/Schütze.
Band 4: §§ 253–299a (2013)

Wiegand, Annette: Die „Sachwalterhaftung" als richterliche Rechtsfortbildung, Berlin 1991, zit.: Sachwalterhaftung.

Wilburg, Walter: Entwicklung eines beweglichen Systems im Bürgerlichen Recht. Rede, gehalten bei der Inauguration als Rector magnificus der Karls-Franzens-Universität in Graz am 22. November 1950, zit.: Entwicklung eines beweglichen Systems im Bürgerlichen Recht.

Willoweit, Dietmar: Schuldverhältnis und Gefälligkeit, JuS 1984, S. 909 ff.

Wimmer, Klaus: FK-InsO – Frankfurter Kommentar zur Insolvenzordnung, 8. Aufl., Köln 2015, zit.: *Bearbeiter*, in: FK-InsO.

Winnefeld, Robert: Bilanz-Handbuch, 5. Aufl., München 2015, zit.: Bilanz-Hdb.

Wolf, Thomas C./Schlagheck, Markus: Überschuldung: Tatbestand, Bilanzierung, Steuerrecht, Herne 2007, zit.: Überschuldung.

Zetzsche, Dirk: Vertrag mit Schutzwirkung für Dritte bei Prüfung der Insolvenzreife einer GmbH?, JR 2013, S. 435 ff.

Zilkens, Franz: Anmerkung zu BGH, Beschluss v. 06.02.2014 – IX ZR 53/13, EWiR 2014, S. 385 ff.

Zugehör, Horst: Berufliche „Dritthaftung" – insbesondere der Rechtsanwälte, Steuerberater, Wirtschaftsprüfer und Notare – in der deutschen Rechtsprechung, NJW 2000, S. 1601 ff.

Zugehör, Horst: Das beschränkte Mandat des Rechtsanwalts und des steuerlichen Beraters, in: Sanierung, Insolvenz, Berufsrecht der Rechtsanwälte und Notare: Festschrift für Hans Gerhard Ganter zum 65. Geburtstag, München 2010, S. 573 ff.

Zugehör, Horst: Haftung des Steuerberaters für einen fehlerhaften Jahresabschluss, WM 2013, S. 1965 ff.

Zugehör, Horst: Haftung des Steuerberaters für Insolvenzverschleppungsschäden, in: Haftung und Insolvenz: Festschrift für Gero Fischer zum 65. Geburtstag, München 2008, S. 617 ff.

Sachregister

Studien zum Privatrecht

Die Schriftenreihe *Studien zum Privatrecht* (StudPriv) als Äquivalent zur renommierten Reihe *Jus Privatum* bietet sie herausragenden Dissertationen aus dem Bereich des Privatrechts eine ansprechende Plattform und deckt sämtliche Fächer des Privatrechts ab: Das Bürgerliche Recht, das Handels- und Gesellschaftsrecht, das Wirtschaftsrecht, das Arbeitsrecht und das Verfahrensrecht. Fächerübergreifende und fachgebietsübergreifende Themenstellungen sind dabei nicht ausgeschlossen, solange der Schwerpunkt der Arbeit im Privatrecht einschließlich seiner europarechtlichen beziehungsweise internationalrechtlichen Bezüge zu finden ist. Um die hohe Qualität der in dieser Reihe veröffentlichten Dissertationen zu gewährleisten, werden nur Arbeiten zur Veröffentlichung in Betracht gezogen, die in beiden Gutachten uneingeschränkt mit summa cum laude bewertet wurden.

ISSN: 1867-4275
Zitiervorschlag: StudPriv

Mohr Siebeck
www.mohr.de